三十六计

六

图文版

原著◎南朝宋·檀道济
主编◎赖咏

中国书店

目录

第五编 《三十六计》现代新编

第一章 现代处世三十六计
第二十一计 察微知著
警惕异象 …………………………（1905）
第二十二计 虚虚实实 …………（1905）
化暗为明 …………………………（1906）
避实就虚 …………………………（1907）
真真假假 …………………………（1907）
虚虚实实 …………………………（1908）
爱迪生的发布会 …………………（1909）
化虚为实 …………………………（1910）
第二十三计 远交近和 …………（1911）
广交天下人士 ……………………（1912）
广结客户 …………………………（1913）
不结怨仇 …………………………（1915）
以恩报怨 …………………………（1916）
安上抚下 …………………………（1916）
第二十四计 软磨硬泡 …………（1917）
一试再试 …………………………（1918）
百折不挠 …………………………（1920）
死缠烂打 …………………………（1921）
软硬兼施 …………………………（1922）
缠你不休 …………………………（1923）
第二十五计 重人爱人 …………（1925）
以礼待人 …………………………（1925）
照顾对方的意愿 …………………（1927）
使对方显得重要 …………………（1927）
关爱他人 …………………………（1928）
恩爱宽容 …………………………（1929）
感同身受 …………………………（1930）
及时表示你的感激 ………………（1932）
不伤人自尊 ………………………（1932）
第二十六计 合作共赢 …………（1933）
同心报国 …………………………（1934）
团队合作 …………………………（1935）
李嘉诚的合作哲学 ………………（1936）
助人助己 …………………………（1936）
同舟共济 …………………………（1937）
谋求共赢 …………………………（1938）
第二十七计 假痴不癫 …………（1939）
众人皆醉我也醉 …………………（1939）
太宗忘事 …………………………（1940）
观光与醉酒 ………………………（1941）
扮猪吃虎 …………………………（1942）
糊涂难得 …………………………（1943）
装聋作哑 …………………………（1944）
第二十八计 赞赏恭维 …………（1944）
赞赏和鼓励 ………………………（1945）
宽于赞赏 …………………………（1946）
真诚赞赏 …………………………（1946）
以赞赏取代抱怨 …………………（1947）
批评不忘赞赏 ……………………（1948）
相互恭维 …………………………（1949）
送人“高帽” ……………………（1950）
遇货添钱 …………………………（1951）
恰如其分地赞美他人 ……………（1952）
第二十九计 广送人情 …………（1953）
成人之美 …………………………（1953）
人情是人心 ………………………（1955）
回心转意的礼品 …………………（1955）
人情投资 …………………………（1956）
容人改过 …………………………（1957）
做足人情 …………………………（1958）

善送人情 …………………… (1959)
第三十计　反客为主 ………… (1961)
袁绍进冀州 ………………… (1961)
郭子仪单骑入敌营 ………… (1962)
得寸进尺 …………………… (1963)
策略跟进 …………………… (1965)
先登堂,后入室 …………… (1966)
第三十一计　柔情蜜意 ……… (1968)
美人离间 …………………… (1968)
柔情友善 …………………… (1971)
柔情似水 …………………… (1972)
殷勤待客 …………………… (1973)
温柔陷阱 …………………… (1973)
第三十二计　承揽过错 ……… (1975)
承认对方的指责 …………… (1975)
承认失言 …………………… (1976)
真诚道歉 …………………… (1976)
承认自己的错误 …………… (1977)
代人揽过 …………………… (1978)
第三十三计　巧妙示弱 ……… (1979)
李牧示弱骄敌 ……………… (1979)
故意出洋相 ………………… (1980)
故示小错 …………………… (1981)
低调做人 …………………… (1981)
淡化自己的优势 …………… (1982)
柔弱女子 …………………… (1983)
第三十四计　拖延待机 ……… (1984)
奉诏缓行 …………………… (1984)
比谁命长 …………………… (1986)
做事缓一缓 ………………… (1986)
赞助报告 …………………… (1987)
给双方多一些时间 ………… (1989)
第三十五计　锯箭留锋 ……… (1990)
慷慨陈辞 …………………… (1990)
公式批文 …………………… (1991)
田叔焚册 …………………… (1991)
勠人小过 …………………… (1992)
善于应付他人的请求 ……… (1993)
第三十六计　预留退路 ……… (1994)
狡兔三窟 …………………… (1994)
远离危险 …………………… (1996)
不花光到手的钱 …………… (1996)
做事之前留一手 …………… (1999)
预留退路 …………………… (1999)
以退为进 …………………… (2001)
激流勇退 …………………… (2001)
给他人一个台阶 …………… (2002)
给对方留条退路 …………… (2003)
第二章　现代商战三十六计 … (2005)
第一计　投石问路 ………… (2005)
对所选行业进行可行性分析的重要意义 ………………… (2005)
进行可行性分析需把握的要素 ……………………………… (2006)
可行性分析的基本形式 ……… (2008)
挑懂行的生意做 …………… (2010)
第二计　登高望远 ………… (2013)
进行生意规划 ……………… (2013)
进行生意规划时需把握的要素 ……………………………… (2016)
走出生意规划的误区 ……… (2017)
第三计　未雨绸缪 ………… (2019)
创业起步方式的选择 ……… (2019)
筹集资金的新途径 ………… (2023)
选择经营地点需考虑的要素 ……………………………… (2025)
第四计　按部就班 ………… (2028)
企业形式的选择 …………… (2028)
企业登记申请与注册 ……… (2031)
税务登记的程序 …………… (2032)
第五计　借船出海 ………… (2034)
选择筹资的途径 …………… (2034)
遵循筹资原则 ……………… (2043)
提高企业筹资能力的措施 …… (2044)
避开筹资的陷阱 …………… (2046)
第六计　游刃有余 ………… (2047)
选择投资地点需考虑的要素 … (2047)
选择投资时机需考虑的要素 … (2048)
选择投资行业需考虑的要素 … (2048)
选择投资方式 ……………… (2049)

遵循投资原则 …………………… (2049)
第七计 同舟共济 …………………… (2053)
合伙之前多思量 …………………… (2053)
最佳合伙人应具备的基本素质 …………………………………… (2054)
合伙人相处之道 …………………… (2055)
化解合伙人矛盾冲突的技巧 … (2057)
第八计 集思广益 …………………… (2058)
精锐智囊团的特征 ……………… (2058)
组建精锐智囊团的步骤 ……… (2059)
向精锐智囊团队迈进 ………… (2061)
第九计 运筹帷幄 …………………… (2062)
企业经营战略的基本类型 …… (2062)
制定经营战略需遵循的基本原则 …………………………………… (2065)
成功选择经营战略须把握的基本条件 ………………………… (2065)
制定科学经营决策的原则和程序 …………………………………… (2067)
科学决策的方法 ………………… (2068)
第十计 广结善缘 ………………… (2069)
广结人缘的捷径 ………………… (2069)
左右逢源的人际交往诀窍 …… (2073)
第十一计 口吐莲花 …………… (2078)
说话的基本技巧 ………………… (2078)
聆听的基本技巧 ………………… (2079)
配合交谈内容的基本技巧 …… (2080)
表扬员工的基本技巧 ………… (2081)
批评员工的基本技巧 ………… (2085)
第十二计 八面玲珑 …………… (2088)
请客吃饭须讲究 ………………… (2088)
推杯换盏有招术 ………………… (2089)
怎样说好应酬话 ………………… (2090)
应酬有方,八面玲珑 ………… (2094)
第十三计 知人善任 …………… (2099)
识人是用人的前提和基础 …… (2099)
优秀员工的特征 ………………… (2100)
勇于启用比自己能力强的人 … (2101)
走出企业用人的误区 ………… (2103)
第十四计 文韬武略 …………… (2106)
商场谈判成功的基本原则 …… (2106)
商场谈判的攻防策略 ………… (2108)
商场谈判力的运用方法 ……… (2112)
商场谈判致胜的致巧 ………… (2115)
第十五计 固本清源 …………… (2116)
商品采购的要领 ………………… (2116)
商品采购的技巧 ………………… (2117)
获得最满意差价的途径 ……… (2121)
第十六计 千变万化 …………… (2122)
市场营销高手的基本素质 …… (2123)
在买方市场下把握商机 ……… (2124)
千变万化的智谋营销术 ……… (2126)
第十七计 呼风唤雨 …………… (2129)
发布广告的要领 ………………… (2129)
搞好企业与新闻传媒的关系 … (2130)
第十八计 金字招牌 …………… (2132)
品牌的作用 ……………………… (2132)
品牌设计的基本要求 ………… (2133)
建立品牌的策略 ………………… (2134)
充分发挥品牌的效应 ………… (2135)
第十九计 保驾护航 …………… (2138)
树立法律观念 …………………… (2138)
合同的签订和执行 …………… (2141)
第二十计 精打细算 …………… (2147)
做好财务预算 …………………… (2147)
严格控制不必要的开支 ……… (2149)
用花钱的办法省钱 …………… (2150)
走出理财的误区 ………………… (2151)
第二十一计 收放自如 ………… (2153)
建立健全基本财务管理制度 … (2153)
聘用一名优秀的财务主管 …… (2155)
完善现金收付的内部控制制度 …………………………………… (2158)
市场营销人员的费用控制 …… (2159)
第二十二计 因势利导 ………… (2162)
经营门市需考虑的要素 ……… (2163)
战胜竞争对手的举措 ………… (2163)
提升门市效益的绝招 ………… (2164)
门市兴隆的特征 ………………… (2166)
第二十三计 威逼利诱 ………… (2168)

摸清债务关系 ………………… (2168)
讨债高手的策略 ……………… (2170)
成功讨债高招 ………………… (2171)
第二十四计　居安思危 ………… (2176)
商战风险 ……………………… (2176)
降低风险的技巧 ……………… (2177)
妥善应对风险 ………………… (2177)
杜绝财务隐患 ………………… (2179)
避开业务扩展中的陷阱 ……… (2180)
第二十五计　败中求胜 ………… (2181)
解决资金短缺 ………………… (2182)
败中求胜 ……………………… (2183)
再坚持一下 …………………… (2184)
第二十六计　如履平地 ………… (2186)
识破现代商战的陷阱 ………… (2186)
跨越商战陷阱 ………………… (2189)
第二十七计　拨云见日 ………… (2191)
形成竞争优势的策略 ………… (2191)
现代商战竞争谋略 …………… (2193)
第二十八计　知本扩张 ………… (2194)
知识创造财富 ………………… (2195)
知识经济的特征 ……………… (2198)
知识经济的发展趋势 ………… (2200)
知识资本的扩张途径 ………… (2201)
第二十九计　蜘蛛结网 ………… (2203)
网上商店发展的动因 ………… (2203)
网上商店的规划策略 ………… (2204)
网上商店开张的步骤 ………… (2208)
网上商店的经营之道 ………… (2209)
第三十计　去伪存真 …………… (2211)
收集信息的途径 ……………… (2211)
收集市场信息的特殊方法 …… (2212)
信息处理的实用技术 ………… (2213)
第三十一计　情商致胜 ………… (2215)
展示商战成功的人格魅力 …… (2216)
情商是管理成功的核心因素 … (2219)
第三十二计　顾客至上 ………… (2223)
完善营销服务的阶段 ………… (2224)
服务决策的基本形式 ………… (2224)
顾客至上:引领营销服务新潮流 ………………………………… (2226)
第三十三计　无为而治 ………… (2229)
分析琐务缠身的根本原因 …… (2230)
无为而治:摆脱琐务缠身的妙策 ………………………………… (2230)
有效授权 ……………………… (2232)
有效分权 ……………………… (2235)
第三十四计　中规中矩 ………… (2237)
诚信规则 ……………………… (2237)
合法规则 ……………………… (2239)
双赢规则 ……………………… (2240)
折扣规则 ……………………… (2241)
服务规则 ……………………… (2241)
蜕变规则 ……………………… (2242)
空效规则 ……………………… (2243)
时效规则 ……………………… (2244)
效益规则 ……………………… (2246)
创新规则 ……………………… (2247)
第三十五计　众星捧月 ………… (2247)
良好企业形象的构成要素和作用 ……………………………… (2248)
企业形象的完美组合 ………… (2250)
良好的企业形象是一笔巨大的经营财富 ……………………… (2252)
第三十六计　他山之石 ………… (2254)
遵循“78/22”的赚钱法则 …… (2254)
集中精力攻克一个目标 ……… (2255)
精打细算,开源节流 ………… (2255)
关注有钱人的流行趋势 ……… (2257)
瞄准两大财源:女人和嘴巴 … (2257)
信守合同,绝不毁约 ………… (2258)
存款求利划不来 ……………… (2259)
掌握外语也是赚钱的资本 …… (2260)
一个好汉三个帮 ……………… (2260)
深谙“和气生财”之道 ……… (2261)
运用“厚利适销”的推销战术 … (2261)
尽量多用女职员 ……………… (2262)

警惕异象

无论在日常生活还是工作事业上，凡事均须擦亮眼睛，不放过事物细微的变化，遇到异象更须立即提高警惕，而不能粗枝大叶、疏于防范，让别有用心者有机可乘，从而置自己于困境或危险之地，给自己的事业和生活造成不必要的损失。

明时，在江苏常州地方，有一位姓尤的老翁开了个当铺，多年来生意一直不错。某一日年关将近，尤翁忽然听见铺堂上人声嘈杂，走出来一看，原来是站柜台的伙计同一个附近的乡邻吵得火热。

见老板出来，伙计连忙上前对老板说："这人前些时典当了些东西，今天空手来取典当之物，不给他就破口大骂，一点道理都不讲。"

那乡邻见了尤翁，还是骂骂咧咧，不认情面。这时，尤翁却笑脸相迎，好言好语地对他说："我晓得你的意思，不过是为了渡过年关。街坊邻居，区区小事，还用得着争吵吗？"于是叫伙计找出他典当的东西，共有四五件。尤翁指着棉袄说："这是过冬必不可少的衣服。"又指着长袍说："这件长袍给你拜年用吧。其他东西现在不急用，不如暂时放在这里，棉袄、长袍你就先拿去穿吧！"

这位乡邻拿了两件衣服，一声不吭地走了。当天夜里，他竟然突然死在街头另一人家里。为此，死者的亲属同这户人家打了一年多官司，害得这家人花了不少冤枉钱。

原来，这位乡邻欠了一身债，无法偿还，走投无路之下，便服毒自杀。死前还想找个有钱人家来出出气，知道尤家殷实，便找上门来了。没想到尤翁尤如此明理又大度，不好发作，没奈何只得了两件衣服，便又找另一户有钱人家扯皮去了。那家人不肯相让，结果这位乡邻就死在那户人家里了。

后来有人问尤翁："你怎么能有先见之明，向这种人低头呢？"尤翁回答说："凡是横蛮无理来挑衅的人，他一定是有所恃而来。如果在这种小事上也争强好胜，那么灾祸就可能接踵而至。"

尤翁的处世智慧不能不让人叹服。但其实，尤翁不过只是平时处世便小心谨慎，这一次因为遇到不可思议的事情，像是不拿赎金便来讨要典当物品，没有丁点道理却也理直气壮地与人争吵，见了多年的乡邻尤翁也是骂骂咧咧，不认情面等等异象时，加倍提高了警惕，不让别有用心者有机可乘而已。处世多一分小心多一分智慧，便可能脱离困境，化险为夷，而不致使自己的事业和生活造成不必要的损失。

22计　虚虚实实

此计指的是要善于明察对方的虚实，并化实为虚，化虚为实。同时，自己也尽可能真假虚实变化，让对方莫知真假，莫测虚实。可以说，虚虚实实，真真假假，虚而实之，实而虚之，真中有假，假中有真，半真半假，亦真亦假，种种情况，都属于此计的范围。

虚虚实实，真真假假，装作认真要做某事的样子，并散布一些有利言语，为自己营造最佳时势，如此，进可攻，退可守，攻守之计尽在心中，进退之路自可随意选择。赵将李牧，面对强悍的匈奴骑兵，故示怯弱，又示之以利，示之以不能，使匈奴将士骄狂轻敌，大意疏忽，掉入自己设下的包围圈，终以最小的牺牲获取得大的胜利；诸葛亮无兵将可守之际，大摆空城计，故布疑阵，使得司马懿莫知真假，莫测高深，不敢轻举妄动，最终自动撤退。

生活中，有白日也有黑夜，有光明正大的地方，也有黑暗的角落；有真诚，自然也有谎言。许多时候，人们说话似真似假，真假相间，做事情也是虚虚实实，虚实同行。因此，在有风险的地方，在某些关键时刻，我们应保持一颗警惕的心，明察对方的虚实，识别其伪装，或者谎言或骗术，摸清他人的意图，化虚为实，把握其内在本质，谋定而后动，就可以立于不败之地。

化暗为明

汉文帝时，一个名叫赵谈的得宠宦官经常在文帝面前议论重臣袁盎的是非。袁盎知道此事后，内心深感忧虑不安，但又无计可施，非常烦恼。

他的侄儿袁种知道此事后，替他出了个主意，说："如此忍耐不是办法，只能使自己陷于被动，而让事态的发展越来越糟糕。您不如公开地和他干上一场，当着众人的面羞辱他一番！如此一来，以后他再说您的坏话，皇上就会想，他这样做是出于怀怨报复的心理，就不会再相信他的话了。"袁盎大喜，觉得言之有理，决定找机会依计施行。

机会终于来了。

一天，文帝因事出宫，宦官赵谈也陪同着一起坐在御车上。袁盎一看，这可是个大好时机，便马上上前，跪在地上说："陛下！臣听说能有资格和天子同乘一辆车的人，都是天下的英雄豪杰。被刀阉割之人怎能与陛下一起同乘一辆车啊？陛下！"

文帝听了，觉得有理，于是便笑着让赵谈下车，改乘另一辆。赵谈既羞又恼，哭着下去了。

此后，赵谈怀恨在心，更时时在文帝耳边说袁盎的不是。然而文帝只要一听到赵谈诽谤袁盎的话，就联想起那件事，认为赵谈这样做是在挟怨报复。因此对赵谈的诽袁盎谤也就付之一笑，丝毫不放在心上。

常言道："宁惹君子，不惹小人"。对于小人，最好的办法是尽量少与他们接触，惹不起，躲得起，躲得越远越好。而如果实在回避不了时，那就得勇敢地直接面对他们的偏见，设法改变他们的偏见或者态度，而不要一味地退让防守，让他们觉得你软弱可欺，气焰更加嚣张。

明枪易躲，暗箭难防。当有人躲在背后、暗处与你作对，中伤、毁谤你时，你就要细心观察身边反对你的行动，坚定你的态度，不允许他们在暗中活动，必要时正面表达你的立场、你的强烈抗议，让对方知难而退；或索性向大家公开挑明双方之间的对立关系，让对方难以在暗处活动，阴谋无从得逞。

在生活中，如果有人跟你来虚的，当面一套，背后一套时，你不妨跟他来实的，化虚为实，化暗为明。如此一来，你的对手要么就此收手，要么与你公开作对，却无法再在背后、暗处施放暗箭了。

避实就虚

明太祖朱元璋死后，皇太孙朱允即位，史称建文帝。建文元年7月，燕王朱棣举兵造反。燕军与明朝官军展开了长达两年多的拉锯战，双方各有胜负。尽管朱棣常常身先士卒，出生入死，但他所攻取的城镇，在撤军后很快又被官军夺去，形势对朱棣越来越不利，朱棣为此忧心忡忡。

正在这时，一名朝廷贬官前来投靠朱棣，向他禀报了都城空虚的情况，朱棣的心腹谋臣道衍也从京师派人送来书信，建议朱棣“毋下城邑，疾趋京师；京师单弱，势必举。”朱棣得计，大喜过望。

建文三年十二月，朱棣避开与明朝官军正面作战的战场，破釜沉舟，远袭京师，不到五个月就攻到了长江北岸，与京师仅一水之隔。建文帝没有料到燕王会有此一举，大兵全已派出，京城无力防卫，只好向燕王朱棣请求割地求和。

朱棣胜券在握，岂肯罢手，挥师过江，一举攻下京城。京城陷落后，建文帝下落不明。朱棣于是夺得皇位——这就是历史上的明成祖。

《孙子》兵法云：“进而不可御者，冲其虚也。”其意即是我方进攻而使对方无法抵御，是因为袭击它的薄弱之处。避实就虚，以自己的长处与对手的短处较量，进攻对手的弱点、要害部门，或者抓住其失误之处大做文章，对方便难以防御，这一招同样适用于各种场合的竞争。有时候，即便是面对强大的对手，也可以抓住对手的弱点、劣势，集中自己的力量，形成局部的优势，令对方黯然失色。

真真假假

左宗棠一位故人的儿子，名叫黄兰阶，在福建候补知县多年也没候到实缺。他见身边不少人因有高官贵人的推荐信，而做官的做官，升迁的升迁，自己却一直原地踏步，便想到父亲生前与左宗棠很要好，就跑到北京来找左宗棠。

左宗棠见了故人之子，十分客气，但当黄兰阶一提出想让他写推荐信给福建总督时，顿时就变了脸，几句话就将黄兰阶打发走了。原来，左宗棠从来不喜给人写推荐信，他本人曾这样解释：“一个人只要有本事，自会有人用他。”

黄兰阶又气又恨，离开左宗棠府第，就闲踱到琉璃厂看书画散心。忽然，他见到一个小店老板学写左宗棠字体，十分逼真，心中一动，想出一条妙计。他让店主写柄扇子，落了款，得意洋洋地摇回福州。

这天，是参见总督的日子，黄兰阶手摇纸扇，径直走到总督堂上。总督见了很奇怪，问：“外面很热吗？都立秋了，老兄还拿扇子摇个不停。”

黄兰阶把扇子一晃：“不瞒大帅说，外边天气并不太热，只是这柄扇是我这次进京，左宗棠大人亲送的，所以舍不得放手。”

总督吃了一惊，要过黄兰阶扇子仔细察看，确系左宗棠笔迹，一点不差。他将扇子还与黄兰阶，心想：我以为这姓黄的没有后台，所以候补几年也没任命他实缺，不想他却有这么一个大后台。左大人天天跟皇上见面，他若恨

我，只消在皇上面前说个一句半句，我可就吃不住了。于是闷闷不乐地回到后堂，找到师爷商议此事，第二天就给黄兰阶挂牌任了知县。

黄兰阶做知县不几年，就又升任四品道台。总督一次进京，见了左宗棠，讨好地说："宗棠大人故友之子黄兰阶，如今在敝省当了道台了。"

左宗棠笑道："是嘛？那次他来找我，我就对他说：'只要有本事，自有识货人。'老兄就很识人才嘛！"

总督出了左宗棠的相府，自言自语道："看来我重用黄兰阶还真是对的。"

直到这时，黄兰阶自做他的道台。而总督还有左宗棠两位大臣，都还被蒙在鼓里呢！

黄兰阶之所以能够官拜道台，主要是他借用了左宗棠大贵人的光；而左宗棠从来不给人写推荐信，却还是被黄兰阶借了光，乃是因为他的虚虚实实之计。黄兰阶到北京见过左宗棠，又是左宗棠的故人之子，又有着左宗棠大人所赠的亲笔题写的扇子，这些都是真真实实，毋庸置疑；然而，黄兰阶虽是左宗棠的故人之子，却并不曾送过什么扇子，还将他几句话就打发了出去，那扇子是买的，左氏亲笔是模仿的，这些又都是虚假无疑。正所谓虚虚实实，真真假假，虚中有实，假中有真，在不透明的封建官场，到处都有人拉关系走后门写推荐信，总督大人又如何能识别其中的真假虚实？既有这么硬的后台，总督又如何不尽快给他升迁？

当然，黄兰阶虽然是棋高一着，但这是在封建官场，其做法毕竟不光明正大，这一点我们当有所分辨，不足为训。

虚虚实实

在与人交易或求人办事时，我们常常听到一些较轻微的谎言，也就是在大量"真"中掺上一些"假"，在众多"实"中来上一点"虚"。交易时当然要坦诚相待，但这并不意味着要如实公布自己的所有信息。有时人们还会在交易时故意省略一些事实，回避一些话题。在交易时，可以隐瞒自己的缺陷，可以夸大给对方带来的收益，也可以在明明知情的情况下说不知道，这些虚虚实实的策略，都可算是商业智慧。

譬如在做交易时，卖方故意犯上一些错误，比如说错字、用错词语，或把价格报错等种种示人以错的方法，诱导对方表态，然后再借题发挥，最后达到目的。

在某鞋店，某一位顾客在摊前驻足，并对某双鞋多看了几眼。店主看在眼里，就会前来搭话说："看得出你是诚心来买的，这双鞋很合你的意，是不是？"察觉到顾客无任何反对意见时，他又会继续说："这双鞋标价150块，对你优惠，120块，要不要？"如果对方没有表态，他可能又说："你今天身上带的钱可能不多，我也想开个张，打本卖给你，100块，怎么样？"顾客此时会有些犹豫，店主又会接着说："好啦，你不要对别人说，我就以120卖给你。"

早已留心的顾客很可能就会迫不及待地说："你刚才不是说100块吗？怎么又120了？"

此时，店主通常会煞有介事地说："是吗？我刚才说了这个价吗？啊，这个价我可没什么赚啦。"稍做停顿，又说："好吧，就算是我错了，那我也讲个信用，除了你以外，不会再有这个价了，你也不要告诉别人，一百块，你拿去好了！"

话说到这一步，大多数顾客都会就此成交，因为他窃喜于店主的口误，以为自己占了便宜。

这是善意的谎言。店主假装口误，将价钱降下，又迅速涨了上去，虚虚实实，诱使顾客做出反应，巧妙地探测并验证了顾客的购买需求。在此之后，店主再将涨上来的价让出去，就会很容易地促成交易。

商场如战场。商品交易中自然有着种种虚虚实实，有着各种各样的谎言。其实，某些谎言也是可以接受的。譬如，你可以在有让步余地的情况下，宣称某话题不容商议，这是一种虚实的应用，是一种显示实力的方式。你也可以在仅作细小让步的情况下，称自己做出了很大的退让，这是一种心理战术，同样是一种虚实的应用。

爱迪生的发布会

爱迪生早早发明了留声机，但他因有别的东西需要去研究，手头同时还有事情，便将其暂且抛到一边，没作更好的改进。没想到，没过多久，贝尔抢了他的风头，在爱迪生发明的留声机基础上设计研制出了更好的留声机，并迅速推向市场。大发明家爱迪生见此情况，随即召开新闻发布会。在发布会上，面对着众多的记者，爱迪生举着手中的一个留声机宣布："我公司研发的留声机比贝尔的产品要好得多。"

爱迪生手中的那个留声机真的会比贝尔的产品好吗？并不。

爱迪生这是虚虚实实，利用自己的优势，在局势不利时为自己的产品造势。爱迪生之所以敢如此大言不惭，是因为他有如此实力，盛大声名，也有着研发良好产品的决心。人们听了爱迪生的发言自然会相信他，就是知道真情，也不会以为他在做虚假宣传。因为，在发布会上发言的，不是别人，是爱迪生。

此后不久，爱迪生经过改进而研制出的留声机问世。自然，它比贝尔的留声机要好得多，一上市就迅速地占领了国内市场。

虚虚实实，真真假假，装作认真要做某事的样子，并散布一些有利言语，为自己营造最佳时势，如此，进可攻，退可守，攻守之计尽在心中，进退之路自可随意选择。

化虚为实

生活中，有白日也有黑夜，有光明正大的地方，也有黑暗的角落；有真诚，自然也有谎言。许多时候，人们说话似真似假，真假相间，做事情也是虚虚实实，虚实同行。这就需要我们化虚为实，深入分析其背景和原因，把握其内在本质。否则，只看到事物的表象，不经过一番思考分析就妄下结论，甚至轻举妄动，就难免出现失误，甚至犯下比较大的过错。

像现在经常出现的经济诈骗案中，合同诈骗是犯罪分子最常用的诈骗手段之一。谁都知道，谈判、签订合同时都会存在一定的风险，因此，在与人谈判、签订合同时一定要注意其中的每一项条款，明了它所有的内涵，可能存在的纠纷，以及它所隐藏的意图。

如有人先准备好一批建材类产品，然后约你去看样品，再签订好购销合同。合同中规定，在某月某日某地全部提货。当然，还会要求你先付一定的订金。好了，看起来清清楚楚，明白无误，你大可放心。

可是事情往往不尽人意。到了提货日的前一天晚上，对方来电话说由于某某原因明天不能提货，还得等待几天，到时他们一定给你通知，当然，损失全由他们负责。你一听，想想对方可能有什么不便或苦衷，自己应该多加体谅，过几天也没什么关系，何况不体谅又还能怎样？便也同意了。

谁想到，“夜长梦多”就落到了自己的头上。等待几天后仍没有消息，你便到对方公司追货。你万万没想到的是，对方反咬一口，说你违约在先，没有准时来提货，造成仓库无法清空，新货无法进来，还要你赔偿损失。争端遂由此而起。

在这种情况下，除了白付订金，白白浪费自己的时间和精力，就此罢休，你还能如何？即使闹上法庭，也是你吃亏，很可能白白送掉订金，还要再赔上一笔费用，和大量宝贵的时间。

因此，在与人谈判、做交易时，一定要注意发掘对方有意掩藏起来的真实理由。上例中，对方为什么要在提货日的前一天晚上才来电话？是什么原因在合同规定的时日不能提货，还得等待多少天，等等，只要有什么不明了或者值得怀疑的地方，就都要向对方直截了当问个清楚、详细。

为了预防、减少合同风险，就一定要重视书面说明。在签订合同时，一定要认真审核谈判对手给出的书面说明。必要时可以请律师一起审核。此外,你应告诉谈判对手,你会对书面说明的部分细节进行抽查。这样就能给对方以心理上的威慑,使他们不敢作弊。如果条件允许,也确实应该抽查一些细节。

在执行合同时,要坚持原则,严格按合同办事。既然签订了合同,就要严格遵守,这样既显得诚信,又能避免遭受意外损失。如有什么变故与合同有不符之处时,也都要求双方以一定的书面文字、传真或者其他证据确定下来,而不应该只是口头协定,或者在电话中加以解释说明。

人们做事时总要准备两套理由。一套是貌似合理的理由,另一套才是真实的理由。不单是谈判、签订执行合同中,在生活中很多地方,都有可能真假同在,虚实并行。遇到这种情况,人只要保持警惕的心,明察其虚实,尽量将虚的化为实的,便能大大地降低自己的风险。

如在买房前看房时,不要只是被售楼小姐领着在人群热闹之时,随着她的脚步与指点介绍看看就了事。她跟你十分热情,却又虚晃几枪,你不必心动得,头脑发胀,而一定要实地勘查一番。这是自己一家人的大事,必须要留个心眼儿,对于自己满意的房子,应在晚上和雨天时,也要不辞辛苦,多去走走看看。这样,房子的正面背面、安静喧闹、向阳漏雨等好坏情况都在心中有个谱儿,才不会在入伙之后才发觉问题一大串,感觉上当受骗。

再比如某单位里,仅仅在一夜之间,就"忽如一夜春风来,千树万树梨花开"——忽然传出某重要人物的谣言。这时绝不可单纯的轻信谣言,而要想办法化虚为实:恶意中伤的背后用意居心何在?谁会是此事件的受益人?而谁又会因此而受损?这种种问题必须深入开展分析,了解其中内幕,其中种种利益关系,以剖析其根源,把握其本质所在。

总之,在有风险的地方,在某些关键时刻,应保持一颗警惕的心,明察对方的虚实,识别其伪装,或者谎言或骗术,摸清他人的意图,化虚为实,谋定而后动,就可以立于不败之地。

23计 远交近和

人脉网对于每个人来说都是非常重要的。良好的人际关系是个人身心健康的必需,是事业成功的必需,自然,也是人生幸福的必需。为人处世,远交近和,就是为了多交朋友,编织自己良好的人脉网,为自己也为他人创造一个和谐融洽的生存空间。

有人说:"看一个人的人脉网,就知道他是怎样的人,以及将会有何作为。大多数人的成功,都源于良好的人脉网。"因为在重要时刻给予重要信息或者在合适的位置给予帮助,这不管对公司管理人员,还是对个人而言,都常常是在事业上获得成功的重要因素。那些善于远交近和者,人们有了生意、好事,都会主动地找上门来。

广交天下人士

齐国人冯谖，家境潦倒，穷得活不下去了，见相国孟尝君门下养有食客数千人，说明其为人慷慨大度，好结交天下人士，便托人请求孟尝君，表示愿意在他的门下寄居为食客。孟尝君问："客人有什么爱好？"

"他没有什么爱好。"

孟尝君又问："客人有什么才能？"

"他没有什么才能。"

孟尝君听后笑了笑，但还是接受了他的请求，说："好吧。"

孟尝君府中食客分为三等：上客吃饭有鱼，外出乘车；中客吃饭有鱼，外出无车；下客饭菜粗劣，外出自便。冯谖在孟尝君门下作下客不久，闲来无聊，有一天便倚着柱子弹起自己的长剑，唱道："长剑啊，我们还是回去吧，吃饭没有鱼！"

左右的人把这事告诉给孟尝君。孟尝君说："给他鱼吃，同吃鱼的门客一样款待！"

住了不久，冯谖又弹着他的长剑，唱道："长剑啊，我们还是回去吧，出门没有车！"左右的人都取笑他，又把这件事告诉给孟尝君。

孟尝君说："给他配备车子，同乘坐车子的门客一样款待！"

冯谖于是乘坐他的车，高举着他的剑，拜访他的朋友，十分高兴地说："孟尝君把我当作上等客人了！"

此后不久，冯谖又弹着他的剑，唱道："长剑啊，我们还是回去吧，没有钱养家！"

左右的人听了都很厌恶他，认为他贪得无厌，又把这件事告诉给孟尝君。孟尝君问道："冯公有父母吗？"

左右回答说："有个老母亲。"

孟尝君又派人供给冯谖母亲吃食日用的东西，让她衣食无缺。

于是冯谖不再弹剑说唱了。

就这样的一个没什么爱好更没什么才能的年轻人，也被堂堂相国收养府中，而且从低等的食客一升再升，无功受禄，升为上客。从今天的眼光来看，无论是政府单位，还是公司企业，这都是一件难以做到的大度之行为，由此可见孟尝君广交天下人士的慷慨大度和诚心。

虽然，孟尝君门下食客数千，耗费极多，就连自己作相国的俸禄也不足用，还要派人到自己的封地薛邑向百姓放债收息以填补亏空，也就是说为此付出了极大的代价；但说到底，孟尝君凭此获取了礼贤下士的极大声名，同时也赢得了这些士人的争相效力，为自己的事业和前途奠定了坚实的基础。单是冯谖一人，便为孟尝君在封地薛邑焚券买义，赢得人心，在孟尝君被罢相位后为其四处活动，恢复其相位，并在薛邑建立先王的宗庙，营造了安稳的“三窟”，让孟尝君从此可以高枕无忧了。

我们再来看看孟尝君经历了一番巨大的波折起伏前后，其府中门客的情形。

自从齐湣王罢免了孟尝君的相位后，门下食客多离他而去。孟尝君在冯谖的一番巧妙周旋之下，恢复了相位。冯谖策马前去迎接，孟尝君对着冯谖叹气道：“我一生好客，对待客人不敢有所过失，曾养门客三千有余，而他们见我被罢官，却都离我而去了。如今我仰赖先生得以恢复相位，他们还有什么脸面再见我呢？如果有再来见我的，我一定唾其脸面，大大地侮辱他。”

冯谖听了忙下马参拜。孟尝君不解地问：“先生是为那些门客道歉吗？”

冯谖说：“不是为门客道歉，是认为您刚才的话有失妥当。任何事物发展都有必然的归宿，有生命的东西一定有死亡，这是事物发展的必然归宿。富贵者士人就多，贫贱者朋友就少。您难道看不见赶集上市的人吗？清晨时大家都急急地挤了进去；日落之后，人们就是经过集市也只是甩着膀子走过去，看也不看一眼。他们不是爱好清晨厌恶傍晚，而是因为傍晚时分希望得到的东西在那儿已经没有了。同样，您失去相位时，宾客自然都离去了，您不值得因此埋怨士人，从而白白地断绝宾客的门路。希望您还像以前那样对待宾客。”

孟尝君再一次拜谢冯谖。曾经在孟尝君门下的食客，见孟尝君不计前嫌，又都纷纷回头，投到孟尝君手下，为其效力。后来，孟尝君又做了几十年的相国，都没有遭到什么灾祸。

广交天下人士，不论前嫌，不算恩怨，不计一时之得失，不分风光与潦倒，这样的一生，人情丰富，阅历广泛，心境深远，慷慨大度，谁又能简单地轻言其得失成败呢？

广结客户

这是现代商场上的“广交天下人士”的翻版。

乔·吉拉德，这位“世界上最伟大的推销员”，是世界上汽车直销最多的一位超级销售员，在 15 年里卖出 13 万辆汽车，最多的一年竟卖了 1425 辆，其创造的纪录收入了《吉尼斯世界大全》。人们不禁要问，乔·吉拉德到底有着怎样的营销策略，而创造了如此惊世的业绩呢？

广结客户，是他众多营销策略的核心。这一点，乔·吉拉德自己也曾做出过相类似的总结，那就是 250 定律。乔·吉拉德认为，每一位顾客身后大约都站着250个人,这些人是他比较亲近的同事、邻居、亲戚、朋友。如果您赢得了一位顾客的好感,就意味着赢得了与这位顾客比较亲近的250个人的好感;反之,如果你得罪了一名顾客,也就意味着得罪了250名顾客。由于连锁影响,如果一个推销员在年初的一个星期里见到50个人,其中只要有两个顾客对他的态度感到不愉快,到了年底,就可能有5000个人不愿意和这个推销员打交道。由此,他得出结论:在任何情况下,都不要得罪哪怕是一个顾客。

而当一个陌生人,变成了自己认识的人之后,乔·吉拉德又是怎样对待的呢?

乔·吉拉德认为,所有自己已经认识的人都是潜在的客户。对这些潜在的客户,他每年大约寄上十二封信函,每次均以不同的色彩及形状投递,并且在信封上尽力避免使用与他的行业有关的名称。

元月里,他的信函展现的是一幅精美的喜庆气氛图案,同时配以几个大字"恭贺新禧!"下面是一个简单的署名:"雪佛兰轿车,乔伊·吉拉德上。"此外再无多余的话。即使遇上年底大拍卖期,也绝口不提买卖。

二月份,信函上写的是:"请你享受快乐的情人书。"以下仍是简短的签名。

三月份,信中写的是:"祝你圣巴特利库节快乐!"圣巴特利库节是爱尔兰人的节日。也许你是波兰人,或是捷克人,但这无关紧要,关键的是他不忘向你表示祝愿。

然后是四月,五月,六月……

不要小看这几张印刷品,它们起的作用可不小。不少客户一到节日,往往会问夫人:"过节有没有人来信?"

"乔·吉拉德又寄来了一张卡片!"

这样一来,每年的十二个月中就有十二次机会,使吉拉德的名字在愉悦的气氛中来到每个家庭。

吉拉德只是向人们表达他的关心之情,他没有说一句:"请你们买我的汽车吧!"但这种真诚的祝福和问候,不说之说,反而给人们留下了深刻而美好的印象。等到他们打算要买汽车时,往往第一个想到的就是吉拉德。

即便是不认识的人,他也有办法让彼此认识,甚至于成为他的客户,当然,这要通过认识的人介绍了。那么,他是怎样让人主动为他介绍的呢?连锁介绍法是他使用的方法之一。只要任何人介绍客户向他买车,成交后,他会付给每个介绍人25美元。25美元虽不是一笔庞大的金额,但也足够吸引一些人,毕竟只随口说说,就有可能赚到25美元。

哪些人能当介绍人呢?当然每一个人都能当介绍人,可是有些人的职位,更容易介绍大量的客户,乔·吉拉德指出银行的贷款员、汽车厂的修理人员、处理汽车赔损的保险公司职员,这些人几乎天天都能接触到有意购买新车的客户。

当然,那些做介绍人的,又是怎样相信乔·吉拉德的呢?这就是乔·吉拉德严格讲究诚信的结果。乔·吉拉德说:"首先,我一定要严格约束自己

'一定要守信'、'一定要迅速付钱'。例如当买车的客人忘了提到介绍人时,只要有人提及曾介绍约翰向我买了部新车还没收到介绍费,我一定告诉他:'很抱歉,约翰没有告诉我,我立刻把钱送给您,您还有我的名片吗?麻烦您记得介绍客户时,把您的名字写在我的名片上,这样我可立刻把钱寄给您。'有些介绍人,并无意赚取25美元的金额,坚决不收下这笔钱,因为他们认为收了钱心里会觉得不舒服,此时,我会送他们一份礼物或在好的饭店安排一餐免费的大餐。"

乔·吉拉德自己总结出的250定律告诉我们:必须认真地善待身边的每一个人,因为每一个人的身后,都有一个相对稳定的、数量不小的群体。善待一个人,就像拨亮了一盏灯,照亮的是一大片。另一方面也告诉我们,在任何情况下,都不要得罪哪怕是一个顾客。

诚交天下,广结客户,认真地善待身边的每一个人,使乔·吉拉德成为世界上汽车直销最多的一位超级销售员,并且使其名字几乎成为传遍全球的"销售员"的代名词。

不结怨仇

常言道:冤家宜解不宜结。在为人处世中,我们要多栽花,少种刺,多交朋友,少树敌人,广伸援手,不结怨仇。如此,我们的人脉网才会越织越密实,面前的道路也会越走越广阔。

公司的部门经理最喜欢的娱乐活动就是国际象棋,他常和业务部的主管哈利一起切磋,每每棋逢对手,难分大的输赢。

这一天,经理觉得哈利的棋艺大有长进,走出了许多新的招数,自己从来没见过,自然招架不住,竟连败两局。败了也就算了,还败得惨不忍睹!回到家里,那两场凶险局势还在脑海折腾,不禁越想越气!这哈利平素直言直语,好像也并没有把自己放在眼里,哼,不杀杀他的威风,我的形象还怎么维持?于是,便找到人事部的洛吉,让他尽管找一个理由,把哈利炒掉。

原来,哈利不懂得逢迎和讨好,又喜欢逞强,把最近学的花样一股脑儿地都用上了,而且想试试其威力,便只顾勇猛厮杀,全然忘了坐在自己对面的是部门经理。洛吉平时也和经理一起下过棋,自然知道经理下棋的品性,估摸着事情也由此而来。洛吉没有表示出自己内心的反对,只是点了点头忙自己的事去了。

周末过去了,经理自己觉得甚是无理,便试着问洛吉说:"哈利的事你处理得怎么样了?"

"哦!最近员工培训的事有点忙,如果你确定那样做对帮助别人就是帮助你自己公司有好处,我会尽快处理……"

见洛吉还没有行动,经理正好顺水推舟,作罢了事。为了这种惊险不要再次出现,洛吉还是婉转地提醒哈利说:"下次,你别把经理的老帅逼得太惨了;要是惹恼了他,他也会逼你的,毕竟他是我们的'帅'呢!"

"哦,那是,那是!多谢你的提醒。"

简简单单一句玩笑话,哈利明白了其中的意味。从那以后,经理觉得洛

吉善解人意，值得信任；而哈利呢，自然也认为洛吉很够朋友，对他感恩戴德。

如果洛吉真的按经理起初的交代去做，把哈利开除了，不单直接得罪了哈利，恐怕经理日后觉得心中有愧时，也会怨怪洛吉不会做事，没有及时给以必要的提醒。洛吉一不直接反对，二冷静拖延，三婉转提醒，这样才没有让经理在一时冲动之中酿成大错，同时又含蓄地让哈利明白了自己的“罪过”，不引人生怨，不与人结仇，巧妙地化解他人之间的恩怨，建立起自己良好的人脉网。

以恩报怨

一次，有人告诉前总统林肯，说国防部长斯坦顿曾在背后骂他是“该死的傻瓜”。明显这是传话人从中挑拨离间，想讨好总统而搬弄是非故意制造事端。

岂料林肯总统非但没有表现出对国防部长的一丝怀疑和怪罪，相反心平气和地说道：“如果斯坦顿对我的评价是一个该死的傻瓜，那么很可能我就像他所说的那样。我深知他的为人，办起事来也十分认真，而且所说之话十有八九都是正确的。”

一传十，十传百，林肯的话很快就传到了斯坦顿的耳朵里，他深受感动，觉得自己非常惭愧，并主动向林肯表示了他崇高的敬意和歉意。

回想林肯听到传言时，虽然意识到国防部长对自己有意见，但是如果自己当场否定他，事情必定只会越来越糟。而如果他在众人面前能表明自己对斯坦顿的信任和肯定，有意识地借“义务传声筒”将话传回去，反而可以促进对方调整自己的言行。

安上抚下

陈经理是一家公司的部门经理。有一次，他在工作上不小心出了一个小疏忽，但却导致公司蒙受了不小的损失。为此他受到了公司总经理的严厉批评，并扣发了他们部门所有职员的月度奖金以示惩罚。

大家得知此事后，满腹牢骚，认为这纯属陈经理一人出的纰漏，凭什么责任却要由大家来承担。一时间，大家你一言我一语地埋怨，陈经理坐也不是，站也不是。

这时候，秘书罗明站了起来，力排众议地对大家说："刚才总经理说话的时候我也在场，其实陈经理在受到批评的时候还为大家据理力争，说全部责任只在自己，应该自己一人承担，跟大家没有关系，要求总经理只处分他自己而不要扣大家的奖金。"

听到罗明这么说，大家的情绪基本上平伏下来，对陈经理的气也消了一半。罗明又接着说："从总经理那里回来的路上，陈经理很难过，表示下个月一定要补回奖金，想办法把大家的损失通过别的方法弥补回来。"停了停，又说："其实这次出的纰漏，除陈经理负主要责任外，我们大家也有一定的责任。我觉得我们大家应该体谅陈经理的处境，齐心协力，把公司业务搞好。"

办公室里即时安静了下来，迅速进入了工作状态。后来，陈经理果然推出了一系列可行方案，进一步激发了大家的热情。大家的收益自然也水涨船高。

秘书罗明的仗义执言，安抚了大家的情绪，使尴尬的气氛得以缓解，调解工作获得了很大的成功。其实，这类事情并不属于秘书的职权范围之内，但罗明的做法却解脱了陈经理的困境，化解了其尴尬，使其心情豁然开朗，从而在大家的支持下，激发了新的工作干劲。对罗明，陈经理自然也是从此青眼有加，多有照顾。

在工作做事时，谁都难免出现错误而受人误解或埋怨，而陷于尴尬境地。在此时，只要是力所能及，我们都该尽可能地伸出援助之手，为其沟通彼此之间的关系，化解其困境。

在别人尴尬的时候，如你实在不便插话帮助解围，那么最好的办法就是装作不曾看见，保持沉默，或暂时离开，让别人能够无所顾虑地处理这些意外，对自己的难堪也就能够心平气和了。切忌在别人出洋相的时候发出笑声，这是极不礼貌的举动，也可以说是对别人的侮辱。尽管你在笑时并无恶意，但在别人看来会认为是对自己出丑的嘲弄，而感觉受到侮辱，从而破坏彼此的关系。

24计 软磨硬泡

古今中外大量成功者的故事告诉我们，"只要瞄准目标，坚忍不拔，软磨硬泡，不懈地坚持下去，总有成功的一日。"遇到了困难，或面对似乎难以逾越的障碍，有心者或者软磨，想尽种种办法去求取，或者硬泡，坚忍不拔地去突破困境。经历了一次次沉重的打击，其他人都已觉得希望渺茫，但他还是有勇气坚持下去。他相信，只要自己有足够的柔软，又有足够的强硬，只要自己不懈地坚持下去，再假以时日，世界上没有多少事物能耐得住这软硬两方面的消磨。

在事情比较艰巨、棘手的情况下，人们往往能看见一些软硬兼施，双管齐下的招数。在与人竞争、冲突中，大多数人欺软怕硬，也有人只服软不怕硬,有人软的硬的都不吃,但软硬齐下时未必能承受多大的压力,这么看来,软硬兼施,其效果还是很不错。这一点,可以从一些古语中得到证明。先礼后兵,其实也就是先软后硬;外交以军事作后盾,乃是软中有硬;有人唱黑脸,有人唱白脸,说的是在与人争辩、谈判或争斗时,有人恶言相向,有人好言好语,有人动辄发火,有人斯斯文文,有人凶神恶煞,有人和和气气,有人刀枪棍棒,有人拉拉扯扯,如此软硬兼施,对方如不是软硬更强的话,便只有退让服输的份儿了。

一试再试

日本松下电器公司总裁松下幸之助出身贫寒。年轻时到一家电器工厂去谋职,这家工厂的人事主管看着面前的小伙子衣着肮脏、身体瘦小,觉得不理想,随口说:"我们现在暂不缺人,你一个月以后再来看看吧。"

这本来是个推辞,没想到一个月后松下真的来了,如此反复了多次,人事主管只好直接说出自己的态度:"你这样脏兮兮的,是进不了我们工厂。"于是松下立即回去借钱买了一身整齐的衣服穿上,再次回来面试。这位人事主管看松下如此实在,只好说:"关于电器方面的知识,你知道得太少了,我们不能要你。"

两个月之后,松下又一次出现在人事主管面前:"我已经学会了不少有关电器方面的知识,您看我哪方面还有差距,我一项项来弥补。"

这位人事主管紧盯着态度诚恳的松下看了半天,才说:"我干这一行几十年了,还是第一次遇到像你这样来找工作的。我真佩服你的耐心和韧性。好吧,你明天就来上班吧。"

正是松下幸之助这种不轻言放弃的精神打动了主管,他得到了这份工作。在这家电器工厂中,松下勤勤恳恳地工作,并且不断努力汲取电器方面的知识,逐渐成为电器行业非凡的人物。

有志于事业的人士都会全身心投入事业,他们不为失败而痛苦,不因困境而绝望,坚忍不拔、不屈不挠,极少半途而废。遇到困难,或面对似乎难以逾越的障碍,他们总是或者软磨,想尽种种办法去求取,或者硬泡,坚忍不拔地去突破困境。经历了一次次沉重的打击,其他人都已觉得希望渺茫,但他还是有勇气坚持下去。他内心明白,只要自己坚持下去,就总有希望。

同样的故事发生在微

软的一家分公司。

一天，一家微软分公司的外籍总经理接待了一位据说是前来应聘的年轻人。但公司最近并没有刊登过招聘广告。看见总经理一脸疑惑，年轻人便客气地用不怎么熟练的英语解释说，自己碰巧路过这里，因久慕微软大名，心下一动，就贸然进来了。总经理听了颇感新鲜：对方也许真是个人才呢？或者给他个机会？便笑着说那今天就破例一次。

面试的结果让总经理大失所望。这是他所经历过的最糟糕的一次面试。对方只是中专学历，与微软所要求的本科学历相差太远，对软件编程也不熟，对许多专业性问题，有时答非所问，有时根本回答不上来，面试中双方多次陷入尴尬的局面。

总经理很失望，于是对年轻人说："你知道，微软公司人才济济，从高层管理到低层专业技术人员都堪称业界精英。你并不符合我们的要求。"

年轻人歉意地说："对不起，这次是因为我事先没有准备。"

"他只是找个托词下台阶，"总经理心想，于是随口说道："那好，我给你两个星期时间，等你准备好了再来面试。"

年轻人道谢后离去了。总经理想，他一定知难而退，不会再来了。

事实恰恰相反。年轻人并不气馁。回去后，他马上去图书馆借了计算机编程专业的书籍，昼夜苦读了两周。然后他又去了微软。外籍总经理没有想到对方竟然真的来了，但他想自己既然承诺了那是要兑现的。这一次，年轻人对相关的专业问题已基本能应付下来了，但其编程知识与微软所要求的软件工程师水平仍然相差得过于悬殊，所以仍没有通过面试。但在短短两周时间，能有如此进步实属不易，其敬业精神和学习能力足以令人刮目相看。总经理想了想，建议性地问对方对微软的其他岗位是否感兴趣，比如销售。年轻人对于销售一窍不通，但他接受了建议。于是总经理让他一周后再来。

年轻人又花了一周时间埋头苦读了一些关于营销的书籍。一周后，虽然在这方面的知识进步不小，但他仍没能通过面试。总经理觉得惋惜，同时也觉得好奇，于是问年轻人为何非要应聘微软。年轻人的回答令人大感意外，他说："其实我知道微软录用人时的苛刻条件，也并非一定要应聘微软，只是觉得哪怕就算不行，那也是积累了一定的应聘经验。"总经理惊讶和佩服之余，决定再给小伙子一次机会。其结果是，年轻人在微软总共面试了五次，前后达两个多月的时间！

第五次面试时，当年轻人刚跨进总经理办公室，总经理便对他宣布，其实在第三次面试时他就已经被微软吸纳为其中的一员了。其理由是：第一，他接受新东西的速度非常快，而且做事的态度非常认真努力，这说明他是一个有发展潜质的不可多得的人才；第二，尽管他没有公司所要求的文凭，但微软将来的希望就寄托在这些敢作敢为、努力认真的年轻人身上；第三，每次应聘他都没有退缩，这说明他乐观积极、心态健康、勇于尝试、敢于接受挑战，不放过哪怕百分之一的机会，具备强者的素质。微软不只需要有知识和技能的员工，还需要那些具备勇气和毅力的人！

不久，年轻人就得到了微软公司的重点培训。

敢于软磨硬泡，不惜一试再试的人，至少有潜力有信心有胆魄不怕挫折，正如外籍总经理所分析的，总之是必有其过人之处。要知道，一个子庸的人物，是绝做不出这般的举动来。

百折不挠

岛村芳雄，当年在东京一家包装材料店当店员时，还要养活母亲和三个弟妹。因此他时常囊空如洗。有一天，他在街上漫无目的地散步时，看到无论是小姐，还是妇人，在拎着自己的皮包之外，都还提着一个纸袋——这是买东西时商店送给她们装东西用的。他自言自语："嗯！这样提纸袋的人最近越来越多了。"这样一想，整个的心就被纸袋和绳索占住了。

两天后，岛村芳雄到一家跟商店有来往的纸袋工厂参观。果然，正如他所料，工厂忙得不可开交。参观之后，他怦然心动，想到将来纸袋一定会风行全国，做纸袋绳索的生意错不了的，遂决定无论如何非大干一番不可。

岛村芳雄虽然雄心勃勃，但身无分文，无从下手。一段时间内，资金问题一直困扰着他，最后他决定到各银行试一试。一到银行，他就对纸袋的使用前景、纸袋绳索制作上的技巧、他独创的原价推销法以及事业上的展望等，详细地解说一番。每一次他都说得口干舌燥，但每一家银行负责人听了他的打算之后，都冷冷淡淡地不愿理睬他，甚至有的银行以对待疯子的态度来对待他。几番碰壁之后，岛村芳雄改变了自己的策略，决定把三井银行作为目标，集中精力去冲击。

然而岛村芳雄疯狂般的热心，在三井银行也没有得到同情。起初银行职员们也是态度冷淡，不愿听他说话。过了几天，大家对他蔑视的态度就逐渐表面化，终于耐不住厌烦地大发脾气，一看到他就怒目而视。有时他一来，大家就发出一阵哄笑来取笑他，有时干脆把他赶了出去。

但岛村芳雄不达目的决不罢休。前后三个月，岛村芳雄经受了六十八次的拒绝，总是不放弃，也不死心。到了第六十九次，三井银行的负责人，一来是被他这般软磨硬泡缠得实在不耐烦了，想想自己再不答应还不知道要被他折磨到何时；二来，人非草木，孰能无情，他们也被岛村芳雄那煞费苦心，百折不挠的意志力所感动，便最后同意贷款100万日元。

当朋友和熟人知道岛村芳雄获得银行贷款100万日元的情形后，无不为之感动,便也都愿意借钱给他。岛村芳雄很快就又筹集了100万日元的创业资金。于是他辞去了店员的工作,设立商会,开始绳索贩卖业务。他深信,虽然他的条件比别人差,但用自己独创的"原价销售法"干下去,一定能在竞争激烈的商业界站稳脚跟。

岛村芳雄坚持按进价批发给各地的零售商。各地的零售商见在他这儿批发绳索很是有利可图,都纷纷来他这儿拿货。因此,创业两年间,岛村芳雄的"原价销售法"使他很快就赢得了业界的信任,顾客自动替他宣传,使他无往而不利。短短几年间,他就从一个穷光蛋,摇身一变成了日本绳索大王。

一般创业者囿于自身条件所限,在创业之初总会遇到或多或少的磨难与波折。如果没有坚忍不拔的意志力,只怕是创业之初,一遇到较大的磨难,心中的退堂鼓声便已敲得叮咚响了。岛村芳雄经受了68次的拒绝,终是不放弃,也不死心,正所谓"别人都已放弃,自己还在坚持;别人都已退却,自己仍然向前;看不见光明、希望却仍然孤独、坚韧地奋斗着。"银行之所以放下它高贵而冰冷的面纱,答应借钱给这个穷光蛋,实在是被岛村芳雄那煞费苦心,百折不挠的意志力所感动;他们想到这样的人创业不成功还有谁能成功,何况熟悉了他的"原价销售法"之后,觉得也不无可行性,便也不十分担心他还不起贷款了。

死缠烂打

高芾《野史记》讲述了这么一个"民国催债第一高手"的故事。

"要知道谁是民国催债第一高手,先得知道谁是民国赖账第一高手。"高芾说,这赖账高手当然要算是袁世凯了。为什么这样说呢?民国首任总统袁世凯,在洪宪帝制发动前,曾组织了一个近千人的国民代表大会,一致推戴他当皇帝。这些代表们自以为拥戴有功,富贵在望,天天在京城花天酒地,任意挥霍,欠下烂账无数,都等着皇帝老儿给他们埋单。到头来,却是富贵如浮云,谁都没想到老袁过河拆桥,每个代表只发一百元大洋。一时间怨声载道,代表们无一不是离开京城时还欠了一屁股烂账。高芾说:"以曹锟后来贿选总统时每票两万元计,这笔赖账足足有将近两千万袁大头。"

帝制失败,袁世凯退位后,催债第一高手即时出场。这人姓周,人称周妈,她的委托人,是其主人兼姘头,筹安会首领杨度的老师,湖湘第一才子王闿运。这又是一笔什么账呢?

还是老袁在谋划当皇上时,觉得王闿运是当世大名士,便托人说项,请他列名为劝进领袖。王闿运自是无可无不可,只回信说:"王某这个名字,每字要卖十万金!"老袁为了自己的皇位顺利,一口答应,指令湖南都督如数拨给。当时,湖南借口现钱不足,先只付了一半。

谁都没料,帝制很快就被取消,湖南独立,这笔陈年烂账自然就此抹掉了。王闿运便委派第一号心腹周妈为全权代表,来京城催债。老袁以前所赖巨额款项一事,周妈心中有数,自然是有备而来。

老袁也没想到这笔破账还留了个尾巴。想打个电话到湖南那边问问吧,眼下情势大变,此一时彼一时也,便只好回转来和周妈喝茶,想办法应付过去。因其对话精彩,高苇便照实录了下来,现转摘于此。

袁世凯:不管钱有没有到位,我的事业已经失败,你家主人怎么还能来要债呢?

周妈:我们家老王列名,只是负责劝进,你成不成功,我们哪个能担保咯?我家老王八十多岁了,从来没有离开过我一天,现在派我来北京,已经十天了,不知道多想念我呢。你一个大总统,动辄耗财百万,不在乎这些个小数,做么子不把钱给我,好拿回去让我家老王高兴高兴呢?

袁世凯(温和而诚恳地):你既然怕主人孤寂,我这里一时款项又不充足,不如你先回湖南,我筹足款再给你寄过去如何?

周妈(不高兴地):老婆子奔走几千里,专为取款而来,现在两手空空回去,怎么对得住我家老王嘛!大总统,你行行好吧,把钱给我,我马上就走!

这一顿茶,吃来吃去总是不得安妥。老袁想把周妈晾一边,可是周妈每天会去春藕斋吵闹一通;老袁躲开吧,她就遍搜各位姨太太的房间,反正她在袁府也住熟了。最后老袁发火了:我就不给你钱,你能怎么样?

周妈:不给钱,我就不走!

袁世凯:你不走,我就不能赶你走吗?

周妈:赶我也不走!

袁世凯(大怒):莫非我就不能杀了你吗?

周妈(亦大怒,撒泼):你杀,我让你杀!你先求我家老王,现在不给钱,还要杀我,传出去才好听哩!你能杀人,不去杀西南诸省的乱党,倒来杀我一个老婆子,什么意思嘛?到时候外面都会说:袁大总统当不成皇帝,杀一个老婆子,赖掉十来万块钱,也是高兴的。莫忘了,我家老王还有一枝史笔,你就不想想你会在历史上成一个啥人!好,要么杀我,要么给钱,你决定吧!这该死的老王,他让我来北京送死……呜呜呜呜呜……

就这样一番较量,袁世凯是拖延耍赖,软硬兼施,周妈是撒泼哭闹,死缠烂打,表现出了极高的缠磨工夫。其结果,周妈大获全胜,拿钱走人。袁世凯面对一个横了心的老妈子,束手无策,有心赖账没赖成,反而被大大地羞辱了一番。有意思的是,周妈拿钱走后没几天,袁世凯就一命归西了。

软硬兼施

美国密德兰地区,一位搞技术的工程师,由于遇上了经济大萧条,便只好结束了他那曾经有过一段辉煌时间的顾问公司。当经济大萧条过后,这位工程师又想东山再起,第二次创业,因此千方百计地想争取当地一家银行的贷款。

虽然工程师过去所经营的顾问公司一直和这家银行保持良好的关系,银行也一直认为他所经营的公司是一家相当健全的企业,但出于各种各样的考虑,这家银行不愿意给予他太多的贷款。

经过一段时间的诚意商谈,总是没有结果,万般无奈,工程师终于想到了另外一种方式——采取一种强硬的姿态,先削弱对方的立场。于是,他便让会计部门整理出好几条抗议事项,直接提交银行,表示自己的抗议。

银行对于客户的这种抗议,显然有些措手不及。银行经理便立刻打了道歉电话。但电话中,工程师又以银行办事能力太差,办手续太慢,致使该公司进口某项产品的计划被拖延而蒙受重大损失,大表不满。

恰巧在这时,因为这家银行职员的一时疏忽,使得原本早该到工程师账户上的一笔款项,竟迟迟不能到账。借着这个机会,工程师借题发挥地大发雷霆,正好把该银行以往所犯的错误全部列举出来,要银行对此做出解释,并提出具体的解决办法。

半个月之后,这位工程师认为时机已经成熟了,便打电话给那位银行经理。此时,那位银行经理心中甚是窝囊,根本没想到一家银行竟然会有如此弊端,心中早已做了最坏的打算,准备接受工程师的任何严厉的批评。让他意外的是,工程师对于过去所发生的事情竟然一字不提,反而以轻松的语气向他问道:"对于两年以上的私人贷款应该怎么样算法?"料想中的银行方面会遭受到的激烈的攻击,竟化为无形,银行经理自是大大松了口气,便将利息的算法详细地作了一番说明。

"这样的贷款是不是一般市面上最有利的贷款方式?"工程师问。

"当然!"银行经理赶快回答,"据我所知,这是目前最有利的一种贷款方式。"为了不和这位难缠的客户节外生枝,经理赔着小心肯定地复述了一遍。

"要是我想从你们这儿按您刚才所说的这种贷款方式获得一笔贷款,作为我再次创业的资金,您看能行吗?"

"我想应该没多大问题。这么着,咱们见个面具体商谈商谈。"经理回答。

结果,工程师期望的一笔不小的贷款,如愿以偿。

在事情比较艰巨、棘手的情况下,人们往往能看见一些软硬兼施,双管齐下的招数。在与人竞争、冲突中,大多数人欺软怕硬,也有人只服软不怕硬,有人软的硬的都不吃,但软硬齐下时未必能承受多大的压力,这么看来,软硬兼施,其效果还是很不错。这一点,可以从一些古语中得到证明。先礼后兵,其实也就是先软后硬;外交以军事作后盾,乃是软中有硬;有人唱黑脸,有人唱白脸,说的是在与人争辩、谈判或争斗时,有人恶言相向,有人好言好语,有人动辄发火,有人斯斯文文,有人凶神恶煞,有人和和气气,有人刀枪棍棒,有人拉拉扯扯,如此软硬兼施,对方如不是软硬更强的话,便只有退让服输的份儿了。

缠你不休

大凡进过情场的人都知道,谈恋爱得有缠的工夫。可以说,这世间,几乎每一份恋情都有缠意在其中。恋爱要缠,缠得深可见其痴情深深,缠得绵可见其柔情蜜意,缠的紧让对方避无可避,缠的长更是日久生情。在平淡而单调的日子中,能有这般死缠烂打的人守在自己身边,至少也是一种新奇一种趣味一种刺激一种骄傲,即便不是自己的理想自己的选择,也多半不会过于冷漠拒人于千里之外。而随着时日一长;稍有不慎,或不知不觉地做了人家的俘虏,也是常有的事。

都说"女怕缠郎",生活中还就有这么回事。在男女恋爱上,一般都是

女孩采取被动,等着小伙子的主动追求。这样一来,她要找到对象一般就在这前来追自己的小伙子中挑选了。如果有这么一个小伙子,死缠烂打的天天守在一个女孩身边,使得其他的小伙子要么找不到机会接近,要么误以为她已名花有主,那么这女孩在痴情动心下,在一避再避,终无可避的情况下,在青春易逝花易飘零的时光催逼中,即便是有些勉强,也多半会考虑答应这位小伙子的追求。毕竟,他是身边唯一的深爱自己的男人。

男追女,隔重山;女追男,隔层纱。小伙子死缠烂打追女孩,尚且如此,反过来如果是一个女孩使劲地缠着一个小伙子,那小伙子要么是及早切断,不让女孩再缠下去,要么在女孩一再的柔情攻势下,多半会举手投降。

谈恋爱本来就是闲谈、瞎扯、胡缠、慢慢消磨中培养情感。因此,软磨硬泡,死缠烂打,更能显示其工夫。即便对方没有爱意,全无好感,自也不打紧。毕竟,爱情无罪。但是,切不可因为这样,便肆意胡来,或者不论是非,不讲原则,不顾一切瞎缠乱打。要知道,不管是在情场上,还是别的什么场上,都要保持自己的良好形象,维护双方的尊严和面子,掌握事情的原则和分寸,有所为还要有所不为。曾有这么一个让人伤感的爱情故事。

有一个男孩爱上了一个女孩,经过了一段时日的拍拖后,他决定向女孩求爱,并且发誓缠你不休到尽头。

第一次求爱,女孩拒绝了他。其实当时女孩是有心试探他的情意真假,也为了自己的矜持。面对拒绝,男孩惊惶失措,然后哭了起来。男孩的眼泪让女孩子突然间感到有些失望。女孩说:“你这么脆弱,这么不爱惜一个人的坚强形象,一个男人没有坚强的肩膀,我一个女孩怎么敢托付终身呢?”

男孩没有动摇爱意,一年后他第二次向她求爱。这时他坚强了许多。其时女孩情绪低落,不敢轻易许诺,又拒绝了他。她没想到的是,男孩竟“扑通”一声跪在她面前,苦苦哀求起来。女孩更加失望了,摇摇头说:“你这么不爱惜自己的尊严,又怎么懂得尊重别人,爱惜我们的情感呢?”

男孩仍然不死心。第三年,他第三次向她求婚。三年过后,男孩已经变得十分成熟,性格也坚强多了。这时,女孩早已心动,她在心中即时便答应了他的求婚。只是,在话语出口的时候,她忽然心念一转,何不再最后看看他的反应,于是又镇静地拒绝了他。

女孩万万没想到的是，这个坚强的男孩强硬得有如江湖强人，只见他立刻从怀里掏出一把匕首，寒光一闪，他的一根指头立刻离开了自己的身体，血流汩汩的男孩向她逼问："你到底答不答应？"

女孩彻底失望了，最后一次，这一份爱情。才动心便又死心了。她对男孩说："我花了三年的时间来启发你，却仍然没能让你真正地懂得爱情。你连自己的身体都不爱惜，你还会爱惜我吗？你会爱惜我们的亲人吗？算了吧，三年时间不短了，不要再白费心机了。这是你我最后的一天。"

死缠烂打，缠你不休，爱情不只是一种目标，不达目的誓不罢休：爱情是双方身心的相扶与共，相伴缠绵的旅程。如果肆意胡来，或者不论是非，不讲原则，不顾一切瞎缠乱打，将爱情当做一种猎物死死的追求，那么，即便到手后，爱情已经是面目全非或早已溜走了。

25计 重人爱人

杜威教授曾这样说过："自重的欲望，是人们天性中最急切的要求。"贾姆斯博士也说："人们天性的至深本质，是渴求为人所重视。"人人都希望得到他人的尊重，都希望自己在别人眼里显得重要，这是人的一大心理需求。

尊重对方的威严，使对方显得重要，满足对方的自尊自重之心，使对方感觉愉快，如是，对方便也会乐于尊重你的威严，照顾你的意愿，尽可能地帮助、支持你，也使你感觉愉快。这是人际交往黄金定律的一条推论：尊重他人，就会赢得他人的尊重；关爱他人，就会获得他人的关爱：宽容他人，别人就会宽容自己。一句话，重人爱人，就是重己爱己。

一个有修养、懂得重人爱人的人，才能用一颗真挚的心去感受他人的关爱和友谊，用一颗包容的心去感受他人的冲动和错误，用一颗同情的心去体会别人的苦难和不幸，用一颗火热的心去鼓舞对方的信心和勇气，让对方感觉到自己很重要，让对方的生活更加美好。这样的人，无论走到哪里，也都会赢得他人的尊重和关爱。

以礼待人

有一批耶鲁大学的应届毕业生，共二十多人，实习时被导师带到华盛顿的国家某实验室里参观。全体学生坐在会议室里，等待着实验室主任胡里奥的到来。这时，有位秘书给大家倒开水，同学们表情木然地看着她忙活，有一个同学还问道："有黑咖啡吗？天太热了。"

秘书回答说："真抱歉，刚刚用完。"

当秘书到了一个叫比尔的学生面前，为他倒水时，他轻声地说："谢谢，大热天的，辛苦了。"

秘书抬头看了他一眼，满含着惊奇，虽然这是很普通的客气话，却让她感到温暖，这是她当时听到的唯一的一句感谢话。

门开了，胡里奥主任走进来和大家打招呼。不知怎么回事，会议室里坐了二十多人，却是静得出奇，竟没有一个人回应。比尔左右看了看，犹犹豫豫地鼓了几下掌，同学们这才稀稀落落地跟着拍起手来，由于掌声不齐，显得零乱而苍白。

胡里奥主任顿了顿，挥了一下手，开始向同学们介绍说："欢迎同学们到这里来参观。平时这些事一般都是由办公室负责接待，因为我和你们的导师是老同学，非常要好，所以这次我亲自来给大家讲一些有关的情况。我看同学们好像都没有带笔记本，这样吧，秘书，请你去拿一些我们实验室印的纪念手册，送给同学们作个纪念。"

接下来，更尴尬的事情发生了，大家都坐在那里，一个个很随意地用一只手接过胡里奥主任双手递过来的纪念手册。

胡里奥主任的脸色越来越难看。

当他走到比尔面前时，比尔礼貌地站起来，身体微倾，双手接过纪念手册，恭恭敬敬地说了一声："谢谢您！"

胡里奥主任闻听此言，不觉眼前一亮，用手拍了拍比尔的肩膀："你叫什么名字？"

"我叫比尔。"

胡里奥主任点头微笑着。在送完最后的几本纪念手册后，他回到了自己的座位上。

早已汗颜的导师看到此情景，才微微松了一口气。

两个月后，在毕业生的去向表上，比尔的去向栏里赫然写着某军事实验室。有几位颇感不满的同学找到导师问："比尔的学习成绩最多算是中等，凭什么选他而没选我们？"

导师看了看这几张尚属稚嫩的脸，笑道："比尔是人家实验室点名来要的。其实，你们的机会不仅是完全一样的，而且你们的成绩还比比尔好；但是除了学习之外，你们需要学的东西还有很多，礼貌便是其中重要的一课。"

后来，导师给全班同学留下了这样的临别赠言："礼貌是很容易做的事情，也是很珍贵的事情。礼貌是良好修养中的美丽花朵，是通行四方的推荐书，是人类共处的得体服饰。礼貌无需花费一文，却能赢得许多。"

常言道，礼多人不怪。诚恳、恭敬，待人以礼，与人说话时使用礼貌性的用语，都是对他人的一种尊重。一个连基本礼貌都做不到的人，很难得到他人的尊重。

照顾对方的意愿

人际关系学家卡耐基曾讲述过这样一个故事。

在长岛，一位苏格兰人，在一位汽车商人那儿看了一辆又一辆车子，但总感觉不大如意。不是这不适合，就是那不好用，或者价格太高，或者别的什么。为此，这位商人也头痛得紧，不知道如何应付这样挑剔的顾客。于是，他就向卡耐基培训班上的同学寻求对策。

得到的答案是，停止向这位苏格兰人推销，而让他自己选择自动购买。他们说，不必告诉这位苏格兰人怎么做，为什么不让他告诉你怎么做？你要让这位苏格兰人觉得出主意的人是他才好。

几天之后，当有位顾客希望把他的旧车子换一辆新车时，这位商人就开始尝试这个新的方法。他知道，这辆旧车子对这位苏格兰人可能很有吸引力。于是，他打电话给他，请他能否过来一下，特别帮个忙，提供一点建议。

苏格兰人来了之后，汽车商说："你是个很精明的买主，你懂得车子的价值。能不能请你看看这辆车子，试试它的性能，然后告诉我这辆车子，应该出价多少才合算？"

苏格兰人的脸上露出一个大大的笑容。终于有人来向他请教了，他的能力已受到赏识。他把车子开上皇后大道，一直从牙买加区开到佛洛里斯特山，然后开回来。

"如果你能以三百美元买下这部车子，"他建议说，"那你就买对了。"

"如果我能以这个价钱把它买下，你是否愿意买它？"汽车商问道。

三百美元？这是自己的主意，自己的估价。苏格兰人心想，那多划算。这笔生意立刻成交了。

让他人觉得办法是他自己想出来的，这样事情会变得顺利得多。没有人喜欢被强迫购买或遵照命令行事，我们宁愿觉得是出于自愿购买东西，或是按照我们自己的意愿来做事。谁都很高兴有人来探询自己的愿望、需要以及想法，这是对自己意愿和能力的尊重，可以带来极大的满足感。

照顾了对方的意愿，而又达成了自己的目标，双方满意，皆大欢喜，这是最巧妙最理想的事情。

使对方显得重要

美国前总统西奥多·罗斯福，政绩显著，享有盛名，这一点世人皆知。但人们未必知道的是，他在待人处世方面也很有一套。这里我们来看一下，当他还是纽约州州长的时候，处理事情的一个妙招。

当政府中某一个重要职位空缺时，作为州长的罗斯福就邀请所有的政治领袖推荐接任人选。"起初，"罗斯福说，"他们也许会提议一个很差劲的党棍，就是那种需要'照顾'的人。我就告诉他们，任命这样一个人不是好政策，大众也不会赞成。

"然后他们又把另一个党棍的名字提供给我，这一次是个老公务员，他只求一切平安,少有建树。我告诉他们,这个人无法达到大众的期望。接着我又请求他们,看看他们是否能找到一个显然很适合这职位的人选。

"他们第三次推举的人选,差不多可以但还是不太行。接着,我谢谢他们,请求他们再试一次,而他们第四次所推举的人选就可以接受了。于是,他们就提名一个我自己也会挑选的最佳人选。我对他们的协助表示感激,接着就任命那个人——我还把这项任命的功劳归之于他们……我告诉他们,我这样做是为了能使他们感到高兴,现在该轮到他们来使我高兴了。

"而他们真的使我高兴。他们以支持像'文职法案'和'特别税法案'这类全面性的改革方案,来使我高兴。"

罗斯福尽可能地向其他人请教,并尊重他们的忠告。当罗斯福任命一个重要人选时,他让那些政治领袖们觉得,他们选出了适当的人选,完全是他们自己的主意。

虽然这只是罗斯福的做法之一,但它表现了罗斯福以人为本,尊重自己的同仁甚至政敌,使他们显得重要的非常有效的处世之道。凭着这一处世之道,罗斯福一方面致力于改革,强力推行一些于民众非常有益但上层人物不见得乐意接受的措施,另一方面又努力和政治领袖们保持着良好的关系,将这二者之间的矛盾轻松化解,同时也迎来了自己政绩的辉煌。

人人都希望得到他人的尊重,都希望自己在别人眼里显得重要,这是人的一大心理需求。杜威教授曾这样说过:"自重的欲望,是人们天性中最急切的要求。"贾姆斯博士也说:"人们天性的至深本质,是渴求为人所重视。"

尊重对方的威严,使对方显得重要,满足对方的自尊自重之心,使对方感觉愉快,如是,对方便也会乐于尊重你的威严,照顾你的意愿,尽可能地帮助、支持你,也使你感觉愉快。

关爱他人

我们知道,世界上直销汽车最多的乔·吉拉德,最多的一年竟卖了1425辆汽车。这里我们且来看看,在广结客户的大策略下,乔·吉拉德又是如何同每一位客户面对面交往的。不妨随意看看其中一辆是怎样出售的。

有一位女士为了消磨时间,便随意步入了吉拉德的展厅。自然,吉拉德向她表示了礼貌的问候,并问她是否可以为她效劳。"也没什么,"那位女士说,接着她解释说,她准备买对面车行的福特车,但那里的销售员却对她说让她再等一个小时,她就闲步过来随便看看。当她看到吉拉德并不因她不是顾客而冷落她,而是仍然热忱地请她随意看时,她接着又说:"今天是自己五十五岁生日,因此想选购一辆白色的福特车作为自己的生日礼物。"

"生日快乐!夫人。"吉拉德请她随意看看,自己出去交代了一下,然后他诚恳地介绍自己的白色轿车,尽管品牌是雪佛莱而不是福特。这时,女秘书进来递给吉拉德一打玫瑰花,他郑重地把花送给那位妇女:"祝您长寿,尊敬的夫人。"

女士深受感动,眼眶都有些湿润了。她在这里受到了足够的尊重,得到了毫无利益目的的人与人之间的关爱,而福特车行的销售员却见她开着旧车而轻慢了她。她感到自己并不一定非得买福特车,于是放弃了原来的打算,选择了一辆雪佛莱,并写了一张全额支票。

自始至终,吉拉德都没有说过一句劝她放弃原计划,而改买自己销售的汽车之类的话,或表示过这方面的意思。

人与人之间需要互相关爱,需要共同分享,孤独的时候有人温暖,寂寞的时候有人陪伴,冷落的时候有人关爱,憋闷的时候有人说话,痛苦的时候有人分担,忧愁的时候有人宽解。当然,幸福的时候有人分享,快乐的时候有人同乐。只要人人都奉献一点爱,世界将变成美好的人间,人人便会感受到温暖的关爱。如此,古诗人高歌的"海内存知己,天涯若比邻",现代人所盼望的"让世界充满爱",便将不再是遥远的梦。

恩爱宽容

在爱情婚姻中,尊重对方,爱恋对方,一种最重要的表现便是宽容。宽容是爱情婚姻最坚实的基础,只有宽容的心,才能包容深沉而平淡的爱。家庭的和睦幸福,大多缘于宽容;家庭的种种不幸,也大多缘于不够宽容。这一点,鲁斯·哈比博士曾指出:如果每对夫妻都能牢记结婚仪式上的誓言:"我不计较他(她)的一切,我接受对方所有的行为",就会挽回很多家庭的不和、不幸。我们来看看一个婚恋故事的片断。

女人有了情人,要和丈夫离婚。丈夫不同意,女人便没事找事,不时地吵闹,弄得两人没有一天好心情。见事情难以挽回,丈夫无奈之下答应了妻子的要求。

不过,离婚前,他想见见妻子的那一位。妻子满口答应。第二天一大早,女人便把一个高大威猛的中年男人带回家来。女人本以为丈夫一见到自己的情人必定会怒目相向,恶语相加,可丈夫没有。丈夫很有风度地和男人握了握手,之后,他说他很想和对方交谈一下,希望妻子回避一会儿。

女人便遵从了丈夫的建议。站在门外,女人心里七上八下,不知道两个男人在里面谈些什么,更让人担心的是,他们很可能在屋里来个"拳脚交谈"。

女人的担心是多余的。几分钟后,两个男人相安无事地走了出来。在送情人回家的路上,女人禁不住心中的揣测,问道:"我丈夫和你谈了些什么?是不是说我的坏话?"

男人一听,止住了脚

步，他摇摇头说："你太不了解你丈夫啦，就像我不了解你一样！"

女人听完，连忙争辩道："我怎么不了解他，木讷、沉闷、缺乏情趣，家庭保姆似的，简直不像个男人。"

"你既然这么了解他，你应该知道他跟我说了些什么。"

"说了些什么？"女人更想知道丈夫说的话了。

"他说你肝脏不好，但易躁易怒，这样对肝特别不好，结婚后，叫我凡事顺着你；他说你胃不好，但又喜欢吃辣椒，叮嘱我今后劝你少吃一点辣椒。"

"就这些？"女人有点惊讶。

"就这些，没别的。"

听完，女人慢慢低下了头。

男人走上前，抚摸着女人的头发，慢慢地说："与你结识了这么长时间，你肝不好胃不好，我都不知道，还和你一起常常猛吃辣椒。你丈夫是个好男人，他比我心胸开阔。回去吧，现在还来得及，他才是真正值得你相伴一生的男人，他比我和其他男人更懂得怎样爱你。"说完，男人转过身，毅然离去。

望着男人远去的背影，女人竟没有过多的留恋之意。她想得更多的是，自己仿佛刚刚才做梦醒来，眼前竟是一片悬崖。

这以后，女人再也没有提过离婚二字，甚至跟丈夫生气吵架的次数也少多了。她已经明白，丈夫对自己的这份爱，足够宽容，足够深沉。得爱如此，夫复何求？

爱情美好，但婚姻生活琐碎，这就需要夫妻双方都有一颗宽容的心。在一个家庭中，做丈夫的要宽容妻子，做妻子的自然也要宽容丈夫。一般来说，男子汉大丈夫比较容易做到，毕竟，男人的心胸相对要宽广些。因此，在这一点上，做妻子的尤其要尽可能多一些地宽容自己的丈夫。

如果当丈夫回到家里以后，妻子只会唠叨、抱怨不停，那他的斗志就会完全消失。一个能宽容自己丈夫失误或过错的人，她必会得到丈夫的更加怜爱。假如是因为妻子的缘故，让丈夫对自己失去信心而讨厌自己，那么，丈夫会随着自己自信心、自尊心的低落而对妻子不耐烦，彼此会因为吹毛求疵而感情失和，最后逐步演化为不幸，以悲剧收场，这样的结局，自然不是双方所愿看见的了。

感同身受

莱德勒少尉服役的美国海军炮艇"塔图伊拉"号停泊在威尔士。这天，他兴致勃勃地参加了当地举办的一种碰运气的"不看样品的拍卖会"。

那位拍卖商是以恶作剧而闻名的，所以当拍卖一个密封的大木箱时，在场的人都肯定箱里装满了石头，或者别的不大值钱的东西。没料，莱德勒竟鬼使神差地开价三十美元。拍卖商见状，便立即喊道："卖了！"

木箱一打开，人们一时傻了眼：里面竟是两箱威士忌酒——战时威尔士极珍贵的酒。众人大哗，那些一见美酒就犯瘾的人愿意出价三十美元买一瓶，却被莱德勒回绝了。莱德勒说，他不久要被调走，正打算开一个告别酒会。

酒瘾最大的，却是当时正在威尔士的著名作家海明威。海明威来到"塔图伊拉”号炮艇,对莱德勒说:“听说你有两箱醉人的美酒,我买六瓶,要什么价?”

尽管找上门来的是大名鼎鼎的作家,莱德勒还是婉言拒绝了。

海明威掏出一大卷美钞,说:“给我六瓶,你要多少钱都行!”

莱德勒想了一想说:“好吧,我用六瓶酒换你六堂课,教我成为一个作家,如何?”

海明威做了个鬼脸,笑道:“老兄,我可是花了好几年工夫才学会干这行,这价可够高的。好吧,成交了!”

如愿以偿的莱德勒连忙递上六瓶威士忌。

接下来的五天里,海明威每天都给莱德勒上了一堂课。莱德勒很为自己打的短时间如意算盘骄傲,想想自己只凭着六瓶美酒便换得了美国著名作家的精心指点!见莱德勒得意的样子,海明威眨眨眼说:“你真是个精明的生意人。我只想知道,其余的酒你曾偷偷灌下多少瓶?”

莱德勒说:“一瓶也没有,我要全留着开告别酒会用呢。”

海明威有事要提前离开威尔士,莱德勒陪他去机场。在候机时,海明威微笑道:“我并没忘记,这就给你上第六课……在描写别人前,首先自己要成为一个有修养的人……”

作家接着说:“第一要有同情心,第二能以柔克刚,千万别讥笑不幸的人。”

莱德勒说:“这与写小说有什么相干?”

海明威一字一顿地说:“这对你的生活是至关重要的。”

正在向飞机走去的海明威突然转过身来,大声道:“朋友,你在为你的告别酒会发请柬前,最好把你的酒抽样检查一下!再见,我的朋友!”

回去后,莱德勒打开一瓶又一瓶酒,发现里面装的全是茶。他明白,海明威早就知道了实情,然而只字未提,也未讥笑他,依然遵守自己的诺言。此时,莱德勒才懂得,海明威最后一堂课所教导他的“要做一个有修养的人”的深刻涵义。

一个有修养、懂得重人爱人的人,才能用一颗真挚的心去感受他人的关爱和友谊,用一颗包容的心去感受他人的冲动和错误,用一颗同情的心去体会别人的苦难和不幸,用一颗火热的心去鼓舞对方的信心和勇气,让对方感觉到自己很重要,让对方的生活更加美好。这样的人,不论走到哪里,也都会赢得他人的尊重和关爱。

及时表示你的感激

福特是美国石油大王洛克菲勒的好友,也是帮助他创建标准石油公司的伙伴之一。但有一次,洛克菲勒与福特合作时,因福特投资失误而惨遭失败,损失巨大。福特为此心中很感不安。

有一天,福特正在路上走,回头看到了洛克菲勒与其他两位先生走在他后面。他觉得没脸回头,假装没有看见他们,一直低头往前走。这时,洛克菲勒叫住了他,走上前拍了拍他的肩,微笑着说:“我们刚才正在谈有关你的事情。”

福特脸一红,以为洛克菲勒要责怪他,于是连忙说道:“太对不起了,那实在是一次极大的损失,我们损失了……”

还没说完,洛克菲勒阻止了他,若无其事地说:“啊,我们能做到那样已经难能可贵了。这全靠你处理得当,使我们保存了剩余的百分之六十,这完全出乎我的意料。谢谢你!”

洛克菲勒没有因为福特没把事情办好而去埋怨他,相反地还找出一堆赞美和感谢的理由,这真是出乎福特的意料。此后,福特做起事来更加尽心尽力,不仅为洛克菲勒挽回了损失,还为公司赚了巨额利润。

托人办事,人家帮了你的忙,都要及时表示你的感激之情,不管事成事败都一样。所谓没有功劳也有苦劳,人家为你的事情尽了心尽了力,你就得对对方的付出表示你应有的谢意,这也是对对方劳动的尊重。这样,才会给替你办事的人以信心和鼓励,使得两人的感情更为融洽,也为对方下一次替你办事打下伏笔,预留了感情的资本。

如果人家历尽周折,因为某种原因并没有办成你所托之事,而你连一句“谢谢”之类的表示谢意和鼓励的话都没有,那么,对方恐怕就会失去对你的好感,也不大情愿帮你办事了,即便他还有其他的门路,也懒得再试了。

不伤人自尊

人有脸,树有皮,每一个人都有自尊心,都希望他人的言行尊重自己的尊严,维护自己的面子,而不是伤害自己的自尊心。

有一位年轻的班主任老师,年轻气盛。一次,一位任课老师对她说:“临近毕业,你班有几个男生还在操场踢球,真是不像话。”

上课时间一到,班主任老师就直奔教室。看到那几个男生正从操场回来,身穿背心和运动裤衩,满脸是汗,顺着脸一滴一滴往下流,那副狼狈滑稽的模样引得学生哄堂大笑。原本就肚中有火的她再也无法克制自己,批评、讥讽的语言脱口而出:“因为踢球而迟到,你们的这种精神实在可嘉,中国足球如果有你们参加,一定早就冲出了亚洲。”

年轻的女老师越说越激动,便点名道姓地对着体育委员说:“你是个体育委员,这个头你带的好,不妨拿个镜子,欣赏一下你的尊容,那副德行!”

话刚说完，便听得体育委员在底下嘀嘀咕咕。她嗓门又高了几度："难道我委屈你了吗？说错了吗？"

体育委员嘀咕的声音扩大成话语："什么德行，老师不能吐脏字！"

"脏字，比你身上还脏吗？"

体育委员也不甘示弱："我身上脏，但我嘴不脏。"

一个学生竟敢当着全班学生的面跟老师顶嘴，还说老师嘴脏！自己还有什么面子可言？年轻的女老师再也无法忍受，她必须找回面子，维护她的威信和尊严！她加重了语气，一字一句地说："你今天违反了《中学生日常行为规范》和《中学生守则》，还和老师顶嘴，你带的什么头？树立了什么榜样？你必须停课反省，写出书面检查，我等着看你的表现。"说完，再不容他分辩，把他叫到办公室，又把其他几个踢球的学生训斥了一番，然后才宣布上课。

在紧张的气氛中女老师上完了这节课。一节课下来，其实最难受的还是她。她心中颇不是滋味，有郁闷，也有疑惑。这位学生平日尊重老师，为人实在，能接受批评，更没有和老师顶撞的事，今天这是怎么了，这么放肆？莫非自己在什么地方做错了？

事后她找到和他要好的同学了解了其中的原委。原来他对老师的批评是接受的，但当着全班学生的面"骂"他，刺伤了他的自尊心，使他在同学们面前抬不起头来，他便忍不住地和老师顶撞了。

后来女老师找到体育委员，向他诚恳地道歉。体育委员见状，便也为自己的出语顶撞向她道歉。她在深深自责的同时，认识到：无论对待学生，还是对待他人，都要有耐心，不能因自己一时之气，或其他任何原因，而刺伤他人的自尊心。

自尊心的高低是以自我价值感来衡量的。自我价值感强烈，则自尊心水平较高；自我价值感不强，则自尊心较低。人的自我价值感主要来自于人际交往过程中，来自于他人对自己的反馈。别人的肯定会增加人们的自我价值感，而别人的否定会直接威胁到人们的自我价值感。因此，人们对来自人际关系世界的否定性的信息特别敏感。

在人际交往中，要注意对他人的自我价值感起积极的作用。不论任何时候，也不论何种原因，我们都要注意，要维护，而不是伤害他人的自尊心。多栽花，少种刺，这样，我们日后才好相处，我们的生活才会更加美好；否则，很可能导致双方失和，事情只会变得更加糟糕。

26计　合作共赢

单枪匹马闯天下的英雄时代早已过去，现代社会是集团与集团之间的竞争与较量。因此，作为个人，我们都要善于与他人进行团结合作，谋求自身更大的发展；而作为企业，也大都会强调团队合作精神，以发挥团队最大的效力，获取最大的成功。

而当团队处于生存困境的时候，团队合作精神就显得更为重要。在这种情况下，作为团队成员，自然应当抱成一团，同舟共济，像大雁合作提升整个团队的生存能力，把有限的资源发挥最大的效用，以脱离困境，共渡难关。

谁都知道，合作可以产生更大的力量。只有懂得与人合作的人才更容易成功。单独一个人，不管他自己具有多强的能力，终其一生，所能成就的也只是很小的一点点而已；但如果一个人善于与别人进行良好合作，其一生的成就，实际上可以是不设上限。

此外，与人团结合作，一方面，我们可以获得生活上的利益需求；另一方面，我们还能获得内心、情感的满足，这一点是贪婪狡诈者所永远无法企及的。

同心报国

郭子仪与李光弼是唐朝有名的大将，但他们在同为中级将官时，两人关系很不好。有时候虽然同桌吃饭，但也只是对望一眼，互不说话。后来安禄山起兵叛乱，皇帝任郭子仪为朔方节度使。这样一来，李光弼便成了郭子仪的部下。

死对头成了自己的上司，而且手握生杀大权，李光弼心中那份感觉自是可想而知。在这种情况下，李光弼担心郭子仪随便找个什么理由杀了自己，终日惶恐不安。他没想到的是，郭子仪上任之后反而向皇帝极力举荐李光弼。据杜牧写的一篇文章中说，就在郭子仪当节度使后，李光弼想逃走却还没决定时，皇帝已下命令，要他率领一部分郭子仪的军队东征。此时，李光弼心想：郭子仪这次一定放他不过了，索性横下心来，自己主动来到郭子仪帐前，对他说："我就是死也心甘情愿的，只求你看在以前同事的份上，饶了我的妻子儿女。"

郭子仪赶紧走下来，双手抱着李光弼上堂对坐，流泪说："现在国家大乱，没有了你不能东伐，哪里是计较私仇的时候！"当即分了一万名精兵给他。两人相别时握手泣涕，相勉报国。

郭子仪为人宽厚，待部下与士卒极好；李光弼却军令严肃，威猛善战。这两人代表着军队将帅的两种美德，在临阵战斗上，似乎李光弼更为能干，几场大战打得光彩漂亮之极，但部下对他心存"畏惧"而对郭子仪心存"感激"。史书上就曾不断提到军士们怎样盼望郭子仪来统率他们的情形,“如子弟之望父兄”、“如天旱之望大雨”、“咸鼓舞涕泣,喜其来而悲其晚也”等等。

就是在郭子仪、李光弼的精诚团结,携手合作之下,唐朝这两员大将,如两头出山之猛虎,挥戈跃马,南征北战,力挽狂澜,迎驾回京,击败安禄山叛军,立下了汗马功劳。

团队合作

每到大雁南飞的秋天时,人们常常会看到成群的大雁在天空以“V”字队形飞行。大雁为什么要如此飞行呢?

科学家曾在风洞试验中发现,成群的雁以V字形飞行,比一只雁单独飞行能多飞百分之十二的距离。原来,当每一只鸟展翅拍打时,造成其他的鸟立刻跟进,整个鸟群抬升。借着“V”字队形,整个鸟群比每只鸟单飞时,至少增加了71%的飞升能力。

一旦有一只大雁离群时,它立刻会感到独自飞行时的迟缓、吃力,所以很快又回到队形中,继续利用前一只鸟所造成的浮力。

当领队的头鸟疲倦了,它会轮流退到侧翼,另一只大雁则接替飞在队形的最前端。这些雁定期变换领导者,因为为首的大雁在前头开路,能帮助它左右两边的雁造成局部的真空。

布莱克说过:“没有一只鸟会升得太高,如果它只用自己的翅膀飞升。”大雁只有互助才能飞的更高、更远。同样的,我们只有互助才能增加我们的力量更快更容易地达到目标。

一家公司招聘职员,最后要从三位应聘人员中选出两位。他们给出的题目是这样的:假如你们三个人一起去沙漠探险,在返回的半途中,车子抛锚了,你们还有很多的路要走,可是你们三个人只能从七样东西中选择四样随身带着。你会选什么?这七样东西分别是:镜子、刀、帐篷、水、火柴、绳子、指南针。而其中帐篷只能住两个人,水也只有一瓶矿泉水。

甲男选的是:刀、帐篷、水、火柴。

负责面试的经理问他,为什么你第一个就要选刀?

甲男说:“害人之心不可有,防人之心不可无。这帐篷只够两个人睡,水只有一瓶,万一要争起来,女孩子我可以让着点,这男的,要是为了争夺生存机会想害我呢?所以,我把刀拿到手,也就等于把所有主动权控制在了手中。”

乙女和丙男选的四样物品相同:水、帐篷、火柴、绳子。

乙女解释说:“镜子在沙漠里没什么用,就不要了:指南针呢,只要有手表也就行了;刀不必要,在这茫茫的沙漠上,没有一点活物,更别说是对人具有攻击性的动物了;而水是必需品,虽然只够两个人喝,但可以省着点,相信也能够三个人一起坚持到最后;帐篷虽然只能容纳两个人睡,但是可以三个人轮换着来休息;火柴也是路上必不可少的;而绳子可以用来把三个人绑在一起,这样在风沙很大目不见物的时候,就不会失散了队伍,而且如果遇到沙崩,有同伴掉到沙堆底下,还可以用绳子把他拉回来。”

丙男给出的解释与乙女相同。

选拔的结果可想而知。三位候选人中获聘的是乙女和丙男两位。

单枪匹马闯天下的英雄时代早已过去，现代社会是集团与集团之间的竞争与较量。因此，现代的企业都在强调团队合作精神，尤其是团队处于生存困境的时候，团队合作精神显得更为重要。

三人一同探险半路抛锚于沙漠中，身处困境，自然应当抱成一团，同舟共济，像大雁合作提升整个团队的生存能力，把本来只够两个人利用的资源发挥最大的效用，以共渡难关，走出死亡的沙漠；而不应各自为战，如孤雁离群独飞时的迟缓、吃力，独自苦苦飞行于荒漠旷野；更不应只顾自己的利益，甚至把团队里的同伴都当成假想敌。当他在选择了那把刀来防备别人、甚至准备在关键时刻用来对付同伴的时候，他势必会被团队抛弃，就如同那离群的孤雁，独飞独行，空有哀鸣。

李嘉诚的合作哲学

华人首富李嘉诚，他的合作哲学饱含着深刻的哲理。

有一次记者问李泽楷，你父亲教了你一些什么赚钱成功的秘诀，结果李泽楷说父亲赚钱的方法什么也没有教。记者觉得很吃惊，不相信。

李泽楷说："父亲只教了我做人处世的道理。"

这不是在敷衍自己吗？这位记者心中不免有些不快，便接着问："你父亲教你做人处世的道理，你说说看，怎么教我成功。"

李泽楷说："我父亲跟我说，你和别人合作，假如你拿七分合理，八分也可以，那我们李家拿六分就可以了"。

这是什么意思？让别人多赚两分，自己岂不很吃亏！事实上是，人们都知道和李嘉诚合作会赚到便宜，所以更多的人愿意和他合作。试想一下，虽然他只拿六分，但现在多了一百个人与他合作，他现在多拿多少呢？

李泽楷从父亲那儿学来的做人处世的道理，为他带来多大的事业成功，有目共睹，这里我们来看看另一个人从李嘉诚的合作哲学中获得的巨大成就。曾有一个台湾建筑公司的老板，其资产从一万台币成长到一百亿台币。他在别人问到他的成功经验时说："我当年也曾问我的老板，我如何能跟你一样成功。老板说假如你要成功的话，我给你看一个报道，这个报导就是关于李嘉诚的，上面就写着：'七分合理，八分也可以，那我只拿六分。'"就是这一套李嘉诚的合作哲学，使他从一个员工变成百亿台币的董事长。

谁都知道，合作可以产生更大的力量。只有懂得与人合作的人才更容易成功。单独一个人，不管他自己具有多强的能力，终其一生，所能成就的也只是很小的一点点而已；但如果一个人善于与别人进行良好合作，其一生的成就，实际上可以是不设上限。

助人助己

在美国南部的一个州，每年都要举办南瓜品种大赛。有一个农夫的成绩相当优异，经常是首奖的获得者。每当他得奖之后，总是毫不吝惜地将参赛得奖的种子分给街坊邻居。

终于有一天，一位邻居忍不住内心的好奇，有些不解地问他："你能获奖实属不易，我们都看见你投入了大量的时间和精力来进行品种改良。可为什么还这么慷慨地将种子分送给大家呢？你不怕我们的南瓜品种超过你的吗？”

这位农夫回答：“我将种子分送给大家，是帮助大家，但同时也是帮助我自己！”

原来这位农夫居住的地方，家家户户的田地都是毗邻相连的。这位农夫将得奖的种子分送给邻居们，邻居们就能改良自己的南瓜品种，同时也就可以避免蜜蜂在传递花粉的过程中，将邻近较差品种的花粉传给自己的南瓜花粉。

相反，如果这位农夫将得奖的种子自己独享，而邻居们在南瓜品种上无法跟上，蜜蜂就容易将那些较差品种的花粉传给这位农夫的优良品种。这位农夫势必在防范方面大费周折，同时也难以避免较差品种的花粉传递过来，因而很难迅速培育出更加优良的南瓜品种。

很多时候，帮助别人往上爬的人，自己会爬得更高。如果你帮助他人获得他们的所需，你也能因此而得到自己想要的东西，而且帮助得愈多，得到的也愈多。

得道者多助，热心帮助他人的人，他人也会在你有难时伸出援手，或想办法满足你的需求，这也就是助人就是助己。因此，自己想摆脱困境的人，也要想办法帮助他人摆脱困境；希望自己脱离贫苦的人，也应帮助他人脱离贫苦；想获得成功的人，也应该帮助周围的人也获得成功；渴望得到幸福的人，也应该帮助其他人寻找幸福。

同舟共济

在前进的路上，搬开别人脚下的绊脚石，有时恰恰是为自己铺路，虽然这不一定是你的初衷。

1965 年，香港发生了银行的挤兑风潮，波及到每一家银行。明德银号和广东信托银行先后倒闭，一向声誉不错、业务兴旺的恒生银行，也被迫把股份的一半让给了英资银行。

这时，远东银行在风潮的影响下，日子也很难过。银行家邱德根觉得，远东银行的声誉和他本人的声誉是连在一起的。如果他撒手不管，不但远东银行可能垮台，他本人的声誉也会受到很大的影响。于是他把自己控制的大部分资产投入了远东银行，为远东银行注入了一笔新鲜的血液，使其最终度过了难关。远东银行的声誉和邱德根本人的声誉都进一步提高了。

这个事例说明：当事情发展到不可避免地要危及你的根本利益，甚至威胁到生存机会时，背水一战、同舟共济是最好的突围策略。

此外，与人团结合作，一方面，我们可以获得生活上的利益需求；另一方面，我们还能获得内心、情感的满足，这一点是贪婪狡诈者所永远无法企及的。经由合作努力而获得的财富，不会在它们的主人心上留下伤疤，如果是经由恶性竞争、甚至激烈冲突、不择手段而获得的财富，必然会使它们的主人受到伤害。

谋求共赢

著名人际关系学家、人际关系专家戴尔·卡耐基，曾经讲述过这样一件事情。

卡耐基曾经租用纽约某饭店的大舞厅，用来举办每季度一系列的讲课。有一个季度开始的时候，卡耐基突然接到饭店的通知，说他必须付出比以前高出三倍的租金。卡耐基拿到这个通知的时候，入场券已经印好，并且发出去了，而且所有的通告都已经公布了。

卡耐基不想付这笔增加的租金。因此，几天之后，他去见饭店的经理。

“收到你的信，我有点吃惊，”卡耐基说，“但是我根本不怪你。如果我是你，我也可能发出一封类似的信。你身为饭店的经理，有责任尽可能地使收入增加。如果你不这样做，你将会丢掉现在的职位。对吧？”

“对。”饭店经理点了点头。

“现在，我们不妨一起来分析一下，把你因此可能得到的利弊列出来。”

说着，卡耐基取出一张纸，在中间画了一条线，一边写着“利”字，另一边写“弊”字。他在“利”这边的下面写下这些字：“舞厅空下来。”接着说：“你把舞厅租给别人开舞会或开大会是最划算的，因为像这类的活动，比租给人家当讲课场能增加不少的收入。如果我把你的舞厅占用二十个晚上来讲课，你的收入当然就要少一些。”

卡耐基接着说：“现在，我们来考虑坏的方面。第一，如果你坚持增加租金，你不但不能从我这儿增加收入，反而会减少自己的收入。事实上，你将一点收入也没有，因为我无法支付你所要求的租金，我只好被逼到另外的地方去开这些课。”

“你还有一个损失。这些课程吸引了不少受过教育、修养高的群众到你的饭店来。这对你是一个很好的宣传，不是吗？事实上，如果你花费五千美元在报上登广告的话，也无法像我的这些课程能吸引这么多的人来你的饭店。这对一家饭店来讲，不是价值很大吗？”

卡耐基一面说，一面把这两项坏处写在“弊”的下面，然后把纸递给饭店的经理，说：“我希望你好好考虑你可能得到的利弊，然后告诉我你的最后决定。”

第二天，卡耐基收到一封信，通知他租金只涨百分之五十，而不是百分之三百。

合作才能产生双方的共同利益，同时有合作就会有双方的利益冲突。在合作性谈判中，通常遇到的困难问题是双方都需要解决的。具体地说，就是要把双方的冲突转化成有待解决的问题。谈判中的问题是多种因素构成的，如交货时间、售后服务、价格问题、包装问题、运货、退货，诸如此类等等。当谈判的一方在某种问题上得不到满足时，可以从其他方面得到满足。这样可以协调双方的需要，使大家都满意，使得谈判得以和谐地进行。

在与人谈判中，在获得自己利益的基础上，不妨设身处地，从对方的切身利益出发，全面分析权衡利害得失，共同寻求双方利益的最佳结合点，最终达成双方共赢的局面。

27计　假痴不癫

民间俗语有“装疯卖傻”、“装聋作哑”的说法，假痴不癫就是由此转化而来。此计指表面上装疯扮傻、装聋作哑，实际上心里却非常清楚明白，之所以这般，是为了欺骗、麻痹对手，以便自己积蓄力量，待时而动。

假痴不癫之计，重点在一个“假”字。兵书云：“宁伪作不知不为，不伪作假知妄为。静不露机，云雷屯也。”其意为宁可假作不知不做任何事情，也不可假作聪明而轻举妄动。冷静沉着，不露机锋，像冬天的雷电静静聚集能量，蓄而不发一般，静待时机。

时时刻刻展现自己的聪明和睿智并不一定就是好事。特别是你实力较弱、时机尚不成熟的时候，装疯卖傻是一种让对方放松警惕的好方法，而自己则可以暗中奋发，或者出奇制胜。大量事实证明：毫无顾忌地卖弄聪明、恃才自傲，必然招致祸害。与之相对应的是，大智若愚反而大多能够成事，而在做人防身方面，却更值得称道。

众人皆醉我也醉

箕子性情耿直，有才能，在朝中担任太师，辅佐朝政。后来商纣王变得越发荒淫残暴，他宠信妲己，沉湎于歌舞酒宴之中，对反对自己的人就施以严酷的刑罚，他甚至还设立了炮烙的刑罚。大家都感到末日快要到了。

纣王的太师箕子因无法劝说纣王放弃暴政，便佯装痴傻。一次，纣王与一帮侍臣、美人作长夜之饮，喝得酩酊大醉，连年月日也忘记了，便问左右的人，大家因畏惧纣王凶残，不愿惹祸上身，都跟着说不知道。于是，纣王派侍卫去问箕子。

侍从跑到箕子那里，说：“太师，大王问您今天是什么日子？”箕子正在和朋友议论朝政，他们脸色阴沉，满腹心事。

“这……怎么想起问这个？”箕子不解。

侍从说明了其中情况，箕子怔了半晌，最后才说：“你回去告诉大王，就说我喝了酒，也记不得了。”

侍从走后，朋友问箕子：“你真的连日子都记不得了？”

箕子回答说："纣王是天子，他终日沉溺酒色，连年月日都搞不清了，这说明殷朝快要亡国了；纣王身边的人都因害怕纣王凶残无道都说不知道的事情，独独我说知道，那我的性命不是危在旦夕了吗？所以，我也假装酒醉说自己也弄不清啊！"

后来，纣王的贪欲越来越大，越加荒淫无道，忠臣比干直谏而遭剖腹挖心，箕子复劝无效后，便担心残暴降临到自己身上，就装疯扮傻起来，披散头发，胡言乱语，弃太师之尊不顾，宁愿被纣王关在囚牢里。

再后来，百姓怨而诸侯叛，纣王亡其国，新朝周武王释放囚徒，邀箕子再出来做官，箕子不愿，去深山隐居去了。

当世人皆醉而一人独醒时，这人将会永远的孤独。更何况，高处不胜寒，举世皆醉又怎能容得下不醉之异端？历史智慧点点滴滴地告诉我们，聪明与糊涂是相对的。不少时候，有人自恃才高，结果聪明反被聪明误；而糊涂之人，世事不问，世人不管，却往往自有糊涂之福。

太宗忘事

《宋史》记载了这样一段趣话。

北宋太宗赵光义时，孔守正任殿前都虞侯。一天，侍臣们陪太宗在北园一起宴饮。孔守正喝得酩酊大醉，与另一位喝酒也不少的殿前都指挥使王荣，竟在皇帝面前竞相论起各自的功劳来。没想到，他们越比越来劲，干脆争执起来，完全忘了在皇帝面前应有的君臣礼节。

一旁的侍臣们见此光景，便奏请太宗，要将这二人抓起来送吏部治罪。宋太宗没有同意，只是草草撤了酒宴，派人把他俩送回了家。

第二天，两位大臣从沉醉中醒来，想起昨天的事，惶恐万分，一同到金銮殿上请罪。太宗看着他们诚惶诚恐的样子，便轻描淡写地说："我昨天也喝得大醉，迷迷糊糊不记得发生过什么事了。"

人非圣贤，孰能无过。我们要善于宽容谅解他人犯下的失误或过错，特别是一些无心之过、或无关紧要的过错，睁只眼闭只眼装糊涂最好。这样便可以维护对方尊严的面子，解除对方内心的尴尬、紧张情绪，送对方一个人情。

生活说简单也简单，说复杂也复杂，全看个人如何去对待。生活中有些事情不能过于较真，较真非但无趣，反而将原本简单的事情搅得异常复杂起来。对于这样的事情，假痴不癫装糊涂最好，这正所谓糊涂难得，难得糊涂啊。

观光与醉酒

竹林七贤之一阮籍隐居竹林，徜徉山水间，不修边幅，不拘礼法，有时闭门读书，整月不出门；有时兴致一来，独自游山玩水，迷路了，便放声大哭，这叫“穷途之哭”——他哭的，不只是迷路，更是人世间的穷途末路。如此一个玩世不恭，行为怪诞的人，自然被世人视为狂人了。

但掌权的司马昭可不这么想。司马昭为夺取曹氏政权，亟力拉拢当世名士，阮籍自然是其极力拉拢的对象。

司马昭透过多种渠道，要和阮籍攀关系，或结亲家，或给官职，但阮籍装疯卖傻，常常在宴席中狂喝滥饮，醉倒后不复理人，有时甚至一醉就几天不醒。

有一回，阮籍突然主动向司马昭求官，说要当东平太守。东平在今山东，据阮籍自称，那儿风土人情好，想去当地任官。司马昭以为阮籍想通了，欣然同意。阮籍单独骑着一匹驴子，一路晃啊晃地晃到东平。一上任，便派人把官邸的内外墙壁全部拆掉。他说：“风景这么好，拆掉墙壁，在室内就可以直接欣赏风景，多方便啊！”

十几天后，东平的山水都玩遍了，阮籍骑着瘦驴回到京都，向司马昭辞职。阮籍把到外地任职成观光旅游，司马昭也拿他没办法。

不久，阮籍又主动求官，这回他想当步兵校尉。好好一个狂野文人，要当什么步兵校尉？原来阮籍听说步兵衙门里藏有陈年美酒，厨师也能酿美酒，他是专为美酒而来。果然，就任头一天，他就在酒窖里喝得酩酊大醉。

后来，阮籍的母亲病故，噩耗传来，他正在下棋。下完一局，才起身放身痛哭，出殡日哭到吐血。司马昭日后设宴安慰他，他饮酒吃肉，一如平常。有人向司马昭谏言，说阮籍守丧期间居然如此饮酒食肉，应放逐他，以正风气。司马昭不但不采纳，还帮阮籍美言。

政局混乱，斯世穷途，如果不这么疯疯癫癫而是顾及自己的声名，那么对政局极度不满的阮籍，碰到司马昭的“入阁”邀请，又该怎么办？断然拒绝，很可能触怒司马昭，而遭杀害；若答应了，岂不违背自己的良知，为虎作伥？

环境不尽如意时，有三种应对方式，一是改变它，大刀阔斧地改革，流血牺牲也在所不辞；二是适应它，“随其波而逐其流”，苟且偷生；三是逃避它，装疯卖傻，或隐姓埋名。在乱世之中，自己无力改变之时，要想明哲保身，装疯卖傻，不失为保住个人自由的途径。阮籍乃一介文人，不能革命改变现状，精神上又不能苟同，只好选择第三种。

当外在环境不能改变时，只好让内在精神改变。阮籍的态度虽不积极，好歹能够活命，且还能保有一定的自由。比起同为“竹林七贤之一”，拿生命来抗衡乱世的嵇康来，自是各有境界。

扮猪吃虎

古时人们在打虎除害时，常常使用“扮猪吃虎”的方法，以此引诱老虎，并轻易地杀死它。后来人们也把它作为一种计谋。以此计施于强劲的敌手，在其面前尽量把自己的锋芒收敛，“若愚”到像猪一样，表面上百依百顺，装出一副为奴为婢的谦卑恭顺，使对方不起疑心，同时暗地里发展自己的力量，一旦时机成熟，即一举把对手结果了，这就是“扮猪吃虎”的妙用。

塔克文是罗马的最后一代国王，他残暴地杀害了布鲁图斯的父亲和哥哥。布鲁图斯装成傻子，才得以暂时保全性命。

虽然保全了性命，但危险依然存在，随时都有生命危险，所以布鲁图斯还得继续装下去。他装傻子装得极为逼真，宫内无人不以为他是个傻子，以致他竟然可以被作为笑料而被留在宫中，可以任意行走。就是有着深仇大恨的国王，也经常把他当作开心的玩物。

后来，罗马一位美女圣瑟雷提亚，已是有夫之妇，还是被抢进了王宫。国王逼她为妃，她拒不从命，为了贞洁和自由而自杀了。

这时，布鲁图斯见如此良机，便去找这个美女的丈夫和父亲，共同谋划复仇的办法，为妻子、女儿报仇。与此同此，他又秘密联络其他反对国王暴政的力量。见时机成熟后，布鲁图斯撕下了傻子的伪装，用慷慨激昂的演说动员人民起来反对暴政，同时又赢得了军队的支持，终于推翻并放逐了残暴的国王，结束了罗马的专制时代，建立了罗马共和国。布鲁图斯和他的战友考拉提督斯当选为共和国的首席执政官。

布鲁图斯若不是装傻子，别说复仇的计划不能实现，只怕性命也未必能保；而若不是布鲁图斯装疯子装得极为逼真，引起了他人的疑心，自然也难以自由出入王宫，还有可能被人猫逗老鼠般加以玩弄。装糊涂也是一门较高的处世艺术。有些大事也需要策略性地装糊涂，但要装得巧妙而不露声色。否则，被人识破之后，便不灵了，甚至还会被人将计就计，反受其害。

另一方面，强者为了减少弱者的提防之心，以便于自己更轻松对付，有时也同样使用装傻的招数。这一点不可大意。像《菜根谭》中说到的“鹰立如睡，虎行似病”，也就是在准备捕捉食物前，老鹰站立时好像睡着了，老虎走路时像是有病，这些动物界的生存法则，指的也就是这个意思。

糊涂难得

南方小城，傍晚，在一个规模不大的快餐厅里，一位老人，还有两位年轻人是其中全部的食客。靠近门口的地方，老人和一位年轻人相邻而坐，另一位年轻人则靠窗独饮。或许是因为食客不多的缘故，照明灯没有完全打开，整个餐厅显得有些昏暗。

当老人侧身点烟的时候，邻座年轻人的手快速而敏捷地伸向了老人放在桌面上的手机，并迅速放进了自己的口袋。老人转过身来，很快发现手机不见了。他的身体微微颤抖了一下，然后立即平定下来，环顾四周。这时候邻座的年轻人已经在伸手开门，老人也似乎明白了什么，他马上站立起来，走向门口身强体壮的年轻人。

昏暗而空荡的大厅立即显得异常的紧张、沉闷。靠窗独酌的年轻人也全没了刚才那份悠闲，他看见了刚才发生的一幕，却想不到眼下会发生什么。

“小伙子，请你等一下。”声音从老人身边传遍大厅的每一个角落。

“怎么了？”打开的门最先受到了震动。

“是这样，前两天我七十岁生日，我女儿送给我一部手机，虽然我并不喜欢它，可那毕竟是女儿的一番孝心。我刚才就把它放在了桌子上，可现在它却不见了，我想它肯定是被我不小心碰到了地面上。我的眼花得厉害，再说弯腰对我来说也不是件太容易的事，能不能麻烦你帮我找一下？”

年轻人刚才紧张的表情逐渐消失了。他迅速地用手背轻轻擦过额头，对老人说：“哦，您先别着急，我来帮您找找看。”

年轻人回身两步，弯下腰去，沿着老人的桌子转了一圈，再转了一圈。终于，在靠墙的桌腿边，年轻人摸出了一个手机，然后站起身递给老人：“老人家，您看，是不是这个？”

老人紧紧握住年轻人的手，激动地说：“谢谢！谢谢你！真是不错的小伙子，你可以走了。”

另一位年轻人也长长地松了口气。他看着消失于门外夜幕的身影，对老人说：“老人家，您本来已经确定手机就是他偷的，却为什么不报警？”

老人如是回答：“谁都知道，人老了容易糊涂，糊涂难得呵！这一点，你们年轻人也知道的。其实，这世上又有谁没有糊涂的时候呢？”

老人故意装出来的糊涂，正是老人的大智慧所在。首先，老人这是给年轻人一个台阶，让其顺着台阶把手机还给自己；更重要的，他唤起了年轻人的同情之心，唤起他尚未泯灭的良心，这人类高贵的情感，意在让年轻人迷途知返。给年轻人指出一片光明的前途，也是给自己一个温馨的晚年世界。

而如果他报警的话，这片美好的世界就全变了。至少，这属于快餐厅的三人的美好世界，还有他们的亲人分享的快乐，都将改变颜色。年轻人会被作为小偷抓起来锒铛入狱，葬送青春和前途；老人也未必能找回原来的手机，这可能是年轻人逃得无影无踪，也可能是摔到不知哪个角落，更坏的事，老人会想到只因为一个手机便葬送掉一位年轻人的前途而受到良心的谴责，晚年不得安宁。至于在场的另一位年轻人，他会多一分世界坏人太多的悲叹,而看不见眼前温馨而动人的美好一幕。

装聋作哑

一个云游僧人,来到一个地方,听人说前方有一户人家,从来不让过路人借宿,便决定前去借宿一夜。

天黑下来以后,这个云游僧人就走进了这户人家。当然,他是有备而来,这不,他装成了一个"聋子",在互相致意之后,主人急忙给他烧了茶,招待他吃了饭,然后打着手势对他说:"喇嘛,吃了饭早点动身吧,我们家是不能过夜的。"

云游僧人佯装不懂,只是瞪大眼睛看。主人用手指指门,再次请他出去。

"好,好。"云游僧人好像听懂了,一边点头答应着,一边大步走到门外,把自己的包裹快速拖了进来,放在西北角的柜子前。

这时,主人又作了一个背上包裹快走的手势。云游僧人立即跳了起来,举起包裹放在柜子上面,嘴上说:"这倒也是,里面可全是经书啊!"

主人又反复比划,要他出去到别人家去借宿,他却点点头,说:"没有小孩好,不会乱拿东西。嗯,我这就把两根木棍插在围包裹的粗绳上。"

人家说东,他就说西,成心作对一般。主人感觉自己说话全是白费口舌,像对牛弹琴一般,哭笑不得,又不能拿家伙赶他走,那样只会招来更大的麻烦,最后实在没了办法,只得任这位云游僧人在家里过了一夜。

生活中许多地方都能应用到这种装聋作哑装糊涂的处世方法,并能够起到意想不到的效果。像有时候,迫于种种原因难以正面相对时,装聋作哑装糊涂,可以避开正面冲突,扰乱对方原有的思考逻辑,消磨对方的意志和耐心,从而为自己赢得更多的从容思考的时间、更大的进退回旋的空间。尤其是在难以表态的情况下,这种方法可以避实就虚,避重就轻,扰乱对方原有的思考逻辑,让对方由于这个突兀的表达而有些莫名其妙,甚至有些糊涂,或是产生错觉。如此一来就可以借机脱身,在不知不觉中,悄悄展开动作;或是转移焦点,化解难题。

28计 赞赏恭维

"好言一句三冬暖,恶语一句六月寒。"世上没有人不喜欢赞美恭维自己的话语。诚如夏布所言,世界上最容易摧毁一个人志向的,那就是来自长辈或上司的批评;而促使人们将自身能力发展到极限的最好办法,就是赞赏和鼓励!

尽量在每一个场合给对方以赞赏恭维,在朋友面前,在上下级面前,在竞争对手之间,在对方取得一定的成就之时,甚至在对方有了错误,你准备忠告、批评之时。因为你的赞赏恭维,人与人之间的关系会变得更加融洽,事情自然也会变得更加顺利。

赞赏和鼓励

人际关系学家卡耐基在强调为人处世要真诚地赞赏他人时，曾提到查理·夏布在这方面所取得的巨大成就。

早在1912年，查理·夏布先生刚三十八岁，就被“钢铁大王”安德鲁·卡耐基以年薪100万美元聘请为新成立的“美国钢铁公司”第一任总裁。他之所以能获得如此高薪，是因为安德鲁·卡耐基慧眼独具，看中了他善于处理人事、管理人事方面的才能。夏布先生也不负所望，上任第一天就使其钢铁公司每班产量提高15%左右，从每班产6吨升为7吨。一个月后，在同等的设备、人力和物力投入的情况下，产量成倍增加。卡耐基的钢铁公司自从夏布任总裁后，迅速扭亏为盈，并获得惊人的利润。

夏布先生对于钢铁制造并不比在他手下工作的许多人懂得多。他之所以能取得如此巨大的成就，夏布先生曾这样说过：“我想，我天生具有引发人们热情的能力。促使人们将自身能力发展到极限的最好办法，就是赞赏和鼓励！”

夏布说：“世界上最容易摧毁一个人志向的，那就是来自长辈或上司的批评。我从不批评任何人，我相信奖励是使人们工作的原动力。我只给人们在工作上的激励。我喜欢赞赏而讨厌吹毛求疵。如果说我喜欢什么的话，那就是诚于嘉许，宽于赞赏。”

诚于嘉许，宽于赞赏，这就是夏布获取巨大成功的秘诀。夏布还曾这样说过：“在我一生的广阔交往和世界各地知名人士的见面中，我还没有找到一个人，无论他如何伟大，地位如何崇高，不是在被赞许的情形下，比在被批评的情形下，更能够成就伟大的事业。”

夏布所说的，其实也是安德鲁·卡耐基惊人成就的一项显著的因素。安德鲁·卡耐基常常是并非私下的，而是公开的称赞他的同仁。他深知赞美的巨大力量，因此，就是在他的墓碑上，他还是称赞他的助手。这是他为自己所写的碑文：“埋葬在这里的，是个知道如何跟比他自己聪明的人相处的一个人。”

尽量在每一个场合称赞你的部属，在你的上司面前称赞他的能力。设法夸奖地位比你低的人，这正是古老的习俗所特别强调的，这样不但不会降低你在上

司眼中的地位,反而会使你成为一个伟大又谦虚的人,比那些轻浮的人更受人尊敬。

在每一个机会赞美部属的个人成就,赞美他的合作,嘉奖他们额外的努力或尝试。赞美本身就是对于他人最大、最好、最方便的鼓励,而且又不花钱,何乐而不为呢。

宽于赞赏

三国时期,曹操为了统一北方,决定北上征服塞外的乌桓。这一举动十分危险,曹操手下许多文臣武将便纷纷劝阻。但曹操考虑到这一战争的重要性,还是力排众议,毅然率军出击,击败了乌桓,基本完成了统一北方的大业。

班师归来,曹操便调查当时有哪些人不同意北伐乌桓的计划。这时,那些当初劝阻北伐的文武官员,都认为要遭到曹操的严惩了,一个个内心都不同程度地担惊受怕。他们全然没想到的是,曹操将这些人的名单统计好后,却给了他们丰厚的赏赐。

大家甚是奇怪:事实明明证明劝阻北伐是错误的,怎么反而得到赏赐呢?

这时,曹操说:“北伐乌桓之事,当时确实十分冒险。如今虽然侥幸打了胜仗,那是天意帮忙,但不可当作正常现象。各位的劝阻,是出于万全之计,是尽力效忠的表现,我当然要给大家以奖赏。我希望大家以后更加敢于发表不同意见。”

这以后,曹操手下的一帮文臣武将,都更加尽心尽力地为他效劳了。

有功劳归自己,有错误怪下属,这是一般领导人最容易犯的毛病之一。优秀的领导者,总是能够肯定下属的成绩,承担自己的错误。而一些特别善于驾驭人才的雄才大略者,像曹操这种人,即使自己力排众议而获取了大胜,仍然充分肯定手下人才的建议,赞美他们的忠心,给他们以奖赏。在事实已经证明自己的建议有误的情况下,还能够得到领导的赞赏,为人手下的又怎能不积极地效力呢?领导者这样的赞赏又怎能不收获丰厚的回报呢?

真诚赞赏

人际关系学家卡耐基曾提到,他的一位学员高先生在其学习班演讲时讲了这样一个故事。

华克公司在费城承包建筑一座办公大厦。这项工程,每一件事进行得都非常顺利,眼看这座建筑物就快要完成了。突然,承包外面铜工装饰的商人,说他不能如期交货。什么?整个建筑工事都要停顿下来!要知道,一旦不能如期完工,就要交付巨额的罚款!

长途电话,激烈的争辩,都没有半点用处,于是高先生被派往纽约,找那个商人当面交涉。

高先生走进那家公司董事长的办公室之后,第一句话就这样说:“你该知道,你的姓名在勃洛克林市中,是绝无仅有的?”

董事长听到这话,感到有些惊讶,他摇摇头说:“不,我不知道。”

高先生说："今晨我下了火车，查电话簿找你的地址，发现勃洛克林市里，只有你一个人叫这个名字。"

董事长说："我从来没有注意过。"于是他很感兴趣的把电话簿拿来查看，还真有这回事。于是，他很自傲的说："是的，这是个不常见到的姓名，我的祖先原籍是荷兰，搬来纽约已有两百年了。"接着，他继续谈到他的祖先和家世的情形。

当他说完后之后，高先生又找了个话题，赞美他拥有这样一家规模庞大的工厂。高先生说："这是我所见过的铜器工厂中最整洁、完善的一家。"

董事长说："是的，我费了一生的精力经营这家工厂，我很引以为荣，你可愿意参观我的工厂？"

参观的时候，高先生连连盛赞这工厂的组织系统，且指出哪一方面要比别家工厂优良，同时也赞许几种特殊的机器。董事长告诉高先生，那几项机器是他自己发明的。他花了很长的时间，说明这类机器的使用方法，和它的特殊功能。后来，他坚持请高先生一起午餐。

午餐后，董事长说："现在，言归正传。当然，我知道你来这里的目的。可是想不到，我们见面后，会谈得这样的愉快。"他脸上带着笑容，接着说："你可以先回费城，我保证你的定货，会准时运送到你们那里，即使其他的生意都会因此耽误，我也不在乎。"

高先生并没有提出任何的要求，可是他的目的都很顺利的达到了。那些材料，全部如期运到，而那座建筑也没有受到任何的影响而如期完成。再想象一下，如果高先生与那位董事长一见面就在紧张气氛中，进行一番激烈的争辩，像这样满意的结果又能有多大的可能呢？

即使是在自己希望改变对方的态度和举止，或指出他人错误，希望他弥补其过错的时候，我们也可以表达出自己的称赞、真诚的欣赏之情，以开始自己委婉的责备或批评。这样，便可让对方明白，他对你有多么重要，这样，他便会觉得这件事对他也有多么重要。

以赞赏取代抱怨

一位父亲带着自认为是无可救药的孩子去看心理医生。孩子已经被他的父亲严重灌输了自己毫无出息的观念，因此对心理医生的询问，总是一言不发，无论如何诱导，他就是不开口。

仓促之间，心理医生无从下手。后来，从孩子父亲的唠叨中，心理医生找到了医治的线索。当时，他的父亲在不停地抱怨诉说这一类的话语："唉，这孩子一点长处也没有，我看他是没有指望了！"

于是，心理医生开始寻找孩子的长处——孩子不可能没有任何长处。在和孩子父亲的交谈中，心理医生了解到了一个重要的情况，就是他家里的东西被孩子时不时用刀划得到处是刀痕，为此也没有少受惩罚。心理医生明白了——喜欢雕刻是孩子的爱好，当然也是孩子的长处。

第二天，心理医生买了一套雕刻工具送给他，还送他一块上等的木料，然后教给他正确的雕刻方法，并不断地鼓励他："哦，你是我所认识的孩子当中，最有雕刻天赋，也是最会雕刻的一位，而且你还肯吃苦耐劳，将来一定会

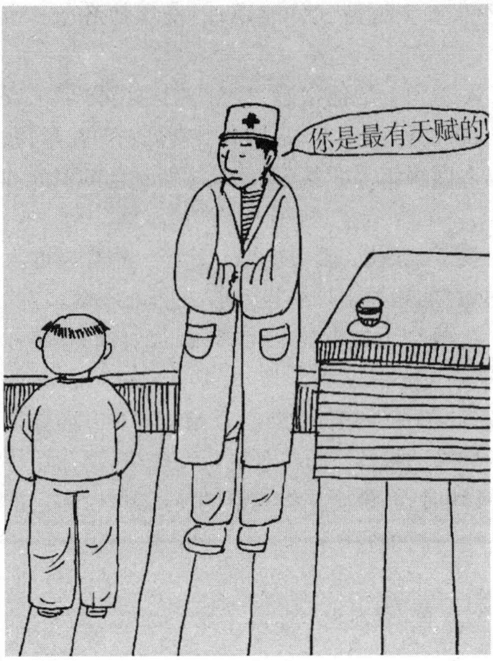

成为一位了不得的艺术家。”

听了这番话,孩子的眼睛有些湿润。

从此以后,他们接触频繁起来。在接触中,心理医生又慢慢地找到孩子其他的一些优点,当然无一例外地给予中肯的赞美。有一天,这个孩子竟然不用家人吩咐,主动打扫了房间。这件事情,让他的家人大感惊喜。

心理医生问:“孩子,你今天表现得很好,你为什么想起来这样做呢?”

孩子回答说:“我想让老师高兴。”

最终,在心理医生的教导下,孩子变得健康向上、活泼开朗起来,并且不断显露出自己艺术方面的才华。他的父亲自然认识到了自己对孩子的不良影响,改掉了老骂“孩子无用”的毛病。十多年后,那个孩子真的成了一位艺术家。

孩子成长时期正是受家庭、学校、环境的影响而改变的时期,具有很大的不定性和可塑性。抱怨一个孩子,孩子就可能自暴自弃,向大人抱怨的方向发展;赏识一个孩子,孩子会心存感激,心生希望,同样会朝着大人赏识的方向发展自己。孩子不会一生下来就成了坏孩子,而是抱怨与责骂使他们变的越来越坏;相反,好孩子的成长也是如此。因此,要想自己的孩子顺利成长,父母亲、老师就不要一味地持抱怨责骂的态度,而应尽可能给孩子多一些的赏识赞美。

批评不忘赞赏

古语说:“良药苦口利于病,忠言逆耳利于行。”忠言之所以逆耳,是因为劝人者说话过于直来直去,不曾照顾对方的尊严和面子。如果在忠告、批评他人时,采用委婉的方式,就像理发师帮客人刮胡子之前涂上肥皂水一样,那么这样的忠言便不会逆耳了;如果能再加上赞美恭维的外衣,寓忠告、批评于褒扬之中,给苦口的“良药”包裹上一层糖衣,对方就更易于接受,那真是太妙不过的了。

“请提宝贵意见。”人们说这句话的时候,心里期待的往往还有着对方的赞扬。坦率提出批评意见的人,即使不因此招人怨恨,至少也不容易受到欢迎。人都有强烈的自尊心,有自己的面子,都希望受到表扬而不是批评。明知别人有过失而不及时批评纠正,无异于怂恿其继续犯错误,但在提意见时如果不注意委婉的方式，不加些赞美恭维的外衣，而是直来直去，则有可能损失对方的面子，冒犯对方的尊严，使对方产生反感、抵触心理，从而固执己见，事情的结果便可能事与愿违。

正像有人所比喻的那样，逆耳的忠言是“处在高温状态下的金子，它很烫、很热”，只有那些内心修养十分深厚的人，才会忍受那种烧肤刺骨的灼痛，捡起那金光闪闪的金子。而一般的人，却只会抱怨那份烧肤刺骨的灼痛，从而看不见或抓不着那些金子。

所以，我们在向他人提出忠告、批评时一定要讲究委婉的方法，同时不忘赞赏恭维。如果我们不论对象、不分场合、不选时机、不讲方法地乱提一气，那么非但不能起到应有的帮助作用，反而会让对方产生反感，结果事与愿违，那便背离了自己的初衷。

一位事业比较成功，很有人缘的企业家，便深知此中的道理。他在忠告、批评他人时非常巧妙，他说：“我是个生意人，看到什么事情不对劲，就会赶快设法补救。这一点谁都能做到。但很多人做不到的是，我所采取的独到的方法。如果员工犯了错误或把事情弄僵了，我会格外小心，尽量自我克制，避免再去伤害他们，让他们无地自容。”

这位企业家所说的独特的方法，可以分为如下三个简单的三步：

第一步，企业家会私下找他们谈话，并首先称赞他们已经做得很好的部分。

第二步，企业家才指出一件可以做得更好的事，并且帮他们找出适当的方法。

第三步，再一次称赞他们的优点。

看了这个独特的方法，有些人也许会恍然大悟。可以想象得到，当一个人按照这种委婉的方式行事时，对方在接受其忠告、批评时，还会得到某种程度上的心理安慰，如此便会乐于尽可能地改正自己的缺点或错误。这样，在事情获得圆满解决的同时，人缘也会越来越良好。

相互恭维

美国总统选举结果揭晓，民主党总统候选人克里当天就打电话给连任的布什总统，诚恳地承认竞选失败，并祝贺布什成功连任。布什也在随后发表的简短演讲中称赞民主党总统候选人克里是一个“令人钦佩的对手”，并盛赞克里在竞选中的出色表现。

这个美好的局面，使原先担心因总统大选出现的选票争端而损害美国形象的分析家们松了一口气。克里的支持者说他们没有看错人，布什的支持者更是为自己眼光准确而骄傲，同时也认为克里的表现无可挑剔，说他是输了大选，却赢得了尊敬。

在这场大选中，因了两位候选人大度、得体的表现，布什不单赢得了大选，还赢得了“慷慨大度”，赢得了世人的赞誉；克里呢，虽败犹荣，以一个智者的形象很体面地告别大选。在激烈竞争中不忘友善地恭维对方，互相为对方脸上贴金，两人的声誉，也都在世人赞誉中大大地提升了。

在生活中，人们常见的是一些朋友同志之间的互相恭维，一些竞争对手之间互相恭维的倒是所见不多。其实，不管是朋友还是对手，相互恭维都能给双方带来良好的效果。道理很简单，身边常来常往的都是一些优秀人士，自己也必定会被他人视为优秀人才；能够与高人对峙较量，自己也必定不是凡夫俗子。因此，恭维对方，既是为对方脸上贴金，同时也是为自己脸上贴金，如是你来我往，双方都是最大的赢家。

送人“高帽”

有这么一个寓言故事。

从前，有一个知识渊博、德高望重的老学者，在众多慕名而来的年轻人中精心挑选了两个资质极高的学生，悉心传授。

十年后，国王听说了师徒三人的声名，便派使者带着厚重的聘礼前来，准备聘用两位学业有成的年轻人来辅佐自己。使者他说明了来意，老师说：“这个我没什么问题，但是我希望您还是征求一下他们的意见。”

使者又来问两个学生，当学生听说要去当官时，想都没想立刻应允下来。临行前，他们一同去拜辞老师。

老师问：“你们到了外地，准备怎样待人接物？”

学生回答：“老师放心，我们准备逢人送上一顶高帽子，保管叫地方上人人高兴。”

老师严厉地告诫说：“不行，这种丑事坚决不能做。虽然如今世风日下，老实人吃不开，但是我希望你们一定要严守情操，为人正直。”

一个学生连忙鞠躬道：“老师的话对学生教育极大，学生牢记在心。如今社会上像老师这样不爱戴高帽子的人能有几个啊。”

老师含笑颔首说：“正因为如此，所以我教你们一定要为人正直。”

辞别出来，两个学生相视而笑说：“瞧，高帽子已经送出去一顶啦。”

“好言一句三冬暖，恶语一句六月寒。”世上没有人不喜听人说自己好话。虽说真诚的好话最受双方欢迎，但很多时候，一些带有夸张、恭维奉承性的好话也同样很受世人欢迎，这也就是人们所说的“高帽子”。在生活中，人们带帽子不单可以御寒，还可以显得自己高大，英俊潇洒，因而人也分外精神。而在人际交往中，“高帽子”当也有着类似的功能，不管是真诚的赞美恭维，还是假意的奉承，戴上“高帽子”的人都会感觉自己脸上贴金，显得高大，人也分外有精神。也正因如此，所以即便严守情操，力求为人正直，视送人高帽子为丑行的老学者，也免不了受人“高帽子”。说到底，这位老学者无论如何不愿意也不会喜欢人们说他“为人不正直”啊。由此也可见赞赏恭维的“威力”之巨大。

在恭维奉承他人时，若是能够送上一句符合其身份、事实甚至略含夸张的比较中听的名头、荣誉，对方更是乐于接受，并常常以之自许，引以为荣。因为它们确实可以给自己带来荣耀和鼓励，显得自己高大、精神，平添进取的信心。像人们喜欢在自己名字前挂个衔头，而不是空空的两三个字，便是这个原因。

胆大的喜欢人称他勇士，仗义的喜欢人叫他大侠，聪明的人乐于做智者，有学问的人喜欢挂名学者，搞工业的是工程师，做设计的是设计师，画图的想自己是画家，工匠想自己是艺术家，搞文学创作的想自己是作家、诗人。这还不算，挂上名头第一步后，还要想方设法在再添上“著名”、“大家”、“大师”等等。正所谓“为名为利，不为名便为利，不为利便为名”，放眼偌大世间，有几人能够置身其外？

遇货添钱

人们常说的“逢人短命，遇货添钱。”说的就是与人交往中，有时候也要恭维对方的意思。比方你遇见一个人，你问他多少岁了？他答说今年五十二岁了。这时，你不妨说：“看先生的面貌，只像三十几的人，最多不过四十岁罢了。”对方听了，一定很满脸喜欢，分外精神。这就是“逢人短命”，因为年纪越大的人，越喜欢自己更加年轻，至少看起来年轻。

又如到朋友家中，看见他比较得意的一件宝贝，你问他多少钱，或者他主动要你猜他花了多少钱，你如懂行，估摸着这玩艺儿值个两千块钱，却故意说：“这么漂亮的宝贝，玲珑剔透，肯定要了七八千块钱，就算你会杀价买得好，也要四五千块吧。”朋友听了你这么一说，肯定会乐呵呵的。即便脸上故作平静，内心也一定开心不尽，此谓“遇货添钱”。

“逢人短命，遇货添钱。”之所以人人都喜欢听他人的赞美恭维的话语，是因为从中得到了自尊和面子的满足，得到了自我价值的肯定。每一个人都会本能地从心底里渴望得到他人的赞美，得到他人对自我价值的肯定。

善于处世的人懂得恰到好处地“恭维他人”，不太过分，也不“小气”，从而为自己的事业编织良好的人脉网。

作家霍尔·凯因，知名度甚高，其作品很有生命力，深受读者的喜爱。但他出身卑微，和许多贫穷的孩子一样，小时候度过了一段艰难的岁月，并且只念了八年书，便不得不辍学回家，找了一份工作糊口养家。唯一值得自豪的，是自己很喜欢十四行诗和民谣，有时也随兴写点什么，文才也还不错。他特别崇拜诗人但丁，还很欣赏罗塞迪的文学与艺术修养。

有一天，他一时兴起，写了一封信给罗塞迪，赞美恭维他在艺术上的贡献。罗塞迪非常高兴，心想：“如此赞美我的人，一定也是很有才华的人。”于是就请霍尔·凯因来伦敦当自己的秘书。

这是霍尔·凯因一生的转折点。从此,他离开了自己熟悉而贫穷的家乡,来到了文化艺术中心的伦敦,接触了一片完全崭新的广阔世界。在伦敦,他自做了罗塞迪的秘书后,和当时的文学家很快地就来往频繁,密切交流,得到他们的支持和鼓励。在这种浓厚的文化环境下,霍尔·凯因凭着自己的才华,再加上自己不断的努力,很快就声名鹊起,并远扬世间各地。

对一个陌生的名人的赞美恭维,竟然就此极大地延伸了自己的一方人脉网,拓开了自己一片广阔的前途,由此可见赞美恭维的效用。如此有用的方法,能够舍而不用么?因此,在人际交往中,别忘了时不时的去赞美一下自己身边的人吧。

恰如其分地赞美他人

当然,凡事都是过犹不及,赞美同样也不例外。因此,在赞美他人时,还有些需要注意的地方,小心为妙,切不可胡乱赞美,更不要过分夸张,弄巧成拙。以下几点需要我们特别注意。

第一、不要触及对方的弱点或隐痛。

有一位男士,长得皮肤白皙,眉清目秀,带着一副眼镜,比较文弱腼腆,一副斯文相,也不大爱热闹。每当有人赞美他文质彬彬时,他还带点微笑地回应。而当他回到老家,总有乡邻赞美他:“一天不出门,一心读书,待在家里像个书生似的!”或者“这么文静的小伙子,双手白净,像以前的秀才。”一般来说,说人家读书用功,说人家文静白净,是在有意恭维对方,听了应该高兴才行。没想到这位男士听了人家的“奉承”后,要么冷淡地不做声,要么就有些不耐烦。

可能是老家的乡邻半真心半恭维地说出那些话的,但是,这种情况下肯定得不到这位男士的好感。其实,这位男士的反应一点也不奇怪,因为乡邻的赞美根本就不得法。他了解自己的缺点,就是容易给人以过于文弱的印象,说他文静白净,像书生像秀才,这哪里是在赞美,分明是指出了他的缺点。

同样,如果一位原本已经为自己身材消瘦而苦恼的女子站在你面前,你还是一味赞美她“苗条、纤细”时,她又怎么会身心愉悦呢?

要恰如其分地赞美别人不是一件很容易的事。如果称赞不得法,反而会遭到排斥。为了让对方感到愉悦,敞开心扉,你应尽早发现对方引以为豪的地方,然后对此大加赞美。在尚未确定对方引以为豪之处前,最好不要胡乱称赞,以免自讨没趣。

第二、不要夸大其词。

每个人都有他的优点和弱点,你的目标就是要找到别人的优点,然后在别人的优点上罩上一面放大镜,把好处说到最大,坏处自然会缩小。但不要夸大其辞,要知道滥用夸张的辞语是不明智的。过分的赞美,便成了阿谀奉承,也就是人人厌恶的拍马屁。任何时候都要记住,阿谀奉承之徒,不会招人好感,只会讨人厌恶。

赞美他人时夸大其辞既违背事实,又使人对你的判断心存疑虑。像有个别人士总是爱赞美他人,却无有节制,不着边际,人们一看就会感觉到其知识欠缺，品味不高。一旦言过其实，便等于是一种说谎；赞美的词语到处乱扔，就像谎言随口而出一样。

第三、赞美一定要真诚。

请务必以真诚之心。赞美如不是出于真诚而出于虚伪或其他目的，只会适得其反。当一个人赞美对方时，难道是他想要从对方那儿得到什么吗？不，他之所以赞美，只是为了带给对方一些快乐，让彼此更愉快更顺利地交流而已。

如果我们老是想着从别人那里获得什么，那我们就无法给他一些真诚的赞美，那也就无法真诚地给别人一些快乐了。

最后要注意的地方是，当对方对你的赞美表现出良好反应时，就要改变一下方式，再次给予赞扬。如果只是蜻蜓点水地稍加赞美，对方可能会认为你这样只是恭维或客套话；而对一件事重复赞美，则能提高它的可信度，让对方觉得你是真心实意地赞赏他。

如果有人将你的赞美听成是暗含嘲讽时，那一定是你的赞美没有恰如其分，要么根本不够，要么夸大其辞，要么就弄错了地方，再或者是不够真诚。当我们以一定的方法和技巧，以真诚之心恰如其分地赞美对方后，必能开启对方的心扉。

29计 广送人情

人情的形成，或是自然相处，或是因缘际遇，或是偶然邂逅，种种情况，也就是我们常说的“有缘”。大家有缘相识之后，渐渐有了好感，多了交流沟通，一回生二回熟，自然也就有情，就能在工作、事业之外多了一层相知和沟通，能够在人情世故上多一份关心，多一份相助；而在遇到不顺利的处境时，也能够相互体谅，“生意不成人情在”，这就是“人情生意”。

人情有大有小，有长有短，小则帮人小忙，济人所需，大则赴汤蹈火，救人于危难之中，短则解人一时之需，长则影响终身；人情还有有心为之，无心为之，有不求回报的，有急求回报的，还有放长线的：人情有多种，像顺水人情，转手人情等等，不一而足。有心之人，自当明察。因此，送人人情时，要有所分别；受人人情时，也要细察明白才行。

成人之美

汉文帝时，袁盎曾作过吴王刘濞的宰相，他的一个从史与他的一个侍妾私通。袁盎知道后，并没有泄露出去，也没有责怪他。没想还是有人拿话去吓唬他，说袁盎要治那个人的死罪等等，结果把从史果真吓跑了。

袁盎知道后，又亲自去追回从史，对他说：“男子汉做事要顶天立地，敢做敢当！”

“相公难道就没有缓急用人的时候么？怎么舍不得一个女婢！”从史见

事已至此,索性大胆直言。

"既然你这么喜欢她,我可以成全你们。"袁盎听他这么一说,便干脆成全他们的好事。这样,袁盎将那个侍妾赐给了从史,待他也仍像从前一样。

到了汉景帝时,袁盎到朝廷中担任太常要职,后又奉汉景帝之命出使吴国。当时,吴王刘濞正在谋划反叛朝廷,决定先将朝廷命官袁盎除掉,于是暗中派了五百人包围了袁盎的住所。此时,袁盎还毫不知情,情况十分危急。

凑巧的是,在这五百人的包围队伍中,恰好就有着袁盎门下的那位从史,此人现已任校尉司马一职。他知道袁盎情势十分危险,随时都会有性命危险,心想,这正是报答袁盎的好机会。兵临城下,如何营救恩人?

当年的从史、今日的校尉司马灵机一动,就派人去买来二百石好酒,请五百个兵卒开怀畅饮,并说道:"大伙好好喝个痛快,那袁盎老头现在已是瓮中之鳖,跑不了!"士兵们一听,一个个酒瘾急剧发作,喝得酩酊大醉,东倒西歪,成了五百个醉罗汉。

当天夜晚,那个从史悄悄来到袁盎卧室,将他唤醒,对他说:"您赶快走吧,大人,天一亮吴王就要将你斩首了。"

袁盎揉了揉昏花的老眼,忙问他:"壮士,你为什么要救我?"

原来当年的从史现在已穿上了校尉司马服,加之又不知过去了多少年,在昏暗的灯光下,袁盎仓促之间,根本认不出当年的那个从史了。

只见校尉司马对袁盎笑笑说:"大人,我就是以前那个与你的侍妾私下相好而受你大恩的从史呀!"

原来是他。袁盎在那位校尉司马的掩护下,连夜逃离了吴国,从绝境之中成功脱逃。

俗话说,"宰相肚里能撑船。"为官者不仅要对属下示以宠信,同时还要向他们显示自己的大度,尽可能原谅下属的过失。善送人情,对属下的宽容与大度,是制造向心效应的最重要手段。

善做人情者,就像袁盎这般送人人情法,不单做了错事的人内心无限感激,还赢得了其他人的钦佩与捧场。对那些无关大局之事,能忍则忍,能让则让,能送则送,宽容大度,笼络人心。这样,受恩者会感恩戴德,属下也甘心情愿为你的事业出汗出力;人情做得大的,对方更是为在你身处危难之时甘愿赴汤蹈火，舍身相报。聪明的人，是将敌人变成自己的朋友；只有头脑简单的人，才把身边的朋友统统变成敌人。雄才大略之人更应有如此宽阔的心胸。

人情是人心

《读者》2002 年第 5 期刊载了这样一个故事。

十四年前的一个夏天，金小姐作为一名公司职员从台湾去美国芝加哥参加一个家用产品展览会。午餐就在快餐厅里自行解决，当时人很多，金小姐刚坐下，就有人用日语问："我可以坐在这里吗？"

金小姐抬头一看，是一位白发长者正端着快餐盒站在面前，忙指着对面的位子说："请坐。"接着起身去拿刀、叉、纸巾这类的东西，担心老人家找不到，便帮他也拿了一份。一顿快餐很快就吃完了，老人临走时递给她一张名片，诚恳地说："如果以后有需要，请与我联络。"金小姐一看，哟，原来老人是日本一家大公司的社长呢。

一年以后，金小姐自己注册了一家小公司开始创业。生意做了不到一年，客户突然不做了，而在这时，新的生产计划已经定了，连样品都做好了，更何况，这是她唯一的客户！怎么办？难道一开始起步就要遭遇破产的下场么？

绝望之际，她想起那位日本老人来，想起他那一句诚恳的话语，就抱着一线希望去了一封简单的信。她信中说："不知您是否还记得我，我现在自己开了一间小公司，如果您来台湾时，希望您能过来看一看。"

信发出后一星期，就收到了回信，老人说即日启程来台湾。两天后，他真的来了，还带来了六七个公司职员。他们拿出样品让她试加工。在肯定了产品和质量之后，老人当场下了足够的订单。

金小姐惊喜地问："你在台湾有很多大客户，而我这里只是个小公司，您信得过我吗？"

老人从皮箱里拿出一本书来，名字叫做《人心的贮存》，说："当初你在芝加哥给我小小的帮助时，你并没有想到会有这样的回报。就像我在书中所写：'人心就像一本存折，只有打开来才知道到底有多少收益。'每本心的存折正是用一点一滴的善去积累的。"

送人玫瑰，手有余香。送礼不在轻重，施恩不在深浅，行善不在大小，一切在于人心，在于人心是否被感动。感动有多深，回报便会有多深。

回心转意的礼品

一个周五的早晨，格兰的礼品店依旧开业很早。格兰静静地坐在柜台后边，欣赏着礼品店里各式各样的礼品和鲜花。

忽然，礼品店的门被推开了，走进来一位年轻人。他的脸色显得很阴沉，眼睛浏览着礼品店里的礼品和鲜花，最终将视线固定在一个精致的水晶乌龟上面。

"先生，请问您想买这件礼品吗？"格兰亲切地问。

可是，年轻人的眼光依旧很冰冷。"这件礼品多少钱？"年轻人问了一句。

“伍拾元。”格兰回答道。

年轻人听格兰说完后，伸手掏出一张伍拾元钱钞票甩在橱窗上。

格兰很奇怪，自从礼品店开业以来，她还从没遇到过这样豪爽、慷慨的买主呢。

“先生，您想将这个礼品送给谁呢?”格兰试探地问了一句。

“送给我的新娘，我们明天就要结婚了。”年轻人依旧面色冰冷地回答着。

格兰心里咯噔了一下：什么，要送一只乌龟给自己新娘，那岂不是给他们的婚姻安上了一颗定时炸弹？格兰沉重地想了一会，对年轻人说：“先生，这件礼品一定要好好包装一下，才会给你的新娘带来惊喜。可是今天这里没有包装盒了，请你明天早晨再来取好吗？我一定会利用今天晚上为您赶制一个新的、漂亮的礼品盒……”

“谢谢你!”年轻人说完转身走了。

第二天清晨，年轻人早早地来到了礼品店，取走了格兰为他赶制的精致的礼品盒。年轻人匆匆地来到了结婚礼堂——新郎不是他而是另外一个年轻人！年轻人快步跑到新娘跟前，双手将精致的礼品盒捧给新娘。而后，转身迅速地跑回了自己的家中，焦急地等待着新娘愤怒与责怪的电话。在等待中，他的泪水扑簌簌地流了下来，有些后悔自己不该这样去做。

傍晚，婚礼刚刚结束的新娘便给他打来了电话：“谢谢你，谢谢你送我这样好的礼物，谢谢你终于能明白一切了，能原谅我了……”电话的一边新娘高兴而感激地说着。

年轻人万分疑惑，什么也没说，便挂断了电话。但他似乎又明白了什么，迅速地跑到格兰的礼品店。推开门，他惊奇地发现，在礼品店的橱窗里依旧静静地躺着那只精致的水晶乌龟!

一切都已经明白了，年轻人静静地望着眼前的格兰。而格兰依旧静静地坐在柜台后边，冲着年轻人轻轻地微笑了一下。年轻人冰冷的面孔终于在这瞬间被改变成一种感激与尊敬：“谢谢你，谢谢你，让我又找回了我自己。”

多栽花，少种刺。做人做事当然要讲究送人人情，即便是与人做交易买卖，也应该要讲究人情。坏人好事、添人怨恨的事情自然是不要做；君子成人之美，在自己力所能及的时候，还要想办法帮人一把才是。

人情投资

一家私营企业的老板承包着一些大电器公司的工程。因此，他常常到这些大公司内活动活动，联络感情。只是，这位老板与其他企业家的活动方式有所不同，那就是他不仅奉承这些大公司的要人，就是对年轻的职员也殷勤款待。

这位老板总是想方设法将电器公司中各员工的学历、人际关系、工作能力和业绩，作一番全面的调查和了解。只是他认为这个人能力不错，以后必定会有所作为时，不管他有多年轻，都会尽心款待。自然，这其中有不少年轻职员并不如他所料，但这没关系，他明白，这当中总会有几个能给他带来意想不到的收益。这就很不错了。人情投资嘛，多送人人情，不会吃亏的。

当他所看中的某位年轻职员得到晋升时，他会立即跑去庆祝，赠送礼物，并请他到高级餐馆设宴用餐。当被邀请者不好意思或推却时，他又会说："我们公司能有今日，完全是靠贵公司的抬举，因此，我向你这位优秀的职员表示谢意，也是应该的。"被邀请者自然不好过于推却。通常他们很少去过这类场所，因此对这位老板的这种盛情款待自然备加感动。内心想：我现在还没有掌握重大交易的决策权，也从未给过这位老板任何好处。他就这样待我，有机会一定要还这个情！

私营老板做的是长久生意。几年的人情累积下来，当这些年轻职员晋升要职，手握大权时，自然会记着这位老板的恩惠，会想办法照顾这位老板的生意。因此，不管是生意旺季还是淡季，不管是顺境还是逆境，不管生意场上竞争变得多么激烈，这位老板的企业却总是业务繁忙，规模变得越来越大。

容人改过

人际关系学家卡耐基曾提到这样一个故事。

鲍伯先生拥有一家最新式的家具制造厂，员工总数超过三百人，他在管理自己的员工时常常是很有人情味，因此颇得员工们的好感和敬意。"我对于那些我选定的人，向来很信任。"鲍伯先生说："我对他们愈好，我收回的东西也愈多。这是天经地义的事。老实说，我并没有要求什么回报，只是'种瓜得瓜，种豆得豆'的必然结果而已。这里，我就随便举一个例子吧！"

几年前，生产线上有一个工人吉姆喝得酩酊大醉后来上班，吐得到处都是。厂里立刻发生了骚动。一个工人跑过去拿走他的酒瓶，领班又接着把他护送出去。

这时，鲍伯在外面看到他昏沉沉地靠墙坐着，便把他扶进自己的汽车里，然后开车送他回家。

这个工人的妻子吓坏了，鲍伯再三向她保证什么事都没有。"喔！你不知道，"她说，"鲍伯先生不许工人在工作时喝醉酒。吉姆要失业了，你看我们怎么办？"鲍伯便告诉她，吉姆不会失业的。她反问说，他怎么知道？鲍伯便说，自己就是那位鲍伯先生。

这位工人的妻子听说后，差点昏倒。这时，鲍伯告诉她自己会尽全力辅导吉姆,同时也希望她在家里尽力照顾吉姆,以便他在第二天早上照常上班。

从吉姆家一回到工厂,鲍伯就对吉姆那一组的工人说:“今天在这里发生的不愉快,你们要统统忘掉。吉姆明天回来,请你们好好对待他。长期以来他一直是个好工人,我们最好再给他一次机会!”

吉姆第二天果真像往常一样来上班了。他酗酒的坏习惯也从此改过来了。

这件事鲍伯先生很快就淡忘了,没想到吉姆却一直记在心上。三年后,地区性工会总部派人到他们工厂协商有关本地的各种合同时,提出了一些令人惊讶、很不切实际的要求。这时,沉默寡言,脾气温和的吉姆,立刻领头号召大家反对。他开始努力奔走,并提醒所有的同事说:“我们从鲍伯先生那里获得的待遇向来很公平,用不着那些外来‘和尚’告诉我们应该怎么做。”外面来人见工人们持这种态度,便自动离去了。工人们仍像往常一样,和鲍伯和气地签订合同。

要善待自己的属下、员工。当他们不能胜任工作、或某一个员工制造相当棘手的问题时,要记得宽容谅解,并赞美他们的优点,帮他们改正其错误。要容人改过,送人人情,而不要讽刺他们,不可做刻薄鬼,更不可不给人以改过的机会。做老板、上司的送给员工一个大的人情,对方永远不会忘记,并知恩图报,在力所能及的时候挺身而出,相助一臂之力的。

做足人情

“有朋自远方来,不亦乐乎!”朋友之间相聚,除了叙旧情之外,当还有事相求,也就是说朋友之间免不了常有人情往来。既为朋友,自然要对朋友的托付尽心尽力,但在送朋友人情之前,还是要权衡一番利弊,切不可不辨事情的性质好坏,不分事情的大小轻重,而一口答应。有害自己的尽可能不做,有弊的少做,有利的就只管去做。把人情做足,好人做到底,想朋友之所想,急朋友之所急,在他最困难最急需的时候,给他一个最大的人情。

把人情做足,有两个涵义:一是人情要做完,二是人情要做充分。

人情做完本是分内之事,就像东西要完整,不完整便残破不堪,事情要做完,不能半途而废一样。如果朋友求你办什么事,你满口承诺,但到时候你给他的只是一个没有结果的结果,他表面上不说,心中必定有一些失望。人情只做一半,叫帮倒忙,叫半途而废,不单前功尽弃,还落下“说话不算话”的口实,影响自己的诚信度。

人情做充分,就是不仅要做完,还要尽心尽力去做,尽量做得尽善尽美。答应了人家的事,就不要管有没有时间和精力,不要管付出多少,有无回报,你都要尽心去做,不能做得勉强,敷衍应付了事。如果做得太勉强,即使事情做成了,你的敷衍态度还是会让他在感情上受到伤害。

比方说你买了一盒录像带,朋友来借,你先说:“我刚买的,还没看完呢,你想看就先拿去吧。”

其实前面的废话又何必多说呢?反正是借给人家了,你不说这话也是借,说了还是借,与其说些废话还不如痛痛快快借给他。带子总还是你的,还回来后你尽可以看来看去,何不把人情做得圆满呢?

人情做足了，才有“杀伤力”。人情做足了，自然会赢得朋友的十二分感激，让他难以忘怀。人情做足了，友情便会迅速升华，甚至会让人永远刻骨铭心。唐时张九龄送给诗人王维的人情，可算是做足人情的典范。

青年王维刚到京城长安，投靠在好友张九龄的家中。一番时日之后，张九龄对王维的诗才人品有了很深入的了解，二人建立感情非常深厚。但王维的才学并不为人知，张九龄为此很是着急。

一天，京城来了一位卖胡琴的，索价百万，许多有钱有势的人都争相传看，但不识货的张九龄得知后，就尽其积蓄，买下了这把胡琴。当时街头围观的人群，还有上层社会认识他的人都觉得奇怪：你又不会演奏这种乐器，花这么多钱买它干什么？

张九龄回告他们：“我虽不会演奏，但我的一位朋友是演奏它的专家，明天我在酒楼里设宴，请大家欣赏演奏。”

第二天，长安许多官宦名流都赶到酒楼，想一睹演奏胡琴者的风采。酒宴开始时，张九龄作了一个别开生面的开场白，他对着所有宾客说：“我这位朋友王维是做诗的好手，有上百首好诗等着请大家欣赏，他来到京城，淹没在世俗人群之中，不被大家所了解。而演奏胡琴的技艺，是低贱的乐工的事情，哪是大诗人所为呀。”

说完这番话，张九龄把价值连城的胡琴举起，猛地摔得粉碎。然后，他把王维的诗稿分给在座的每一位宾客。大家念诗饮酒，慢慢地品味，不住口地称赞。这样，青年王维从一个无名小辈，迅速跃升为名满京城的大诗人。

青年王维能得到这样一个天大的人情，自然会引张九龄为一生的知己，他日功成名就，又怎能不感怀知己之恩。觅得知音，获得人情，也就为人生储蓄了一大笔财富；而送朋友人情，赢得知己，赢得知交他日成名时的强大支持，又未尝不是一大笔财富。真心的朋友可以同欢乐共患难。特别是在人生中不顺时遇到困境的时候，真心的朋友最是重要，其中的每一个几乎都可以在一定程度下影响你一生的命运。

善送人情

人情有多种，像顺水人情，转手人情等等；人情有大有小，有长有短，小则帮人小忙，济人所需，大则赴汤蹈火，救人于危难之中，短则解人一时之需，长则影响终身；人情还有有心为之，无心为之，有不求回报的，有急求回报的，还有放长线的，等等，不一而足。有心之人，自当明察。因此，送人人情时，要有所分别；受人人情时，也要细察明白才行。

花花轿子人抬人，人情往来在世上随处可见。但是，人情往来虽然普遍，却不一定就能轻易做好。不少时候，人情虽然做了，却不见得有什么效果。如在商场上，生意人士大都善于进行感情投资，但在不少时候还是没有化解他人的疑心，缘分也随之散尽，关系由合作转为对立，人情也变成了敌意。仇恨最深的冤家对头，或许曾是最亲密的伙伴。这其中，又是什么原因呢？

大多数情况，是人们疏忽了一点，那就是再芬芳美丽的花朵，都需要经常灌溉，需要雨露的滋润；同样，人与人之间情缘再好，也还是需要不断的进行、追加感情投资。

很多人都有这种毛病，一旦关系好了，就不再觉得自己有责任去保护它了，这样一来往往会忽略双方关系中的一些细节问题。像一些该解释的情况不加以解释，应该通报的一些信息却没有通报。或许他们认为彼此关系很好，解释不解释无所谓，通报也由迟延至于索性不报。结果长此以往，形成难以化解的问题。更甚的是，人们在关系深入之后，便会对另一方形成很高的期望，要求越来越多，总以为别人对自己好是应该的。于是稍有照顾不到就有怨言，由此很容易形成恶性循环，最后损害双方的关系。

可见，情感投资应该是经常性的。在生意往来中不要缺少，在其他任何场合都不可缺少。人情如同人际关系中的盐，多了太咸，缺少了一切都会乏味。什么事情都有个限度，再好的事情都要有个分寸，越过了那个度，它就失去了原有的价值，自然也就不会被人好好珍惜了。一个有心人应该懂得把人情生意做得不咸不淡，恰到好处。

因此，在送人情时，我们还要注意以下几点。

一、不要过分给予。

饮饱了井水的人，肯定会离井而去。你应该适度地控制，让他人总是有点干渴的感觉，以便使其对你产生好感和持续的依赖感。一旦对你失去依赖之心，或许就不再对你毕恭毕敬了。这样一来，你施予的人情也就不值钱了。

人情虽然可用，但人情更为可贵。不要滥用人情，也不要向朋友要求他们不想给的东西。不会打理人情，你的人情只能是一座空置的荒山：滥用人情，你的人情便会成为烂熟的桃子。过犹不及皆是害，人情来往之道尤其如此。只要你能够做到适中和节制，你就总能得到他人的青睐与尊重，这将使你的人生和事业受益无穷。

二、不要对别人恩情过重。

恩情过重，难以偿还时，这会使人难以承受它带来的心理压力，或者感到自卑乃至产生厌倦、怨恨之情。因此，宁可对别人不断地施予小恩小惠，也不要对他人恩情过重而让其难以偿还难以承受，或者觉得你在故意讨好他们，更不要将施恩当成施舍，冒犯对方的尊严，给他人带来沉重的屈辱感。若是这样，那你所做的人情努力就完全适得其反了。

三、对方不需要时，就不要太热情。

这种时候，你送的人情会让对方觉得多余，对方不见得会领你的情。只有需要才会产生价值，才会让人珍视。就像市场上如果没有需求，产品再好，也不大值钱；需要时送来的人情，人们会加倍珍惜；而若是渴盼、急难时的人情，更是有如雪中送炭，要比平时的人情珍贵上百倍。

四、不可张扬你相送的人情。

虽说是滴水之恩，当涌泉相报，但施恩望报者，总不免让人有所不快；而若是将施人恩惠当作自己的功德、业绩，而向人炫耀、张扬时，这便背离了施恩的本意了。送人人情，施人恩惠，原本是为了解人急难，助人于困境，而不是自己捞取名声的资本。

一个人做了好事到处宣扬，那一份好事也会变质。当你炫耀你所施人的恩惠，希图为自己脸上贴金时，恩惠便只如废纸一张；当你张扬你相送的人情时，人情便即时变得一文不值。不只如此，当你在炫耀、张扬相送的人情时，无疑也在揭示对方的隐私和痛苦，这已经足够招来对方的怨恨了。因此，切不可张扬你相送的人情。如果做不到这一点，还不如不送这份人情的好。

30计 反客为主

此计的原意是：主人不会待客，反受客人的招待。引申为在处于被动地位时，想办法争取主动，变客位为主位。被动意味着挨打，居于客位意味着受人支配。只有摆脱被动局面，处于主人的地位，才能控制对方，稳操胜券。

为人驱使者为奴，为人尊处者为客，不能立足者为暂客，能立足者为久客，客久而不能主事者为贱客，能主事则可渐握机要，而为主矣。常言所说的“久住令人厌”，这是指为客久而不能主事者而言。要想改变被动的局面，就要想办法反客为主。其中关键之处，有如兵书有云：“乘隙插足，扼其主机，渐之进也。”也就是说，趁着有空隙就插足进去，先站稳脚跟，然后步步为营，控制它的首脑机关，从而掌握主动权。

反客为主的局势演变是：首先是争得客位；其次要善于发现主方的弱点和缝隙；再次是抓住有利的机会插足进去；最后掌控对手的主权，变成主人。反客为主的关键是争得主动地位，能争得主位就可以控制大局，而处于被动地位则始终受人摆布。

袁绍进冀州

东汉末年，军阀董卓专权，全国各地义勇之士纷纷起兵，共讨董卓。袁绍与老友冀州牧韩馥也曾共讨董卓。且说有一天，袁绍屯兵河内，正在为缺少粮草发愁。这时，韩馥派人送来了粮草，袁绍很是高兴。袁绍的谋士逢纪却说："大丈夫纵横天下，为什么等人送粮草！冀州是粮仓，为何不去夺取呢？"

袁绍问："你有何良策？"

逢纪说："公孙瓒假借讨董卓之名，引燕兵进入冀州境内，准备袭杀冀州牧韩馥。将军可派人送信与公孙瓒，约好与他共同攻打冀州，公孙瓒必定发兵。而韩馥属无谋之辈，他必定请将军去防守冀州，如此，冀州便唾手可得。"

袁绍听了逢纪的计谋十分高兴，便给公孙瓒发了书信。公孙瓒见信，得知与袁绍共同攻打翼州，可平分其地，大喜，即日发兵。

同时，袁绍又派说客去冀州。说客见到韩馥后，进言道：公孙瓒已是势不可挡，袁绍也是一时之豪杰，如果二人联合攻城，恐怕此城难保。袁绍是您的旧友，不如您把冀州城让与袁绍防守，既保住了城池，无有性命之忧，又得了让贤之名。

韩馥素来胆小怕事，又自无主见，便不顾部下反对，同意袁绍进驻冀州。

袁绍领兵是以客人的身份进入冀州的，但他逐渐任用自己的部下田丰、沮授、许攸、逢纪主管冀州之事，尽夺韩馥之权。

直到这时，韩馥才懊悔莫及，不得不扔下一家老小，骑着一匹马，投奔陈留太守张邈去了。

乱世之时，江山当为德才兼备者居之，韩馥本属无谋之辈，却占据着冀州，迟早会被他人掠为已有。他只是没想到竟会这么轻松这么快就被袁绍反客为主，就此占了过去。

反客为主的局势演变是：首先是争得客位；其次要善于发现主方的弱点和缝隙；再次是抓住有利的机会插足进去；最后掌控对手的主权，变成主人。

反客为主的关键是争得主动地位，能争得主位就可以控制大局，而处于被动地位则始终受人摆布。

从另一方面来说，如果客人实力太强，会威胁到自己做主人的地位时，就一定要小心谨慎，防守严密，不要轻易引客人进入自己的"城堡"，尤其不要引他们进入自己的心腹地段来。生活中，一些聪明的妻子就懂得不轻易地邀请自己年轻漂亮的女友到自己家来，其中便有着这方面的用心。

郭子仪单骑入敌营

唐朝后期，回纥和吐蕃

两国,在唐朝叛将仆固怀恩的煽动下,共同出兵三十万,进犯中原。唐将郭子仪急忙率领精兵一万前去抵抗。无奈敌军势力强大,唐军尚未部署完毕,敌人已迅速将他们包围。

恰在此时,叛将仆固怀恩病死了,回纥和吐蕃大军顿失联系人物,双方将领为争夺领导权而相持不下,最终两军分开,各主其政。吐蕃驻军东门外,回纥驻军西门外。

郭子仪得知这个消息,想起曾与回纥部族并肩作战平定过安禄山叛乱,便决心趁此机会联络一下相识的回纥将领,分化瓦解敌营。于是,他派部将李光瓒前往回纥军营活动。

回纥将领药葛罗听到郭子仪仍然健在的消息,果然十分欢喜,但又不免怀疑,便让李光瓒回去请郭子仪亲身来见。

郭子仪听了李光瓒的报告,不顾众将领的劝说,决心单骑闯入回纥营。

不久,到了回纥营地,回纥众将领纷纷出营观看,见果真是郭子仪,便纷纷下马,跪拜迎接。郭子仪也立即下马,来到药葛罗面前,与他携手步入账营。大家互诉旧情,难免伤感一番。

郭子仪乘机对他们说道:“你们过去曾替唐朝立过大功,唐朝也没有亏待过你们,为什么今日听了一个叛将的挑拨,就反目成仇了呢?”

药葛罗急忙解释道:“我们已经知道上了仆固怀恩的当。他曾这样对我说,皇帝与令公均已不在,国内大乱,叫我来帮他收拾残局。现在我才明白,原来是一场误会!”

郭子仪见时机成熟,便进一步劝药葛罗与唐军联合,消灭吐蕃。药葛罗欣然同意。于是摆酒欢宴,洒酒盟誓。

郭子仪与回纥结盟的消息传到吐蕃军营,吐蕃将领连夜率军奔逃。郭子仪与药葛罗乘势合力追赶,打得吐蕃军落花流水。至此,一场来势汹汹的战乱就这样顺利平息了。

郭子仪之所以敢于单骑闯入三十万大军的敌营,一是因为对方中心人物已经病死,回纥和吐蕃双方将领为争夺领导权而相持不下,利益纠纷错综复杂,矛盾重重;二是因为自己曾与回纥部族并肩平定过安禄山叛乱,与一些回纥将领有着生死之交,于是他抓住这绝好的机会,不顾个人安危,毅然前往敌营,以分化瓦解对方阵营。进得敌营后,郭子仪又联系相识的回纥将领,化解双方的恩怨,并进一步与回纥将领药葛罗联手,这样不只分化瓦解了对方阵营,还拉拢过来一大半力量,在实力上也转弱为强,占了极大的优势,到此时,完全掌握了主动地位,反客为主,已被严重削弱的敌方阵营,如今的吐蕃军,自然只有退让败逃的份了。

得寸进尺

有这么一个民间寓言故事。

一个寒冬的夜晚,有位阿拉伯人坐在自己温暖的帐篷中。帐篷外面是呼啸的寒风。一会儿,门帘轻轻地撩起来了,原来是他的那头骆驼,它在外面正探头朝帐篷里边看。

阿拉伯人很和蔼地问它:“你有什么事吗?”

骆驼说:"主人啊,外面太冷,我冻得受不了了。我想把头伸到帐篷里暖和暖和,可以吗?"

仁慈的阿拉伯人说:"没问题。"

骆驼就把它的头伸到帐篷里来了。过了不久,骆驼又恳求道:"能让我把脖子也伸进来吗?"

阿拉伯人想都没想,反正也占不了多少地方,便答应了它的请求。

骆驼于是把脖子也伸进了帐篷。它的身体在外面,头很不舒服地摇来摆去,很快它又说:"这样站着很不舒服,其实我把前腿放到帐篷里来也就是占用一点地方,我也可以舒服一些。"

主人想想也是,说道:"说得也对,那你就把前腿也放进来吧。"说完,挪动一下身子,为骆驼腾出一点空间来,因为帐篷实在不大。

一会儿,骆驼又摇晃着身体,接着说:"其实我这样站在帐篷门口,外面的寒风引进来,你也和我一起受冻,我看倒不如我整个儿站到里面来,我们都可以暖和了!"

可是帐篷实在是太小,很难容纳下一人加上一匹骆驼。但是,主人非常善良,保护骆驼就好像保护自己一样,进来一起挤紧一点说不定也能容纳下,便说:"帐篷里面地方实在太小了点,怕是容不下你全身,不过你可以站到里面来试试。"

骆驼一听,马上挤了进来,晃晃身子,说:"看样子这帐篷是住不下我们两个的,你身材比较小,你最好站到外面去。那样这个帐篷我就住得下了,而且空间能被充分利用。"

说完,庞大的身子侧身朝主人一挤。这位阿拉伯人打了一个趔趄,退到了帐篷外面。主人就这样被骆驼挤了出去。

我国俗话中有一句话表达着同样的意思:借了屋檐进走廊,借了走廊进灶屋,借了灶屋进堂屋,借了堂屋进卧室。屋檐可以避雨,走廊能放行李,灶屋可以做饭,堂屋可以自由活动,可以搭铺睡觉,但睡在堂屋还是不便,终究还是要挤进卧室。如此,每次得寸进尺,都自有其充足的理由。而最后挤进卧室后,主客同居一室还是不便,这时如果主弱客强,便有可能被客人独占卧室,自己只能到堂屋搭铺去。

帮助他人也是要有条件有个限度,没有原则地答应他人的要求,是非常不明智;不看条件不管自己实力

地帮助他人，有可能会被他人反客为主，自己落得个受人怜悯、施恩的下场。毕竟，贪心从来就没有尽头，欲望也没有止境。

策略跟进

《科学投资》刊载了下面这个故事。

1995 年，山东的姜贵琴到城里的亲戚家走亲，看到副食店中卖酱鸭翅的柜台前竟然排着长长的队伍，而且一连几天都是那么一条长龙。亲戚说，这个副食店中的酱鸭翅就是姜贵琴所在的郊区县里一个小工厂生产的。因为酱烧得十分入味，所以在城里特别受欢迎。

姜贵琴看着别人大把赚钱，也很想照着做。但她很清楚，虽然自己能吃苦、肯学习，可自己对做酱鸭翅的技术什么都不懂，而且对市场一窍不通，市场敏感度差，又没有过丁点经营管理的体验。这些都是做生意忌讳的事。该怎么做呢？她决定从小事做起——在动手之前先搞明白，怎么入行，怎么做才能让自己获取利润。

于是，她就找到了这个小厂子，软磨硬泡、托人送礼进了厂子，当了一个车间工人。姜贵琴一共工作了两个月，白天将小厂的货源、制作工艺、酱料的调配、送货渠道摸了一清二楚后，晚上再回家偷偷试着制作。终于等她将自己的酱鸭翅调弄得差不多了，请来品尝的人都说好后，她马上辞职回家，开始着手准备自己生产。

在生产经营以及市场营销方面，她也干脆在创业时全部向小厂看齐，照搬它的模式。小厂从哪里进鸭翅，她就去哪里进，这样可以保证原料品质与小厂一致；小厂生产的酱鸭翅味道是什么样，她也向着靠拢，这样可以缩短消费者认知的过程；小厂在城里的哪个街道铺货，她就尽量选同一街道的另一家副食店，这样可以省下了自己开拓市场的成本；唯一不同的是，她是从小企业做起，从小事做起，她总比这个小厂晚一个小时送货。

这么做的目的，是为了告诉这个小厂，自己仅仅是一个无关紧要的尾随者，不会因此而对她加以防范，甚至采取破坏性举动。跟进的结果使她的创业过程特别省心、顺利。由于那家小厂的酱鸭翅在城里早就出了名，每天很多人想买而买不到，所以姜贵琴这种跟着铺货的方式正好让她捡了一个漏，省下了她开拓市场的成本。最关键的是，那家小厂的厂长知道后，根本没放在心上，还和姜贵琴开玩笑说："你就跟着吧，我们吃肉，当然也不能拦着你喝碗汤呀。"

看到对方根本没把自己的小作坊放在眼里，姜贵琴心里踏实了。开始时，她每天只送一家，直到后来，她才慢慢发展到五家、十家，不到一年的时间，只要是这个小厂在城里选的销售点，走不出二三百米就一定可以找到姜贵琴的酱鸭翅售卖点。仅仅一年时间，姜贵琴靠跟在人家后面卖酱鸭翅赚了 17 万元。

后来，那家小厂又开始增加一些类似酱烧鸭掌、酱烧鸭头等其他产品。姜贵琴还是抑制住了马上跟进的念头。她知道跟在后面的人的最大优势就是在后面能清楚看到前面所发生的事情，以及这些事情所带来的后果。而且既然是跟，那就不能心急，等等看，人家什么好卖，再决定跟什么。她特意交代送货的伙计,让他们每天送完货后,等到那小厂的售卖点商品卖完后才回来,统一向她汇报"侦察"的结果。等到小厂的新产品销售半个月之后,她才考虑是否要增加新品种。就这样,她不紧不慢地跟在小厂的后面,轻轻松松地发着自己的财。

到1997年时,姜贵琴的酱食小作坊规模已经发展得与那家小厂不相上下。她开始小规模地着手拓展那家小厂以前没有铺货的街道和社区。此时她也已经琢磨出了一种新的酱料,生产的鸭翅味道更香浓。但是,她并不急于将这种特别香浓的鸭翅推向市场,依旧保持着足够的耐心,一边等待时机,一边继续研制着新品种。这年年底,姜贵琴的资金积累已经达到了将近50万元,新厂房也已经竣工,而姜贵琴对市场销售渠道、销售环境等更是烂熟于心。她准备抓住春节这个时机,加足马力,一举超过那家小厂。

农村很多小厂在春节期间都给工人放假,停止生产。姜贵琴则将厂里的工人组织到一起让他们加班,每天多付三倍的工资,当天的加班费当天就结清,年三十加班每人再另发500元奖金。同时,姜贵琴又将那家小厂放假回家的工人招来了15名,承诺在放假的这段时间里,每天的工资是那家小厂的两倍。

春节到了。从阴历腊月二十到正月十八,姜贵琴将产量提高到平日的五倍,产品品种由五种增加到了十一种,其中不但有老品种,还新增了她自己精心研制的新品种。同时她将送货的时间进行了调整,不单每天下午的送货时间提前了整整两个小时,而且还专门增加了一次上午的送货。

春节期间是副食消费的旺季,大家无事在家,亲朋好友相聚总难免要喝点酒助兴,而姜贵琴生产的酱食成了最好的下酒菜。春节前后短短一个月,姜贵琴工厂的利润相当于平时的六倍还多。

春节过后,市场依然红火。姜贵琴工厂每天保持的送货品种至少在十一种以上,并且不断有新的品种推出。每天上、下午各送一次货的方式也得以保留,从此,消费者随时都可以享受到姜贵琴厂生产的新鲜食品。那家小厂等春节过后恢复生产时,才发现江山已经易帜:顾客大都跑到姜贵琴那边去了。

姜贵琴创业采取的是策略跟进模式,她之所以能圆满地完成这种商业模式,创业成功,实在是得益于她有扎实的实干、探索精神,并且善于蓄积力量,隐藏自己的实力,在春节这段关键的时候,放手大干一场,从各方面完善自己的体制,终于得以反客为主,迅速占领市场,将自己曾经紧跟的那家小厂抛在后面。此后,姜贵琴又盯上了城里的另一家大型酱食连锁店。她悄悄地跟到后面,慢慢地积蓄力量,准备等待时机成熟时再度超越。

先登堂,后入室

李玉刚是个刚刚毕业的大学生。他家乡有一家大规模的机械公司,这家公司的产品在市场上一直都很热销,员工薪金待遇也极为可观,他很想要进入这家公司。但是,他们对人才的要求却也很高,像他这种刚出校门、没有工作经验的大学生很难被录用。

怎么办呢?只好放弃?

李玉刚没有退缩。他觉得这家公司离家不远，暂时可以不用考虑生活问题。为什么不试一试呢？

于是他找到公司人事主管，提出自己的想法：他不计较薪金的高低，只请求公司分派给他一份工作，什么工作都可以。人事主管觉得不可思议，竟有这样的事情？考虑到不用多少代价，也用不着操心，于是给他派了个打扫车间废铁屑的活。李玉刚任劳任怨地工作，因为没有报酬，下班后他还要去打另外一份工。一年过去了，仍然没有一个人提到录用他的问题。

正在这时，公司的销售出现了严重滑坡，理由是产品质量有问题，许多订单都被客户纷纷退回，公司面临着即将蒙受巨大损失的威胁。公司董事会紧急召开了会议商议解决，但仍无眉目，一筹莫展。李玉刚得知这一情况后，拟了一份报告，面呈总经理。他将这一问题出现的原因作了令人信服的解释，提出了自己的看法，随后拿出了产品的改造设计图。这个设计恰到好处地保留了机械原来的优点，同时克服了已出现的弊病。总经理非常惊讶，眼前的小伙子对公司产品如此在行老练！于是便好奇地询问他的现状及背景。直到此时，李玉刚才将自己的意图和盘托出。原来，他在工作的时候，利用工作的便利，用心了解公司各部门生产的情况，仔细做了记录，从中发现了一些存在的技术性问题。为此，他做了大量的统计数据，花了近一年的时间搞设计。

鉴于李玉刚的突出才华及默默奉献的努力，经董事会一致同意，李玉刚被聘为公司负责生产技术问题的副经理。最终，他实现了进入了这家公司的梦想。

要想反客为主，首先要争得客位，如此才有机会发现主方的弱点和缝隙，才有发言权，以便下一步乘机插足，所谓登堂入室，也要先进得厅堂的大门，才能窥得见房屋深处的奥妙，才有机会进得里屋。要不然，一个“门外汉”，陌路之人，又有何资格坐上一席主位？

31计 柔情蜜意

此计原名美人计，指的是用女色诱惑对手，使对手贪图安逸享受，斗志衰退，从而造成内部分崩离析，继而一举歼灭的策略。原三十六计中的这一美人计，在现代处世上当演变为柔情计。当然，美人计也是柔情计的一种。

柔情计，我们可以理解为通过给对方温暖、柔情、亲情、情爱等等以满足，来左右对方，使对方贪图享乐、意志消沉，从而露出破绽，或者给自己以其他方面的回报，从而达成自己目标。

力量的作用方式有多种。能量最大的未必力量最强大，声势最大的也未必力量最大，最刚性的也未必是最坚硬的。柔能克刚，不少时候温和柔软反而比粗暴刚硬更有力量。

一滴蜂蜜所扣住的苍蝇，远远超过一桶毒药！而一点温柔，正如一滴蜂蜜。温暖能够减轻灾难下的寒冷，温柔能够化解怨恨，温和能够克制盛怒，柔情能够抹平冷漠。

此计本质上是一种施展软刀子的攻心战术，是从感情上加以进攻、软化，抓住敌方思想意志的弱点加以攻击。“柔情计”可以说是代价最小，成效显著的一种计谋。其实质就是攻击人性中最薄弱的环节——情欲、亲情、内心情感的需求。

美人离间

这是一个世人皆知的故事。然而，这个故事中的男女主人公，却是无不让世人大发感慨——虽然，感慨各有不同。

东汉末年，宦官专权，朝政衰微，天下诸侯王公各据一方，天下纷乱。乘着乱势，董卓挟持了汉献帝，从洛阳迁都长安。太师董卓独揽军政大权，权势熏天，更兼有一个义子吕布，骁勇异常，有万夫不挡之勇，极难对付。而讨伐董卓的四方诸侯却又不能与他抗衡。司徒王允为此日夜忧虑不安。

一天晚上，月光皎洁，清风送爽，王允信步庭院，想散散心。忽然，看见美貌出众、心思灵巧的养女貂婵正在花园里的牡丹旁边对月长吁短叹，美人计顿上心头。王允把事情与貂婵一说，貂婵慨然应诺。于是王允就把董卓、吕布的好色忘义、有勇无谋以及其他一些性格特点一一告诉貂婵，要她依计行事。

吕布原为荆州刺史丁原义子，在讨伐董卓时，连斩数将，勇不可挡。董卓慕其勇猛，想收为己用，便针对其有勇无谋、见利动心的特点，投其所好，送去珍宝和极其著名的赤兔马，再加上花言巧语，终于说服了吕布。于是吕布杀了丁原，提头来见董卓，拜董卓为义父，从此一心替董卓卖命。因此，要想除掉董卓，先除吕布当是上策；而若能令吕布反戈一击，除掉董卓，那就是上上之策了。

一日，王允邀吕布至家中，极力向他表示钦慕之情，并赠给他宝冠，在宴饮时，又让养女貂婵出来劝酒。吕布一见貂婵美貌，惊为仙女下凡。王允见机当即提出要把貂婵许配给吕布，吕布大喜，兴冲冲地回去准备成亲。

紧接着王允又把董卓请到自己家中宴饮。酒酣之时，王允叫貂婵出来献舞。貂婵的美貌使得满室生辉，董卓不禁对其垂涎三尺。王允见火候已到，就主动提出要把貂婵献给董卓，董卓感激不已，当夜就用车将貂婵带回了相府。

吕布听说此事，立即去责问王允。王允说："太师已知我将小女许配于你，他说今天正是良宵，要带回府去许配给你，我哪里敢不允许呢?"吕布听了，无话可说，只好回到家中等待，谁知等了一夜，也不见送貂婵来。第二天一早，再也按捺不住，就气冲冲地直奔相府而来。

貂婵正在窗下梳头，远远见了吕布，忙将罗帕掩面，装作哭泣的样子。吕布心如刀割，但又怕惊醒了董卓，只好退出。过了几天，吕布听说董卓生病，便入相府探望，貂婵从帘后探出半个身子，望着吕布，用手指心，又指董卓，再转过脸去，连连抹泪。吕布失魂落魄，呆呆地望着貂婵，恰在此时，董卓醒来，以为吕布调戏貂婵，对其厉声呵责。

又过了几天，吕布保护董卓上朝议事，群臣散后，献帝独留下董卓密谈，吕布见有机可乘，便急忙跑到董卓的相府，想找貂婵问个究竟。二人来到凤仪亭边，貂婵像见了亲人般地哭泣倾诉，说自己本想嫁个英雄少年，没想到……

吕布心知董卓会寻到这里，却是见貂婵梨花带雨，不忍离去。果然，董卓见吕布不在，很快就寻了过来。此时，貂婵故意连拉带扯，装作要挣脱吕布跳水的样子。董卓远远看见，便急迫而去，提起吕布放在一旁的画戟，奋力掷向吕布，被吕布用力一挡，掉在地上。

貂婵见了董卓，连哭带喊，说吕布强行调戏，自己正欲投水自尽，幸亏太师赶来相救，说罢还要拔剑自刎。董卓听信了貂婵的话，便想杀了吕布。董卓的女婿、也是重要谋士李儒劝说董卓，说是不能为了一个女子而伤一员大将，董卓因此才未杀吕布，只是带着貂婵回府享乐去了。从此，吕布与董卓离心。

不几日，在为董卓送行的时候，王允见到了吕布，便邀吕布到家中饮酒。吕布把风仪亭之事说了一遍，王允声带激愤："辱我的女儿，夺将军之妻，真是将军的奇耻大辱！我已是老迈无能之辈，可将军乃盖世英雄，也甘受这等侮辱?"吕布听了，暴跳如雷，发誓要杀掉董卓。

王允见他决心已定，便细加计议，与朝中许多人相联络，派董卓的心腹之人李肃前去见董卓，诈称献帝要禅让帝位，骗董卓前来长安。董卓深信不疑，在上朝时，被王允埋伏的武士冲过来刺伤了。这时董卓急忙呼喊："吾儿奉先快来!"吕布转出董卓车后，不仅不帮董卓，反倒一戟结束了董卓的性命。董卓一世英雄，最终丧于司徒王允的美人离间之计。

"兵强者，攻其将；将智者，伐其情。"遇到足智多谋的将帅，便可以从感情上加以进攻、软化，抓住敌方思想意志的弱点加以攻击。《六韬·文伐》中有：对直接采取军事行动不能征服之敌，须"养其乱臣以迷之，进美女、淫声以惑之……"主张以乱臣、美女、犬马等手段攻其心，摧毁对方意志上的屏障。

在对待貂婵这件事情上，董卓的谋士李儒曾跟他分析过："貂婵不过是一个女子，而吕布是太师的心腹猛将，太师可不能被妇人蛊惑住呀，一定要权衡利弊，为图大业，应该把貂婵赏给吕布。"可董卓终归走上了不爱江山爱美人的不归路。照理说，像董卓这样一个老于世故的人，为什么会做出这样的蠢事呢?

不是董卓没有分析判断的能力，而是他一心只想当皇帝，又贪恋貂婵绝色美女的美貌，自然看不见杀身之祸——由此也可看出美人计的杀伤力之巨大。

在生活中能有个相知相恋的红颜知己相伴，自是男人前世修来的福份。但如果在自己位高权重时，或在某些关键时候，有“红颜知己”主动前来，或是半路闯出来，殷勤陪伴，红袖添香时，就不要高兴得太早，而要保持警惕提防之心，以防红颜祸水。有这么一句话：“贪恋女色，往往引祸上身”，也就是警告男人，特别是那些有着雄才大略的英雄豪杰们，不要贪恋美色，醉倒温柔乡。

柔情友善

著名人际关系学家卡耐基，曾谈到过他的一位朋友举办过两次宴会的情形。

一个星期三，长岛沙滩花园城的黛夫人请几位朋友午餐。这是一个重要的聚会，自然，她希望聚会中所有事情，都能称心如意。管事爱弥尔在这类事情上，常是她一个得力的助手，可是这次他使黛夫人失望了。

那次午餐饭菜弄坏了，爱弥尔也没有到场，他只差了一个厨师侍者来。这个侍者对高等宴会的情形完全不清楚，把这次宴会弄得糟透了。她心里恨透了爱弥尔，但在客人面前，不得不勉强赔笑。

第二天，一次人类关系学演讲触发了黛夫人的感觉，她试着从他的立场着想：午餐的菜不是他买的，也不是他亲自下厨做的，只怪那侍者太笨，才把那次宴会弄糟了，他也没有办法。或许是她把事情看得太严重了。

第二天，她见到爱弥尔，他竟也显得愤愤不平，似乎要跟她争论、分辩前一天的事情。黛夫人止住了他，以轻柔的语气说：“爱弥尔，你知不知道，当我请客的时候，有你在的话多好。你是纽约最能干的管家当事，这情形我也清楚，那天宴会的菜，不是你亲手买回来做的；那天发生的事，对你来讲，也是没有办法的。”

爱弥尔听到这话，脸上的阴霾完全消失，他笑着对她说：“真的，太太，毛病就出在那个厨师侍者身上，那不是我的错。”

黛夫人接着说：“爱弥尔，我准备再举办一次宴会，我需要你提供意见，你以为我们应该再给那个厨师一个机会吗？”

爱弥尔连连点头，说：“那当然……太太，你放心，上次那种情形定不会再发生了。”

下一星期，黛夫人又设宴请人午餐，爱弥尔向她提供有关那份菜单的资料，她给他半数小费，不再提到过去那次的错误。

主宾们来到席间，桌上摆着两束美丽的鲜花，爱弥尔亲自在旁照料，对来宾殷勤侍候。眼前的情形，就是黛夫人宴请皇后也不过如此了。菜肴美味可口，服务周到，由四个侍者在旁侍候，而不是一个。最后由爱弥尔亲自端上可口的点心作为结束。

散席后，她的那位嘉宾含笑问她：“黛夫人，你对那个管事，施了什么法术？我从来没有见过这样殷勤招待的。”

是的，黛夫人是对那个管事施了魔法。但她到底施了什么魔法在那管事身上，以至于使他如此这般招待她的客人呢？那就是黛夫人的友善与赞赏，是黛夫人的温柔心机。

柔情、友善的力量，永远胜过愤怒和暴力。这一点上，西方有一句古谚与此异曲同工:“一滴蜂蜜所扣住的苍蝇,远远超过一桶毒药。”其实,这个道理在人类的身上同样是适用的。如果我们欲使他人苟同于自己的意见,就必须先让对方相信你是他真诚的朋友。你应当用柔情、友善去吸引住他的心,这才是驾驭他人、化解问题的明智之道。

如果一个人事先对你心存成见,你就是找出所有的逻辑、理由来,也未必能使他接受你的意见:如果再用强迫的手段,更不能使他接受你的意见,即使口服心也不服。但是,如果我们和颜悦色、轻语温柔,就很容易引出他的同意。

柔情似水

在恋爱、婚姻家庭中,出现矛盾是常有的事情,夫妻吵架也更是常见。一旦出现吵架情况,男女恋人、丈夫妻子都要善于克制忍耐,懂得退让;而吵架过后,也要主动求和,并要掌握一些求和的技巧,在其中融入温柔如水之情。

林欣是一家报社的记者,平时工作很忙,好不容易回到家,又去忙家务,慢慢地,夫妻间的交流越来越少。

一个周末,林欣难得地休息一回,就下厨做了几个好菜,一家人正其乐融融地吃着饭,儿子点点忽然说:“妈妈,今天也是周末,小荷阿姨怎么不来玩了呢?”

一问之下才知,原来丈夫单位新来的一女大学生常过来和点点一起玩。

林欣心里不禁一阵翻江倒海,心想:好啊!我为这个家忙里忙外,对丈夫又如此信赖,可他却……真想大吵一通,要不干脆离婚算了。

但冷静下来后,她不禁反省了一下自己:是啊,自己总是在外忙碌,对家庭照顾不够,何况现在也不能肯定他们之间的关系,如果就这样闹起来,倒显得自己没分量没水准了。

想到这,她没有继续追问下去,只是哄着儿子说:“小荷阿姨也许忙呢,我们下回请小荷阿姨来玩,好吗?”

晚上睡觉时,林欣偎在丈夫胸前,轻轻说:“我经常外出采访,让你一人在家带点点打理家务,太为难你了,你很多时候一定很寂寞,就像我在外孤零零也很寂寞一样。只有像现在这样我才觉得好踏实,没有你的支持,我的工作肯定做不好。”丈夫一声不吭,怜爱地抚摸着林欣的头。“周末我们请她来吃饭吧,我想她一定是个很可爱的女孩,我也想认识她呢。”

周末,林欣亲自下厨,小荷来了,林欣热情地进行了款待。临走时,林欣特意一人把她送到楼下,拉着她的手说:“我经常外出采访,对家里缺乏照顾,多谢你经常来带我们点点玩,也帮着照顾我先生。你这样温柔可爱的女孩,不知道哪个小伙子有这份好福气娶到你。好了,不远送你啦,有空欢迎你常来我们家玩。”小荷听了,又是感激又是惭愧。

后来,小荷找了个非常体贴的男朋友,他们与林欣夫妇也成了好朋友。

林欣没有和丈夫大吵大闹,而是给丈夫更多的温柔,体贴入微,使本来面临危机的夫妻关系归于融洽。

谁都知道,恋爱的男女,婚姻家庭间,更是温柔发挥的最好舞台。恋人间的争吵赌气，夫妻间的抱怨猜疑，家庭中的是是非非，这所有的矛盾，其实都可以动用温柔这把宝剑。温柔之心机，正是处理家务琐事的和谐法宝。毕竟，天下无大事，家庭无是非，婚姻家庭中大多数问题，都可归结为不知温柔，或是温柔不够。

“柔”被柔弱者利用，可以博得他人的同情，寻得他人的援助，从而救自己于危难之中，成为柔弱者寻找保护的一个护身符；“柔”若被刚正者利用，则刚中有柔，正者更正，为天下所敬佩、景仰。

“柔”一旦被用到人们，特别是女人们身上，便化成了柔情。在生活中，人们常能感觉到柔情那无缝不入的巨大的力量。柔情似水，外柔内坚，柔情乃是人们，特别是女人们一道莫大的心机。而对于灾难、仇隙、怨恨、盛怒、冷漠等问题而言，柔情更能显示强大的剑气杀机。

殷勤待客

上海某饭店经理室，一天上午，气势汹汹地闯进一位客人：“你就是经理？你们饭店大堂地板这么滑！太危险了！连一个防滑警告和措施都没有！害得我刚才在大门口滑倒摔伤了腰！你们现在马上领我到医务室去！”

经理一听，忙站起来迎上前说：“非常抱歉！我们马上就带您到医务室，请您稍坐一下。”

客人气呼呼地坐在椅子上。经理温和地说：“请您换上这双鞋，我们已和医务室联系好了，现在就领您去。”

其实经理已经看出他的腰部没多大问题。客人离开后，经理把换下的鞋交给一位服务员说：“这双鞋后跟已经磨得很薄了，你把它送到楼下修鞋处换上橡胶后跟，务必在我们从医务室回来以前弄好。”

果不出所料，检查结果未发现任何异常，客人也冷静了下来。回到经理室，服务员已把鞋修好送回。经理说：“很冒昧，我们擅自修理了您的鞋子，据鞋匠说，是后跟磨薄才致防滑效果下降以至打滑的。”

客人一看，橡胶鞋跟高矮修得非常合适，技术高超娴熟，便高兴地说道：“实在感谢你给予的关怀照顾！你的厚意我是不会忘记的。”经理送他出门时说：“请您将这件不愉快的事忘掉吧，欢迎您再来。”愉快地握手后，客人再次频频道谢方才离去。此后，只要这个客人到上海，必定住进这家饭店并到经理室向这位经理致意。

这位经理在客人的不满和怒气面前持冷静和理性的态度，尊重和体恤客人，用亲切友好的态度把客人的怨气化解于无形，制止了事态的进一步扩大。结果最后双方都得到了这种皆大欢喜的结局。当然，远不只如此。根据乔吉拉德的250定律，这位客人将主动地在他的众多亲朋熟人面前，宣扬这家饭店的殷勤待客之道。

温柔陷阱

根据马斯洛和尼尔伦伯格的需要理论，谈判目标是属于自我实现的需要，它是建立在满足较低层次的其他需要的前提下，才得以实现。因此，为表现自己的诚意，作为东道主的热情接待，安置舒适安全的环境，双方谈判前的叙情寒暄、私下的友好往来，谈判过程中的温、谦、礼、让都应是真诚的。除非你想刺伤对方，故意造成谈判破裂。另一方面，谈判又是为了在双方合作的同时寻求己方最大的利益，有些谈判者便会将谈判桌当成战场，为了创造、捕捉最有利的时机而用尽心机。这便偏离了真诚之意。这就需要谈判者在接受对方的诚意时，还要把握自己的为人原则，掌握自己的分寸，以免为对方有机可乘。

事实上，每一个人接纳真诚的承受力强弱不同。一些老练的谈判对手会利用对方在真诚面前的脆弱心理承受，假意逢迎，实则可能设下温柔的陷阱，在等着对手的前来。据说日本有些商人在一些商务谈判中就经常运用此种策略。

当双方约定好进行商务谈判的时间后，他们接着就会殷勤地打听你班机的到达时间和地点，然后派专人专车到机场用鲜花和掌声或礼物热情洋溢地恭迎你，然后不由分说地带你到早已安排好的高级宾馆下榻。

你因为旅途疲惫，才刚刚安顿下来，想稍稍休息一下，以便让身体和心理作个调整，并希望借此机会再细细斟酌一下谈判的具体事宜。但，接着，他们却早已安排好了宴席，非常热情地邀请和款待你。好不容易宴会结束了，酒足饭饱，你需要洗漱休息，他们却又非常热情地特意为你安排一些娱乐活动。

在整个活动进行中，他们的每一句话、每一个行动看上去都是极其真诚的，让你盛情难却而且却之不去。感觉良好之余，不免令人放松警惕、尽兴而乐。最后，你疲惫已极，精力、体力严重透支，非睡个大觉不能恢复过来。

好，你还没来得及充分恢复呢，现在，他们提出来要进行谈判了。如此一来，你只能哑巴吃黄连，有苦说不出。他们是盛情款待，你能抱怨什么呢？只是这样的款待你却是既难以推却而又难以承受。

所谓的盛情难却，应当是真诚的盛情。过分殷勤的盛情，难免有“别有用心”之嫌，作为远道而来的谈判人员，还是要以自己的谈判目的为重，有所为有所不为，有所受有所不受才是。不然，只因为“盛情”难却，到头来，难以却掉的，还不知道是怎样难以承受的结局。

32计 承揽过错

当我们有了错误，主动地承认自己的错误，并向他人表示真诚的感谢或歉意，做到了这一点，它就会在对方心中产生一种微妙的心理变化，让对方得到一种自尊、占了优胜的满足感，因而能转过来对你表示其谅解、宽容、信任和好感。很多时候，它能给我们带来意想不到的效果。

承认自己的错误，等于变相地承认别人，会使对方显示出超乎寻常的容忍性。在这种情况下，对方大多会宽宏大量地原谅我们的过错，并且心平气和地坐下来商谈，如何弥补这个过失，如何使事情更好地完成。

一般来说，再大的过错，在短时间内都不会造成太大的影响，如果我们能及时地弥补这个过错，都可能大事化小，小事化了，事情得到圆满的解决。一般处理问题的时机，应该是在雪球尚未愈滚愈大、还没开始纠缠不清、情绪还没失控之前。如果我们对业已发生的问题的苗头置之不理，即使是轻微的摩擦，也完全有可能演变成燎原之火。

另一方面，承错计还包括代他人承揽本不属于自己的过错，也就是代人揽过。这是权宜之计，在为人处世某些特殊场合中，有时也自有其必要性。在这种时候，也往往是考验彼此的智慧与度量的时候。

承认对方的指责

汉代公孙弘年轻时家庭贫苦，习惯了粗茶淡饭的艰苦日子。后来发迹贵为丞相，但粗茶淡饭的习惯仍然保持着：生活依然十分俭朴，吃饭只有一个荤菜，睡觉只盖普通棉被。

没想到就因为这样，大臣汲黯当众向汉武帝参了一本，指责公孙弘位列三公，有相当可观的俸禄，却只盖普通棉被，实质上是使诈以沽名钓誉，目的是为了骗取俭朴清廉的美名。汉武帝便召见公孙弘，问他：“汲黯所说的都是事实吗？”

公孙弘回答道：“汲黯说得一点没错。满朝大臣中，他与我交情最好，也最了解我。今天他当着众人的面指责我，正是切中了我的要害。我位列三公而只盖棉被，生活水准和普通百姓一样，确实是故意装得清廉以沽名钓誉。如果不是汲黯忠心耿耿，陛下怎么会听到对我的这种批评呢？”汉武帝听了公孙弘的这一番话，反倒觉得他为人谦让，有容人之量，就更加尊重他了。

当汲黯当众指责公孙弘“使诈以沽名钓誉”时，只要汲黯所说的事实存在，那么无论公孙弘如何辩解，其他在场的人都已先入为主地认为他至少有沽名钓誉之嫌。就算他争得面红耳赤的，洗涮自己的清白，还是有人会觉得你心中有鬼。此外，自己与汲黯的关系也必定会弄僵。

公孙弘深知这个指责的分量，采取了十分高明的一招，不作任何辩解，承认自己沽名钓誉。这至少表明自己“现在没有使诈”；而由于“现在没有使诈”被指责者及旁观者都认可了，也就减轻了罪名的分量。公孙弘的高明之处，还在于对指责自己的汲黯加以赞扬，认为他是“忠心耿耿”。这样一来，便在另一方面给皇帝、汲黯以及同僚们以这样的好感：公孙弘确实是有容人之量，“宰相肚里能撑船”。当众人有了这样的好感后，即便公孙弘真有沽名钓誉之嫌，也无伤大雅了。毕竟，这不是什么政治野心，也算不得什么罪过。

承认失言

1976年10月6日，美国举行了为新一届总统选举而举办的第二次辩论会。福特总统和卡特作为总统候选人都有参加。辩论会上，当《纽约日报》记者马克斯·佛朗肯问及有关波兰问题时，福特总统仓促之中答道：“波兰并未受苏联控制。”接着他又说：“苏联强权控制东欧的事实并不存在。”

这一发言属明显的失误，当时就遭到了记者的反驳。反驳之初，记者佛朗肯的语气还比较委婉，意图给福特以纠正的机会。他说：“问这一件事我觉得不好意思，但是您的意思难道在肯定苏联没有把东欧化为其附庸国？也就是说，苏联没有凭借军事力量压制东欧各国？”

如果福特当时足够明智，就应该明白，对方这样委婉而又重复地发问，是有意地提醒自己，该为自己刚才的失言加以纠正。遗憾的是，福特并没有这样做。他觉得身为一国总统，面对着全国的电视观众承认自己的错误，决非善策，于是他继续坚持。

结果，福特一错再错，为那次即将到手的选举付出了沉重的代价。刊登这次电视辩论会的所有专栏、社论都纷纷对福特的错误发言作了报导。他们惊问：“他是真正的傻瓜呢？还是像只驴子一样的顽固不化？”而他的对手卡特自然不会放过这个绝好的机会，抓住这个问题再三提出，闹得纷纷扬扬漫天风雨。福特尴尬万分，形象大跌。

在社会交往中，人们都免不了失言。一般来说，失言后当及时弥补。如果能够弥补得言之有理，补得巧妙，那是更好；但如果不易弥补时，千万不要牵强附会，或矫揉造作，以至于弄巧成拙，错上加错。因此，失言后不可一味死守自己的堡垒，如果不能及时弥补，就要真诚地承认自己的错误，切不可一错再错，让人贻笑大方，甚至难以收拾。

真诚道歉

乔治·罗纳是西欧犹太人后裔。他曾在维也纳当过多年律师，第二次世界大战期间，他逃到瑞典，变得一文不名，急切地需要一份工作。他能说会写好几个国家的语言，希望能在一些进出口公司找到一份秘书的工作。但是，绝大多数公司都回信告诉他，因为正在打仗，他们不需要这类人才。不过，他们会把他的名字存在档案里……

在这些回复中，有一封信这样写道：“你完全没有了解我们的生意。你又蠢又笨，我根本不需要什么替我写信的秘书。即使需要，也不会请你这样一个连瑞典文也写不好、信里全是错字的人。”

乔治看到这封信的当时，几乎气得发疯，他立即写了一封信，想气气那

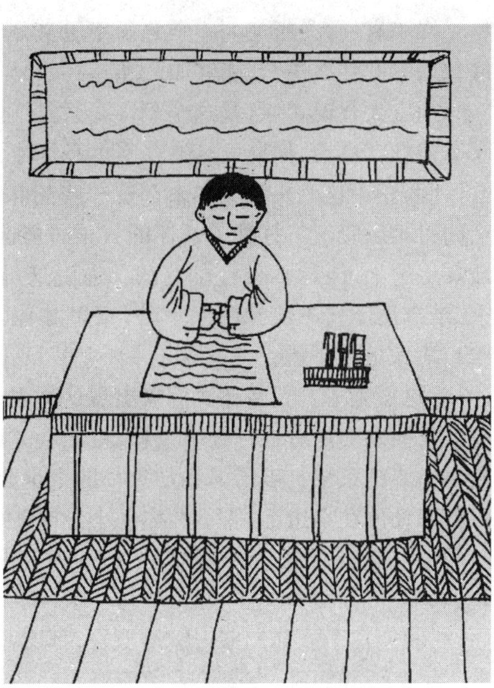

个人。但写完后，他又冷静了下来，想道：等等！我怎么知道这个人说得不对呢？瑞典文毕竟不是自己的母语。如果真是如此，想要得到一份工作，就必须不断努力学习。他用难听的话来表达他的意见，并不意味着我没有错误。因此，应该写封信感谢他才对。

于是，他重新写了一封信："你写信给我，我实在是感激不尽，尤其是在你并不需要秘书的情况下。我对自己将贵公司的业务弄错一事表示抱歉。之所以给你写信，是因为听他人介绍，说你是这个行业的领军人物。我的信上有很多文法上的错误，而自己却无法自知，我倍感惭愧，而且十分难过。现在，我计划加倍努力去学瑞典文，改正自己的错误，谢谢你帮助我不断地进步。"

不久，乔治就收到那个人的回信，并且请乔治去他那里工作。

一封反击的信，换成了一封认错感谢的信，竟然在那个战争年代从刻薄的对手那里为自己获得了一分难得的工作。由此可见认错道歉的作用。

对于他人的批评指责，我们应该如何看待呢？这里我们不妨看看三国时期的王昶对这一点的态度。王昶在给他的子侄们的信中曾这样告诫说："人或许会受到别人攻击，这时，他应当退而自责。如果自己有可以攻击的行为，那么别人的攻击就是对的；如果自己没有应受攻击的行为，那么他的话就是虚妄之言。别人说的对就不要怨恨他，说的不对也无害于己，又何必报复他？谚语说：'救寒莫如厚皮袄，止谤莫如自修身。'这话说得好啊！"

有了错误，就大方勇敢地承认，及时改正，同时加强自己的自身修养，这是最好的对待批评指责的方法啊。当然，在承认自己错误，向对方表示歉意的时候，一定要表示自己的真诚。虚伪的道歉非但不能得到对方的谅解，反而会将事情弄得更坏。有些人向别人道歉而不低头，这其实根本就不算道歉，因为他的内心没有诚意。试想，没有诚意的认错道歉，谁又能接受呢？

承认自己的错误

一个村里有唐、刘两户异姓人家相邻而居。唐姓人家经常吵架，弄得鸡飞狗跳的，几乎村里无人不知。而隔壁刘姓人家却是相安无事，一派和睦。两家情形如此不同，又同处一地，自然关系不尴不尬的，来往不多。

终于有一天,唐家的一个儿子不胜其烦,便忍不住问隔壁刘家大叔,到底他们家有什么诀窍,能够如此和睦共处?

刘家大叔说:“哦,是这个啊。我暂时不说,先问你一个问题。假如你放了个茶杯在桌上,你家里其他人不小心打翻了,会出现什么情况?”

“我正为这个头痛。本来都是一些芝麻小事,不值两个钱的东西,还是会闹得难以安宁?打翻了茶杯的人很可能会推卸责任,说要不是我把茶杯放在桌边上,他是不会打翻它的。你说这是什么话,我只是放个茶杯在桌上,难道还怪我不成?两人一吵,家里其他人也就会扯进来,争吵不休的。唉!”唐家的儿子说。

“这就是了。要是在我们家出现这种现象的话,根本就不会出现这种情况。我们家要是有谁打破了茶杯,肯定会立刻就说:‘对不起!对不起!是我不小心把茶杯打破了。’而放茶杯的人也会说:‘这也不能全怪你,我不应该把茶杯放在桌边上,要不然你也不会打破它了。’这样一来,还有什么架好吵的呢?其实,在一个家庭里面,吵来吵去也都是些小事而已。”刘家大叔说。

“我明白了。你们家人懂得宽容,都愿意承认自己的错误,所以常常相安无事。而我们家,谁都怕人家责怪自己做了错事,因此,谁都不轻易承认自己的错误,结果,就成了现在这个样子。我回去一定改。谢谢大叔了。”

有一个中国高僧说:人与人相处之道,看起来很难,但下列四点意见只要你做到以后,必能受益无穷:

你好我坏;

你对我错;

你大我小;

你有我无。

在一般人的观念里,都不喜欢你好我坏,而喜欢我好你坏。但如果我什么都好,什么都对,而别人什么都坏,什么都做不好,人家又会怎么看你呢?怎么对你呢?

主动真诚地承认错误,就会大事化小,小事化了,各自相安无事;而如果有了错误不主动承认,还推诿责任,那就会互相责备抱怨,没事都会有事,常常吵闹不休。

代人揽过

波比是一家大商务公司秘书科的秘书,做事稳重稳妥,恪尽职守,在工作中从不出错。

一天,他接到了一家重要客户的生意电传,这么重要的事情,可千万忽视不得!他立即去向经理作汇报。经理正在接待一位客人,可能是正在忙着的原因吧,听了波比的汇报后,并没什么反应,只是点了点头,说:“知道了”,又接着与客人会谈去了。

事情的发生是在两天之后。那天一大早,波比刚到办公室,经理就一个电话打了过来,把波比叫到了经理室,怒气冲冲地大声质问波比那天接了那家客户的电传后为什么不告诉他,以至于耽误了一大笔生意。声音大得全公司没有谁听不到。

一大早到公司就马上遭遇此莫名其妙、连珠炮式的指责！波比不禁一时有些发蒙。那天自己接了电话后分明向他作了及时汇报的，是他因为当时在与客人谈话忘了而已！他张口结舌，想向经理申辩两句，可经理根本不给他任何插话的机会。一旁的办公室主任约翰也一个劲地向波比使眼色，示意他这时候不要申辩。这到底怎么回事？这真是让波比郁闷而又糊涂不解。

经理当着全公司所有人的面大发一通脾气后，便立即走了。等他走远了，约翰这才把波比拉到一边，告诉他怎么回事。

原来，这位经理心里也非常清楚其实整件事情是由自己的失误引起的，波比确实向他汇报过了，是他自己由于当时谈话时过于兴奋而忘了此事。但是，如此一来，他在公司里可怎么丢得起这个脸，让别人知道就是因为他渎职而耽误了公司的一大笔生意？要为自己开脱，就只好找人代为受过了。他的发怒与其说是针对波比，倒不如说其实是说给全公司听的，给自己找一个台阶下而已。

原来如此！看来，如果当时波比不明事理，反而据理力争，不但经理不会承认这件事情是因自己的错误引起，而且极可能当时就会因此而被经理炒了鱿鱼。而如今自己代经理承担过错，经理心中自然有数，日后必定会找机会好好地给予补偿。

33计 巧妙示弱

《孙子兵法·计篇》有云："卑而骄之"，其意为敌人如果卑怯，就故意显露自己的弱点，摆出低调姿态，以设法骄纵敌人；骄兵必败，一旦对方出现骄狂轻敌迹象，便很容易暴露其弱点，我方可见机行事。

"木秀于林，风必摧之；行高于人，人必诽之。"在生活中，你若很优秀，你周围的人一定会由羡生妒，又由妒忌而生排斥之心。这时，如果你能低调做人，故意显示自己的一些缺点和弱势，以淡化自己的优势，让人们相信他们比你更聪明、更深沉、更有优势，他们就不会对你心生嫉妒、排斥之心，而是会喜欢你在身边，并对你给以支持，或友善地伸出援手。

李牧示弱骄敌

战国后期，赵国北部经常受到匈奴及东胡、林胡等部侵扰，边境不宁。赵王派大将李牧镇守北部门户雁门（今山西代县）。李牧到了雁门关后，并不备战，一面照顾士兵，加强训练，养精蓄锐，增强实力；一面坚壁固守，尽量不与敌人发生正面冲突。一旦有了什么冲突，能退则退，能忍则忍，委曲求全。时日一长，匈奴将士们普遍认为李牧卑怯懦弱，将士们战斗无力，便益加骄狂轻敌。

两军相峙几年，匈奴并未得到多大利益，甚是急躁不安，屡屡前来叫阵，

急欲一战。而这时,李牧手下的将士们也以为李牧过于谨慎、怯弱,纷纷要求与匈奴决一死战,士气普遍高昂。在这种情况下,李牧认为可以与匈奴一战了,便派少数士兵保护边塞百姓出去放牧。匈奴人见状,派出小股骑兵前去抢掠,李牧的士兵与敌骑交手,一路败退,丢下一些人和牲畜。匈奴人占得便宜,得胜而归。

匈奴单于心想,李牧从来不敢出城应战,原来其军队如此不堪一击。长时间没打什么仗的单于求战心切,于公元前 250 年,亲率大军直逼雁门关,志在必得。李牧早料到示弱计已经奏效,于是调兵遣将,兵分三路,严阵以待,并利用匈奴单于骄傲,将士普遍骄狂的弱点,给敌人准备了一个大口袋,然后诱敌深入。匈奴军轻敌冒进,被李牧分割成几处,逐个围歼。

这一仗,李牧军队大破匈奴,斩杀匈奴骑兵十余万,给匈奴以重创。单于落荒而逃,匈奴将士从此闻风丧胆,再也不敢轻举妄动。得此一役,赵国北方边境竟得到了十余年的安宁。

面对比自己实力强的对手时,在加强防护,保全自己的情况下,不妨装作消极、低下、委曲求全、无能、懦弱的样子,使对方骄狂轻敌,放松警惕戒备的心理,充分暴露其弱点,或使对手降低对自己的要求,从而赢得时间和机会,待时而动,抓住对手的弱点,一举达成自己的目标。

故意出洋相

有一位记者去拜访一位政治家,目的是获得有关他的一些丑闻资料。未及寒暄,记者就想单刀直入地提出自己的质问。话还未出口,这位政治家就先自开口说:“时间还长得很,我们可以慢慢谈。”说完就示意秘书冲两杯咖啡来。记者对政治家这种从容不迫的态度大感意外。

不多时,秘书将正冒热气的咖啡端上桌来。这位政治家端起咖啡喝了一口,立即大嚷道:“哦!好烫啊!”咖啡杯随之滚落在地,还溅了两点汁液到裤腿上。

等秘书收拾好后,政治家又递给记者一支烟,自己也取了一支放在口中,准备点火。没想,打火机冒出来的火竟然就对准了过滤嘴。原来是他把香烟插反了。这时记者赶忙提醒:“先生,你将香烟拿倒了。”政治家听到这话之后,慌忙将香烟拿正,不料却又将烟灰缸碰翻在地。

平时趾高气扬的政治家出了一连串洋相，使这位记者大感意外。谈话还未开始，记者原本做好准备挑战的对抗情绪就已消失了，他甚至对对方产生了一丝同情之心。自然，接下来的谈话就在一番平和气氛中过去了。记者虽然没有得到原来想获得的资料，却在别的方面获得了更多的有用资料。

这整个的过程，其实是政治家一手策划的。当人们发现杰出的权威人物也有许多弱点时，曾经对他抱有的过高的期望自然也就消失，由过高期望而生成的严苛标准自然也有所放松，自己对他的看法自然也会随之改变，不再与他对抗。此外，自己同情心的产生，内心的天平也会在某些程度上向对方倾斜，产生某种程度的亲密感。

故示小错

和一些喜欢挑剔找茬的人一起做事，我们便可以故竟示人一些无关紧要的小错，以显其聪明才艺。不要让他人无事可做，不要让他人插不上一句话，要留给他人显露其聪明的地方。19 世纪，英国的政治家查士德斐尔爵士曾对他的儿子作过这样的教导："要比别人聪明，但不要告诉人家你比他更聪明。"苏格拉底也在雅典一再地告诫他的门徒："你只知道一件事，就是你一无所知。"

苏联画史上有一位颇有名气的画家，名叫法沃尔斯基，他的作品深受广大读者的喜爱，为此，1962 年被授予列宁奖金。在画家成名之初，每当一个作品画完后，他总是喜欢在画的一角，不伦不类地画上一只小狗。

毫无疑问，美术编辑一定要他把狗去掉，而他总是固执己见，与编辑争论不休，当争论达到白热化的程度，他便做出让步，才把画面上的小狗涂掉。到这种地步，一般来说，美术编辑便不会再改作品的其他地方。然而，有谁知道，那只小狗，竟是画家为了保存作品原有的艺术风格不被改变，而精心安排的。

永远要相信并记住这一点：我们所遇到的每一个人都是很聪明的。所以我们应该韬光养晦，养成隐藏自己聪明，显露自己弱势的习惯。一般而言，让人们相信他们比你自己更聪明，更深沉，更有优势，他们就会喜欢你在身边。在你的衬托下，他们会觉得自己了不起。

当然，不显得比他人聪明，故意显露自己的弱势，说的只是一些有必要的弱势，而不是做得太过，甚至显得比他人愚蠢，比他人软弱可欺。

低调做人

富兰克林年轻时才华横溢，也因此自视甚高，骄傲轻狂。

有一天，富兰克林去拜访一位老前辈。当他昂首阔步进门的时候，没想到门框不高，脑袋正好被狠狠地撞了一下，痛得他弯着腰，双手捂着额头呻吟。

出门迎接的老前辈看着富兰克林这副样子，笑笑说："很痛吧！可是，这将是你今天来访问我的最大收获。一个人要想平安无事地活在世上，就必须时时刻刻记住低头，这也是我要教你的事情。"

富兰克林猛然醒悟，也发觉自己在人际交往上曾遇到的挫折、失败的真正原因。从此，时时刻刻不忘低头成为富兰克林一生的生活准则之一，他改掉了骄傲的毛病，决心做一个谦逊的人。也就是因为具有了这一美德，他得到了人们的广泛支持，在事业上取得了巨大成功，成为美国开国元勋之一。

趾高气扬、咄咄逼人的态度都很容易引起对方反感的情绪，从而使自己陷入被动：而低调做人，虚心向他人求教的人，才能真正接纳别人的批评和建议，同时也会化解他人的嫉妒之心，并赢得他人的尊敬和支持。

在生活中，有不少人总是极力炫耀自己的才能，唯恐他人不知自己，还时不时嘲笑他人技不如人。可是真正有才能有实力而又有心的人，却深知低调做人的道理。

淡化自己的优势

你也许经历过或者耳闻目睹过这样的情形。

出差半个月，终于凭着自己的三寸不烂之舌，加上自己的智慧，再加上这半个月来的软磨硬泡，终于将一位对公司发展起重大作用的客户在正要转向他人怀抱之际拉了回来。在接风会上各部门主管都一致称赞你的巨大功劳，老板更是赞赏有加，喜上眉梢。这时的你多半是春风得意，仿佛自己是古代沙场上凯旋的一员大将，大有“舍我其谁”的感觉。

当然，这时候还有搭档同事一连串的恭贺和恭维：“你看！老板只看重你一个！”“看来你就快升经理了！”“到时发达了可别忘了兄弟我啊！”

听了这样恭维的话语，如果你真有些轻飘飘的，满面春风得意之态，那你非但是前功尽弃，而且是置自身于危险的边缘。

人是追名逐利的动物。特别是在公司里面，有谁不是为利而来。你呼风唤雨，一定会惹来这些人的妒忌。表面上，他们或许阿谀奉承，甚至扮作你的知己和倾慕者，背地里却恨不得将你踩在脚下也说不定。

因此，在这种情况下，你必须冷静、理智地对待。切莫吹嘘自己的本事，炫耀自己的才干，得意时不要忘形，不要张扬。不妨这样回他们：“公司人才济济，你就别拿我开玩笑了！”“我还有很多东西要学呢，还请你多多指教啊！”

记住，让别人妒忌你，是十分失败的事。羡慕是一种令人喜悦、骄傲的东西，而妒忌却相反，其负面作用不可小视。正如俗语所说“人怕出名猪怕壮”,“木秀于林,风必摧之;行高于人,人必诽之。”

尺有所短,寸有所长。要知道,每个人都有自己的长处,也有不如别人的短处。你这一次虽然取得如此巨大的成就,却未必就表明你比人家聪明,比人家事事都强。何况,你这份成就的取得,还有他人的功劳,有公司众人在背后的默默支持。如果你满脸得意,四处张扬,必会招惹他人的嫉妒。因此,当你处于优势地位时,你不妨在人前突出你的劣势而不是你的优势,以减轻身边他人的心理压力,产生一种“哦,他也和我一般而已”,“他虽然身居高位,但他的烦恼不比我少”之类的心理平衡感觉,从而淡化乃至消除对你的妒忌之情。

霍金斯曾是位杰出的政治家,后来他又成为芝加哥大学的校长,那时他才刚刚30岁。当他第一次在报纸上发表言论时,他提出的两项论点却非常独特鲜明。这两项论点使他在后来艰辛的新事业上受益匪浅。其论点之一是:“一个30岁的人,所知所闻非常浅薄,可是此后他必须依赖他的助手——代理校长之处,又是何等地繁琐啊!”

霍金斯以他的自我表白的“浅薄”和“无知”,获取了他初来乍到,在一个陌生的新环境中众人的体谅、同情和支持,而不是相反,嫉妒和排斥。要知道,显示自己不如别人的短处、弱点,并虚心向别人学习,也正是为了巩固自己的优势地位。

柔弱女子

正值经济萧条时期的美国某城市,一个18岁的少女,在亲朋的介绍下,好不容易找到一份在首饰店当售货员的工作,试用期三个月。新年快到了,店里的工作特别忙,姑娘干得很认真,因为她听经理对别人说有留下她的意思。

这天她来到店里上班,把柜台里的戒指拿出来整理。这时她瞥见从门外进来了一位30岁左右的顾客,衣着破旧,眼神游移不定地看着店里那些高级首饰。

姑娘心神有些紧张。这时,电话铃突然响了,姑娘便急着去接电话,慌乱之下,把一个盒子碰翻了,六枚精美绝伦的钻石戒指落到地下。她慌忙四处寻找,很快捡起了其中的五枚,可是,还有一枚戒指呢?姑娘急出了一身汗。这时,她看到那个衣着破旧的男子正向门口走去。顿时,她猜到了戒指可能在哪儿。

当男子的手将要触及门柄时,姑娘柔声叫道:“对不起,先生!”

那男子转过身来,两人相视无言足足有一分钟。“什么事?”他问,脸上的肌肉有些抽搐。“什么事?”他再次问道。

“先生,这是我头回工作,现在找个事做很难,是不是?”姑娘神色黯然地说。

“是的。”男子脸上僵硬的表情有些松动。

“我想,要是你在我这样的岗位上工作,你一定会尽心将它做好的。”

男子久久地审视着她,终于,一丝柔和的微笑呈现在他的脸上。“是的,的确如此。”他回答,“但是我能肯定,你会在这里干得不错。”停了一下,他向前一步，把手伸给她："我可以为你祝福吗？"

姑娘也立刻伸出手，两只手紧紧地握在一起，她用低低的但十分柔和的声音说："也祝你好运！"

他转过身，慢慢走向门口，姑娘目送他的身影消失在门外，转身走向柜台，把手中握着的第六枚戒指放回盒中。

对于盗窃案，一般情况下，人们采用报警、或叫人帮忙抓住盗窃者的方法追回赃物。但姑娘没有，她是利用自己一个柔弱女子的身份，又面临着失业的危机，而用可怜的口吻，乞求对方的良心的发现，从而避免了一场大的纷争。毕竟，对方跟自己一样，也是一个深知找工作不容易的贫苦人，可谓同病相怜。

相反，如果姑娘一旦声张，对方肯定不承认，然后要么想办法脱身离去，要么难以脱身时将那枚戒指随手一丢，其结果可想而知。不但姑娘要赔偿损失，连那来之不易的工作也会因此丢失。

明智的女人都懂得示人柔弱的道理。与男人相比，女人本来就在体力、智慧上占有弱势，如果她们懂得适时地显示自己"软弱可怜"，便很容易赢得男人的同情、援手或爱恋。一个弱不禁风的女人，她给人的感觉就仿佛如果你不扶她一把，她就会倒下，这样的弱女子，又有哪一个男人不生怜爱之心？她如有事相求，又有谁会不伸援手？

34计 拖延待机

当事情遇上了重重阻力，不能也不必抗拒的时候，就不要勉强抗拒，不妨采用拖延之计。拖延，延缓，消除它的势头，然后再慢慢采取办法，等待时势、各种行情的变化，等待有利己方的机会来临，然后迅速出手，以获取最大的利益。

奉诏缓行

汉十二年(公元前195年)二月，燕王卢绾谋反。此时高祖刘邦已经六十二岁，加上头年秋天征讨黥布时不幸中箭受伤，伤口一直未愈，无法亲征，便命樊哙前去平叛。谁知出师不久，有人就在刘邦面前说樊哙图谋不轨。刘邦闻言大怒，道："樊哙见我病重，想必是盼我速死。"决意临阵换将。与陈平计议之后，决定以陈平的名义前往樊哙军中传诏，车中暗藏着大将周勃，待到军中，宣旨立斩樊哙，由周勃取而代之，继续讨伐燕王。

陈平、周勃奉命出发。在路上，陈平私下对周勃说："樊哙乃主公故交，且是至戚(樊哙是吕后的妹夫)。平楚之功，他也最大。不知主公听了何人谗言，忽有此举。一旦主上气消，或许后悔，又有吕后和吕媭从旁搬弄，难免归罪你我二人。以我主见，你我不如拿住樊哙，绑赴朝廷，或杀或免，听凭皇上自己处置。"

周勃道："我只一介武夫，你是智谋之士，连张良也佩服你。你说怎么办就怎么办吧。"

陈、周二人来到樊哙军中，命人筑起一台，宣樊哙接旨。樊哙并无多虑，独自赶来接诏。不料，台后突然转出大将周勃，喝令将樊哙拿下，钉入囚车。樊哙正要喧闹，陈平忙走到樊哙身边耳语几句，樊哙方始无言，听任陈平押返京城。

陈平一行未至京城，刘邦便已病故。陈平暗自庆幸先前未斩樊哙，否则怎么向吕后交代。原来，当时的中央政权内部争权异常激烈。高祖刘邦年老多病，恐不久于世，以皇后吕雉为代表的外戚吕氏，力图取代开国老臣，控制军国大权。

再说陈平押解囚车，一路直奔长安。还在途中，就遇使者传诏，命他与灌婴一同屯戍荥阳。陈平想到樊哙的事尚未来得及辩白，再远离朝廷，自然凶多吉少。于是，他心生一计，让囚车照常行进，自己则先策马星夜飞驰长安。

那时汉帝棺木尚未安葬，陈平一至宫中，伏在灵前且哭且拜，几乎晕死过去。果然不出陈平所料，吕后一见陈平来到，急忙从帐帏中走出，责问樊哙的下落。陈平一边拭泪，一边答道："臣知樊侯本有大功，不敢加刑，仅将樊侯押解来都城，听候主上亲裁。不料臣已来迟一步，主上驾崩，臣不能临终一见主上，真可悲也。"

吕后一听陈平未斩樊哙，心中一喜，便将怒容收起。又见陈平涕泪交流，忠君情意溢于言表，顿生哀怜之心，便说道："君沿途辛苦，回家休息吧！"

陈平答道："现值宫中大丧，臣愿留充宿卫。"

吕后道："君须担任大政，守卫之士，叫几个武士足矣。"

陈平听了，又顿首固请道："新立储君，国事未定，臣受先帝厚恩，理应不离储君左右，事无巨细，臣须亲侍储君饮食起居等事，方始放心。"

吕后听陈平口口声声顾念嗣君，既感他未斩樊哙之恩，又喜他忠于儿子之意，于是连声的嘉奖道："忠诚如君，举世罕有。现在嗣主年少，处处需人指导，先帝临终，曾言君才可用，敢烦君为郎中令，辅助嗣主，为我解忧。"

陈平一再叩首谢恩，真的没有回家，而是随伴新主惠帝去了。

陈平在极其复杂激烈的宫廷权力斗争的漩涡中，以不变应万变，施行拖延之计，最终凭自己的机智保住了自己顺畅的仕途，并因此成功地防范了政敌的种种构陷。也因为此事之功，后来吕媭虽然屡进谗言，都未能加害陈平。

在时局异常复杂时，有心者首先要考虑如何在这种复杂的环境中生存下来，谋求自己的出路。环境复杂而纷纭时，不妨先拖延一段时间，静观其变，然后再见机行事，此乃万全之策。

比谁命长

东晋宁康元年（公元373年），简文帝司马昱逝世，孝武帝司马曜刚刚即位，手握重兵的大司马桓温便调兵遣将，进驻到了京城建康近郊的军事重地新亭，趁此机会欲夺取皇位。奈何好事多磨，不久后，桓温得了重病。

桓温野心勃勃，根本没把刚坐位的皇帝放在眼里。在他看来，谁有才能，谁就应该坐在皇帝的位置上。他叫袁宏起草一份奏章，请求朝廷给他加“九锡”。九锡是古代帝王赐给有巨大功劳或权势显赫的诸侯大臣的九种礼器，后世权臣篡位前，多有先赐九锡之荣，所以加九锡就意味着离帝位更近了一步。也正因如此，谢安特意嘱咐袁宏道：“加九锡可是件大事，你要好好起草这份奏章。写好了，先拿给我看。”

袁宏文才很好，起笔立就，很快就写好了一份奏章，他交给谢安，谢安说：“我现在正忙，看了再和你说。”

过了一天，桓温问起这件事。袁宏就找到谢安，问他奏章的事情如何了。谢安说：“里面有些提法不太妥当，要改一改才好。”

袁宏对谢安十分敬重，见谢安这样说，就认真改了一遍。第二天，他又拿给谢安，谢安又要他先放一放，等自己忙完了手里的事再看。当袁宏再次问起的时候，谢安又提出了新的修改意见。就这样，拖了又拖，改了又改，奏章还是没有最后定稿。

袁宏文才极好，没想到一份奏章竟要这般一改再改还是不行，竟弄得有些头晕了，想不通自己怎么连个诏书都写不好，便暗中向仆射王彪之请教，究竟应该怎么写。王彪之说：“像你这样的大才，何用修饰？这是谢尚书故意要你一改再改，他知道桓公病势一天天加重，料定长不了，所以借此来拖延时间。”袁宏这才大悟，懂得了谢安的用心。

一代名士谢安出身士族，才器隽秀，年轻时就喜爱读书，注意修身养性，豁达大度，是魏晋风度的集大成者。在桓温求朝廷加九锡以准备禅让一事上，谢安不动声色地使用了拖延之计，故意要求对方修修改改，拖延拖延。没有力量跟你抗衡，总有时间跟你一同消磨吧。其结果，桓温却是等不及了：九锡还没有加上，自己却先一步病重丧命了。

拖，也是一种玄机、一种睿智。当事情阻力重重，不必或不能抗拒的时候，就不要勉强抗拒，不妨采用拖延之计。拖延，延缓，消除它的势头，然后再慢慢采取办法，等待时势的变化，等待有利己方的机会来临，到时再见机行事。

做事缓一缓

东汉外戚专权极为严重。外戚窦宪得势时，谁人不想向他巴结讨好？

这不，窦宪娶妻时，全国各地郡县长官都派人入京师洛阳送礼致贺。

且说汉中郡的太守也打算派人送上一份贺礼。他的属吏李郃劝道：“窦将军身为皇亲国戚，不遵守国家礼仪，不注重品德修养，而一味贪权揽势，骄横霸道。败亡之祸，为时不会太远；愿大人效忠朝廷，不要和他来往。”

这时候，太守哪里听得进这种话。人家一个个都唯恐自己礼不重，自己哪能不送，遂执意要派人去送礼。看情形是劝阻不住了，李郃便请求由自己携礼入京。太守便派他前往送礼。

李郃一路上停停走走，故意拖延行期。刚走到关中，窦宪被免职的消息便传了来，许多与窦宪有交往的大臣都被牵连惹祸。而这位汉中太守，因为属吏的拖延，而没有受到连累。

当代曾有一位长期在基层做“二把手”工作的人士总结说：“二把手处在一人之下，万人之上，说好做就好做，说不好做就不好做。但有一条必须记住，如果要当好二把手，就得该办的办，该拖的拖，不管是来自一把手的政令，还是来自下属的民意，上下同欲的要立马实施，上下矛盾的，就该缓一缓。否则，弄得上怨下愤，这二把手人就难做了。实际上拖一拖，缓一缓，大家都可以再想一想事情的全部，合适与否？可以与否？想通了，看法一致了，反过来不但不会埋怨你办事不力，还会感谢你的缓兵之计。”

赞助报告

某市政府要举办一次大规模的庆典活动。政府秘书长亲自前来雷龙集团分公司拉赞助，分公司总经理自然不能不给面子，便当着秘书长和大伙的面，爽快地答应了赞助市政府两百万。之后，就让与秘书长同来的小鳄鱼去找部门经理老青蛙一同去财务部拿钱。

这两人见面握手后，老青蛙让人倒好茶，然后就跟小鳄鱼东拉西扯，说的全是政府部门头头的名字，似乎他跟这些人物都是情交莫逆的好朋友。起初小鳄鱼还大模大样地不把老青蛙放在眼里，但听着听着，这条小鳄鱼的神色就变得谦恭了起来，再也不敢在见多识广的老青蛙面前摆谱。

老青蛙足足说了半个多小时，才意犹未尽地打住，然后端起面前的茶杯猛灌一气，便问小鳄鱼要报告。

小鳄鱼一愣，显然，他不知道还要什么报告。“就是关于这两百万赞助的回报分析报告啊，”老青蛙显得比小鳄鱼还要惊诧：“你没有报告，我怎么跟财务部门申请打款啊。”

“可是……”小鳄鱼被这意外的要求弄晕了头：“可是这事我们秘书长已经跟你们老总谈妥了的啊，还要什么报告？”

老青蛙哈哈大笑起来：“他们是领导，领导谈的只是个原则问题，原则定下来了，是赞助还是不赞助，然后才轮到咱们做具体工作，你说你没一份报告给我，我怎么跟财务部门说？就凭我一句话，财务上也没法走账啊。”

小鳄鱼一下不知所措，被老青蛙打发回去写报告去了。

第二天，小鳄鱼终于拼凑了一份赞助回报分析方案，可当他来到公司的时候，老青蛙一个影子也看不见，害得小鳄鱼在办公室里白白等了几个钟头。

第三天，老青蛙终于回来了，小鳄鱼如释重负，谁知老青蛙拿起报告认真看了好长时间后，才跟小鳄鱼说，他这份报告所列赞助回报太少，根本不值，并说：“企业有企业的管理规章，按照程序，你的报告要提交合同预算部审，这之后再由董事会召集部门主管会议，专门审议报告的可行性，你这份报告真要是拿上去的话，我挨一顿臭骂是小事，就这么三审两议把正事耽误了，那咱们俩可就真的麻烦了。”

小鳄鱼不服，便拿“帽子”压人：“就连你们老总发的话，也不算数？也要审议？”

“当然要审！”老青蛙正色道：“总经理听起来块头挺大，其实不过只是个高级打工仔，财务部门对他还负有监督之责，像这种明显违反财务制度的事情，万一要是让财务部门捅到总部去，我们老总可就惨了。”

于是，老青蛙不理小鳄鱼的愤怒，要他快一点拿出一份能够说得过去的报告来。

又两天之后，小鳄鱼拿来了一份修改过的方案，老青蛙认真研究一番，又说上面的效益分析不对。

这时，花了三天工夫还赔上了下班时间的小鳄鱼有些沉不住气了，可老青蛙不加理会，只打开桌上的计算机，把一个满是数字的屏幕推过来让小鳄鱼看个清楚：“你看你看，我这里是国家公布的数据，和你报告上面的数据不符啊。要是照这上面的权威数据来分析的话，你这个项目是严重的亏损啊，不划算，根本没可能通过的。”

小鳄鱼急了，索性说请你老青蛙代写好了。老青蛙怎肯自找麻烦，便借口对市政府举办的庆典活动一无所知推却掉。小鳄鱼便又提出秘书长追问起这件事来，并对此很不满意，企图给老青蛙施加高压，但还是被老青蛙硬顶着，装作爱莫能助的样子，仍然借口财务部门根本通不过，将小鳄鱼打发回去修改报告去了。

等小鳄鱼第三次回来的时候，仍然被老青蛙从报告里找出了许多毛病，还是不行。这一次小鳄鱼火了，在老青蛙的办公室里大吵大闹了起来，老青蛙满脸赔笑，苦苦哀求，却无论如何也要求小鳄鱼继续修改报告。

小鳄鱼气鼓鼓的走掉了，却再也没回来。一周以后，市府的庆典工作终于隆重开始了。而且，市政府并没来找他们公司的麻烦，这一件事情也就这样过去了。

棘手的事情只要一拖延，便赢得了时间，有了缜密周全的思虑，减少错误和损失，寻得最大利益或最少损失的解决办法。一边拖延，一边寻求解决之道，可供选择的机会自然多多。不少时候，事情一过了关键的时间，便可能会改变其自身的性质，因而也就不再那么重要那么棘手了。

当然，拖延是总的策略，具体实施起来还有种种办法。总不能什么都要人家等一等，而是要找出各种理由来拖延，尽可能地把问题推到对方或他人身上，并表明不是自己不愿帮忙，实在是爱莫能助。如此，即便对方办不成事情，一肚子怨气也不好全撒向自己身上。

给双方多一些时间

美国ITT公司著名谈判专家D·柯尔比曾经历这样一个案例。

柯尔比与S公司的谈判已接近尾声时，对方的态度却突然变得强硬起来，对已经谈好的协议也横加挑剔，提出种种不合理的要求。

这真让人困惑不已。对方代表并非那种蛮不讲理的人，而协议对双方也肯定是都有利的，在这种情况下，S公司为什么还要有意阻挠签约呢？既然谈判一时没有解决办法，柯尔比便理智地建议谈判延期。

退出谈判桌后，柯尔比从各方面收集信息，终于摸清了问题的关键所在：对方认为ITT占的便宜比己方多多了！价格虽能接受，但心理上不公平的感觉却很难接受，这才导致了协议的横生意外。

重开谈判后，柯尔比一番比价算价，对方知道双方利润大致相同，一个小时后，双方就愉快地签了合同。

拖延计形式多样，目的也不尽相同。由于它具有以静制动、少留破绽的特点，因此成为谈判中常用的一种战术手段。它可以清除双方存在的障碍，消磨对方意志，并等待对自己最有利的时机。

在谈判中，当双方"谈不拢"造成僵局时，有必要把洽谈节奏放慢，先拖一拖，缓一缓，以争取时间收集情报，分析问题，看看到底存在什么障碍，问题的本质是什么，根源何在，以便想办法解决。

谈判也好，说话做事也好，都须从容以对。如果时间允许，为什么不给双方多一些时间呢？不要急于行动，适当地停下来，将事情再多想想，更仔细地考虑一下。有时争论的气氛特别紧张时，不妨找个借口让大家轻松一下，分散大家的注意力，同时给双方多一些时间的思考。

在遇到有阻碍的事情时，英国前首相撒切尔夫人的手法是"把一种面临争辩的事情暂且搁下。"不要小看这拖延的措施，它可以产生一种意想不到的功效，那是让双方都有机会去反省自己的错误，调整自己的策略。如果错误确属自己，那么下一次你就要有所纠正；同样，如果错误在于对方，对方自然也会做出适当的改正或让步。

35计 锯箭留锋

这是民国时期厚黑学家李宗吾总结的办事二妙法之一。此法乃根据一段相传的故事。说是有人中了箭，请外科医生治疗，医生将箭干锯下，即索谢礼。问他为什么不把箭头取出？他说：那是内科的事，你去寻内科好了。

对于此计，李宗吾作了如下阐述："现在各军政机关，与夫大办事家，都是用的这种方法。譬如批呈词：'据呈某某等情，实属不合已极，仰候令饬该县知事，查明严办。''不合已极'这四个字是锯箭干，'该县知事'是内科，抑或'仰候转呈上峰核办'，那'上峰'就是内科……此外有只锯箭干，并不命其寻找内科的，也有连箭干都不锯，命其径寻内科的，种种不同，细参自悟。"

慷慨陈辞

西晋末年，中原经过八王之乱和永嘉之祸后，北方大片土地落入胡人之手。北方士室大族纷纷举家南迁，以至于渡江迁居南方的占到了士族的十之六七。此事在历史上称作"衣冠渡江"。

南渡后的北方士人，虽一时安定下来却经常心怀故国。每逢闲暇他们便相约到城外长江边的新亭饮宴。有一回，一位名士看着眼前的风物，不禁感叹道："风景不殊，举目有江河之异。"其意为风景今昔之不同，放眼过去，有如长江和洛河般不同。听得此话，在座诸名士感怀中原落入胡人之手，一时家国无望，遥想当年盛况，不由悲从中来，纷纷落泪。

这时，为首的大名士王导立时变色，厉声道："当共戮力王室，克复神州，何至作楚囚相对泣邪！"众人听王导这么慷慨激昂，十分惭愧，决定从此振作起来，积极行事。

这便是历史上著名的"新亭会"。这次新亭酒会对东晋政权的建立有着非同寻常的意义。北方士人是组成东晋司马睿政权的重要力量，此次酒会上王导打消了众士人的萎靡颓废之态。后来，众士人团结起来，使东晋政权从无到有，从小到大，很快建立起来。名相王导也被时人称为"江左夷吾(管仲)”。

李宗吾在说到锯箭法时曾提及这段著名的新亭会,他说:“王导义形于色,俨然手执铁锤,要去补锅,其实说两句漂亮话就算完事,怀、愍二帝,陷在北边,永世不返,箭头永未取出。”

同时,他还提到后来身为东晋宰相王导的另一个故事。说的是有一个叛贼,王导不去讨伐。陶侃因此责备王导。王导复信说:“我遵养时晦,以待足下。”

陶侃看了这封信,笑说:“他无非是‘遵养时贼’罢了。”

李氏总结说,王导“遵养时贼”以待陶侃,即是留着箭头,专等内科。王导这种举动,略略有点像管仲,所以时人才称他为“江左夷吾”。

公式批文

北宋时,利州路(在今四川省)宪台俞温义,每次批示公文,多为“送某州县依条例执行。”

当时,谢皓新改任监司的职务,他笑着对俞温义说:“使君的批语,确实不易。”

俞温义说:“州县里人才很多,只要有一个字的差错,损失就不少啊,这样写才稳妥。”

其批语含糊其词,没有清楚指示,没有具体说明。按条例办事,按哪一条例,具体怎样办理,他都没有说明。这样,有了政绩他可以分享;而一旦出了事故责任,自然要由“某州县”承担,他人是难以抓住其漏洞的。

其实,这含糊其词的批示是典型的锯箭法。“依条例执行”是锯箭干,“某州县”是内科。遇事不表态,只画圈,再转给别的单位或他人,自然不容易出错,也不用负什么责任,这是封建官场一些官员明哲保身的典型做法。

田叔焚册

西汉景帝时,其弟梁王很受皇太后宠爱。梁王对袁盎等议臣恨之入骨,便与羊胜、公孙诡一番谋划之后,将太常袁盎及十几名大臣刺死于安陵门外。

这等大事在汉朝可算是破天荒的奇闻。景帝听后,十分愤怒,立即派有关官吏追查此案。这件案子办起来并不难,从尸体旁所留遗物分析,可以确定是梁王的手下所为,当即上奏景帝。景帝见已得物证,并查明是羊胜、公孙诡二人所为,立刻派遣田叔、吕季主二人,前往梁国,缉拿凶犯。

田叔、吕季主知道刺杀袁盎的主谋肯定就是梁王。梁王是太后爱子、皇上亲弟弟,即使捉拿了他,将来也不能把他怎么样,自己说不定反而会受其害,但如今奉了皇帝的命令,不能不办。于是,二人计议,不如放过梁王,将羊胜、公孙诡二人拿获归案。

经多方晓谕利害,梁王最终忍痛割爱,勒令羊胜、公孙诡二人自杀谢罪,并将其尸体交了出来。田叔、吕季主见案情已了,立即动身返回京城复命。

行至长安城东,二人就先派人到城里去打听情况,得知窦太后为了梁王之事,日夜忧泣。田叔本是老成练达之人,他没有同吕季主商量,就将此案案卷取出,付之一炬。吕季主见状大惊。田叔道:“你不必担心,我自有妙计，绝不会有事。”

到了长安，二人拜见景帝。景帝问：“事情办好了吗？”

田叔答：“罪犯羊胜、公孙诡已经伏法。”

景帝问：“梁王是否主谋？”

田叔回道：“梁王实为主犯，但请陛下不必追究！”

景帝说：“办案的文书在哪里？我要亲自审阅。”

田叔回道：“臣已斗胆毁掉。”

景帝一愣，当时就要发火。田叔说：“陛下息怒，陛下只有梁王这个亲弟，而且又是太后所爱。依照汉法，梁王是杀人的主谋，罪当诛杀。但如果诛杀梁王，太后将食不甘味、卧不安席，陛下恐怕也会落个不孝的罪名。为不使陛下忧虑，何必再留案册，多添烦乱！如今，我把案卷已经烧掉，凶手也已经自杀，这是死无对证，梁王也可以不必害怕什么了！”

景帝听了田叔的一番利害分析，觉得十分有道理，他正为太后哭泣而不安，即时心中略宽，遂令田叔自去禀报太后。

窦太后闻讯，知道梁王得到了田叔的袒护，不会再有什么祸患，也就转悲为喜。田叔因办理此案有功，不久就被景帝拜为鲁国的相国。

田叔烧毁梁王犯罪的证据，无疑是个徇私枉法的行为。然而，他不但没有因此而受到惩罚，反而还因此而升为鲁国的相，其中原因其实很简单：他既严惩了谋乱的主凶，给了朝廷、国人一个交代，又烧毁了办案的文书，毁灭了主谋梁王的罪证，袒护了梁王，从而遵从了太后的意愿，维护了景帝的利益。田叔使用的是锯箭计，只严惩主凶，抹平了外在的伤痕，而放过了谁都不好动的梁王，不伤筋动骨，还巧妙地化解了内在的伤痛，从而顺应了各方面的意愿。

不难想象，如果田叔和吕季主诛杀了主凶，并将梁王和案卷一起交给景帝，那么，景帝为了向朝廷和国人有个交代，不得不头痛地诛杀梁王，而又落个不孝的罪名；太后将食不甘味，卧不安席，不知如何伤心；田叔和吕季主二人，虽然依法办事，但因为得罪了太后，给景帝带来如此麻烦，无疑会落个办事不力的印象，给自己日后埋下隐患。

前后情形，相差如此悬殊，锯箭之分寸，能不谨慎掌握么？

劾人小过

安史之乱，唐明皇仓皇出逃，几乎丢了大半江山，郭子仪挥戈跃马，南征北战，力挽狂澜，平定了叛乱，声名威震朝野，因而被封为汾阳王。

有一回，皇室祭祀的日子将近，禁止杀生，郭子仪的一个仆隶却违犯禁令宰羊，右金吾将裴婿（立字旁）立刻将此事禀奏唐德宗，予以弹劾。德宗为此多次赞赏他忠直刚正，不阿权贵。

有人不以不然，以为这样有损汾阳王的声名，便责问他：“郭公有如此大功于社稷，为什么不加以庇护呢？”

右金吾将回答说：“正是因为郭公德高望重，我才这样做的。郭公位高权重，皇上又即位不久，自然担忧郭公党羽众多，难以驾驭，如今我揭发他较小的过失，说明郭公不足畏惧。这样，上尽了事君之道，下安了郭公及朝臣之心，不是一举两得吗？”

自古以来，位高权重的重臣，如何保全自己，善始善终，终是个极伤脑筋的“病症”。像汉丞相萧何采取霸占民田、抢占美女等自污名声的办法来自保，表明自己只图钱财逸乐，无有大志，以此来使主上放心。这一招往往奏效，所以被后世许多勋臣所采纳。但此举终归是自己出面，终不能尽释人嫌。

而右金吾将只弹劾汾阳王的无关紧要的过错，而不去触碰其更深重的“病症”，似这般第三者出面所使的锯箭法，比起位高权重者自污保身的举措来，就高明得多：郭子仪虽然位高权重，但也没有什么可怕的，你看他稍有失误，便立刻有人出来弹劾，说明他并不是什么炙手可热的人物，不足为虑。由此可见，其人精于锯箭之术，颇谙损益之道，弹劾的分寸把握得恰到好处，从而使君臣两相安。

善于应付他人的请求

在人际交往中，当他人有事请求你帮忙时，我们一般都应该尽心尽力，特别是对方身处困境时，更要及时伸出援手，助其脱离困境，送对方一个人情。

但有时，对别人提出的请求，我们没有十足的把握时，就要具体问题具体分析，量力而为，千万不要过于自信而满口答应，或者因为面子关系，不好意思拒绝而接受下来。如果为了一时的情面接受自己根本无法做到的事，一旦事情办糟了，朋友一般就不会忘了当初的热忱，只会以这次办砸的事情对你进行评价，对你心生怨恨之情。

比如，有人就孩子升学问题求你帮忙，你内心并不愿意。但你不必一口回绝，以免使人难堪。这时，你不妨来个先稳住对方：“这个忙我没有把握帮，不过我愿为你尽力去奔走效力，你先回去，回头我联系你。”

过一段时间后，你可以打电话或托人捎信告诉他：“这事我奔走了好几天，实在没办法，不要单是指望我了，以免误了你的事。”如果你还知道有谁能够在这方面帮些忙的话，还可以告诉他：“听说某某在这方面很有一手，你不妨去找他试试。”这样，就不会形成双方当面难堪的局面。

再比如，对非自己所能独立解决的问题，应采取隐含前提条件的许愿。这即是说，如果你所做的承诺，不能一个人单独完成，还要谋求别人的帮助，或者受其他一些因素的影响，那么你在许愿中可带一定的限制词语，也就是不把话说绝,给自己留条退路。譬如有朋友以工作之事相求,你不妨这样说:"你首先要通过他们单位的统一考试,像是笔试、体检和面试,这都是些硬性指标,只有符合这些条件之后,我才能帮你找人。"这里就用"统一考试"对你许愿的内容作了必要的限制,既表现了自己的诚意,又话语灵活,分寸得当。

在工作中,即便是上司有事相托,如果事情比较棘手的话,但如当时就回绝上司会给自己带来不良影响的话,也可以使用这一策略。如当上司提出自己不能满足的要求后,就可采取下列步骤先答复:"您的意见我懂了,请放心,我保证全力以赴去做。"一段时间后,你再告诉他:"这几天某某因急事出差,等他下星期回来,我再和他商量。"又过几天,你再向他汇报:"您的要求我已转告某某了,他说要考虑考虑,过段时间再说。"如此一来,既佯装已经尽力,表示了自己的诚心,又让上司明白了事情确是棘手,交给你确实难以完成,这样,上司便也只好主动放弃其要求了。

对此,厚黑学家李宗吾其实早就有所阐述。如有人求自己办一件事情,你若这样回答:"这个事情我很赞成,但是,还要同某人商量。"那么,"很赞成"三字是锯箭干,"某人"是内科。又或回答说:"我先把某部分办了,其余的以后办。""先办"是锯箭干,"以后"是内科。总之,这些都是锯箭计的工夫。

36计 预留退路

退却是为了更好地生存下去,为了蓄势前进,让步是为了获取,之所以能够这样,因为主动退让,一可以松懈对手的防备警惕之心,缓解其攻势和压力,二可以为自己赢得时间,积蓄能量,此外,还可以赢得外界的支持。然后,你可选择有利环境和时机,乘势而行。

预留退路,以退为进,切记如下"四绝":权力不可使绝;金钱不可用绝;言语不可说绝;事情不可做绝。

狡兔三窟

战国时,那个三弹长铗,高唱"长铗归来兮"的门客冯谖,有感于孟尝君的宽容与厚待,遂为其到薛邑收债焚券,替孟尝君市义收买人心,使孟尝君得以在被齐王罢相后,还能受到封地老百姓的全心拥戴。一年之后,冯谖又对孟尝君说:"狡猾的兔子,为了逃脱一危难时的死亡降临尚且掘有三窟。现在您只有一窟,还不能高枕无忧。请让我再为您营造另外两窟吧!"

孟尝君听后大喜,随即大手一挥,给了冯谖五十辆车马,五百两黄金,让其四处去活动,所有花销均可任意支配。于是冯谖便离开薛邑,向西来到梁国。冯谖对梁惠王说:"齐国之所以能称雄于天下,都是孟尝君辅佐的功劳。今齐王听信谗言,把孟尝君放逐到诸侯国去了,孟尝君必然对齐王不满。我这样想,孟尝君的治国谋略和才能是世人皆知的,您若能接他来梁国,梁国在他的辅佐下,定能国富而兵强。"梁惠王听后大喜,当即空出相位,派遣使者带着千斤黄金、百辆车马前往,虚位以待孟尝君。

此时，冯谖已先于使者返回了薛邑，告诫孟尝君说：“梁惠王拿出千斤黄金，是隆重的聘礼，出动百辆车子，是显赫的使节。齐国肯定听说这件事了。请您按既定的谋划去行事。”梁国的使者往返薛邑多次，请孟尝君到梁国任相国，孟尝君坚决推辞不去。齐湣王听到梁国派遣使者请孟尝君就任相位，君臣上下极为震惊，深恐孟尝君辅梁，齐国将会受到严重威胁，于是派遣太傅送去黄金千斤、彩车两辆、佩剑一把，并带上亲笔信一封，向孟尝君表示歉意，说：“寡人的运气不好，遭受祖宗降下的灾祸，被谄媚奉承之臣所迷惑，得罪了您，寡人是不值得一提的，但希望您可否顾念先王的宗庙，暂且回到朝廷，治理万民！”

冯谖告诫孟尝君说：“希望您向齐王求得祭扫先王的礼器，在薛邑建立宗庙！”孟尝君把请求在薛邑建立宗庙的事，让太傅转告齐王。齐王应允了孟尝君的请求，恢复了孟尝君的相位。冯谖自去监督建立宗庙之事。宗庙建成后，冯谖回去向孟尝君报告说：“现在，您的三窟已经营就，您可以高枕而卧了。”

一个罢相的人能得到封地百姓的全心拥戴，又能得到国王的厚礼道歉并官复原职，并且以全国之力保护自己的封地，如此狡兔三窟，可谓思虑周密，谋划深远。后来的历史也很好地证明了这一点：孟尝君做了几十年的相国，没有遭到一点点灾祸。这在那个时代，真是难能可贵了。

在为人处世中，狡兔三窟的防身策略同样有效。从环境中营造自己的势力范围。势深能藏身，能迷惑他人，而自己却能左右逢源，进退自如，如鱼得水。

“多一门技艺，多一条谋生之路。”一技或可养身，技多绝不坏事。现代社会竞争越来越激烈，你光有一种职业，光会一种技能，很可能不知什么时候就被踢赶出局。同时拥有两份以上的职业或技能，不仅可以在平常时期囤积粮草，还可以在经济萧条时期轻松裁军，在危难来临时可进可退。失业浪潮袭来时，还有一份工作顶着。拥有多种技能知识，游走多种职业之间，不仅可以解决生存的危机，而且活跃了自己的生活，丰富了自己内心。每一个角色，都是一份经历，一份体验，都有一种智慧。角色的汇集，便成了人生的智者，成了生活的达者，成了人世阅历练达之人

再如，当恋爱时碰上爱花钱的女朋友时，要想保住自己的钱包，也要学会狡兔三窟之计。有这么一类女

朋友，男生身上若带现金，就好比绑了炸弹般危险。要想解除这危险，就要赶快把钱拿去买房子、股票、债券、长期定存，最好一翻开皮夹只有零钱，还可以告诉她你正在为长远的未来打算。

总之，在做人做事中，留点心眼儿，试着营造两三条自己立身或藏身的门路，对我们总会好处的。多营造一条门路，便是多一分势能，多一分资源，自然，也无形地增加了自己立身处世，成就事业的砝码。

远离危险

《三国志·蜀书·诸葛亮传》中记载了这样一个故事。

三国时，荆州牧刘表的大儿子刘琦，因为后母偏爱自己的异母兄弟刘琮，而时常受到后母的无故非难。为此，刘琦非常烦恼，多次向诸葛亮请教该如何自保，但是每次都被诸葛亮巧妙地回避了过去。

一个风和日丽的日子，刘琦领着诸葛亮在后花园游玩观赏，接着一起登上一座高楼远眺。刘琦兴致很高，命人摆上宴席和诸葛亮一起饮酒，同时偷偷令下人撤去楼梯。然后，刘琦对诸葛亮说："现在，我俩是上不着天，下不着地，说的话从你的口里出来，直接就进了我的耳朵，不用再担心还有谁会听得到。您现在该无须顾忌了。对于我屡次请教于您的问题，您可以回答我了吧？"

诸葛亮看到这种情形，看来不说是不行了，无可奈何，便讲了一段历史故事。说的是春秋时期，晋献公有个名叫骊姬的妃子，想谋害晋献公的两个儿子申生和重耳。重耳知道骊姬为人居心险恶，无所不用其极，无奈之下，只得逃亡国外以避灾祸。而晋献公的另一个儿子申生，为人厚道，想要尽孝心，于是仍留在家里侍奉父王。有一日，申生派下人给父王送去一些好吃的东西。没料到骊姬乘机拿有毒的食品将太子送来的食品更换了。晋献公哪里知道，准备去吃，骊姬就故意提醒说，这膳食从外面送来，最好让人先尝尝看。于是命左右侍从尝一尝，刚刚尝了一点，侍从就倒地而死。晋献公见此大怒，大骂申生不孝，阴谋杀父夺位，决定要杀申生。申生听到了这个消息后，也不为自己作申辩，便自刎身亡……末了，诸葛亮对刘琦说："申生因留在宫内，置身危险边缘而招致灭亡，而重耳因逃亡在外，远离危险而得以保存。"

刘琦马上领会了诸葛亮的意图，于是立即上表请求派往江夏，远离了后母的身边，而避免了潜在的祸害。

三国志中此段记述透露出了人们在困境中谋求生存进退之路时的种种心机。重耳因为逃亡在外远离危险而得以保存，刘琦因为请求外调而免遭陷害，诸葛亮因为利害关系而多次回绝刘琦的请教，又因为上屋被刘琦抽梯后无法下楼而不得不说出办法，而即便要说出办法也不直接说，而只是讲一段历史故事，这每一个人的种种用心，不同的处世策略，说到底，无非都是为了自己更好地活着，更多地铺设好自己的进退之路。

不花光到手的钱

给自己留条退路，一个最重要的方法是随时保留手上有一定的现金。

这样，不单钱是能的，要什么可以买什么，可以大大提高自己的生活质量；而且，万一有个疾病、灾荒的话，可以不求天不求人，自己掏钱治病，花钱消灾，拿钱开路，为自己铺垫一条比较平坦宽阔的退路。而要想手头随时都有一定的现金，最有效的莫过于自己拥有一笔财富做"活水之源"。那么，如何能让这"活水之源"长流不尽呢？乔治·克拉森在《巴比伦富翁的秘密》一书中，借阿卡德之口，向世人讲述了这样一套极为有效的方法。

巴比伦在历史上一直以"全世界首富之都"而著称，但巴比伦并非一直如此富裕。当萨贡王（公元前24－23世纪）打败敌人回到巴比伦时，整个城市面临着严重的问题：一些大的兴建工程都已竣工，百姓无以为生，劳工失业，大部分的金子流入了少数富人的口袋。

于是国王决定让所有百姓学会攒积金子、消灭贫穷。他请来了当时最富有的阿卡德，组织了由一百人组成的学习班，听阿卡德讲授他的致富的七大守则，然后由这些人再去教导他人。

致富的七大守则：

1. 先让你的荷包鼓胀起来；
2. 控制支出；
3. 让自己成为多金的人；
4. 守护财富避免损失；
5. 寻求获利性的投资；
6. 保障未来生活无忧；
7. 增进你赚钱的能力。

在阿卡德提到的致富七大守则中，前面两项都是告诉人们怎样充实自己的钱袋的。那么，这两项到底怎样才能发挥它的有效作用呢？还是让我们来看看阿卡德是怎么演绎这两条的吧。

阿卡德提出的致富第一条守则很简单，那就是"每赚进10个铜板，至多只花掉9个。"阿卡德如是说道：

"假如你们渴望为自己建立财富，那么，就从利用既有的财源开始……好了，现在我要告诉你们解决贫穷的第一个守则。在你放进钱包里的每10个硬币中，顶多只能用掉9个。这样你的钱包将开始很快鼓起来，它所增加的重量，会让你抓在手里觉得好极了，且会令你的灵魂感到满足。

"不要因为听来太简单而讪笑我所说的话。我说过，我将告诉你们我致富的方法，而这便是我的第一步。我曾经同你们一样口袋空空，且憎恶自己没钱；钱包里毫无分文，我的许多欲望便无从满足。但是当我开始口袋里放进10个硬币，只取出9个之后，我的口袋开始鼓胀起来。你们的口袋也必如此。

"现在，我在说一个奇妙的真理，其理至妙，非我能解。这就是当我的支出不再超过所得的9/10以后，我的生活仍然过得很舒适，不比从前匮乏。而且不久之后，铜钱比以前更容易攒下来。这诚然是诸神赐人的定理，凡将所得储存一部分而不花光的人，金子将更容易进他的家门。同样的道理，钱包经常空荡荡的人，金子是进不了门的。

"你们最渴望得到哪一种结果呢？你们每天最感满足的事不是拥有珍

珠宝石、锦衣玉食,且能毫不在意地享受任何物资吗?或者拥有实质的财产、黄金、土地、成群的牛羊、商品和利润丰厚的投资?你从钱包取出的那些铜板会带来前一项满足,你存入钱包的那些铜板则会带来后一项满足。"

阿卡德提出的致富的第二条守则是:控制自己的支出。他说:

"不要将必要开销和你的欲望混为一谈。你自己和你家人的欲望,永远不是你的薪水所能满足的。因此,假如你的收入是用来满足这些欲望的话,那么钱必定会花光。但是钱花光了之后,你还是感到永不满足。透彻研究一下你的生活习惯。你可能发现,某些你视为理所当然的开销,其实可以明智地加以消除或减少。不妨给自己一个座右铭:将钱用在刀刃上,让你所花费的每一分钱的价值提高100%。

"因此,在泥板上刻下你渴望花钱享受的每件事,选择其中确实有必要的,用钱包里9/10的钱去支付。减掉其他不必要的,要把这些欲望当做不过是繁多欲念的一小部分,千万别去娇宠它们,以免养痈遗患,后悔莫及。

"接着,为那些必要的开销做预算。不要去碰那一笔正逐渐让口袋鼓胀起来的1/10存款。让储蓄成为你正在实践的大满足。你可以不断地做预算,并随时调整预算,以便帮助你理财。但是,你的第一要务是务必守护正在鼓胀的口袋。"

精华已出,这里就不再摘录了。

大多数人积蓄太少,因为在可买可不买的项目上花钱太多。应控制花钱的欲望,把所有真正急需的东西列出清单——如小孩衣服、新冰箱、汽车轮胎……但一定要到这些东西急用时才去买,如果你被一些清单外的东西所吸引,你最好花一周去考虑是否该买。

要知道,你现在花掉的钱与你以后要花的钱有着本质的区别,后者常被称作是有目的的储蓄,而前者则是有相当一部分随手散漫毫无目的地花费了。

谁都知道,公司、企业都需要保留一定的流动资金,而一个家庭也需要在手头保有一定量的现金。日常生活要开销,计划做事要投资,孩子的学费都需要钱,此外,一个家庭,还要预备医疗费、防备灾荒战乱等意外情况。如果一个家庭花光了所有的钱财,又没有正常的进钱渠道,到了这"弹尽粮绝”的一步，才想到筹款借钱，那你就不得不接受贷款人的各种苛刻条件。现实中多少血泪教训告诉我们：一定不要花光手头所有的钱财。好钢用在刀刃上，我们要学会节省和储蓄，以把钱真正花在急需项目上。

不要花光到手的钱财，让自己学会积蓄，充实自己的钱袋吧。只有自己有了一定的积蓄，才会获得一定的独立和自由。

做事之前留一手

明景泰年间，韩雍任江西巡抚都御史。一日，属下忽然报告说，宁王的弟弟某王前来拜访。于是，韩雍称病请求稍待一会儿，暗中派人急速去报告三司，并索求一张白木几。

准备工作做好后，韩雍跪拜相迎，某王一进来，就详细叙述了自己兄长叛乱的情况。韩雍推托说有耳病，听不见声音，请某王用笔写给他看。某王索纸，左右的人就把白木几抬了出来，韩雍便让他在上面写出来。某王详尽地书写此事后才离去。

韩雍将这件事情禀告朝廷，朝廷派使臣前往查验，结果没有查出任何证据。而且，这时候某王兄弟又言归于好了，某王便向使臣声称根本没有这么回事。

使臣回朝后将全部情况一一上报，朝廷便判处韩雍离间亲王之罪，将他押送京城。于是，韩雍呈上白木几上某王亲笔。如此，才得以获得释放。

不只是封建官场，在任何工作场合，为了团队和自己的事业，我们都应该事先就要留一手，为自己预先留下后备力量，留条退路。有了退路才会更加大胆阔步地前行，进退自如。

譬如，作为领导或管理人员，在日常工作之处，细微的地方多多谨慎用心，做些备忘录、文件备份，一些交易单子保留存根，这些都是防备事后退换货、出错复查、疑难之处查根究底、有人栽赃等等的重要证据，务必小心保存，切不可不以为意，敷衍了事。

做事之前留一手，主要的，便是做事之前，先想好后面可能出现的情况，保留随时可动用的备用资源和机动力量，并且设下伏笔，或在中途安排援军；在事业进行当中，手头还要保留随时可动用的备用资源和机动力量，以使事业顺利进行。如在投资时，不可将资金一次用尽，自己手头还要留一部分资金备用，以作追加投资或者二次投资。

这还只是其中一层基本的目的打算。此外，它还有另一层意义，那就是不让自己的计划泄露，不让他人把你的计划和意图看个一览无余，若是那样的话，一些小人，或者存心跟你作对的人就太容易打乱你的计划了。可以这样说，你留了一手的资源和力量，正是你的奇兵所在，是保证你事业顺利完成的必要策略。

预留退路

清朝乾隆年间，纪晓岚在任左都御史时，员外郎海升的妻子吴雅氏死于非命，海升的内弟贵宁状告海升将他姐姐殴打致死，海升却说吴雅氏是自缢而亡。案子越闹越大，难以做出决断。步军统领衙门处理不了，就交到了刑部。没想到刑部审理后，仍没能结案，于是刑部奏请皇上，特派大员复检。

这个案子本来事情并不大，也不复杂。只是因为海升是大学士兼军机大臣阿桂的亲戚，审理官员怕得罪阿桂，有意包庇，判吴雅氏为自缢，替海升开脱罪责。没想到贵宁死死认定姐姐并非自缢，始终不肯画供，不断上告，惊动了皇上。皇上派左都御史纪晓岚，会同刑部侍郎景禄、杜玉林等五六人，前去开棺检验。

纪晓岚接了这桩案子，也感到很头痛。原来，其中牵扯到不单有阿桂，还有和珅。他俩都是大学士兼军机大臣，并且两人有矛盾，长期明争暗斗。这海升是阿桂的亲戚，原判又逢迎阿桂，纪晓岚敢推翻吗？而贵宁这边，每次上告不赢却又不肯罢休，分明是得到了和珅的暗中支持。和珅的目的何在？而和珅跟自己积怨又深，自己若是断案向着阿桂，和珅又怎肯善罢甘休？

棺材打开，纪晓岚等人一同验看。看来看去，纪晓岚看死尸并无缢死的痕迹，心中明白，口中不说，他要先看看大家的意见。

景禄、杜玉林等人，都说死尸脖子上有伤痕，显然是缢死的。见大家众口一词，纪晓岚有了主意，于是说道：“我是短视眼，有无伤痕也看不太清，似有也似无，既然诸公看得清楚，那就这么定吧。”于是，纪晓岚与差来验尸的官员，一同签名具奏：“公同检验伤痕，实系缢死。”这下更把贵宁激怒了。他这次索性连步军统领衙门、刑部、都察院一块儿上告。

乾隆看贵宁还是不服，也对案情产生了怀疑，又派侍郎曹文植、伊龄阿等人复验。复验结果，曹文植等人奏称，吴雅氏尸身并无缢痕。乾隆心想这事与阿桂关系很大，便派阿桂、和珅会同刑部堂官及原验、复验堂官，一同检验，终于真相大白：吴雅氏被殴而死。

于是派人严加审问海升。海升见再也隐瞒不住，终于供出实情：是他将吴雅氏殴踢致死，然后制造自缢的伪像。

案情完全翻了过来！乾隆大怒，发出诏谕，阿桂革职留任，罚俸五年，原审、复审等相关渎职人员一一发配伊犁效力赎罪，独对纪晓岚，谕旨中这样写道：

“朕派出之纪晓岚，本系无用腐儒，原不足具数，况且他于刑名等件素非谙悉，且目系短视，于检验时未能详悉阅看，即以刑部堂官随同附和，其咎尚有可原，著交部议严加论处。”只给了他革职留任的处分，不久，又官复原职。

纪晓岚在这个案件中之所以得到皇上的原谅，主要是他在验尸中以“我是短视眼”、“看不太清”为由，给自己留下了退路。

凡事难免出现意外，难以料定，因此，在没有绝对把握时话不要说得太绝，为自己留条退路。说话、做事留有空间，就是为了容纳事情可能出现的“意外”，可以从容转身，进退自如，而不会因为“意外”的出现而下不了台。

正因如此，许多政府、公司发言人在面对记者的询问时，都爱用诸如：“可能、尽量、或许、研究、考虑、评估、征询各方意见……”这些不肯定的字眼。之所以如此，就是不把话说绝，给自己预留退路。否则，到时候，万一结果事与愿违，那不是平白给自己难堪，不易下台么？

以退为进

北宋仁宗时，西部边疆发生战争，大将刘平阵亡。朝中舆论认为，朝廷委派宦官做监军，致使主帅不能全部发挥自己的指挥作用，所以刘平失利。宋仁宗下诏诛杀监军黄德和。

有人上奏请求把各军的监军全部罢免掉，宋仁宗为此征求宰相吕夷简的意见。吕夷简回答说：“不必罢免，只要选择为人谨慎忠厚的宦官去担任监军就可以了。”

宋仁宗听后，意欲委派吕夷简去选择担任监军的合适的人选，吕夷简又回答说：“我是一名待罪宰相，不应当和宦官交往，怎么知道他们是否贤良呢？希望皇上命令都知、押班，只要是他们所荐举的监军有不胜任职务的，就将他们与监军共同治罪。”

仁宗采纳了吕夷简的意见。

第二天上朝，都知、押班在仁宗面前叩头，请求罢免各监军的宦官。北宋宦官之祸患就这样解决了。朝中士大夫都钦佩吕夷简足智多谋。

宰相吕夷简这是以退为进。说是不罢免，其实却是退一步，然后再提出严苛的要求，让支持宦官的都知、押班，在实际选择监军宦官行动时有百害而无一利，最终只能走主动请求罢免监军宦官这一条路，收到了更为理想的效果。由此可见，以退为进的策略所暗含的强大力量和攻势。

在与他人相处时，以退为进也是一种微妙的迂回策略。你退让的姿态是一种巧妙的掩饰，这种掩饰极为重要，你可用它掌握他人的意志。在运用这招时，你先表现得以对方的利益为重，实际上是在为自己的利益开辟道路。对于某些涉及风险的事情，这一招尤其可取。

在运用这种策略的时候，一定要估计自己的实力。如果一退之后乱象立出，那只能是白白退让，空丢城池。要想让这一策略运用得更稳妥，更有威力，最好是当你有了一定的实力，有了充足的条件或者其他出路的时候。

激流勇退

安德斯·通斯特罗姆在1990年的时候被瑞典乒乓球队聘为主教练。由于通斯特罗姆带队经验足，平时对运动员指导有方，其战略战术又比较高明，在他的指导下，瑞典乒乓球队连年凯歌高奏。1991年世乒赛，瑞典乒乓球男队赢得了所有项目的冠军。1992 年夏季奥运会，他们又夺得了瑞典在这届奥运会上获得的唯一一枚金牌——乒乓球男子单打金牌。

正当通斯特罗姆登上事业辉煌的巅峰、瑞典国民也正向他投以更热切期望的时候，他却出人意料地突然向外界宣布：他将于 1993 年 5 月世乒赛结束后辞职。许多人对此感到非常疑惑：他取得的成绩如此骄人，瑞典乒乓球联合会也已向他表示："非常希望"延长其雇用合同，事业上正处于春风得意的时候，他为什么突然提出要辞职呢？

其实，促使通斯特罗姆做出了辞职决定的正是他连年的成功。通斯特罗姆后来说，瑞典乒乓球队在他的带领下，确实取得了一次又一次的胜利，但是他认为"现在我已感到很难激发我自己和运动员去争取新的引人注目的胜利。瑞典乒乓球队需要更新，需要一个新人来领导。"

正所谓"江山代有人才出，各领风骚无几年"。在残酷的体育赛场上，没有永远立于不败之地的常胜将军。通斯特罗姆在感到很难再去"争取新的引人注目的胜利"之际，激流勇退，无疑是明智之举。在巅峰之时退出，既可以保持住自己的声望，又可以使瑞典队的技术血液得以更新，可谓一举两得。如果等到哪天瑞典队大败而归时再宣布退出，那恐怕得到的就只有一片唏嘘声了。

给他人一个台阶

在广州的一家著名酒店，一位外宾吃完最后一道菜点，顺手就把精美的景泰蓝筷子悄悄地插进了自己西装内衣的口袋。

这一幕被站在其身后稍远处的服务小姐于丽丽看到了。于是，她回身取来一只装有一双景泰蓝筷子的小盒子，双手捧着，不动声色地迎上前去，对这位外宾说："我发现先生在用餐时，对我国景泰蓝筷子爱不释手，非常感谢你对这种精细工艺品的赏识。为了表达我们的感激之情，经餐厅主管批准，我代表酒店，将这双图案最为精美，并经过严格消毒的景泰蓝筷子送给你，并按照酒店的'优惠价格'记在你的账上，你看好吗？"

这位外宾自然听出了服务小姐的弦外之音，在对服务小姐如此周到的服务表示了一番谢意后，说自己多喝了两杯，头脑有点发晕，误将筷子插入了口袋。然后，外宾聪明地借此"台阶"下台，说："既然这种筷子没有消毒就不好使用，我

就‘以旧换新’吧！”说着，接过了服务小姐送上的小盒子，然后取出内衣口袋里的筷子，恭恭敬敬地放回桌上。

谁都知道，人的自尊是十分强烈的，自尊受到伤害，人们往往会奋起反抗，自尊产生的动力是难以估量的。“士可杀不可辱”指的就是这一点，即便是一般众人，也同样是“人争一口气，佛争一炷香。”伤了自尊和面子，受了耻辱之后，只要有可能，破坏、报复行为便会出现。因此，在人际交往中，我们要善于给他人一个台阶，化解他人的尴尬、困境。

一个好的台阶看起来当是自然而然的，漏洞不大明显。这样，当事者能够体面地“下台阶”，在场的旁人又不会察觉。一个适时而又恰当的“台阶”，能够让对方有了失败不失尊严和面子，或者有了失误而能让对方挽回面子的台阶，才是最好的“台阶”。

给对方留条退路

在与希腊经过了几个世纪的敌对之后，土耳其终于下定决心要把希腊人逐出土耳其领土。1922 年，土耳其和希腊之间的战争，终于以土耳其的最终获胜而结束。

当希腊的两位将领——迪利科皮斯和迪欧尼斯将军前往土耳其总部投降时，土耳其的许多士兵大声地辱骂他们。但当他们见到土耳其的总指挥凯墨尔将军时，凯墨尔将军的脸上却丝毫也没有显现出因为战争胜利而骄傲的神情。他快步走上前，握住他们的手说：“请坐，两位先生，你们一定走累了。”接着，他又以对待军人的口气说：“两位先生，战争中有许多偶然情况，有时，最优秀的军人也会打败仗。”

凯墨尔将军的这番话和态度令这两位败军之将十分感动，也因此极大地减轻了因打了败仗前来投降而产生的耻辱感。后来，希腊和土耳其两国之间也没有产生大的怨隙，更没有因两国打仗而绝交。

“有时，最优秀的军人也会打败仗。”凯墨尔将军这一番得体的话既让敌方将领保住了面子，给了对方一个台阶下，也为彼此和两国之间赢得了发展友谊的可能性。倘若凯墨尔将军也像士兵那般羞辱那两位投降的将军，结果只能是使他们心怀怨恨。那么可想而知，不但彼此间的友谊无从谈起，将来两国之间的战事恐怕也会不可避免。

在为人处世中，不管是与人争辩、竞争，还是其他一些场合，大家都希望自己能成为胜利者，即便不能取得胜利，至少也能保住自己的尊严和面子，而不至于败得太惨，难以收场。

因此，在战场上，有礼貌地对待失败的一方，维护对方的面子和尊严，给对方留一条退路，是最为明智的策略。毕竟，人心渴望的是和平，而不是战争，在你死我活的敌对情况下，双方都是战争的牺牲品。

其实，失败算不了什么。既然上场，不是赢就是输，有人赢就必有人输，所谓“胜败乃兵家常事”，况且没有挑战怎能强大，没有失败哪来成功；但倘如失败之后还没有退路，至于狼狈不堪，面子全失，自尊荡然无存，那必定会被当作是其一生当中的奇耻大辱。

而在与人争辩、竞争场合上，人生经验丰富的人，在自己实力雄厚、有绝对把握取胜的情况下,往往会让对方也赢上一两局,这样自己取得了总体上的胜利,对方失败了却也不失面子,正可谓双赢局面,大家和气收场。正如俗语所云:“今日留一线,日后好相见。”这样一来,对方也会心存感激,日后双方关系更进一层,有什么事情互相照应也是常事。

在事业中,谁都会有个失手的时候,谁都有个败退的时候,在这时,谁不希望失手时少些难堪,败退时减少些损失,或者至少还能留下一支有生力量,再图创业和发展呢?因此,这一次,你若给竞争对手留了退路,放他一马,他自会心存感激,希望能有所回报;以后场上相遇时,若是自己有个失手或败退的时候,他自然也会放你一马,留了退路,或伸出援手,以报答你前一回的恩德。与其每一次大家都作冤家仇家,仇人分外眼红,冤冤相报,不如大家宽容大度,为对手留条退路,伸出援手,以减少大家的共同损失,共同开拓更大的市场。

你怎样对待别人,别人就会怎样对待你。你宽容他人,他人就会宽容自己;给他人一个台阶,他人便会给你留下台阶,甚至搭桥铺路;给竞争对手留条退路,对手也会给你留条退路。因此,宽容别人就是宽容自己,给别人留下台阶或退路,也就是为自己预留台阶或退路。

第二章　现代商战三十六计

1计　投石问路

对创业者而言，选择行业就像选择自己的命运，好运与厄运往往只有一纸之隔。

企业创办之初，只有从自身优势出发，选择有限而明确的经营对象，才能形成自己的特色和竞争优势，以降低失败的风险。为此，须先投石问路，对所选行业进行可行性市场调查、分析和研究。

创业的路千万条，或许只有一条适合我们。认准了这条路并坚定地走下去，将会有意想不到的收获。

对所选行业进行可行性分析的重要意义

俗话说："女怕嫁错郎，男怕选错行"。从商人的角度来说，就是要恰当地确定自己的经营项目和范围，决定自己究竟适宜做哪一行生意。这是商人要做的第一步。大千世界，尽管能够赚钱的行当多得不可胜数，可对一个具体的创业者来说，他所拥有的资源毕竟十分有限的，这就决定着他所面临的优势赚钱领域必定会异常狭窄。

因此，当我们在全身心投入创业筹划时，切忌被一时的创意冲昏头脑，以为有了一个好的创意，创业之举就可以顺理成章，一蹴而就，而必须对可能出现的成败因素进行慎重考虑和分析，然后再根据分析结果，决定进退行止。这个过程便是行业选择的可行性分析。

可是，现实生活中，许

多创业者并不把可行性分析当作一回事,有的甚至根本就不知道,而是仅凭一时的头脑冲动就匆匆忙忙行动起来,于是结果便往往事与愿违,最终难脱失败的厄运。可见,对所选行业进行可行性分析至关重要,它至少具有以下4个方面的作用:

(一)可降低经营失败的风险

通过对市场机会进行多角度分析,可加深对市场特点的了解,对可能发生的风险做到心中有数;通过对自身能力进行分析,可使我们更好地扬长避短,弥补个人的不足,降低经营失败蹬风险。

(二)有助于摸索出适宜的经营之道

研究投资方案的可行性,实际上也是测试经营管理方法的可行性。我们不妨把这一过程看作是正式创业前的一场经营演习,通过这种经营演习,可以考察和评估各种经营管理方法的效果,从而摸索出适合自身情况的经营之道。

(三)为拟订经营规划打下基础

在可行性报告的基础上,加以扩充和深化,便可进一步制定出切合实际的经营规划,作为以后管理新创办企业的蓝本。

(四)有助于争取银行贷款

根据可行性报告拟订的经营规划,可以系统地表明创业方案决不是凭一时的冲动得出的,而是深思熟虑和通盘筹划的结果。因此,一般都很具说服力和可信度,这对争取银行贷款,无疑有很大帮助。

进行可行性分析需把握的要素

(一)产品或服务分析

在这方面,要求我们直截了当、清晰明了地描述我们准备推出的产品或服务。

具体可以围绕以下问题来展开:

1. 计划中的产品或服务属于哪一行业,哪一市场?

2. 产品或服务的主要功能是什么?最终使用这一产品(或服务)的人可以获得哪些满足?

3. 这种产品或服务与现有竞争者相比,具有哪些明显的竞争优势?

4. 目标顾客是哪些人群?他们为什么会购买我们推出的产品(或服务)?在什么情况下才会购买?

5. 这种产品(或服务)当前处于什么发展阶段?是处在研制中,还是已能提供样品了,或是已经成熟了?

6. 这种产品或服务是否可以派生出一系列互补或配套的产品和服务?

通常,只有计划中的产品或服务具有为目标顾客所认同的独特优点,他们才会乐意掏钱来购买,并期待在消费之后获得应有的满足感。无疑,若能提供这样的产品或服务,在现代激烈的商场竞争中将会具有较大的竞争优势和销售潜力。

(二)市场因素分析

市场因素分析通常包括市场特点分析、市场竞争分析和市场环境分析三部分。

1. 市场特点分析

市场特点分析主要包括以下一些内容：市场销售量及增长率、市场的发展趋势及销售量是否具有季节性；市场结构的特点及市场细分情况，不同细分市场的顾客对产品或服务的要求有没有明显的不同；目标顾客的购买行为及对价格的敏感程度，他们是否对某一品牌具有明显的忠诚度等。

2. 市场竞争分析

进行市场竞争分析主要是弄清市场竞争状况和竞争规则；竞争对手的数量，其市场行为、竞争优势及策略特色；市场的进入门槛有多高，过去的竞争状况如何，生存发展者与已被淘汰者分别可以提供哪些借鉴等。

这样，我们可以据此考察自己能否适应、利用甚至改变现有的竞争规则，以便审时度势，采取有针对性的对策。否则，如果我们在弄清这些规则之前贸然进入市场，成功的希望是很渺茫的。

3. 市场环境分析

进行市场环境分析主要研究外在环境因素对创业的影响，如社会大众的消费习惯，流行时尚的变化，政府政策法规及管制措施的变化，宏观经济景气与否，利率的变化，科技的进步等。根据市场环境分析，洞察先机，是创业成功的重要基础。

（三）经济效益分析

创业投资是为了盈利，这方面的分析内容主要包括：毛利及净利润情况，达到盈亏平衡点的状况及还本期长短，投资回报率及资产增值情况，流动资金周转速度，资产负债比及其发展趋势，自有资金需要多少，如何筹措所需资金及资金成本情况等。

通过对这些因素的分析，可以帮助我们考察投资计划的盈利性、风险性及可行性，避免中途因资金不到位或其他原因而拖垮整个创业投资计划。

（四）创业队伍分析

人的因素对新创办企业的成功是十分重要的，因为再好的创业计划也需要合适的人去执行才能变成现实。这方面的分析主要考察：合伙创业者能否齐心协力，是否有足够的能力、时间和精力投入共同创业；我们个人的管理技巧、经验和能力是否能够满足创业和管理的需要；能否聘请到所需人才，他们是否乐意长期为企业工作，是否有强烈的工作投入感；各部门负责人的职责是否有清楚的界定，如何解决可能出现的矛盾等。这里特别需要强调的是，创业队伍的齐心协力与相对稳定，对创业成功的作用至关重要。

（五）敏感性因素及风险性分析

创业投资方案是面向未来的，我们对未来的市场状况和外部市场环境因素必须做出某种假设，这种假设不可能十分准确。这样一来，将会导致怎样的后果呢？比如，原来假定第二年的利率为6%，后来利率却可能上升到10%，这种对利息成本的低估对企业的资金状况有多大的影响？为此，进行可行性分析时，必须找出有哪些因素变化对创业投资的影响最为敏感。

另外，进行敏感性分析时，还要考虑是否预见有较大的问题或风险存在，各类问题和风险对企业造成冲击的严重程度，哪些对策可以减轻甚至完全避免各类问题或风险带来的负面影响。

通过这些分析可让我们认真考虑所涉及的全面风险,反复考察作为决策基础的那些基本假定的可靠程度,防止落入不必要的陷阱。

(六)成败因素分析

经过对上述5个方面因素的分析之后,我们对创业投资计划的可行程度已经有了基本的认识和了解。不过,最后还需要仔细区分在产品或服务所涉及的市场及内外环境中,哪些具体的因素对我们创业投资的成败有着决定性的影响,是资金,技术,还是市场?从而趋利避害,防患于未然,胸有成竹地把新创办的企业带上成功的轨道。

可行性分析的基本形式

在可行性分析所涉及的6大因素中,都需要首先注意两个要点:一是决定寻找和收集什么资料,二是采取什么方式来处理和分析所收集到的资料。

有关的资料来源可以分为两大类别:公开发表出版的和通过访谈和观察而收集到的。根据这两大来源,可行性分析的具体过程又可分为研究资料和实地调查两种形式。

所谓研究资料,就是在办公室或图书馆里利用公开出版物上的有关资料进行研究;而实地调查就是通过实地访谈和观察而得到的信息资料进行查询和分析。这两个阶段通常是研究资料在前,实地调查在后。但实际上,在进行了实地调查后,很可能又会发现需要进一步进行某些问题的资料研究,这两种形式通常是交错进行的。

(一)研究资料

在进行资料研究之前,务必先要考虑进行可行性分析所应采取的全盘性策略以及关键性的第一个步骤。

尽管在可行性分析中所涉及的问题,跟各行业的特性密切相关,不过对于应收集什么资料的问题,还是有一般规律F的。比如行业结构的主要特征,使其改变的主要力量,以及竞争者的战略动向等资料,都应在探寻和收集之列。由F于行业结构和竞争者特征一般都不是原始资料,而是对原始资料进行分析之后才得到的,因此我们应该先制定一个方法,然后再收集有关的原始资料。

原始资料通常可以在

公开出版物或在我们各地的公共图书馆中查阅到，这些资料既能帮助我们对市场规模做定量研究，又能够判断市场的动态。除了有助于量化市场的各省与各城镇的人口资料外，还可以从图书馆通过光盘和电脑网络获得大量商业数据，也可查到反映整个宏观经济趋势的资料。重要的是我们的产品或服务的与众不同，不受这一形势影响。

其实，不必一定进入高速成长型的行业，因为这些行业会带来大量的竞争者。而低速成长型的行业也会有吸引人的机会，因为新的进入者较少。

有了收集资料的框架之后，接下来的重点便是采取何种方式处理所收集到的资料。可以采取的方式有很多，从一次一个项目地进行，到任意前进。不过最好能先对该行业做一总括性了解，然后再把注意力放在特定项目上。实践证明，如果我们具有广泛的了解，就能在研究资料来源时，更有效地点出重要资料项目，并能有效地组合各种资料。

（二）实地调查

进行可行性分析的共同问题是，人们往往容易把太多的时间花在寻找出版的资料来源以及到图书馆查阅资料上。而出版资料在及时性、鲜活性、真实性及深度等方面都有一定的局限。尽管为了提高实地调查的价值，有必要先获得某些基本的了解，但我们不要待寻找出所有出版的资料后，再进入实地调查阶段，而应该两方面同步进行，互相补充，尤其是当我们想要从实地调查中找到有关该行业的出版资料时，更应如此。

实地调查资料通常都比较有效，因为实地调查可以单刀直入地探究和确认问题，而不必花许多时间阅读无用的资料，不过有时也难免被客观现象所蒙蔽。

实践证明，当我们进行某一行业的分析时，士气通常随着市场调查的进行而成 U 字形变化。一开始信心十足，雄心勃勃。当遇到的问题越来越多时，便会发现该行业的复杂性越来越明显，于是就会感到迷惑，甚至有不知所措的感觉。而在分析与研究的后期，随着困难的克服和研究工作的进展，士气又会重新高涨。这种现象相当普遍，因此，当我们在中途碰到困难时，应该先有心理准备。

在收集实地调查资料时，最重要的是要拟订一个调查计划，以便确认可能的资料来源以及当事人是否对我们采取合作态度，并拟订出接近他们的办法。

实地调查最重要的资料来源包括：参与该行业的人、与该行业有关的个人和企业、与该行业有接触的服务机构以及行业观察者等。

首先，最敏感的资料来源是同行业的竞争者，他们可能最不愿意与我们合作，因为他们担心透露的资料会对自身构成伤害。这就要求我们在接触实地调查资料时，要做好准备，谨慎行事。

其次，最敏感的资料来源是服务性机构，如顾问公司、审计员、银行人员以及行业协会的有关人员等，因为这些人员传统上都要为客户保密。

除此以外的其他资料来源，大部分都不会受到行业研究的威胁，并且还会将它视为一种帮助。供应商或客户的高级主管，通常都是长期观察某一行业的人。还有零售商和批发商也是很好的资料来源。

我们应该设法对不同资料来源中的人士进行访谈，因为他们都能提供重要的参考资料，使我们能相互对照。由于他们各自着眼的角度不同，因此我们不必惊讶于其中的矛盾现象，实地调查的技巧之一就是把不同的资料来源相互对照与印证。

通常，我们可以从任何一种资料来源开始做实地调查。不过为了先取得背景资料起见，最好先去接触对该行业知识广博而又在竞争局外的人。这种第三者的态度较为开放，并且评论态度也较为客观。

当我们要深入挖掘问题时，就应该深入接触置身该行业的人。为了顺利拜访起见，最好能先有人代为引荐。基于这种考虑，我们还须决定从何处开始拜访。

有效的实地访谈，是一种既费时又微妙的过程，不过我们却可以从中采撷到大量关键性的资料。

挑懂行的生意做

（一）从自身的优势项目出发

究竟经营什么行业的生意为好？这通常并不是凭我们的主观愿望或兴趣所能决定的，还要考虑我们自身的经验学识、财力基础以及社会需求等条件。

有这样一个故事：

有两位年轻人，原先合伙在某城市开办了一个汽车修配厂，生意做得相当成功。但时间一长，他们便感到有点腻了。不久，他们干脆卖掉汽车修配厂，然后来到另一个城市。他们发现，自从房地产建筑热在这兴起之后，一直长盛不衰，感到混凝土预制这门生意有奔头。于是，他们把一家建筑材料工厂的股权买了下来。

可是，他们两人都是建筑行业的门外汉，既不懂施工，也不懂材料，经营状况可想而知。最后，他们只好忍受着惨重损失，把该厂的股权全部出让，回过头来重新开办了一个汽车修配厂。

类似这类事件，在生活中，我们也屡见不鲜。

因此，当我们在考虑要干哪行生意时，首先须反问自己：“我懂得什么？我自己干什么最有把握？”况且，通常也只能是懂哪行干哪行，哪行有把握干哪行，直到干好为止。

(二)入行前须考虑娴的 3

1. 确定经营哪类产品或服务项目

我们应该经营哪类产品或服务项目,必须保持多大的营业额,这些须待进行市场调查后,充分明确以下的资料后,方能判断和决定,千万不可草率行事。

这些资料包括:

(1)自身状况

包括财务资金、员工人数及素质、最低或最高营业额的承受力以及发展规划等。

(2)有关产品的市场销售最新情况

例如,哪些产品是畅销还是滞销?是供不应求还是供过于求或是空缺?是大有发展潜力或行将过时?其中,存在什么原因?等等。

(3)顾客需求情况

例如,购买有关产品(或服务项目)的顾客大都是些什么人或团体?他们希望从中得到哪些方面的满足和需要?当前哪些产品(或服务项目)能够较好地满足他们某方面的需要?等等。

当我们在充分掌握了各项资料之后,对问题的考虑便有了较为可靠的客观依据,从而可以根据我们自身的人力、物力、财力及市场需求情况迈出切实可行的第一步。

2. 确定目标销售对象

联系思考这一问题,为的是合理认定什么人可以成为我们销售产品(或服务项目)的目标销售对象,其中还涉及到如何选择营业地点等方面的问题。

(1)市场细分

即是把全部有可能购买我们销售的产品(或服务项目)以满足某种需要的顾客按照不同的特征,划分为多种不同类型的群体。然后,再从中鉴别和认定,哪些群体中、哪几种类型的顾客最有希望成为我们未来的目标顾客。

由此,可了解到作为我们未来的目标顾客大都是些什么人,也可以详细掌握这些人的具体资料,如年龄、性别、职业、文化程度、居住地点、工资收入、生活方式、用钱标准、对产品的需求程度、购买动机及使用习惯等。这样便为将来有针对性地采取相应的促销措施做好了准备。

(2)营业地点

了解了顾客的基本情况之后,就可以投其所好,寻找一个可以与他们建立联系的营业地点了。恰当地选择营业地点,是营销业务中一个需要慎重考虑的问题。而且,对于某些全赖顾客上门惠顾的行业,如餐馆、百货商店、高级服装店来说,营业地点几乎就意味着一切。而营业地点的合理选择,离不开对目标顾客的需求和特征的深入研究和细致的考虑。

理想的营业地点固然重要,但这也不是绝对的。有时候,即使可供选用的营业地点看来并不理想,但只要采用恰当的促销措施,也可弥补其中的不足，化不利为有利，同样大有生意成功的希望。

3. 确定采取哪种促销方法

联系思考这个问题，为的是弄清楚通过什么途径或是采用什么宣传推广方式才能与我们的目标顾客建立联系，并把产品（或服务项目）卖给他们。换句话说，就是要弄清楚，究竟采用什么才可以使那些“潜在的顾客”变为“实在的顾客”。

在这里，促使顾客形成某种购买动机并取信于顾客，是需要着重考虑的，尤其是对于类似上门服务或常规性服务等属于人员服务性质的行业来说，这个问题更为重要。因此，配合采取行之有效的宣传和促销方法，也是不可缺少的。

无论采用什么样的宣传和促销方法，都须明确回答以下两个问题：

向顾客宣传什么？

怎样才能使顾客信服？

为此，我们须做到以下两点：

(1)针对顾客需求做宣传

宣传的目的在于让顾客清楚地了解到，购买我们的产品（或服务项目）后，他们从中可以得到哪些实惠。不过，要准确认定顾客的需要，并非轻而易举之事，非经一番认真的市场调查分析不可。

当我们真正了解到顾客的需求后，最高效率的宣传手法便是做广告。这里应特别注意的是，广告宣传一定要切乎实际，不可夸大其实。

(2)说服顾客购买

说服的目的在于使顾客确信我们的真诚服务和货真价实的商品，从而才会乐于购买。

①建立良好口碑

通常，来自第三者的推荐与口碑，被视为可信可靠的因素，我们不妨巧妙地利用建立口碑这一招去争取顾客。所谓“说服三人，取信一群”，即首先采取适当方法，取信于部分顾客，然后再根据这些顾客的口碑去争取更多的顾客。

②卖高价商品须有高价服务

通常，顾客买低价商品，不会认真考虑自己将要承担什么样的风险，也不会要求商家提供足以令人信服的保证。因为，即使买错了，也只不过是区区小数目的损失。但是，购买售价为上百元或上千元的商品，顾客的表现便大不一样了。他们常会有许多问题需要商家提供更多的担保和服务，以使他们确信那是一项不吃亏的投入。而我们的担保须联系有关商品的售价、销售数量和金额以及企业的原则等因素去进行。

③销售一般商品要费尽心机

产品（或服务项目）的性质不同，营销情况也会有所不同。比如说，如果出售的商品是名牌货，这对于取信顾客定然大有帮助。否则，便要煞费苦心地进行推销，全力以赴地与名牌厂家进行竞争。可以说，这是一场围绕着如何取信于顾客的竞争，只有取胜才有生意成功的希望。

各种服务性行业也有同样的情况，顾客在没有得到某种足以令他们放心的保证之前，通常不会随便向某家企业购买他们所需的那种服务。

2计　登高望远

没有目标与规划的任何行动都是愚昧的退却，如果我们选准了经营目标无异于修好了前进的道路。企业的经营成功，首要条件是要登高望远，具有明确的经营目标。

在充满竞争的市场经济中，谁的目标含混不清，谁就会被淘汰。要想立于不败之地，就要善于选定发展目标，注意客观因素和主观条件，扬长避短，锐意进取，方能取得生存与发展。

进行生意规划

（一）良好的规划是赚钱的起点

人人都有很多经商的构想，其中有不少都是很有价值的。在众多的构想中，如果能实现其中的一两个，就足以令我们获益良多。

勿庸置疑，良好的构想是重要和必需的，但是，良好的创业构想的最大价值并不在于其内容如何，更重要的是促成这最后成果所经历的复杂过程。创意本身只是冰山的一角，而冰山才是我们的人生和全部生意。

构想谁都会有，在任何人的一生中，都会产生一两次好构想，然而能不能凭借这种构想来赚钱，关键就要看我们是否善于进行规划，是否懂得如何去实行这一构想，把构想变为现实。通常，产生构想较为容易，而实行起来却很困难。在这个世界上，不知有多少个好构想未被实现。在这些未被实现的构想中，说不定有的能使人赚到上百万甚至更多。这种状况的确令人痛惜。之所以会这样，便是因为没有行之有效的规划。

可见，良好的规划是赚钱的起点，要想有大发展，必须先走好这一步。

（二）选准最赚钱的行业

知道哪些行业赚钱，哪些行业不赚钱，这是进行规划的基础。在进行规划时，务必要把目光盯在最有赚钱可能和获利最大的行业上，而不应盲目行动。

在实际中，确实有一些人不了解经济发展的具体情况，在创业之初便把目光放在了那些不能获利或获利甚微的夕阳行业上，致使后面的规划也难以付诸实施，当然难有大的发展。

那么，究竟从事哪些行业最有赚钱的可能呢？

1. 高速成长的行业

在有生之年，从穷困潦倒成长为亿万富豪的人，总是来自高速成长的行业，也就是通常所说的朝阳行业。石油大王洛克菲勒，汽车行业中各大巨头，电脑行业以比尔·盖茨为代表的一大批新秀，莫不如此。

通常，高速成长的行业标准为，连续10年以30%～40%的速度增长。把握新兴行业的关键，靠直觉和对事物的预见能力。而那些能对新兴产业提前做出准确预见，并能从中获得巨额财富的，总是从发明者和初始爱好中来，或是极富商业经验的冒险者。对于发明者和初始爱好者来说，如果他们的事业理论一直正确的话，大都能成为行业标准的制定者。而极富商业经验的冒险者，则有能力迅速把创新与市场价值相结合。

从观察来看，还不能说他们两者谁更有优势，完全视策略和环境变化而定。还有学习与进取精神，在其中也扮演了重要的角色。

亨利·福特制造出四轮汽车，是第一种情形的代表。洛克菲勒经营石油帝国，则属后一种。而比尔·盖茨则是我们今天看到的经营朝阳产业成为富豪的典型例子。

对于我们来说，困难的是，怎样才能正确预见那像黎明即将破晓一样即将到来的未来？事实上，汽车和个人电脑，在其初始阶段，预言他们死亡命运的，大有人在，包括一些著名人士。例如，晶体管收音机和传真机，都是由美国人发明的，而预见它们的商业前景并首先完成由科技创新向市场价值转变的，却是日本人。

另一项困难是，对于白手发家者来说，在没有什么资源的情况下，何时切入该行业，怎样做才能坚持到成功？这些都是要思考的问题。

为此须具备两个长项：

(1)对新生事物的预见能力；

(2)具有莫大的信心、勇气、热情及献身精神。

亨利·福特和比尔·盖茨的成功，都是充分发挥上述两个长项的结果。

2. 传统行业中的新方向

对于已经成熟的产业，只要能不断的创新，把握住发展的新方向，同样能造就大量的百万富翁。不过，相对来讲，从传统产业中成长起来的新富豪，要比来自新兴产业的少，根本原因就在于其成长的速度和力度比新兴产业弱。但是，造就百万富翁的机会则不会输给新兴产业，传统产业中大量涌现的百万富翁即证明了这一点。

把握传统产业的新方向，根本出路在于创新。科技的飞速发展，随时保证了机会的出现，关键看我们有没有看见机会的眼睛和捕捉机会的双手。

3. 要能大批量、规模化生产

观察世界企业500强的排名，我们会发现，只有一两家咨询类机构，而且排名是靠后的，其他大都是生产性企业，而且是大批量、规模化生产。数数看吧，无论是老牌的石油、汽车公司，还是新兴的科技企业，可口可乐和香烟这样的日常消耗品，无不是规模化大批量生产的财富主人。

在计算机生产早期，都是手工模型生产。直到1950年，IBM开发设计出第一代能大批量、规模化生产的多功能计算机，计算机产业才进入腾飞，IBM因此成为电脑业的“蓝色巨人”。而食品业的麦当劳，更是典型的大批量、规模化生产的获益者代表。

与一般餐厅不同，麦当劳的食物是按照可以接近标准化来生产的。20世纪60年代中期，麦当劳制定了一套质量评估原则，即Q. S. C系统，以便于近似标准化地检查各分店的食品品质、烹煮时间与温度、清洁卫生等。他们还测量出，可口可乐在4℃时，味道最美，面包厚度在17mm时，口感最好，于是都照此生产。通过这些规范化措施的有效实施，麦当劳的食物实现了大批量、规模化生产，极大地满足了顾客的需求。

（三）制定切实可行的目标和规划

既然规划这样重要，那么，究竟应该怎样来确定赚钱的目标和规划，并实现它们呢？

做生意赚钱必须先要有个大目标，在大目标确定后，才能制定出具体的规划来实现这个目标。懂得生意经的人并不会为宏大的目标而烦恼，相反，只会为没有这一目标而烦恼。他们会根据自己所设定的目标，制定出步步为营的小计划，再逐渐向大目标迈进。

通常，工作没有规划而同时想做大规模经营的人，常会苦于人手不够。他们以为，只要聘用的人多，事情就好办了。其实，对于老板来说，人多未必力量大。有时候，恰恰就是因为有太多的人来从事毫无规划性的工作，才导致了自己经营的失败。这种老板所缺少的，不是更多的人，而是有效的工作规划。这种没有规划性的工作，只能是白白浪费员工的精力和体力。

因此，要想实现既定目标，务必要有精细的规划以及与之相适应的各项用人措施，做到人尽其用，各司其职。同时，还必须遵循规划的两大原则：总原则和分原则。

总原则是指在进行规划时，必须有一个驾驭全局的总体目标和规划。而分原则是指在总原则的基础上制定出的分阶段的计划。无论做什么事情都不可能一蹴而就，而是一步一步逐渐达到目标的。这两大原则应当并重，不可偏废一方。

通常，我们应当制定出在各个阶段所要达到的目标，而且必须达到这一目标。因为只有实现了第一阶段的目标之后，才有可能实现第二阶段及以后各个阶段的目标。

可见，遵循分原则来制订规划是非常重要的，因为只有这样才能使我们的事业有条不紊，眉目清楚，从而更易于达到更大的目标，实现自己的远大理想。

进行生意规划时需把握的要素

（一）坚定自己的选择

人云亦云，随波逐流，这是人类的一大通病。由于这一弱点，导致许多人变得默默无闻，毫无起色，无法脱颖而出，所以才整天跟着别人转。当看到有人从事某种行业而大赚钱时，自己便把目光投向该行业。而当看到又有人从事另一种行业赚大钱时，就又把目光转向了那个行业。这样一来，这些人就像走马灯似地不断变换自己的目标，今天干这，明天干那，结果自然一事无成。

同样，有些人明明已经选择了赚钱的行业，如果一直干下去的话，也会有所成就。可是，由于听信他人的劝说，却转向了其他行业，从而导致了经商的失败。

这种事例在现实生活中并不少见，有很多人都容易犯这种错误。之所以会如此，就是因为他们在进行规划时，不能坚持自己的选择。

当然，在坚定自己的意愿进行选择的同时，我们也要适当听取别人的意见和建议，注意观察那些成功者的做法，从而使自己能够做出最好的规划。一旦做出了某种规划，就应踏踏实实地做下去，不宜在中途轻易改变。

（二）从不起眼的小生意做起

一说到生意规划，很多人都想把目光盯在那些赚大钱的行业上。其实，这种想法是大错特错了，非常不利于我们自身的发展。

一个聪明的老板，总是善于从小生意做起，并逐渐把小生意变为大生意。他们懂得，一个项目是否赚钱并不重要，重要的是多个生意都能赚钱才行。与合适的客户合作，有买卖做总比没买卖做更好。做成一笔生意的本身就是迈出了积极的一步，它是一个长期关系的开端，这笔生意打开了双方联络的大门，为下一步赚到钱做好了铺垫。

尤其是在创业初期，我们更应该注意多做一些小生意。比如说，同样要赚 10 万元，做 100 个每次赚 1000 元的小生意，总比做两个 5 万元的大项目要容易得多，风险也要小得多。当然，策划和实施 100 个项目可能很辛苦，可是从商战角度上考虑，不仅十分需要，而且也很现实。

作为老板,也许已经习以为常,往往会忽略任何企业的面包和黄油都是出自小项目这一事实。这些小项目不仅支付了企业的房租水电,而且还给予我们吸取经验教训和不断学习的机会。所有这些,都是迈向成功所不可缺少的。

(三)放长线,钓大鱼

有些行业,可能在短期内不会有太大的利润可图,但是这种行业却具有发展的潜力,其未来的市场非常广阔,如果能够耐心等待的话,必将大有钱赚。

可是,很多人却不明白这个道理,总是好急功近利,急于求成,把目标定在那些竞争激烈的行当,于是便免不了事与愿违,屡屡失败。为此,我们必须克服这种经商的急性病,而应该把自己的注意力盯在那些一般人不易察觉的地方,放长线,钓大鱼,从长远的观点来考虑自己所经营的生意。

当然,"放长线"须放在有"大鱼"可钓的地方,而不应盲目地"放长线",否则便会什么"鱼"也钓不到。这就需要我们独具慧眼,多做市场调查和分析,做出切合实际、行之有效的规划来。

(四)准备好退路

当今社会,人们渴望成为一个老板的理想比以往任何时候都显得更加美好,这在一个对服务、高新技术具有巨大容纳能力的经济社会中尤其如此。然而,并不是人人都能够成功地实现自己当老板的梦想。即使对于那些已经当上老板的人来说,也不能保证他们会一帆风顺地永远坐在老板的位置上。

为此,我们还须为自己准备一条可靠的退路,建立一座安全岛。因为在实际生活中,失败的例子总比成功的例子要多得多。

如果我们在进行规划时,不为自己准备好后路,万一跌入失败者的行列,也就无药可救了。因此,如果可能的话,在创业之初,我们就应为自己营造一个宽松的环境,认真估算利益得失,并尽力降低风险。

无论做什么事情,孤注一掷都是不行的。俗话说:"不怕一万,就怕万一",万一有个差错的话,如果无路可退,那可就会变得一无所有,连普通人也比不上了。

走出生意规划的误区

(一)脱离实际,莽撞行事

规划毕竟只是事前的一些设想,而不是实实在在的现实,它们有可能与实际不相符。因此,我们不必要在实际中完全遵循它们来行动。如果我们对能够满足社会上某种强烈需求的产品或服务已经有了很好的设想,打算开展该方面的业务,那么对大部分业务规划来说,最致命的弱点就是脱离实际,过于相信假设。

对于那些有勇气开创自己事业的人,大家总是很羡慕。但是,勇气与莽撞之间存在着本质区别,必须认真区分清楚。勇气是一种建立在客观现实之上的锐气和冲力,而莽撞则是脱离实际的一种主观武断行为,我们在实际工作中必须予以摒弃。

(二)只重金钱,忽视对手

不要洋洋得意地拿出我们的业务规划与竞争对手的弱点相比较。要公正地给我们的竞争对手评分,切不可以对他们掉以轻心。否则,不仅有碍于我们自身的判断,还会令我们的支持者对我们产生许多不信任的想法,非常不利于生意的起步。

能够解决问题和促进生意发展的是经过深思熟虑得出的方案,而不是金钱,至少不是只靠金钱。金钱只能促进问题的解决速度,起到催化作用,而不是决定作用。如果一个业务规划中有关争取客户的部分仅仅写道:“广告费5万元”,那么,这是令人担忧的。

(三)独断专行,不听劝告

每个人都非常重视自我,因此在思考问题时往往很难走出自我的圈子。这是人类的一大通病,几乎每个人都或多或少地被这种自我意识所左右。

实际上,自我意识过于强烈的人是不会成功的。这种人往往自以为是,不听劝告,独断专行。正是由于具有这种错误的人实在太多了,成功者才变得少而又少。

古语说:“兼听则明,偏听则暗”,这句话很有道理。如果一个人能够主动多听听别人的想法的话,那么就等于他获得了更多人的智慧,所以也就能比别人技高一筹。

作为老板,在别人提出建议时,要认真听取,哪怕这种建议并不正确或不完全正确,而它至少也为我们提供了一种思路,使我们对这方面的问题有所警惕。

(四)愿望与实际行动相脱节

人人都有许多美好的愿望,很是令人神往,但却很少有人能够实现那些美好的愿望。为什么会这样呢?原因就在于:一是有些人愿望完全脱离实际,根本没有实现的可能性;二是有些人的愿望虽然有可能实现,而他们却不愿为实现这些愿望付出应有的努力。

愿望,对于每个人来说都是非常重要的,甚至可说是人们生活的支柱。没有愿望的人,其生活必然平庸无奇,味同嚼蜡。因此,有一个美好的愿望是应该的,也是必需的,但一定要明白,仅有愿望还是远远不行的,还须使愿望符合实际,具有实现的可能性,并愿为此付出代价。

愿望一旦确定下来,紧接着便是围绕愿望制定出切实可行的业务规划,并脚踏实地地一一付诸实践。切记,行动和规划同等重要,只想不做等于白搭。那种"夜里想好千条路,白天照样做豆腐"的情形,不仅可悲,而且也非常令人可笑。

3计 未雨绸缪

当我们明白了创业不只是别人的专利,判定自己也适合于创业当老板,并且对自己所面临的创业机会与风险有了周密的分析而决定自行创业之后,便需要立即开始行动,进入紧张而亢奋的筹备与开业准备阶段。

创业起步方式的选择

(一)购买现成企业

对于一个有意创业的人来说,购买一个现成企业可以说是一种快捷的起步方式。我国经济的发展已使这种起步方式有了更多的现实操作空间。

一方面,中共十五大之后,国家对国有经济的指导性战略是"抓大放小",许多地方都在通过出售国有中小企业的方式盘活国有资产,搞活地方经济;另一方面,一些民营中小企业在遭遇了较大的经营困难之后,也急于寻找买主实现产权转让。

1. 购买现成企业的有利因素

(1)如果所购买的企业有较好的经营历史,可为企业的继续运转创造良好的条件。

(2)其选址的正确性已被实践证明。

(3)不必花时间、金钱、精力进行市场调查、选址及企业登记。

(4)可利用被购企业已建立起来的顾客关系继续经营。

(5)可利用已有的供货渠道和产品目录。

(6)可利用现有设备与人力资源。

(7)可利用现有的资金渠道和贷款支持。

(8)如果购买的是宣告破产或濒临破产的企业,还可以享受国家相应的优惠政策。

2. 购买现成企业的不利因素

(1)购买者在短时间内很难改变原企业在顾客心目中的不良形象。

(2)原企业的产品种类、服务情况可能并不符合购买者的愿望。

(3)安置原企业的员工可能成为创业者头痛的问题。

(4)原来的顾客关系可能不理想,但开辟渠道同样需要时间。

(5)原有厂房设备可能已经老化,而更新换代的代价可能更高。

(6)原企业的卖价过高,可能会给企业今后的发展带来负担。

(7)所生产的产品属于滞销品种或早已过时。

(8)原企业经营不善,其资信程度大大降低,增加了贷款难度。

因此，在决定购买之前应认真考察待售企业及其出售的动机，仔细衡量待售企业的价值。

3. 对待售企业的财务情况进行考察

对于待售企业，首先要考察其财务情况和市场状况，考察财务情况应在可信的专业事务所的专家帮助下进行。待售企业应该提供最近3～5年的详细会计账簿、报表及存货记录等资料，以便能够从中全面了解企业的财务情况、变动趋势及内在原因。其中包括：

（1）该企业近几年的盈利情况与变化趋势，导致变化的内在原因；

（2）由资产负债比率、流动比率、速动比率、应收账款周转率等财务比率反映的财务健康状况、变化趋势及变化的原因；

（3）多方验证账实是否相符：固定资产的价值是否与实际相符；存货价值与其市场价值是否相符；有无巨额的应付账款未在资产负债表上列明；企业的利润与产销额是否相符等。

4. 对待售企业的市场状况进行考察

考察待售企业的市场状况可以由欲购买企业的创业者组织自己的人员进行，也可以委托有关的咨询顾问公司或管理院校中的专家进行。考察的内容包括：

（1）待售企业在其行业市场上历来的地位，该行业市场上主要的竞争对手情况，该企业在同行中的名声；

（2）待售企业在顾客、社区及供应商中的形象，形象变化及其原因；

（3）所在行业的发展前景，所在社区的经济发展潜力及市场潜力。

5. 对待售企业的出售原因及其价值的考察

接下来，着重要考察该企业为什么要被出售。特别当待售企业是业主制企业时，应当仔细考察业主到底是由于健康、年龄、能力等问题而出让企业，还是想通过出售企业来逃避债务或者掩盖亏损。对于后一种情况，还要提防业主出售现有企业后，又利用熟悉的渠道在附近开办一家同样的企业与我们竞争。

在上述考察的基础上，如果我们觉得待售企业值得选择，则还需要进一步仔细衡量它的价值。

企业的价值是其无形资产和有形资产价值的总和。无形资产是指不以实物形态存在的，但能给企业带来实际利润的资产，例如企业的品牌和商誉等。有形资产是指以实物形态存在的各种资产，例如厂房、设备、存货等。

通常，对企业无形资产的估计，出售方和购买方会有巨大的差距。待售企业的有形资产也不是账面的价值，而要通过实际盘点来确定是否账实相符。

（二）从头创办新企业

从头创办一个新企业，是许多创业者乐意采取的一种创业起步方式。

通常，我们之所以着手创业，是因为凭自己的直觉和眼力看准了一种机会，并进而通过创办一个新企业来抓住这种机会，施展自己的才能，实现自己的理想。

从头创办新企业这种起步方式之所以受到许多人的青睐，一方面是因为创业者对购买现成企业和成为加盟企业的概念和方法相对地不熟悉，另一方面则是因为创业者认定这种起步方式有着多方面的优点：

1. 创业者对企业的经营范围、组织设计、管理动作等各项重要决策都有绝对的自由度和自主权；

2. 不用支付无形资产费用或加盟等费用；

3. 不用担心原有企业的隐性问题和声誉影响；

4. 可以独立开创自己的产品或服务特色，塑造独特的企业形象和商誉；

5. 可以独立选择最合适的经营地点和设备，创建最合适的经营方式，选择最合适的供应和销售渠道。

不过，从头创办新企业这种起步方式也不是尽善尽美，也存在一些固有的局限和缺点：

1. 由于一切从零开始，缺乏经验借鉴，因此经营风险较大；

2. 由于缺乏实际业绩支持，创业者很难说服银行融资，筹资成为头号难题。

3. 万事开头难，从零起步创业需要更多时间、精力和耐心，才能完成筹备工作；

4. 从零起步的新企业很难吸引合适、能干的人才加盟；

5. 从零起步，供应和销售均不稳定，内部运作也会有很多的不确定因素，这些因素对创业者的能力与体力都会带来严峻的考验。

从头创办新企业这种起步方式尽管程序复杂，要处理的事项繁多，但正是由于这种挑战性和不受约束的机制，为创业者提供了个

人发展的广阔舞台，从而成为广大创业者的首选之路。

（三）加盟特许经营或连锁经营

加盟特许经营或连锁经营企业，是创业起步的第三种方式。这种方式在我国发展较晚也较慢，但在美国已经有了半个世纪的发展，并占据了相当大的市场份额。另外在加拿大和澳大利亚等地也发展很快，已经成为一种十分普遍的经营方式。如今遍布世界各地的麦当劳、比萨饼、肯德基、西尔斯百货店、埃克森加油站等，都属于特许经营方式。

所谓特许经营，实际上就是特许人和受许人之间的一种契约关系。受许人可以从特许人那里获得的经营要素有：企业名称及商标使用权、特许计划、管理经验、经营诀窍、生产工艺、员工培训等。在特许经营持续期内，特许人应持续向受许人提供上述各种要素，受许人则应持续向特许人缴纳一定比例的特许经营费用，并接受其生产经营控制。

成为特许经营的盟员企业这种起步方式之所以在许多国家非常普遍，是因为对受许人来说具有以下5条好处：

1. 可以享用特许人的商誉和品牌；

2. 起步的成本较低；

3. 有经验可以依凭，失败的风险较小；

4. 凭借完善的特许计划，有利于取得银行贷款；

5. 有业务运作的全面训练，可以低成本稳步发展。

俗话说："甘蔗难有两头甜"，凡事总是有利也有弊。成为盟员企业这种创业起步方式也有它固有的局限和缺点：

1. 特许人良莠不齐，受许人需要花时间和精力去甄别和选择；

2. 受许人要接受特许人的诸多控制，自主创造受到限制；

3. 受许人除了要付出高昂的特许经营费用，还要长期分割一部分利润给特许人；

4. 必须接受特许人的供货及价格，丧失自主选择的自由。

是否选择成为盟员企业这种创业起步方式，其评审过程一般要经过探讨、谈判和决策三个阶段。

在探讨阶段，主要是创业者寻找和发掘特许经营的机会。需要对周围的市场情况和自身实力以及潜在特许人的素质与声望进行初步的系统评估，以便决定是否寻求成为受许人，以及下一步究竟跟哪些潜在特许人接触和交涉。

在谈判阶段，创业者要根据前一阶段所选出的对象进行接触讨论，在澄清了心中的疑惑之后，详细就特许经营合约的细节反复同特许人谈判。受许人在谈判中特别需要明确的问题有：

1. 特许费的数额、用途、支付方式及能否回收；
2. 营业地区的大小，排他性以及受保护的程度和期限；
3. 最低投资限额及其依据；
4. 雇员人数及培训要求；
5. 促销费用由谁负担，产品和服务的定价自由度；
6. 经营业务记载及检查要求；
7. 业务终止与退出条件等。

在反复谈判的基础上，创业者应主要从投资所需资本、投资回报率、投资回收期等方面综合评估投资机会，决定是否签约成为特许经营的受许人。

筹集资金的新途径

当我们在着手创业时，所面临的最大困难之一就是如何获得开办企业和维持经营所需要的资金。

首先，我们要相对准确地估算出开办一个企业到底需要多少资金。然后根据所需资金量的大小和自己的实际情况，选择合适的筹资渠道，并进而创造性地完成筹资任务，以确保企业开办起来之后能够正常运营。

通常，企业开办时所需的资金包括开办资金和一定时期的日常运营资金。

开办资金的多少取决于企业所在的行业、规模、技术水平、起步方式、场地及设备是购买还是租赁等。由于创办之初企业还在计划中，毫无业绩可言，别人很难有信心对其进行投资，因此，创业规模和技术水平都要量力而行，很多时候、很多地点都不妨因陋就简，等到有了初步的业绩与积累之后，再加快滚动发展。

创办企业所需的第二种资金是一定时期的日常运营资金，这里的一定时期是指开业以后还没有收入或虽有少量收入而收入不足以偿付日常开支的那一段时期。这里的日常开支包括材料采购、员工工资、租金、利息、税金、保险金、办公费用、广告促销费及接待费开支等。这些费用如果没有充足的保证，很可能会对日常运营产生明显的消极影响。

在确定了企业所需的资金之后，接下来我们的任务就是利用和挖掘多种可能的筹资渠道，为自己筹集所需的资金。通常的筹资渠道有：个人财产、亲戚朋友、银行、顾客和供应商、企业发展基金等。

对我国的许多创业者来说，由于个人财产和亲戚朋友能够挪借的资金往往相当有限，向银行等金融机构筹资又需要个人财产抵押，数额也不会很大，政府的企业发展基金在许多地方尚未发展起来，因此，我们在筹集资金时不妨另辟蹊径，多想一些“借鸡生蛋”的新路子。

（一）卖概念筹资

出售概念筹集资金，在我国改革开放之初是不被人们所熟悉和认同的。

那时,广东省一位科技人员发明了一种新产品。当时,有一个日本商人出价50万元人民币要购买这一产品的生产权。但这位科技人员不愿卖,他要把自己的发明留给国内企业,让自己人赚钱。可是,他的发明并没有得到国内企业的赏识,结果一番苦心付之东流。其实,他完全可以在出售产品制造权后,自己用所得的资金创办企业,让自己的发明在本土发扬光大。

1990年以后,我国终于选择了市场经济道路,人们的思想观念有了很大的进步。还是在广东,两个年轻人看到一种生产工艺有很大的改善潜力,经过一段时间的钻研,有了自己的发明,这是可以改善那种生产工艺的小巧装置。他们拿着图纸找到有关厂家的负责人,宣传新装置对生产工艺的改善功能。得到厂家认可后,他们一边同厂家谈合同,一边注册办企业。合同谈下来拿到预付定金,用定金办起了自己的企业。以后的订单又使企业有了稳定的发展。

(二)滚动抵押借贷

美国商界大亨洛维格在40岁时日子还过得很清淡。当时,他准备借钱买一艘船改装成渔轮,以赚取更多的利润,因为运油比运货更有利可图。他到纽约找了好几家银行,但人家看到他磨破的衬衫领子,便拒绝了他。这时,他想了一个办法。他把自己拥有的一艘油轮以低廉的价格包租给了一家石油公司,然后拿着租契再去找银行,告诉他们租金可以每月转入银行来分期抵付他所借贷的款项本息。银行考虑了这个看似荒诞不经的借款方案。尽管洛维格没有资产信用,但石油公司却有着良好的信誉。银行每月收租金,刚好可以分期抵付贷款本息,银行并不吃亏。

就这样,洛维格巧妙地利用石油公司的信誉为自己贷到了款,购买了一艘船。于是,每当一笔债付清后,洛维格就成了某条船的主人。他的资产、信用以及他的衬衫领子,都迅速改善了。

洛维格更巧妙的筹款策略还在后面。他设计一艘油轮,在还没开工时,他就找到人,答应在油轮完工后把它租出去。他拿着租约,去找银行借钱。银行要等船下水之后,才能开始收钱。船一下水,租费就可转让给银行,这样,贷款也就可以分期付清了。

这种想法,起初使银行大大吃惊,因为洛维格等于是在无本生利,他一分钱不花,靠银行贷款来造船,又靠租船的租金来还贷款。但银行最终还是同意这样做。这不仅因为洛维格的信用已经没有问题了，而且还有租船人的信用加强还款保证。洛维格正是靠这种办法建造了一艘又一艘大轮船，他的造船公司于是便成长起来了。

（三）邮购营销与代销

所谓邮购营销就是由创业者先编排一张邮购商品目录，接到顾客的货款后，在1～2个月内通过邮寄向顾客提供他们所需要的商品，创业者从中获得利润。

在美国，邮购是零售业中发展最快的一个部门。在我国，图书和服装等的邮购营销也已经有所发展。这里，特别要注意诚实守信。在收到顾客的货款后，必须在规定期限内保质保量寄出商品，否则就应及时退款。

为一些最终产品生产型企业做代销，也不需要多少启动资金，只是需要取得产品生产企业的信任，同时具备足够的销售能力。帮助生产企业走货，自己从中赚取销售利润，确实是无本生利的好办法。

当然，"借鸡生蛋"的筹资办法还有很多，例如，凭借自己的技术和手艺先给别人打工，待积累了一定资金后再开办自己的企业等。本篇所列的3条筹资新途径，就权做是抛砖引玉吧。

选择经营地点需考虑的要素

（一）市场因素

对于市场因素，需要从顾客和竞争对手两个角度来考虑。

从顾客角度来看，需要考虑经营地点是否接近顾客，周围的顾客是否有足够的购买力。对于零售业和服务业，店铺的客流量和客流的购买力决定了企业的业务量。因此，所选择的经营地点应该是人流的必经之地，方便顾客上门之地。

从竞争对手角度来看，经营地点的选择有两种不同的指导思想。一种指导思想相信"钓手多的地方鱼儿密"，于是，经营地点的选择不畏惧同行聚集，对手林立，而应看到同行成群有利于人气聚合与上升。正是这一指导思想导致了特色街区或地段的形成，比如服装一条街、建材一条街、家电一条街、小商品一条街等。

另一种指导思想则奉行"别人淘金我卖水"。别人都蜂拥到某地去淘金，有人成功，有人失败，成功者固然腰缠万贯，失败者也要维持生存，他们总免不了要吃喝拉撒。如果到他们中间去卖水，则肯定稳赚不赔。

（二）商圈因素

选择经营地点，需要知道有哪些地段适合做生意，这涉及到对特定商圈的定性分析。

1. 车站附近

火车站、地铁站及长途汽车站附近，是往来旅客集中的地区，很适合做生意。该商圈的特征是，这里的顾客主要是过往乘车的旅客，他们选购的商品虽然广泛，但大多还是以购买不费时间、容易携带的商品为主。由于人群流动量大，这一地段商业价值较高，尤其适合发展餐饮、食品、生活用品等方面的生意。

2. 商业区

商业区地段是居民购物、聊天、逛街、休闲的理想场所，也是做生意的最佳地点。可是，由于商业区地段房租比较高，并不是一切生意理想的开业地点。该地段费用高，竞争性也强，各行各业争奇斗妍，除了大型综合门市外，较适合那些有鲜明个性特色的专业生意的发展，如专卖店等。

这一地段的特征是，商业效益好，投资费用相对较大，应有针对性地对顾客提供商品和服务。

3. 影剧院、公园名胜附近

该地段是娱乐、旅游地区，顾客的消费需求主要是吃喝玩乐，因此适合于餐饮、食品、娱乐、生活用品等方面的生意发展。但这一地段常有时间性强的特性，高峰时人潮汹涌，低峰时门可罗雀。当然，如果靠近居民区或商业区的话，则另当别论。

4. 居民区地段

该地段的顾客主要是住宅区内和附近的居民，以家庭主妇为主，节假日和下班时间则包括家庭其他成员。这一地段的特征是，有关家庭生活的商品消费力强，尤其以日常用品的消费量最大。凡能给家庭生活提供独特服务的生意，都能获得较好发展。

5. 市郊地段

该地段以往被认为是不太理想的经营之地，可是现在由于城市的迅速发展及车辆的大量增加，市郊地段的商业价值在不断提升。这一地段的特征是，主要向驾驶各种车辆的人提供生活、休息、娱乐和维修车辆的服务。

（三）物业因素

置地建楼或租用楼房都必须在签署合同之前，首先弄清楚该地段或楼房的规划用途是否与自己的经营相符。

其次，还必须考虑该地段的交通因素和配套服务的情况。有时为贪图某地段的物业便宜，结果往往会因交通不便或缺乏配套服务而无法开展正常经营业务。

最后，还需要深入了解物业的历史，是否长期空置，是否遭受过水灾或火灾以及出现这些情况的原因。同时还要考虑物业坐落地段的声誉与形象，比如是不是环境污染区，是不是治安问题区等。

（四）社区因素

无论我们选择在哪个地点经营，经营的业务最好能得到当地社区和政府的支持，起码不要经营那些当地社区和政府反感的行业。否则，日后难免遭到当地社区的投诉或被当地政府所驱逐或封杀。

当我们有意选择某个地点经营时，在拍板定夺之前，最好向当地政府和有关团体了解相关情况。比如，当地已有哪些行业经营，经营状况如何，从发展意向来看，他们欢迎什么行业在当地发展，反对和限制哪些行业在当地发展等。了解这些情况，可以避免因我们经营的行业不当在当地不受欢迎而被改行或迁址。

（五）个人因素

我们个人的工作习惯，对地段楼盘的风水相信程度，都会在很大程度上影经营地点的选择。在这方面，我们通常容易步入的一个误区是，过多地注意经营地点对自己本人的便利性，常常选择在自己的住家附近经营。

这种选择有它合理与有利的一面。首先，因为我们熟悉周围环境，了解其交通状况和配套设施，熟悉周围的消费群体及其购买力，因此可以轻车熟路地开展经营。其次，由于我们与周边环境有良好的人际关系，容易得到亲朋好友的惠顾，还可能为企业的发展提供一定的便利。

但是，熟门熟路虽然有它的好处，却也有它固有的局限和缺点。首先是眼光受到局限，只考虑家门口，无形中可能会丧失许多更好的机会。其次是经营受到局限，有限的顾客和购买力无法突破。最后是家庭生活和企业经营都可能受到熟人的影响。当我们的经营有所发展时，一些熟人总会想要占点便宜，揩些“油水”，使我们不堪负担又不好拒绝。

（六）价格因素

决定租用还是购买经营场所的主要因素为价格。购买经营场所供企业经营使用，无疑可让我们享有绝对的物业使用权，同时也不用担心业主无故加租面遭到逼迁。另外，经营场所的支出也可算作日常运营的成本之一。即使日后生意失败，我们也可因经营场所价格上升而最终获利。

可是，购买物业需要动用一笔可观的首期费用。这笔支出对开业初期的头半年或头一年内的资金周转，可能会有不利的影响。

租用经营场所的第一笔费用也不少，除正常的首月租金外，我们还需准备好押金、经纪人押金、装修费用、下期月租等费用，而且还要承担双重风险，一是到期后能否续租，如不能续租，又要被迫重新选址，而且所付的装修费用也会全部沉淀报废；二是如果我们希望在租约满期前迁出，将要冒赔偿毁约的风险，即使我们能及时找到别人顶租，藉此与业主交涉而取回押金，但顶租者一般都不会愿意另付一笔款项买下一切装修。

如果我们开业时只需较小的经营面积，不妨考虑另一种选择，就是租用提供全套服务的分租写字楼。这种选择的主要优点是首次付出的费用很低。这些全套服务的写字楼，已装妥电话线路，并提供传真机、打字机以及其他基本装修，为我们省去不少烦恼。

由于租赁和购买的方法各有优劣，要求我们在做出选择时，须充分考虑资金、业务性质、创业失败或成功后的安排、物业市场的供求情况、利率趋势等因素，以免做错决定，对企业的业务经营造成不良影响。

4计 按部就班

经营者在创业初期，一般选择个人独资企业或合伙企业，当完成一定的原始积累后，再进入另一种更高阶层的企业形式，即有限责任公司。

有限责任公司一般适合于中小企业，而特许经营在我国则刚刚起步，并被誉为一种最佳的创业模式。

当我们选择好自己的企业形式之后，紧接下来的一个步骤便是按部就班地进行企业的登记申请与注册。只有通过企业登记申请与注册的法定程序，企业才是合法的，也才能正式宣告成立，与外界进行正常的法律所允许的经营、管理活动。

企业形式的选择

（一）个人独资企业

个人独资企业也就是个体企业，这种企业是企业经营者个人出资兴办，由企业经营者自己直接经营的。企业经营者享有企业的全部经营所得，同时对企业的债务负有完全责任。如果经营失败，出现资不抵债的情况，企业经营者要用自己的财产来抵偿。

个人独资企业一般存在于零售企业、个体农业等领域，由零售商店铺、家庭农场等组成，是最早的企业形式，规模小且发展余地有限，对于欲有大作为的企业经营者来说，初期可以采用这种方式完成资本的原始积累，然后对其进行突破，进入另一种更高阶层的企业形式，即有限责任公司。

一般来说，个人独资企业的特点是规模小，内部管理机构简单。其优点在于，建立与歇业的程序非常简单，产权能够实行比较自由的转让，经营者与所有者合一，经营方式灵活，决策迅速，利润独享，保密性强。

其不足之处在于：

1. 企业本身资金有限，而且由于受到偿债能力的限制，取得贷款的能力较差，难以从事需要大量投资的大规模商业活动。

2. 企业生命力较弱，如果企业经营者无意经营或因健康状况不佳无力经营，企业的业务就要中断。

3. 企业完全依赖于企业经营者个人的素质，素质低的经营者，也难以由外部人员替换。

（二）合伙企业

合伙企业一般指由两个或两个以上的个人联合经营的企业，合伙人共同分享企业所得，并对营业亏损共同承担责任。它可以由部分合伙人经营，其他合伙人仅出资并共负盈亏，也可以由所有合伙人共同经营。其特点是规模小，资本需要量较小。

与个人独资企业相比，合伙企业有许多优点，主要是可以从众多的合伙人处筹集资金，合伙人共同偿还责任，减少了银行贷款的风险，使企业的筹资能力有所提高。同时，合伙人对企业盈亏负有完全责任，有助于提高企业的信誉。

当然，合伙企业也有其缺陷，主要表现在以下几方面：

1. 合伙企业是根据合伙人之间的契约而建立的，每当一位原有的合伙人离开，或者接纳一位新的合伙人，都必须重新确立一种新的合伙关系，从而造成了法律上的复杂性，通过接纳新的合伙人，在增加资金的同时也受到了限制。

2. 由于所有的合伙人都有权代表企业从事经营活动，重大决策都需要得到所有合伙人的同意，因此容易造成决策上的延误和差错。

3. 所有合伙人都对企业债务负有无限清偿责任，从而使那些不能控制企业的合伙人面临很大的风险。

（三）有限责任公司

有限责任公司又称有限公司，它是由两个以上股东共同出资，每个股东以其认缴的出资额对公司行为承担有限责任，公司以其全部资产对其债务承担责任的企业。

有限责任公司具有以下4个基本特征：

1. 有限责任公司的股东，仅以其出资额为限对公司承担责任。

2. 有限责任公司的股东人数，有最高人数的限制。我国公司法规定，有限责任公司由2个以上50个以下股东共同出资设立。

3. 有限责任公司不能公开募集股份和发行股票。

4. 有限责任公司是将人合公司与资合公司的优点综合起来的公司形式。

由有限责任公司的上述特点可以看出，有限责任公司是我国企业实行公司制最重要的一种组织形式。其优点是设立程序比较简单，不必发布公告，也不必公布账目，尤其是公司的资产负债表一般不予公开，公司内部机构设置灵活。其缺点是由于不能公开发行股票，筹集资金范围和规模一般都较小，难以适应大规模生产经营活动的需要。因此，有限责任公司这种形式一般适合于中小企业。

（四）特许经营

特许经营在国外被认为是一种最佳的创业模式，有许多成功的案例，如享誉全球的麦当劳、肯德基、家乐福连锁超市等。特许经营在我国则刚刚兴起，好多人还不熟悉，具有非常大的发展潜力。

1. 什么是特许经营

特许经营是指经销商通过某种产品或服务的所有者许可，成为其会员经销商或特许经销商，从而得以参与该产品或服务的经营的一种经营方式。

2. 特许经营的3大优势

据国外经验表明，企业经营者作为受许人加盟特许组织，其成功率为80%，而个人独资创业的成功率往往只有15%左右。其主要原因在于，企业经营者作为受许人，可以从特许人处获得以下几方面的好处，从而大大降低了个人创业的风险。

(1)进货成本低，货源可靠，手续简化

特许企业的商品配送中心实行联购分销，能够保证向特许分店提供比单个人从批发商进货价格更低的货源。同时，由于企业内部配送，手续简单，时间易于掌握，快捷安全，从而避免了品种短缺的忧虑。

(2)能够借助于特许人良好的企业形象与商誉，很容易博得顾客的认可与信任，能够在特许人庇荫下迅速打开市场。

(3)有利于减少投资风险

对于一个初涉商场的企业经营者来说，自己独创一家企业，自主经营，落实购销渠道等都需要自己承担，风险是很大的。而特许企业一般都有一套比较完善的管理和供应体系，形成了产、供、销一条龙的流畅通道，只要纳入这个已经通畅的循环轨道就行。这样无疑大大增加了成功的机会，减少了投资的风险。

3. 加盟特许企业的8个步骤

通常，企业经营者要想加盟特许企业，成为特许人，须经过以下8个步骤：

(1)书面提出加盟申请

申请者须在欲加盟的特许企业总部统一制定的申请表上详细填写有关栏目，并按规定缴纳一定的申请费。

(2)面谈调查

总部有关人员同申请加盟者详细交谈。对总部而言，通过面谈了解申请者的素质、能力、性格及反应等；对申请者来说，可以从中得知总部经营者的经营理念与能力等。

(3)店址调查

总部派专家到申请加

盟店进行实地调查，一方面对商圈内的顾客需求进行分析，另一方面调查加盟店的建筑、面积及租金等，为确定未来的营业指标做好准备。

(4)签订加盟的书面合同

加盟合同书一般是由总部提供，合同内容也是事先统一拟订的，加盟店只能表示"同意"或"不同意"，不能提出修改意见。因为如果各个加盟店签订的合同内容不统一，就无法保持特许经营的统一性了。不过，如果加盟店对合同内容有不清楚的地方，应毫不客气地向总部提出，必要时须咨询法律专家，不要贸然签约，以防事后因对合同理解不同而发生纠纷。

(5)店铺装修

由总部提出店铺设计方案，组织施工力量，按统一的外装潢标准进行装修。这项费用通常由加盟店承担，有困难时总部可以贷款。

(6)教育培训

在店铺装修的同时，加盟店的店主到总部开设的培训中心或样板店，接受20天左右的上岗训练。培训内容既有特许经营原理、基本知识，又有销售管理、人事管理及财务管理等具体办法。

(7)开店准备

装修和培训工作结束后，便进入开店前的准备阶段，其大致内容包括：购置或从总部租借统一规格的货柜、货架、收款机以及电脑设备等，国外多数情况下都是向总部租用；所售商品按总部的要求进行陈列；招聘普通店员(通常以采用临时性计时工为主)，并组织简单培训等。

(8)正式开业

加盟者在正式加入特许经营时，一般须缴纳一定数量的加盟金和特许权使用费及广告促销费等。具体缴费标准各不相同，有的按毛利额确定比例，有的按销售额确定比例，也有的定额上缴，还有的按营业面积确定数额等。

企业登记申请与注册

当我们选择好自己的企业形式之后，紧接下来的一个步骤就是进行企业的登记申请与注册。只有通过企业登记注册的法定程序，企业才是合法的，也才能正式宣告成立，与外界进行正常的法律所允许的经营、管理活动。

企业工商登记是指企业经营者依照有关法律与行政法规的规定，履行登记注册手续，经工商行政管理机关核准登记发照，取得法人资格或经营资格的过程；也是工商行政管理机关对企业的筹建、开业、变更、分立、合并、歇业及其经营活动进行监督管理的过程。

(一)进行企业登记申请应具备的条件

1. 有符合规定的名称和章程；

2. 有国家授予的企业经营管理的财产或者企业所有的财产，并能够以其财产独立承担民事责任；

3. 有与生产经营规模相适应的经营管理机构、财务核算机构、劳动组织以及法律或章程规定必须建立的其他机构；

4. 有必要的与经营范围相适应的经营场所和设施；

5. 有与生产规模和业务相适应的从业人员，其中专职人员不得少于8人；

6. 有健全的财会制度，能够实行独立核算，自负盈亏，独立编制资金平衡表或资产负债表；

7. 有符合规定数额并与经营范围相适应的注册资金。其中，生产性公司的注册资金不得少于50万元；以批发业务为主的商业性公司不得少于50万元；以零售业务为主的商业性公司不得少于30万元；咨询服务性公司不得少于10万元；其他企业法人的注册资金不得少于3万元。国家对企业注册资金数额有专项规定的按专项规定执行；

8. 有符合国家法律、行政法规和政策规定的经营范围；

9. 法律与行政法规规定的其他条件。

（二）进行企业登记申请应提交的证件或资料

1. 组建负责人签署的登记申请书；

2. 主管部门或者审批机关的批准文件；

3. 企业章程，应交主管部门审查同意；

4. 资金信用证明，验资证明或者资金担保；

5. 企业主要负责人的身份证明（由人事关系所在单位或者乡、镇、街道出具），包括任职文件、附照片的个人简历；

6. 住所和经营场所使用证明，包括产权证明、租赁期一年以上的房屋租赁协议；

7. 其他有关证件。

（三）如何进行企业登记注册

企业登记注册，是国家建立现代企业制度和企业的正常市场进入制度，确认企业的法人资格或营业资格，行使国家管理经济职能的一项行政监督管理制度。它在企业进行登记申请，由工商行政管理机构进行审核批准后进行。它是对企业法人资格依法确认的具体反映，是企业合法经营的依据具有法律效力。

企业在核定的登记注册事项范围内，从事生产经营，依法享有民事权利，承担民事义务，受到法律保护。它分为企业法人登记注册事项与企业营业登记注册事项。

企业法人登记注册事项主要有：名称、住所、经营场所、法定代表人、经济性质、经营范围、经营方式、注册资金、从业人数、经营期限及分支机构等。

企业营业登记注册的事项主要有：名称、地址、负责人、经营范围、经营方式、经济性质、隶属关系及资金数额等。

税务登记的程序

税务登记，也叫纳税登记，它是税务机关对纳税的开业、变动、歇业以及生产经营范围变化实行法定登记的一项管理制度。

凡经国家工商行政管理部门批准，从事生产与经营的公司等纳税人，都必须自领取营业执照之日起30日内，向所在税务机关申报办理税务登记。

（一）填写税务登记表

从事生产与经营的公司等纳税人，须在规定时间内，向税务机关提出申请办理税务登记的书面报告，如实填写税务登记表。税务登记表的主要内容包括：

1. 企业或单位名称，法定代表人或单位负责人姓名及其居民身份证、护照或其他合法入境证件号码；

2. 纳税人住所和经营地点；

3. 经济性质或经济类型、核算方式、机构情况与隶属关系。其中核算方式有独立核算、联营和分支机构三种；

4. 生产经营范围与方式；

5. 注册资金、投资总额、开户银行及账号；

6. 生产经营期限、从业人数、营业执照号和执照有效期限及发照日期；

7. 财务负责人及办税人员；

8. 记账本位币、结算方式、会计年度及境外机构的名称、地址、业务范围及其他有关事项；

9. 总机构名称、地址、法定代表人、主要业务范围、财务负责人；

10. 其他有关事项。

（二）应携带的有关证件或资料

企业经营者作为纳税人，在填报税务登记表时，须携带以下有关证件或资料：

1. 营业执照；

2. 有关合同、章程、协议书、项目建议书；

3. 银行账号证明；

4. 居民身份证、护照或其他合法入境证件；

5. 税务机关要求提供的其他有关证件和资料。

（三）办理税务登记的程序

首先，由企业经营者主动向所在地税务机关提出申请登记报告，并出示工商行政管理部门核发的工商营业执照和有关证件。接着，领取统一印刷的税务登记表，如实填写有关内容。税务登记表通常一式三份，一份由公司等法人或负责人留存，两份报所在地税务机关。最后，税务机关对公司等纳税人的申请登记报告、税务登记表、工商营业执照及有关证件审核后予以登记，并发给税务登记证。

税务登记证是企业经营者向国家履行纳税义务的法律证明,企业经营者应妥善保管,并挂在经营场所明显易见处,亮证经营。税务登记证只限企业经营者自用,不得涂改、转借或转让,如果发生意外毁损或丢失时,应及时向原核发税务机关报告,申请补发新证。经税务机关核实情况后,给予补发。

5计 借船出海

创立和发展企业,都离不开必需的资金。

通常,老板自己本身都有一定数额的自有资金,但是,由于在很多时候自有资金不够用,因此还须从其他途径来筹措自己所需的庞大资金数目。

"借船出海",靠别人的钱壮大自身力量,并不是狭义上的一味依赖别人,自己坐享其成,而是当企业启动或周转资金面临困难时,一种求生存、求发展的战略举措。

选择筹资的途径

(一)争取银行贷款

通过银行贷款可以帮助我们增加投入再生产的资本,使我们在周转困难的情况下,仍有足够的资金去进货或购买设备,并根据需要完成期票的兑现手续等。因此,银行贷款是筹资的一个有效途径。

不过,在争取银行贷款前,我们必须要弄清楚以下两个问题:银行提供贷款的条件是什么?采取哪些办法可以帮助我们申请到贷款?

1. 申请银行贷款须具备的5个条件

(1)偿还贷款的能力

即使我们有可靠的抵押,如果银行不相信我们的企业能够像我们预测的那样获得成功,那么银行还是有很大可能会拒绝我们的贷款申请的。

银行一般不愿意强行取消抵押赎回权,不愿找担保人追究责任,或用客户的抵押品兑换现金。银行都希望得到这样的保证:贷款企业有能力用企业的收入偿还全部贷款。

(2)超过贷款价值的财物抵押

尽管银行并不想没收这类抵押用的财物,但是,为安全起见,他们还必须需要这种抵押。他们越是希望和相信贷款企业未来的前途不可限量,也就越不会计较抵押财物需要符合什么要求。

最佳抵押物品包括:存折、股票、债券、房契及人寿保单等。还有其他抵押物品也能被银行接受,例如配偶的财产、价值昂贵的宝石或古董等。

(3)本身资金投放的证据

我们也许不愿把自己的全部积蓄投入到目前从事的业务中去,但是,我们必须向银行表示出我们打算把积蓄投入到企业经营上的决心。因为,一个申请贷款的人,只有表明自己的能力和信心,银行才会对他有信心,从而愿意向他贷款。

我们要让银行明白,我们已经全力以赴地把我们的资金和时间用在扩展我们的业务上了。这样银行就会对我们产生信心,愿意贷款给我们去从事投资。

(4)商品销售状况非常理想

如果我们能证明所销售的商品非常畅销,那么即使企业规模小,银行也会考虑提供贷款的。另外,银行一般都会把自己视为热心公益的机构,愿意以服务于社会的面目出现。因此,如果可行的话,我们应大力宣传自己的产品在一般公众心目中的地位,并且强调其在造福社会方面不容忽视的作用。

(5)贷款在较短时间内可以归还

银行一般都不愿意发放时间太久的贷款,而是以给企业提供短期贷款作为最安全和最能赚取利润的方法。

通常,银行特别愿意考虑贷款期限在一年以内的情况,这样便于及时地评估贷款风险,决定以后的贷款方案。

一般情况下,贷款期越长,银行需要的抵押物就越多,加到企业运作上的限制也就变得越多。如果我们希望为旺季多购一些货物,或者资金一时不能大量回笼,那么这两种情况下的短期贷款是银行最愿意考虑的了。

至于长期贷款,银行当然也可以发放,但一般需要用于购买重型设备、增加固定资产或者兼并别的小型企业等方面。这时,还必须有可靠的抵押或强有力的经济担保才行。

2. 争取银行贷款的6个技巧

为了取得银行贷款,可以做也应当做很多事情。这就是说,争取银行贷款是有技巧可以利用的。具体来说,表现在以下6个方面:

(1)同银行建立良好的业务关系

企业组织和商业朋友往往都会向我们介绍合适的贷款银行,有很多报纸也会做这方面的引导工作。有些银行乐于资助本地区的发展计划,也愿意为各类企业提供经济支持。这样的银行,对我们的需求做出反应的可能性就比其他银行大。

对我们来说,最理想的情况是,我们已经同某一家银行建立了业务联系。银行通常会特别优待自己的老客户,因此,我们务必要保持并增加同银行的联系,扩大银行在协助我们业务活动方面的作用,并主动结识银行里的工作人员,就商业方面的问题多向他们请教。

银行除了能提供资金上的帮助外,还可以给我们出些主意,帮助我们开展业务。他们有良好的信息服务网,很容易得到全面的统计资料,而这些资料很可能影响到企业发展的方向。银行通常都愿意向老客户提供信息,这是十分受欢迎的客户服务项目。

(2)进行自我推销

在向银行提出贷款数额之前,首先应该介绍一下自己的情况,做好自我推销。为此,我们不妨视具体情况把样品、照片、顾客对产品需要的文字介绍、权威人士的推荐信以及有助于获得贷款的其他一切材料带到银行去。

如果银行一旦认为我们和我们的企业值得信赖,那么具体的谈判也就较为容易了。因此,我们须尽一切努力,说服银行相信我们经营的企业是运作良好并具备发展潜力的。

(3)申请贷款的数目要超过自己的实际需要

银行通常都是比较保守的,特别是涉及到资金有限的客户,不管申请多少数目,他们决定发放时,打点折扣都是十分可能的。

如果预算表明,为了业务进展顺利,我们需要某一数目的贷款,那么在申请时,就应当至少要比这一数目多填写30%的金额,这样才不至于失去预算。

(4)不要低声下气

由于某些原因,一些经验不足的申请人往往把银行视为施主或恩人,因此把申请贷款与寻找施舍等同看待。他们不懂得,银行贷款给我们,并不是打算要帮助我们,而是要同我们做生意。

我们是贷款客户,借了钱是要付利息的。如果说帮忙的话,由于我们的贷款增加了银行的业务,实际上是我们帮了银行的忙。

我们不妨这样想,有银行的帮助也好,没有银行的帮助也好,我们都能够有办法使自己的生意兴旺,梦想成真。如果我们不从这家银行借钱,也能从别的银行借到钱,这样我们便能站在平等的地位同银行对话。

(5)不要隐瞒重要的事实

通常,银行都能通过各种信息来源,了解到他们希望了解的内容。譬如,在我们申请贷款时,银行问我们是否曾经遭到过回绝。如果我们确实遭到过回绝,就千万不要认为说“没有”就可以保住面子。

因为只要我们申请了贷款,不管是否被接纳,申请书都会被保存下来。如果需要的话,检索是不会太困难的。如果有一家银行驳回了我们的贷款申请,我们就应当设法弄清楚原因,并在向别的银行申请时,避免发生同样的情况。

银行拒绝过我们,这一事实理所当然会对别的银行产生影响。但是,银行之间是相互竞争的,我们的行为也同样会对银行产生心理影响。因此,我们不妨表现得诚实坦率,向银行提供他们从别处也可以了解到的信息,这样我们就在他们的心目中建立了诚实可靠的商人形象。

(6)要有一个深谋远虑的业务发展规划

深谋远虑的业务发展规划是我们未来生意成功的蓝图,它强迫我们考虑企业运作的每一个细节。如果我们是一位生意兴隆的经营者,那么不管我们是否贷款,都会按蓝图办事。而生意的成功与否,就在于我们是否对近期和长远的发展做出了完善的规划。

通常,随同贷款申请一起提交的业务规划内容包括这样一些重要的内容:企业特点、业务范围、固定资金及存货一览表、个人简历、企业运作情况的证明人、资产负债表、经营报告及销售设想等。

准备以上内容,我们应当在专业会计协助下进行,因为会计在企业运作方面掌握着不少供研究用的统计资料,并能为我们的设想提出比较现实的分析。为银行提供一份有专业水平的计划,也就意味着为银行考虑贷款申请打下了坚实可靠的基础。

最后，我们留给银行的印象应该是：有责任感，可以信赖，不必承担太大的风险。这样一来，得到贷款的机会无疑就大大增加了。

（二）发行企业债券

发行企业债券是一种非常有效的资金筹集形式。

所谓债券，是表明债权与债务关系的一种凭证，证明持券人有按照约定的条件，取得固定利息和到期收回本金的权利。

企业债券是债券的一种，是以企业为筹资人，向债券投资者出具的、承诺在一定时期支付利息和到期还本的凭证。

企业债券按期限分，有一二年的短期企业债券和长达五六十年的长期企业债券；按有无担保分，有以不动产为抵押的抵押债券，有第三者做担保的保证债券和纯凭信用的信用债券；按偿还方式分，有分期偿还企业债券、年金企业债券以及通知提前偿还企业债券。此外，还有在国外企业债券市场较盛行的可转换企业债券，即根据债券发行时的约定，债权人在一定时间内可申请按规定的价格条件，把债券转换成股票等。

1. 企业发行债券须具备的8个条件

为了保护投资人的权益，国家对企业债券的发行和管理都有具体的规定。

具体说来，这些规定和条件有以下8个方面：

（1）发行债券的企业必须依法登记注册，具有法人资格，并在银行开立账户；

（2）企业发行债券必须经过中国人民银行批准；

（3）企业发行债券总面额不得大于该企业自有资产净额；

（4）企业发行债券应当载明以下内容：

①企业的名称与地址；

②债券的票面额与票面利率；

③还本期限和方式；

④利息的支付方式；

⑤债券发行日期和编号；

⑥发行企业的印记和企业法定代表人的签章；

⑦审批机关批准发行的文号与日期。

（5）债券票面格式应当经中国人民银行认可；

（6）企业发行债券应当公布章程或者办法。

章程或者办法应当包括这样一些内容：企业经营管理简况、企业自有资产净值、发行债券的目的、效益预测、债券总面额、还本付息方式及风险责任等；

（7）申请发行债券的企业应当向中国人民银行或者其分支机构报送下列正式文件：

①发行企业债券的申请书；

②营业执照；

③企业主管部门同意发行债券的证明文件；

④计划部门准予进行固定资产投资的批准文件；

⑤发行企业债券的章程或办法；

⑥企业上两个年度和上一个季度经主管部门或者会计师事务所签证的财务会计报表；

⑦中国人民银行要求提供的其他有关资料。

(8)企业为固定资产投资发行债券，其投资项目必须经有关部门审查批准，纳入国家控制的固定资产投资规模。

2. 企业发售债券的两种方式

一种是只面向少数特定的投资人发售，即私募。如有些企业对内部员工发售的债券；另一种是面向市场上大量的非特定投资人发售，即公募，又称为向社会公开发行。如国库券、金融债券和相当一部分企业债券，都属于公募债券的性质。

债券的私募对象通常有三类：一类是大型的金融机构，一类是和发行人有密切往来的工商企业，还有一类是发行人所掌管企业的内部员工。

采用私募方式发售债券，可以使企业避开向投资人公布企业财务经营状况和还本付息能力等信息的手续和成本，简化推销过程，迅速筹集所需资金。但也正因如此，通过私募发行的债券需要向投资人提供高于市场平均条件的特殊优惠条件，并因债务集中在少数投资人手中使发行企业的经营管理易受债主干预等，这些因素又决定了私募债券是难以转让的。

采用公募方式发售债券，购买人不受限制，筹资潜力大，无须提供特殊的优惠条件，由于债务关系分散，发行企业具有更大的经营管理独立性，所发债券能够在二级市场上转让。但是，发行企业须向投资人公开自己的有关信息，并往往要委托市场中介机构代理发行，从而导致这方面筹资成本的上升。

不过，由于信息公开和公募发行这一做法本身有利于提高发行企业在金融市场上的知名度，因此，多数企业都愿意选择公募筹资这一形式。

(三)发行股票

发行股票，是企业进行直接筹资的又一个重要手段。

1. 股票与债券的联系与区别

股票与债券之间的联系表现为：二者都是一种筹资手段，发行者可以通过这种手段获得所需资金；对于投资者来说，二者都是一种投资工具，投资者可以通过这种工具把钱投放在有利可图之处，按期获得一定报酬，达到赚钱的目的。

但是，从筹资的角度来看，股票与债券是两种性质完全不同的有价证券。其区别主要有以下4个方面：

(1)适用范围不同

股票只有股份制企业才能发行，而债券则是任何有预期收益的机构或单位都有权利去发行。

(2)经济性质不同

股票是所有权的凭证，而债券却只是债权与债务关系的证明。因此，股票无须还本，而债券却要到期偿还本金。

从这个意义上说，发行股票可以使筹资人既得到可供长期使用的资金，又不会背上沉重的财务负担。但是反过来说，要使股票能够和债券争夺投资人，股票发行人又必须承诺向股票购买人提供比债券优惠得多的权益。

(3)所提供的收益不同

股票是非固定收益证券，其向持有人提供的收益随发行人经营状况的好坏而变化，收益水平通常不受法律保护。因此，股票风险很大，但也可能提供相当高的收益。

而债券却是固定收益证券，收益水平在债券发行时便已约定，无论发行人经营好坏，都有按期还本付息的义务。否则，将被追究法律责任。可见，债券的风险比股票要小，同时整个收益水平也低于股票。

从筹资者的角度来看，提供收益的不同就意味着筹资成本的不同。因此，在决定究竟是选择股票还是选择债券进行筹资时，我们应当审慎考虑，择善而从。

(4)所提供的权利不同

由于股票是所有权的凭证，因此，股票持有者有权直接参加筹资企业的经理活动。例如，普通股票通常赋予持有人以董事选举权、重大决策时的投票权等。

而债券只是代表债券与债务关系的，因此，只要发行人保证按期还本付息，则债券持有人无须也不能干预发行人的任何经营管理活动。

可见，从筹资人的角度来讲，发行债券不必担心投资人对自己经营管理活动的干预；而发行股票，只要不是全部被原股东按原持股比例认购，则都意味着原股东地位的削弱和权力的分散。

有了以上股票和债券的比较之后，我们便可以据此而考虑自己究竟应该选择哪一种筹资方式更好了。

2. 发行股票须具备的5个条件

(1)发行股票的企业必须是依法登记注册、具有法人资格的企业；

(2)发行股票创立的股份制企业，其发起人必须具有占一定比例的认股数，一般不得少于全部股份的30%；

(3)现有国有大中型企业向社会发行股票，其总额不能超过本企业自有资产净值的一定比例；

(4)发行股票用于固定资产投资或技术改造投资的,应具有上级主管机关出具的证明书;

(5)企业发行股票前,须经过人民银行批准,并按人民银行的要求,提供有关的文件资料。

(四)金融租赁

金融租赁,也是企业进行直接筹资的一个有效手段。

所谓金融租赁,是指企业单位无力购买生产经营中的某些设备,由信托机构代其购进或租进,然后出租给企业单位使用,定期收取租金,到期转移设备所有权的一项信用活动。

这种业务越来越受到广大企业的欢迎,因为它比银行贷款或利用其他方式更具优越性。

1. 金融租赁的6大优点

(1)资金周转快

由于租赁业务采取了租金按月或按季支付的方式,因此,对承租人来说,一笔一年期120万元的租赁业务,实际上全年只平均占用65万元或75万元的资金;而同样条件下的一笔贷款,如半年还50%,则全年平均占用90万元,如年终一次结清的话,则占用120万元,可见占用金额数量大得多。

所以,金融租赁有利于承租人减少资金占用,加速资金周转。

(2)可获得全额资金

在贷款条件下,要想获得一定数额的资金,就必须具备30%以上的自筹资金,这对企业来说是相当困难的。

而在金融租赁的情况下,只要项目可行,无须自筹资金就可获得全额资金。这就好比借鸡生蛋,用蛋还钱。另外,租金中还包括设备价款、运杂费、税款及保险费等,这样就可以比贷款提供更多的资金数额。

(3)租金可摊入成本

根据国家有关规定,在租赁条件下,租金可以有条件地摊入成本,这就大大减轻了承租人付租的负担。同时,由于租赁物品大部分是设备,承租人就可以利用加速折旧获得更多的潜在收益,避免无形损耗。

(4)项目周期短,见效快

租赁项目一般是扩大再生产的技术改造,几乎无须土建,短期内就可以安装生产,见效付租,为承租单位早出产品、占据市场、获得利润和早付租金赢得了宝贵的时间。

(5)筹资与购物紧密结合,专款专用,有利于搞活物资

通常,借款往往容易被挪作他用,即使不被挪用,能否买到所需物质也没有切实保障。而金融租赁则是把筹资和购物融为一体,由承租人事先选定设备,再由出租人出资购买租给承租人。因此,资金用途明确,与物资直接结合,不存在挪用问题。同时,金融租赁还可以帮助设备制造厂推销产品,开拓市场。

(6)责权利关系稳定,便于进行经济上的核算

在办理租赁业务时,出租人和承租人必须订立合同或协议,明确规定双方权利与义务关系。除非设备毁坏或被证明丧失能力,任何一方不得擅自

单方退约。否则,要负责赔偿对方经济损失。

这样,企业租赁设备,便可根据生产能力安排生产,计提折旧。另外,还可以根据产品成本、盈利水平以及偿付租金的次数和金额,准确核算租赁设备的经济效益。

由上可知,金融租赁的优点有很多。不仅如此,而且金融租赁还有多种方式供我们选择。

2. 金融租赁的4种方式

(1)全额租赁

它是指用户选定所需设备,由信托机构全额出资购买,然后再出租给企业使用的一项租赁业务。这是信托机构办理较多的业务。

(2)合资租赁

它是指由银行信托投资机构和设备制造单位共同向承租单位进行融资和融资性的租赁业务形式。在该业务中,信托投资机构按设备价款拿出一定的资金购买一定的产权,设备制造商用剩余额的设备,共同出租给承租人,并帮助设备制造商代收租金。租金收完,共同向承租人转移设备所有权。

(3)回租

它是指承租企业将引进、购进或自制的设备,出售给信托投资机构,然后再由信托投资机构租给企业使用,收取租金的一项租赁业务。

(4)转租赁

它是指由信托投资机构向国外租赁公司租进机器设备,然后再转租给国内企业使用,定期收取租金的一项租赁业务。

虽然金融租赁有不少优点和可供选择的方式,但是,企业申请金融租赁还须具备一定的条件。

3. 申请金融租赁须具备的8个条件

(1)申请者必须符合国家规定,经上级主管部门和工商行政管理部门批准设立,依法登记注册,持有证明文件,经审查同意在银行开立账户的企业;

(2)必须是实行独立核算的企业,有独立的经营资金,单独计算盈亏,有权同其他单位签订合同,有单独的财务计划和会计报表;

(3)租赁项目经主管单位批准,列入当年的技术改造计划;

(4)企业原有和新上项目经济效益显著,以按期交付租金;

(5)工艺成熟,技术过关,产品合格,适销对路,有发展前途;

(6)原材料、燃料、动力及交通运输条件有保证;

(7)材料、设备、设计、安装力量及环保措施落实;

(8)符合租赁业务的有关规定。

(五)利用社会关系

利用自身的社会关系筹资,也是直接筹资的方式之一。

这种筹资方式的特点是,我们可以利用自己的亲戚、朋友和熟人等社会关系,广泛地筹集所需的资金。

当然,使用这一方法筹资的前提条件有两个:一是我们在大家的心目中应当是一位忠实可靠的人，二是我们的亲朋好友应该是一些经济状况较为宽裕的人，有钱可借才行。否则，我们是难以通过这种方式来筹资的。

在浙江温州，有许多老板在创业之初和扩大再生产的过程中，每当缺少资金时，大多都是靠这种手段来筹资的，并且由此而取得了巨大的成功。

勿庸讳言，利用社会关系筹资也需要付出一定的利息。否则，人们宁可把钱存到银行中去也不愿借给我们。不过，其利息一般不会太高，只要能够比银行利息略高些就可以了。

（六）利用外资

我们筹资时，除了可以利用本地区和国内的筹资途径外，不妨把目光投向国外，吸收国际上大量的闲置资本。

随着全球经济一体化进程的飞速发展，我国已经进入了多层次和全方位的开放时代。在这种时代的大环境下，我们完全而且应该把筹资的目光转向国外，而不要只局限于国内。

利用外资的方法很多，大体上可归纳为以下 10 种方法：

1. 政府间的双边协议贷款

这种贷款就是两国政府签订协议，一国政府向另一国提供利息较低甚至无息的资金，在协议规定的范围内使用。

2. 政府混合贷款

即一国向另一国提供的政府贷款和其他贷款（如买方信贷）进行混合使用。由于这种贷款含有部分长期、低息或无息的政府贷款，对于经济发展非常有利，因此我国政府鼓励企业使用。

3. 多边机构贷款

这种方式指联合国所属机构或与它有联系的机构，如世界银行及其附属机构、国际货币基金组织等多边机构向一国提供的资金，多带有援助性。不过对这类贷款项目的选择、评估及使用有一套特定的程序与要求。

4. 商业银行贷款

就是一国银行向另一国银行筹措贷款。商业银行贷款的利率一般较高，贷款使用期限一般也较短，使用较灵活，贷款货币种类较多。我国商业银行同有关国家和地区的银行机构建立了业务代理关系，可通过商业银行贷款的多种形式，如拆放、组织银团贷款等，为国家和企业融通大量资金。

5. 发行国际债券

国际债券是指各国借款人在国际资本市场上发行的各种货币面值的债券。这是一种非常有利的国际筹资方法。

6. 外国提供的出口贷款

这主要有两种方式:卖方信贷和买方信贷。

卖方信贷是出口商开户的银行向出口商提供的、用于代进口商付款的信贷,进口商可以延期偿还贷款本息;买方信贷是由出口国的银行直接向进口商或进口方银行提供的信贷。

利用外国提供的出口信贷,我国进口设备可以得到出口国政府或银行提供的低于国际市场利率的贷款。

7. 租赁

即出租人向银行借款购买设备,再租给承租人,并向承租人收取租金。它是商品信贷与资金信贷相结合,以融物的形式达到融资目的的一种筹资方式。

8. 三资企业

即包括中外合作企业、中外合资企业和外商独资企业。

前者一般是外商提供设备、资金和技术,我方提供劳务和资金,按契约经营和分成的一种利用外资形式;后两者则为直接吸收外商投资,外方与我方或外方单方承担风险,按股权比例分成。

中外合资和外方独资企业能够较有把握地引进资金、技术和管理经验。

9. 三来一补

即来料、来样、来件加工,补偿贸易。这种方式的特点是"两头在外",即原材料或设备由外方提供,产品部分或全部再返销到原来的国家。

10. 中国银行、工商银行、建设银行等的外汇贷款,也是利用外资的一种形式。

对于以上10种国际筹资的方法,我们未必都能采用,不过大部分还是可以利用的。因此,我们应当抓住时机,及时利用才是。

遵循筹资原则

(一)量力而行

筹资都有其代价,这是市场经济等价交换原则的客观要求。正因于此,在筹资过程中,筹措多少才算合适,这是我们必须慎重考虑的问题。

筹资过多会造成浪费,增加成本,并且还可能因负债过多到期无法偿还,增加企业风险;筹资不足又会影响计划中正常业务的发展。因此,在筹资过程中,我们必须考虑需要与可能,做到量力而行。

(二)压缩筹资成本

筹资成本指企业为筹措资金而支出的一切费用,主要包括:筹资过程中的组织管理费用、筹资后的占用费用和筹资时支付的其他费用。

企业筹资成本是决定企业筹资效益的决定性因素,对于选择评价企业筹资方式有着重要意义。因此,在筹资时,我们须充分考虑降低筹资成本的问题。

（三）以用途决定筹资方式和数量

针对将要筹措的资金的不同用途，选择是运用长期筹资方式还是短期筹资方式。

如果筹集到的资金是用于流动资产的，根据流动资产周转快、易于变现、经营中所需补充的数额较小、占用时间较短等特点，可选择各种短期筹资方式，如商业信用、短期贷款等；如果筹集到的资金是用于长期投资或购买固定资产的，由于这些资金要求数额大，占用时间长，应选择各种长期筹资方式，如发行债券、股票，企业内部积累、长期贷款、信托筹资、租赁筹资等。

（四）保持对企业的控制权

企业为筹资而部分让出企业原有资产的所有权、控制权时，常常会影响企业生产经营活动的独立性，引起企业利润外流，对企业近期和长期效益都有较大影响。

例如，就发行债券和股票两种方式来说，增发股票将会对原有股东对企业的控制权产生冲击，除非他再按相应比例购进新发股票；而发行债券筹资只增加企业的债务，而不影响原有所有者对企业的控制权。因此，筹资成本低并不是筹资方式的唯一选择标准。

（五）有利于加强企业竞争力

这主要通过以下几方面表现出来：首先，通过筹资，壮大了企业资本实力，增强了企业的支付能力和发展后劲，从而减少了企业的竞争对手；其次，通过筹资，提高了企业的信誉，扩大了企业的产品销路；最后，通过筹资，充分利用规模经济的优势，增加了企业的竞争力。

可见，企业竞争力的提高，同企业筹集资金的使用效益有密切联系，是企业筹资时不能不考虑的因素。

（六）筹资风险低

我们筹资时，必须权衡各种筹资渠道筹资风险的大小。

例如，目前利率较高，而预测不久的将来利率要下落，此时筹资应要求按浮动利率计息；如果预测相反，则应要求按固定利率计息。再如利用外资，应避免用硬通货币偿还本息，而争取以软货币偿付，从而避免由于汇率的上升，软货币贬值而带来的损失。

同时，在筹资过程中，还应选择那些信誉良好、实力较强的出资人，以减少违约现象的发生。

提高企业筹资能力的措施

企业为了保证发展所需资金，不仅需要确立经济合理的资金筹措渠道，更重要的是要有较强的资金筹措能力，以达到较快的资本积累速度。为此，我们必须实施以提高资金筹措能力为中心的各种行之有效的战略措施。

（1）增强企业实力，扩大知名度

企业资金筹措能力是由企业内部经营的好坏，即由企业本身的实力决定的。

其中，关键取决于企业的盈利能力。如果企业效益好，经营稳定，即使是中小企业也同样具有较强的资金筹措能力。这主要表现在以下两方面：

1. 有利于获得银行贷款

银行向企业贷款时，主要是根据企业的收益性的流动性、企业产品的特点及其需求情况、企业贷款理由和偿还的可能性、企业的经营状况和经营能力等因素来判断是否向企业贷款以及贷多少款。如果企业经营效益比较好，有比较高的信誉，并有较好的发展前景，自然可以在比较有利的条件下取得贷款。

2. 有利于开辟多种资金筹措渠道

企业经营效益好，可以提高企业的知名度，使企业在社会上建立起良好的企业形象，使企业可以通过发行企业债券与股票等方式来增资，从而有利于企业开辟多种资金筹措渠道。

总之，增强企业实力是提高企业资金筹措能力的最基本的战略举措，是资金筹措战略的基础。因此，提高企业资金筹措能力的关键在于加强企业内部管理，不断增强企业实力。

（二）搞好与银行的关系，确保稳定的贷款来源

企业为了在有利的条件下稳定地从银行取得贷款，不仅需要良好的信誉，还要同银行建立良好的关系，这一点对于中小企业来说尤为重要。为此，可采取以下措施：

1. 分析银行的贷款方针，选择对企业有利的金融机构。

通常，进行这种选择的标准是：

(1) 对企业的发展抱积极态度的；

(2) 对企业的产品开发和工艺改革热情支持的；

(3) 贷款利率较低，不要求过多担保的；

(4) 能对企业进行经营指导的；

(5) 分支机构较多，比较方便，资金成本较低的；

(6) 只要企业能够保证偿还贷款，可以为企业承担风险的。

通过上述标准选择的金融机构，不仅能向企业提供贷款，而且还能对企业的管理进行扶植帮助，使企业得到更多的好处。

2. 与银行建立良好的稳定关系

在选择了银行以后，就要与银行建立并保持长期稳定的关系，而保持这种关系的基础则是加强同银行的联系，加深对银行的了解。

（三）制定灵活的筹资政策，顺应经济环境的变化

企业所处的外部经济政策总是不断变化的。例如，企业经常被当作金融的“调节阀”，在金融紧缩时减少对企业的贷款。反之，增加对其贷款。对此，企业就须采取灵活的资金政策，以适应外部经济环境的变化。

1. 制定长期的资金筹措计划

通常，在经济繁荣发展时期，企业提出扩建计划，往往能较易筹措到所需资金。可一旦遇到经济萧条或银根紧缩，便往往难以得到急需资金，不得不停止扩建项目，从而使企业遭受更大的损失。

为此，企业就必须从长期着眼，在预测未来的人口增加、市场变化及技术革新的基础上，制定出与长期经营计划相适应的资金计划，从而使企业有一个比较稳定的资金来源。

2. 保持企业利润的长期稳定

企业资金筹措能力的大小，关键取决于企业的盈利能力。由于中小企业往往受经济环境变化的影响，利润也大幅度变化，从而削弱了企业的资金筹措能力。为此，企业须采取各种措施来保证经营的稳定发展，以实现利润的均衡化。

避开筹资的陷阱

（一）弄虚作假

有些企业老板，为了及时获得自己所需的资金，往往不择手段。弄虚作假，便是他们常用的手段之一。举一个事例：

王老板想开展一项新业务，苦于手中缺少资金，于是便向银行申请贷款。本来，这是一件很正当的事情，直截了当地向银行提出申请就行了，银行一般不会拒绝。可是，由于筹资心切，王老板担心银行不会立即借款给他，于是便谎报自己企业的经营状况，尽力渲染和扩大，企图表明自己是可靠的。

对于王老板的这一伎俩，银行很快就识破了。他们从别的途径得知，王老板的经营状况并没有他所说的那样好。

实际上，王老板所经营的企业，经营状况还算不错。如果他能实话实说，银行会考虑给他贷款。但是，他却放着阳关大道不走，反而走上了歪门邪道，谎报商情。结果，不仅其贷款申请被严辞拒绝，投资计划化为泡影，而且从此以后，他也再甭想从其他银行贷款了。

这件事说明，弄虚作假的后果是很严重的，而且非常不值得。

事实上，银行的信息网络很多，他们若想打听我们的真实情况，可以从许多不同的途径得到。

不仅在贷款时不可弄虚作假，即使采用别的筹资方式，也绝对不能弄虚作假。否则，一旦被识破之后，不仅借不到所需的资金，而且还会影响到自己的声誉，给以后的筹资带来很大的障碍。

（二）只筹不投

筹资的目的是为了投资，以扩大企业规模，增加利润额，而决不是为了挥霍享受或者其他。可是，有些老板却没有真正这样做。他们在筹集到钱款后，便把投资的事抛在了脑后，今朝有钱今朝享受，把大把大把的钞票用在吃喝玩乐上，丝毫不觉得可惜。

结果，该投资的项目最后也就泡汤了，而且，企业本身已有的经营基础也发生了动摇。这种老板的下场可想而知，一定是鸡飞蛋打，毫无所获，直至最后失去当老板的资格。

因此，筹集而得来的钱是不能轻易花掉的，更不能挥霍和浪费。这毕竟是花费心血借来的钱，而借来的钱在使用时尤其要慎之又慎。

为此，我们不妨给自己立下一个规矩：专款专用。否则，还不如不去筹资为好，免得白白浪费了心血，甚至为此背上更大的包袱。

（三）贪心太重

俗话说："老虎吃天，无从下口"，意思是说老虎纵然厉害无比，但若想吞下天空，也是办不到的。这是一种自不量力的愚蠢行为。

可是，现实中我们有时却往往容易犯这种毛病，总想能够筹集到更多的资金，盲目相信筹资越多越好。殊不知，这是一种极危险的想法。须知，"贪多嚼不烂"，"心急吃不了热豆腐"，在筹资时贪心太重的话，是没有什么好处的，搞不好还会给自己背上沉重的包袱，得不偿失。

因此，在筹资时，我们须遵循"需要多少，便筹多少"的原则，只要能够满足自己投资所需就可以了，千万不可急躁冒进，贪多求大。

6计 游刃有余

钱不会自动生钱，必须经过一个环节，这个环节就是投资。

有的人把钱放在箱子里，结果不但没有增加一分钱的收益，还要受到通货膨胀的威胁；有的人把钱投入银行，结果只有蝇头小利，坐等别人用他的钱发财；有的人把钱投入到不该投的地方，结果血本无归；而有的人用钱投资，却改变了自己一生的命运。

选择投资地点需考虑的要素

（一）是否有市场需求

无论是经营工业还是商业，取得成功的前提都是要有较为充分的市场需求，以保证自己的产品能够销售出去。

对于经营工业的老板而言，其产品销售有两种方式，一是就地销售，二是销往外地。其中，就地销售应当占主导方面，所以必须选择有市场需求的地方投资才行。

而对于经营商业的老板来说，有市场需求就显得更加重要了。这是因为，商业销售基本上是在当地进行的。

（二）交通是否便利

交通条件便利，不仅有利于大量顾客前来购买，而且有利于企业的产品迅速销往外地。因此，当我们在确定投资地点时，必须考虑到交通因素。

（三）是否有丰富的劳动力资源

任何企业，都需要充足的劳动力资源，尤其是较为廉价的劳动力资源。当前，许多发达国家的老板之所以纷纷投资于发展中国家，目的即在于想要利用当地的廉价劳动力。香港本地的制造业和商业、服务业之所以如此发达，也是因为这里有丰富而廉价的劳动力。

可见，劳动力资源的多少对企业的经营有很大影响，特别是对于那些投资于劳动密集型企业的老板来说，这一点更要考虑到。

选择投资时机需考虑的要素

在进行投资时，我们还必须善于选择投资的时机。决定投资的时机，主要有以下两方面的因素：

（一）企业自身状况

我们必须根据本企业的赢利情况选择是否需要投资。如果经营状况良好，资金较为充足，就应该迅速进行投资，以便有效抓住发展的机遇。反之，则应当谨慎决定是否需要投资。

（二）准备投资的行业的竞争状况

通常，如果我们想要进行投资的行业竞争特别激烈，那么就应当暂缓投资，静待时机，因为千军万马争过一座独木桥是不明智的。

我们应该选择那种有市场潜力但竞争并不特别激烈的行业进行投资。当然，如果我们所投资的是自己正在经营的行业的话，则完全可以放心大胆地去进一步追加投资，因为我们已经在这种行业有了一定的基础，如果继续投资，可以增强自身的竞争力。在这种情况下，不追加投资则是错误的做法。

选择投资行业需考虑的要素

（一）根据自身资金多少来定

如果我们拥有充足的资金，可以投资于资本密集型产业。这类行业所需投资的数量大，不过获取的利润也多；相反，如果资金少的话，则应投资于劳动或技术密集型产业或服务业等。

根据资金的多少来选择投资行业，可以有效地运用自己的资金，避免在资金发展过程中产生资金短缺、捉襟见肘的不利现象。

(二)投资于新兴产业

当今社会上的产业可分为夕阳产业和朝阳产业。夕阳产业是指那些逐渐丧失市场,没有发展前途的行业。如劳动密集型产业、手工作坊等。

新兴产业则与此相反,是非常有潜力和发展前途的行业,如电脑业、通讯业、环保业、文化娱乐业等高科技产业。

显然,选择新兴产业才是明智之举。

(三)根据资金周转速度进行选择

企业由于生产经营活动所形成的周而复始的资金循环,叫做资金周转。企业资金分为固定资金与流动资金。通常,固定资金周转一次所需的时间较长,流动资金周转一次所需的时间较短。如果流动资金周转速度加快,则意味着节约流动资金的占用,以较少的投资完成较多的生产和流通任务。

一般情况下,重工业部门的资金周转速度比轻工业慢,轻工业又比商业和服务业慢。可见,为了加速资金周转,取得更大效益,我们在选择投资行业时,首先应当选择那些资金周转速度快的行业。不过,这并不是绝对的,还须视具体情况,综合多方面因素,认真考虑。

选择投资方式

投资方式主要包括两种:直接投资和间接投资。

直接投资是指直接投入资金,亲自设立工厂或公司;间接投资是指除了直接设立工厂或公司以外的其他投资方式,如合资经营、控股经营和参股经营等。

通常,直接投资所需资金较多,我们所要付出的时间和精力也较多。当然,我们也可以选择自己的得力下属去经营该企业,但是这样做必须有一个前提条件,即这个下属必须具备较高的能力,能胜任工作,而且是我们信得过的人。

间接投资所需的资金较少,也不用付出那样多的精力和时间。不过,这种投资所获得的回报通常也较少。

可见,直接投资和间接投资实际上并没有优劣之分。具体到我们个人来说,在进行投资时,应视自身条件进行选择。如果我们有得力的下属足以信任,那么不如采取直接投资的方式。

当然,如果我们本人精力旺盛,时间充裕,则更应该采取这种投资方式了。反之,如果我们没有上述的有利条件,则应该采取间接投资的方式。

遵循投资原则

(一)分析风险,趋利避害

投资总是伴随着风险,这是投资的“铁律”之一。所谓风险,就是指在未来会造成亏损的可能性。只要有可能带来亏损,就有风险。归纳起来,影响投资价值的风险有以下 7 类:

1. 本金损失的风险

不论是因市场因素或经营优劣,只要会损失本金,就有这类风险。

2. 收益损失的风险

是指投资无法带来预期的收益,如失去应得利润、租金收不到或无法分配到股利等类型的风险。

3. 通货膨胀风险

又称购买力风险、物价上上涨风险。在通货膨胀的情况下,实际收益率会受到影响。例如,一项投资的预计收益率为12%,但是如果通货膨胀达到8%,那么实际收益率仅为4%,假如银行的存款利率为7%的话,则实际收益率为负,持有现金所受损失更大。

4. 经营风险

经营风险是指企业在其营运的过程中,会发生一些不确定的变化或损失,从而使得企业本身的价值受到影响。

5. 拒付风险

也称偿还风险,在发行债券或股票的企业发生破产或其他无法清偿的原因,使得投资本金部分或全部受损的风险。

6. 利率风险

利率本身不是固定的,随着市场上资金供求的变化而时高时低。在投资时,我们应利用利率变化获益,避免在利率变化时受损。比如说购买债券,应选择在利率高时买进,利率低时卖出。同样,股票价值的高低也与利率成反比。

7. 汇率风险

汇率将由市场决定,其变化对人民币价值和股票市场股价以及其他金融商品价格都有影响。风险性与流动性一样,视资产的不同而各异,并且获利性与风险性之间成正比关系。高收益伴随着高风险,因此,"若要赚得钱,先要赔得起!"

如果要投资,就必然面临着损失的风险。如果不想有任何损失,只有一条路,就是不去投资。纵使不做任何投资,还有利息的损失。可见,投资市场是一个充满风险的市场,要避免由不确定因素而导致的损失发生的可能性是无法办到的。

投资环境千变万化,复杂难测,唯一不变的就是变。有些外在因素是经常变化的,如利率、汇率、景气度等,只是不知道会如何变化。另外还有些突发状况,如战争、政治局势、天灾人祸等,也是无法控制的变数。要想在变化莫测的环境下做好投资,最重要的是不要埋怨变化,而是视变化为必然,事先做好各种变化的准备,甚至应该期待变化。因为只有变化,才可能产生财富重新分配。变化是威胁也是机会,善于投资者往往能从变化中得利。

(二)不要把所有鸡蛋都放在一个篮子里

不管哪项投资,总存在着波动性,有时情况好,有时情况差。这样,如果我们选择大部分资产投入到一种投资中,我们可能因押对了宝而获得极高的报酬,也可能损失惨重甚至血本无归。而如果我们分散投资,那么,投资的种类越多,我们获利的可能性越大。

分散投资的基本原理就是在风险与报酬间做一适度的取舍。它和将鸡蛋放在不同的篮子里一样,即使一个篮子打翻了,还可保有其余的蛋,讲述的是一个道理。

分散投资标的，就是增加投资的种类。例如购买股票时，不要只买一种股票，而是将投资金额分开，同时购买多种股票。当投资金额比较大时，不要只投资单一的投资标的，除了股票外，房地产、艺术品等都应分散投资。

分散投资标的之所以具有降低风险的效果，就是凭借各投资标的间不具有完全齐涨齐跌的特性，即使是齐涨齐跌，其幅度也不会相同。因此，当几种投资组成一个投资组合时，其组合的投资报酬是个别投资的加权平均。这样一来，几个高报酬的组合在一起，仍能维持高报酬。不过其组合的风险却因为个别投资间涨跌的作用，而相互抵消部分风险，从而降低了整个投资组合不确定与不稳定的风险。

在实际投资中，也不是投资种类越多越好。据经验统计，在投资组合里，投资标的每增加一种，风险就减少一些，但随着标的增多，其降低风险的能力越来越低。当达到一定量时，减少风险的能量就很少了。这时若为减少一点点风险而增加投资标的，结果可能得不偿失，因为随着标的的增多，为此所支付的精力和销售佣金等方面的费用也会相应增加。所以，进行投资组合还须把握一个“量”的问题。

同时，投资组合并不是各投资元素的任意堆积，而应是各类风险投资的恰当组合，也就是说还须把握一个“质”的问题。最理想的投资组合体的标准是，收益与风险相匹配，从而使我们在适合的风险下获得最大限度的收益。

不要只顾着分散风险，必须要衡量分散风险所产生的效果，能否涵盖管理所付出的成本。随着投资种类的增长，风险固然下降，相对的管理成本却因此上升，因为要同时掌握多种资产的动向并非易事。

分散原则不仅运用于分散投资标的，也适用于分散投资时机。譬如我们得到一大笔可供投资的资金，那么不要全额在同一时间点投入，而是分成数份，在不同的时点，分别投入。由于各投资市场的行情经常发生变化，且有时很难掌握，因此，投资组合里的各投资元素的投资时间应该叉开，而不应在同一时间全部投入。整个投资组合应根据实际情况分几年完成，并要耐心缓慢地投入，以缓冲市场风险。

（三）做好投资"三查"工作

所谓投资"三查"就是指投前调查、投时审查和投后检查。

投前调查的对象包括将要投资的行业是否有市场需求和竞争力、投资的地点选择是否得当、应该在何时正式开始投资项目的建设、是直接投资还是间接投资等。

我们应亲自对上述各方面进行认真调查，反复研究。如果不能亲自进行的话，也应当选择得力的可靠人员前往调查，以确保调查结果准确可信。

调查结果出来后，如果符合投资的条件，应及时展开投资活动。

在投资时，对于投资过程的进展状况、资金的使用状况、人员是否尽职尽责等情况，还须进行阶段性的审查，以便使投资活动顺利完成。

投资基本完成以后，我们应当亲自对投资项目进行检查，看看是否还有一些遗留的问题，以便及时查缺补漏。至此，投资活动才算基本完成。

做好投资"三查"工作，是确保我们的投资获得成功的必要条件。因此，当我们进行一项投资时，一定要注意这三个方面的工作，缺一不可。

有些老板往往对投资"三查"工作毫不在意，片面地认为只要把钱投出去，就只需坐等获利了。实际上，结果往往并不如想象的那样成功。

可见，做好投资"三查"工作至关重要，它直接关系到投资的兴衰成败，决不可等闲视之，是我们进行投资活动时所必须遵循的一大原则。

（四）普遍撒网，重点捕鱼

通常，我们在投资时，必须对地点、时间、行业等方面进行慎重选择，努力争取使我们的投资符合天时、地利、人和等各方面的要求。可是，在选择投资方向的实际运作中，由于客观环境的纷繁复杂、变幻不定，往往使我们很难确定自己的投资方向。

正因如此，所以在投资时，我们还须遵循"普遍撒网，重点捕鱼"的原则，一步一步确定投资方向。

"普遍撒网，重点捕鱼"，这是一句流传已久的老话，其意思是说，人们在做事时，应当从多方面、多角度去着手，然后再决定自己所选择的目标。

有些老板在准备投资时，往往过于相信自己的主观臆断，认定自己所选择的投资行业、投资地点、投资方式和投资时机都是正确的，一定会成功。所以，他们就咬定自我限定的目标，一意孤行地进行投资，而很少想到从许多个目标当中择善而从。

许多老板的投资之所以失败，其原因就在于此。

实际上，决定投资是否成功的因素往往是一些非常细小的事情。像上述这种思维方式和做事方式上的差别，很少有人能够注意到，而它们却往往起着非常重要的作用。

当然，在普遍撒网的同时，我们还要避免使自己陷入优柔寡断的境地，以致当我们面对不同的行业、地点和投资方式时，思来想去不知道应该选择哪一个才好。而这样一来，往往会使我们丧失最佳的投资机会和方向。

总之，在投资时，我们须正确对待各种各样的选择，既要全盘考虑，又要尽快不失时机地抓住最佳的投资方向。

（五）好钢用在刀刃上

当我们在准备投资时，可供选择的行业有很多，可能不止一个。可是，毕竟我们自己所拥有的资金是有限的，因此，即使有多个行业都能够获得利润，我们也只能把目光盯在一处。

人们常说："什么都抓不如抓紧一处"，意思是说做人不能过于贪心，否则，反而在最后什么都得不到。

对于大多数老板而言，其资金并不是太多，筹资渠道也极为有限，即手中所拥有的"好钢"并不多，如果不能把这些"好钢"用在"刀刃"上的话，便很难发挥资金的最大效用，搞不好还会落得个"偷鸡不成，反蚀一把米"的悲惨境地，得不偿失。

在商场中，由于贪心太重而导致投资失败的事例屡见不鲜，这一点我们务必要提高警惕，千万不可重蹈他人的覆辙。

量力而行，好钢用在刀刃上，这是投资成功的诀窍。

7计 同舟共济

俗话说："生意好做，伙计难处"，可见，合伙经营须面临的最大障碍便是合伙人之间的和谐相处问题。

"合"起来的力量固然大，但如果"合"得不好，力量反而会削弱。这个道理很简单，可做起来却不是一件容易的事，还须掌握一些基本的相处要诀。

合伙之前多思量

选择合伙既不要凭感觉来，也不要抱着试试看的心理去做，必须要有端正的态度，从多方面考虑与审视自己，同时还须对我们周围的环境和自身的利益做个周密的思考。

（一）自己能否独自承担创业风险

如果我们个人能够承受得住创业的风险，最好独自创业。因为合伙人虽然可以帮我们承担风险，但也可能给我们带来矛盾与问题。尤其是创业之初，制度难以规范，企业的运作需要机智灵活，存在着许多问题，这些都有可能成为合伙人之间矛盾的导火线。不过，如果创业的风险个人实在无法承担，我们就应该考虑合伙创业，共担风险。

（二）自己想从合伙人那里得到什么

在决定合伙前，我们应该清楚地知道，我们需要众合伙人那里得到的是资金、技术、关系、销售网，还是经营场所等其他经营中必不可少的要素，而这些恰恰又是我们个人一时难以解决的问题。

如果我们已经清楚的知道这些问题，就可以大胆创业了；如果还有些模糊不清的话，我们就应该再认真斟酌一下，到底有没有合伙创业的必要。

（三）自己的性格是否适合合伙创业

独资企业只有一个人当老板，其余的人都是雇员，老板一个人说了算。而合伙企业中，合伙人地位平等，都是企业的老板，就不能一个人说了算。同时，合伙人之间更强调相互尊重、团结合作、互谅互让。又由于牵涉到利益分配这一敏感的核心问题，使得合伙人之间的关系比平常人之间的关系更加复杂和微妙，稍有不慎，便有倾覆的危险。

因此，那些刚愎自用、缺乏团队精神、喜欢发号施令、合作意识差的人是不适合合伙经营的。

最佳合伙人应具备的基本素质

认识了自己也要了解合伙的对方，我们到底需要什么样的人与我们为伍，最佳合伙人又须具备哪些基本素质呢？

（一）重信守约

重信守约是宝贵的商业道德，也是合伙经营中对合伙人的基本要求。

在合伙企业中，对合伙人的道德要求非常必要，也非常重要。人上一百，形形色色。我们所接触的人，也难免鱼龙混杂，泥沙俱下。如果在合伙企业中混入了不具备基本商业道德的人，很可能会断送企业的前途。

首先，内部的人防不胜防，“堡垒最容易从内部攻破”。纵使契约和制度规定得再详细，考虑得再周密，也免不了有所疏漏，这就为居心不良者留下了可乘之机；其次，合伙容易拆伙难。在合伙企业建立后，如果发现合伙人居心不良，不再愿意与他打交道，就只有通过让其退伙或散伙的方式解决，而这样一来，就可能会严重危及到企业的生存与发展，很可能从此一蹶不振。

（二）志同道合

志指的是目标和动机，从广义上讲包含创业者的需求层次、建立企业的动机、目标等复杂的内容。道在这里主要指的是与志相联系的战略手段与方法，是从整个企业发展的大背景下来讲的。美国商界奇人艾柯卡选人的首要标准就是志同道合。他要求他的下属必须熟知他的领导作风，彻头彻尾地贯彻执行他的管理方针和办法。选择合伙人时，志同道合同样重要。

不同的创业者建立企业的目标和动机可能不同，而不同的目标与动机会导致不同的经营战略和方法。应该说，在企业初创时期，目标还是一个暗藏的、朦胧的意识。因为我们还很弱小，对瞬息万变的市场和企业还缺乏把握，一切都是在日后的发展中逐步明朗的。不过，合伙人之间务必要有一个明确而统一的目标，并且愿为达成目标而互相配合，这是合作发展的最大动力。

（三）优势互补

合伙企业就像一架由多个部件组成的机器，各部件之间相互配合、互为补充才能使整台机器正常运转。一个合伙人组合，如果各自都有各自的优势，而且互补性强的话，不仅能为合伙人自己发挥其优势提供更好的条件，还能产生单个人无法具备的新的力量，从而使整体的能力得到加强。

最佳的合伙企业通常是由才能和背景不相同而能默契配合的人们创办

出来的。号称世界车王的"劳斯莱斯"高级轿车,实际上是由两位创办者劳斯和莱斯的姓氏合并而成的。在高级轿车的制造上,两人合作无间,使得"劳斯莱斯"雄霸全球。可是在个性上,两人却有着天壤之别。

劳斯出身于英国贵族世家,从小养成勇敢进取的性格。长大后又迷上赛车,不计代价地希望得到天底下性能最优越的赛车。莱斯则是一名务实敬业的工程师,在他看来,一部车只要安全就行了。两人的意见虽有分歧,但融合在一起造就出的轿车,却成了世人梦寐以求的精品。

(四)德才兼备

德才兼备的人是哪一个行业都愿意并希望接纳的人。而不同行业对德和才的要求是不同的,合伙人的德才要和合伙企业相联系。合伙人的"德"与合伙企业的稳定与发展相联系,包括诚实守信、团结合作、相互尊重等内容;"才"则包括有用的知识、技术和能力,能帮助合伙企业获利。

挑选合伙人时要德才兼顾,全面衡量,切不可只顾其一不顾其二。正像人们所说,有德无才是庸人,有才无德是小人。显而易见,重德轻才,往往导致与庸人合伙;重才轻德,往往导致与小人合伙。二者都极易使合伙企业失败。

总之,理想的合伙人不仅是一个能提供金钱、安全感或其他方面帮助的人,更重要的,他应该是一个能让我们信任与尊敬的人,一个能与我们同甘共苦的人,一个与我们具有共同的发展目标和价值观念的人,一个能与我们的性格、才能及其他方面相互补充的人,但却不一定是最好的朋友或亲属。

合伙人相处之道

确定了理想的合伙人,一旦合伙以后,合伙人之间的相处与保持恰当的合伙关系就成了当务之急。如果合伙人之间矛盾重重,各怀鬼胎,不能坦诚相见,必然会使企业停滞不前,甚至走向衰亡。好比风雨中的小船,如果船员之间缺乏应有的配合,各自为政,那么必然逃脱不了船倾人亡的命运。

因此,我们在努力加强自身修养的同时,还须掌握一些基本的合伙人相处之道,以便最大限度地发挥合伙企业的作用。

(一)互相信赖是基础

互相信赖是合伙成功的基础条件。合伙人的经营理念不尽相同,个人意见也可能不被其他合伙人采纳,但是,如果大家都能互相信赖与谅解,相信彼此都是为了把生意做好,自然不会搞出其他的事情。

当然,互相信赖是与用人不疑、疑人不用紧密联系的。如果一个人,我们觉得他没有诚意,居心叵测,缺乏能力,总之与我们心目中的合伙人形象不符,就不能与他合伙,更不能与他相互信赖;如果经过仔细调查和观察,觉得他可以信赖,是我们理想的合伙人,那么就一定要推心置腹,充分信任。

信赖是对他人人格的尊重,是人与人之间最可宝贵的感情。没有信赖,就不能使他产生自尊,也就不可能充分发挥合伙人的主观能动性和创造性。

当然,相信他人在生意场上是要冒一定风险的。可是,除非我们不打算合伙,否则就必须相信我们的合伙人。一定要有用人不疑的气度,才能使生意有更大的发展。一个疑神疑鬼、互相猜忌的合伙生意,是不可能做得长久的。

(二)坦诚相见是润滑剂

合伙企业可以集多人的优势于一体,同时也把各自的利益绞在了一起,这样就使得合伙人之间难免发生摩擦,搞不好还不如一个人单干。要克服这一局限,就须利用坦诚相见这个润滑剂。

首先,我们要对合伙人进行感情投资,使大家在和谐、团结的气氛中一起工作,产生荣辱与共、休戚相关的团队精神;其次,还须与合伙人多交流沟通,诚心诚意地交换看法。

不过,不要把坦诚相见等同于简单的直率,把信口乱说当作耿直。坦诚也需要合适的方式来表现,最好是心平气和、婉转含蓄地私下交谈,不要让第三者参与,以防产生不良影响。

(三)取长补短是动力

通常,合伙人都有自己的优势,也都有自己的劣势。只有认识到这些,主动在合伙人之间把优缺点挖掘出来,同时相互尊重,取长补短,优势互补,才能充分发挥个人和集体优势,在竞争中获胜。

换个角度考虑,即使我们工作能力强,思考力比别人深远得多,在合伙人中无人能及,无形中居于领导地位,也不要恃才傲物、妄自尊大、独断专行。从维护合伙人自尊心及合伙关系出发,也要谦虚谨慎,认真向对方学习,真心实意地寻求帮助,征求意见,这样既赢得了友情,又增强了合伙企业的凝聚力。

谦虚谨慎的态度固然重要,但维持企业的运行,处理日常事物,也必须有个总管来完成。十个指头有长短,人的能力有优劣,那些能力胜过其他合伙人的自然会成为领导。

(四)利义并重是关键

人与我、义与利是合伙人相处时接触最多也最难处理的关系。

有些人在创业时,尚能够有难同当,一旦事业小成,有了利益可图时,便只剩下有福我享了。这样就不可避免地与其他合伙人产生利益冲突,解决不好就会导致企业垮台。因此,合伙人在经营中须注意合伙企业的整体利益以及与其他合伙人的关系。

可是，作为合伙人之一的“我”又有自身的个人利益，这就导致在决策时，自己的观点与其他合伙人不一致，甚至冲突。概括起来，就是个体与整体、全局与局部的关系，人与我、义与利的关系。要解决好这对矛盾，就须在人与我、义与利之间把握适度的平衡，人我两利、利义并重。此时，合伙人既不会放弃个人的利益，也不会损害其他人的利益，在个体与整体之间求得最佳平衡点。

只要牢记一点：合伙人的利益就是我们个人的利益，只有通过合伙企业发展，才有个人的发展，这样就能人我两利、利义并重。有了这种心态，合伙人方能友好相处。

化解合伙人矛盾冲突的技巧

由于合伙人之间认识上的差异、信息沟通上的障碍以及相互利益的互斥等因素的干扰，矛盾冲突在所难免。当破坏性的矛盾冲突发生后，合伙人就应该坐下来，通过协商的办法解决，不过在协商中还须注意运用一些化解矛盾冲突的技巧。

（一）自我检讨

合伙人之间的矛盾冲突通常是由多方面原因引起的，有自己的原因，也有对方的原因，还可能有第三者的原因。要想化解矛盾，就应先从自我检讨开始。这样一来，也会给对方造成负疚感，也会坦诚地把自己的错误找出来，不致将矛盾激化。

当然，提倡自我检讨并不意味着无原则地迁就对方。从某种意义上说，责己既是手段，又是策略。

（二）回避退让

回避不等于逃避，而是为了防止矛盾激化，并在回避中等待解决矛盾的时机。当矛盾或分歧比较严重，并且一下子难以解决时，为了不使矛盾进一步发展，防止激化，应有意识地减少与有矛盾的合伙人接触，以避免发生正面冲突，从而使大事化小、小事化了。

（三）求同存异

矛盾冲突的各方，暂时避开某些分歧点，在某些共同点上达成一致，以达到矛盾与冲突的逐渐消除，这是解决合伙人之间矛盾冲突而不影响企业正常运行的最好办法。

求大同，存小异，做到大事讲原则，小事讲风格，在枝节问题上不苛求于人，不但可以避免冲突的发生，而且还会调解或解除现有的矛盾冲突。

（四）模糊处理

在特定的条件下，对于一些无原则性的矛盾冲突，不妨采取模糊处理的方法。模糊处理，不是不问青红皂白，而是冲突本身无法分清谁是谁非。冲突双方均无事生非，毫无道理，倘若硬要分个是非分明，反而会助长对立，激化矛盾。

模糊处理是坚持原则立场处理无原则冲突的最好方法。

8计 集思广益

智囊团原则上是我们把他人的经验和智慧所汇集的力量，当作是自己的力量一样加以运用。如果我们能有效地运用智囊团，那么无论我们自己的教育程度或才智如何，几乎都能克服所有的障碍，无往而不胜。

没有人能够不需要任何帮助而成功，毕竟个人的力量有限，所有成功的人物，都必须靠着他人的帮助，才有生存和发展的可能。

精锐智囊团的特征

一个真正的团队就是一群志同道合的人。

通观成功的老板，几乎都拥有一支精锐的智囊团队。他们所率领的团队，无论是成员、气氛、工作默契程度，还是所发挥的重要作用，和普通团队比较起来，总是有相当大的不同之处，其特征主要表现在以下几个方面：

（一）目标明确，各负其责

成功的老板往往主张以成果为导向的团队合作，目标在于获得非凡的成就。

他们对于自己和团队的目标，始终十分清楚，并且深知在描绘目标和远景的过程中，让每位成员共同参与的重要性。因此，他们会向团队成员指出明确的方向，经常和团队成员一起确立团队的目标，并竭尽所能使每个成员都清楚了解与认同，进而获得他们的承诺和支持。

当团队的目标和远景不是由老板一个人决定，而是由团队成员共同合作产生时，就可以使所有成员有主人翁的感觉，从而最大限度地调动起全体成员的工作积极性和创造性。

成功团队的每一位成员都清晰地了解个人所扮演的角色是什么，知道在团队中该做些什么，并知道个人的行动对实现目标会产生怎样的贡献。他们不会刻意逃避责任和推诿分内之事，大家在分工合作时，很容易建立起彼此的期待和信赖，每个人都占据着应有的分量，并且避免发生角色冲突或重叠的现象。

（二）强烈参与，相互倾听

成功团队的成员身上散发着强烈的参与热情，他们总是积极主动地投身到各种活动中去。通过参与，成员永远会支持他们参与的活动，这时所汇集起来的力量是无法想象的，因为它满足了“有参与就受到了尊重”的人性心理。

在日常工作中，成员之间勤于沟通，注意相互倾听，形成了一个融洽和谐的工作氛围。

（三）互相信赖，畅所欲言

互相信赖和畅所欲言是团队合作的温床。几乎所有的成功团队，都懂

得悉心培养成员之间的信赖感，并使团队始终保持旺盛的士气。他们表现出四种独特的行为特质：

1. 老板经常向团队成员灌输强烈的使命感和共有的价值观，并且不断强化同舟共济、相互扶持的合作观念。

2. 鼓励遵守承诺，信用第一。

3. 信赖成员，并把培养与激励成员视为最优先的事。

4. 鼓励包容异己、畅所欲言，深刻领会获胜须靠大家的通力协调与合作的道理。

（四）团结互助，互相认同

在成功的团队里，我们经常可以看到员工能够自由自在地与老板讨论工作上的问题，并积极寻求老板的支持。有时即使意见不一致，甚至立场对峙，他们也都愿意采取开放的心胸，心平气和地谋求解决方案。纵然结果不能令人满意，大家也能以大局为重，积极进行自我调适，满足团队的需求。

团队里的每位成员都能不同程度地感受到别人的赞赏和支持，大家对于参与团队活动充满热情，并以激情洋溢的话语不断赞赏与鼓励同伴。这些赞美与认同的话语提供了大家所需的强心剂，提高了大家的自尊与自信，促使大家愿意携手同心，共创美好未来。

上面列举的成功团队的四大特征，在我们所带领的团队里有没有明显的迹象呢？我们不妨找个清静的场所，给自己留出一段空闲时间，好好反省一番，这无疑有助于我们建立一支高效的智囊团队。

组建精锐智囊团的步骤

为了使我们的智囊团发挥正常功能，我们必须给团队成员清晰而正确的指示，并遵循相应的程序。以下4个简单的步骤，可确保智囊团的正常运作。

（一）明确共同目标

使智囊团发挥功效的第一个步骤，就是设立一个明确的共同目标。试想，谁愿意搭乘目的地不明确的火车呢？显然，如果我们连自己的明确目标都还没有确定，又怎么可能进行其他工作呢？

如果我们已经写下自己的明确目标以及达到目标的方法，那么我们对这一步骤应该就能驾轻就熟了。

写下智囊团的共同目标及其执行计划，可使我们了解过程中的每一个环节，就像列车长不能同时收票、服务旅客和驾驶火车一样，我们也无法一人包办所有环节的事务，这时我们就必须运用第二个步骤了。

（二）挑选团队成员

挑选能够帮助我们达到目标的人，是件必须小心谨慎的事。我们可能最后才发现，原先挑选的人并不合适。我们也可能在一段时间之后发现，有些意料之外的事情必须找人来做。在这个过程中，尝试和错误都是不可避免的。不过，如果我们能时时把握以下两项特质，就能更快挑选到合适的团队成员。

1. 工作能力

切勿只因为我们喜欢或认识某人，就把他选择为团队成员。即使这样的人会改善我们的生活品质，但未必就适合智囊团。我们最好的朋友或亲戚，未必就是我们所需要的某方面专业人才，或许他们可以为我们介绍专业人员。

2. 与他人和谐共事的能力

不和谐的工作气氛，将会抵消智囊团的效率。即使这种情形可能不会立即发生作用，但却可能在输赢的关键时刻显示出来。

这里有一个故事：因业务发展需要，某集团公司张老板欲聘请一位高级法律顾问。经过多方寻求，他终于找到了一位能力非常突出的专业人士李某，并签下了3年的合约，但是不到半年张老板便把李某解聘了。

为什么呢？因为李某很容易发脾气，整个部门被他搞得一团糟，没有人愿意与他共事；而他也由于太计较小事而经常怒气冲冲，以致什么成就也没有。

可见，我们必须排除智囊团中的任何不和谐现象，各成员应毫无保留地汇合彼此的智慧，个人的野心必须臣俯于执行以及达成智囊团共同目标之下。

（三）健全激励机制

健全激励机制，确定团队成员的报酬，是维持和谐的一项重大因素。在一开始时，就应该确定团队成员可能得到多少报酬，以减少日后发生矛盾的可能性。

我们应该公平而慷慨地在团队成员之间分配最具影响力的激励因素：财富。我们的表现愈慷慨，就愈能从团队成员那儿得到愈多的帮助。我们还必须掌握另一项成功原则，就是多付出一点点的习惯。如果我们能在一开始时便将这一原则纳入智囊团，它必然会为我们带来莫大的助益。

（四）勤于聚会沟逼

确定明确的定期聚会时间和地点，勤于聚会沟通，以确保团队成员能够不断进步，并借此机会解决智囊团所面临的问题。智囊团初期的会议内容，可能涉及各成员的专业技术，以精确规划执行计划的议题。

随着智囊团的不断成熟和成员之间和谐气氛的增长，我们会发现，这些聚会会使各成员的脑海中激荡出一连串的构想。当团队成员共同工作一段时间之后,便会在聚会中激荡出更多的令人兴奋的事情,而各成员之间也会越来越和谐。

另外,切勿以定期聚会取代成员之间的频繁接触,打电话、写留言条或是在走道上的谈话,都可以使我们获得聚会时所需要的信息,这样一来,便可在聚会中迅速解决突发状况。

向精锐智囊团队迈进

智囊团队建立起来后,下一步的工作便是带领团队成员在明确目标的基础上,维系团队内部的和谐,共同向精锐智囊团队的高标准迈进。为此,须注意以下几方面:

(一)激发信心,增进了解

信心是指经过实证的忠诚为基础的信赖或信任。作为智囊团的领导人,我们应该凭借为明确目标奉献的方式,激发成员对我们的信心。我们还应该坚持团队事务的机密性,在团队以外的场合谈论智囊团的目标往往会造成不利的结果。我们不应让有轻易泄露秘密倾向的成员留在智囊团。

所有成员应该对所面对的情况,有全盘的认识和了解。所有相关人员都应具备处理每一决策核心问题的能力,在做成决策之前,智囊团每个成员都必须确信这是一项好的决定,并且都愿意全力支持这项决定。

(二)保证公平,坚定信念

当我们组成智囊团时,每位成员都应愿意为团队的共同目标奉献一己之力,并在利润分配上取得共识。每位成员必须以合乎道德伦理的态度和其他成员相处,成员之间不得以牺牲他人来换取自己的利益。如果不能遵守上述要求的话,则在团队成员之间必会发生意见分歧,并进而毁掉整个团队。

团队成员应该以坚定的信念以及百折不挠的精神和勇气来面对所有的危险和困难。这种不畏艰难的精神,源于自信心和经过培养的成功意识。一个人的勇气,是无法和一个团队的勇气相比的,这就好比一个电池的电力,远不如一组电池的电力来得强一样。集结愈多人的心智,就会产生愈多的力量。

(三)培养默契,体验合作

一个精锐的智囊团队,看起来应该就像一个人一样,团队每一部分的配合与协调都自然随意,恰到好处。要做到这一点,我们必须学会在成员中间培养整体搭配的团队默契,这是增进团队精神的不二法门。

作为团队的领导人,我们固然要让每位成员都能拥有自我发挥的空间,但更重要的是,我们要用心培养团队成员破除个人主义,努力使大家充分认识默契配合、取长补短的重要性。

毕竟,只有合作才会产生巨大无比的力量。因此,经常教导灌输成员认识相互依存、依赖支援方能完成任务的观念,是我们责无旁贷的重要职责。

唤醒团队成员整体搭配的观念时,我们必须将焦点集中在成员间同心协力的行动和荣辱与共的感受上。这时我们不妨通过以下几种方法,让大家一起体验团队合作的可贵之处。

1. 共同观看一场职业足球赛或其他团队比赛。

2. 组织成员一起到急流泛舟或其他能体现合作氛围的活动。

3. 挑选一些有关团队精神的书籍，让大家分章阅读，共同分享心得。

4. 率领大家参观优秀企业，事前分配每个人看的部分，分工合作，回来后，大家报告心得，相互沟通，共同提高认识。

（四）精减机构，加强协作

成功的团队往往并不是先天条件好，而是压力大，机构精简，协作意识强。要拥有一支精锐的智囊团队，并非一蹴而就的事，不过如果我们能在以下几方面持续努力的话，一定会早日实现这个愿望。

1. 把我们个人融入到团队中去，以普通一兵的身份，和成员们打成一片；

2. 帮助团队每位成员都能充分认识到建立团队协作观念的重要性；

3. 把每位成员都视为团队宝贵的财富，而不是任人驱使的机器；

4. 包容、欣赏、尊重团队成员的个别差异性；

5. 尽量让大家一起参与设定共同的团队目标以及讨论重大问题的解决方法；

6. 责、权、利紧密结合，在公平合理的基础上分派任务与分配报酬。

没有团队协作的个人才能，仅仅是局部的效应，不可能成就大气候。如果要真正构成重大的竞争势头，必须有效地把这些分散的个人才能组织起来，构成团队协作的凝聚力量。

如果我们能成功地组建并运用精锐智囊团，那么无论我们自己的教育程度或才智如何，几乎都能克服所有的障碍，无往而不胜。

9计 运筹帷幄

高瞻远瞩的战略谋划，是一个企业兴衰存亡的关键和发展灵魂。企业的腾飞源自我们的运筹帷幄，决胜千里。

对于企业老板来说，最重要的才能莫过于能做出科学的战略与决策，而这种特殊才能将是电脑等其他东西永远无法取代的。

企业发展中最大的风险莫过于决策失误。许多企业的失败表明，钱不是主要问题，如何花钱才是关键，而如何花钱就是一个决策问题。

企业经营战略的基本类型

（一）稳定型战略

指企业投入少量或中等程度的资源，保持现有市场占有率和产销规模，稳定和巩固现有的地位。

选用稳定型战略的企业通常属于以下3种情况：

1. 企业实力较差，希望保持与过去相同的业绩。

2. 企业外部环境恶化，没有进一步发展的机会。

3. 企业经营者对于新市场的产品没有足够的把握和认识，不愿冒很多的风险。

稳定型战略的优点在于：能使企业在现有结构、资源、技术、管理等方面精心安排，合理组织；实现增产节约，增收节支，降低成本，提高质量；实现现代化的管理手段，增进生产力，加强对外部环境的适应能力；当企业外部环境恶化时，企业用这种战略可以休养生息，积蓄力量，等待时机来临，从而求得企业的稳定发展。

稳定型战略的缺点是：企业若长期使用这种战略，它的发展将会趋于缓慢。并且，企业在实施这种战略的过程中往往只注意内部资源的调整，容易忽视外部环境的变化及提供的机遇，错失良机，将会得不偿失。

（二）紧缩型战略

这种战略是指企业遇到了内、外部环境都对自己非常不利时，所采取的撤退策略。其用意是为了保存企业实力，以便转移目标或者积蓄力量，以图东山再起。

其主要特征是：投入最低限度的资源，缩小生产经营规模，甚至完全从某种经营市场中退出来。

通常，企业在下面 3 种情况下才采用紧缩型战略：

1. 企业实力比较弱小，而市场又对企业的产品需求下降。

2. 国家实行了经济紧缩的方针，企业处境极为困难。

3. 经营决策出现各种失误，财务也遇到了严重的困难。

紧缩型战略的 3 种基本形式：

1. 调整紧缩战略

当企业已遇到很大困难，而我们又有信心经营下去时，不妨采用这种策略来节省开支，加强管理，精简人员，加紧催收应收货款，推迟设备更新。充分利用现有资源，集中力量，以求获得短期效益，维持生存。不过，这种方式对企业的现状会带来较大的影响，实施时须谨慎小心、果断行事。

2. 转让归并战略

当我们对企业所受的困难没有把握扭转，或者在采取了调整紧缩型战略失败时，就要采取转让归并战略。在目前，当一个企业陷入困境时，往往转让或拍卖企业的一些主要部分，如部分厂房、某项技术，或某种生产线、某个经营单位等。其目的主要是为企业争取一笔资金，以便投入新的经营领域，为企业找到新出路。

3. 清理战略

通过出售或转化企业全部资产，以偿还债务，停止其全部业务。这是企业所有经营战略全部失败之后采取的战略，总比宣告破产要好一点。与破产相比，企业还可以有计划地对企业各部分进行细致清理，从而把损失减少到最低限度。当企业清理后资不抵债时，只有宣告破产保护。

（三）外向型经营战略

外向型战略，一般是指企业在国内生产，在国外销售产品，也指在国外生产并在国外销售，即把经营的各方面扩展到国际范围的经营战略。

这种战略通常有以下6种形式：

1. 加工出口

指企业对国外的某些来料加工、来样加工和零配件装配等初级经营方式。

它可以带动企业的技术改造，提高企业对国际市场的适应性，还可以扩大就业，增加外汇收入，使企业在利用外资的同时，又省去了风险责任。但缺点是它使企业的经营自主权掌握在外商手中，生产不大稳定，承接业务的范围会受到限制。

2. 补偿贸易

外商直接以贷款方式向企业提供机器、技术、专利或资源等，待企业投产后，企业以其产品或双方商定的其他产品归还贷款。这种形式，可以让企业减少投资，节省外汇，扩大出口。但是产品的返销较为困难，其设备或技术也未必是很先进的，产品的补偿需要很长的时间，并容易受到国际政治经济环境变化的影响。

3. 租赁经营

企业向出租人交付所需设备使用权的租金，企业也可以定期支付租金。

这种方式，可以先生产后付款，这样等于企业拿到一笔较长期贷款，投资少，见效快，还可使企业保持设备与技术的先进性，但缺点是成本较高。

4. 合作经营

指中外企业通过签订合同或契约而形成的合作性企业。合作性企业可以是具有法人资格的企业，也可以是不具有法人资格的企业。这种合作方式能够吸收外资，且无需承担借款利息，有利于出口和了解国际市场，学习国际先进管理方式，比合资经营简单易行。但是解决内外销矛盾困难，受投资环境影响很大。另外，确定双方利润分成比例也较为复杂。

5. 合资经营

指中外经济组织、个人或公司在一定条件下，在我国境内建立具有我方法人地位的联合经营企业。由双方共同投资，按投资份额分享利润、分担责任与风险。这种方式可以吸收较多的投资，我方可用土地、设施入股，节省投资。不过内外销矛盾也较多。

6. 跨国经营

指企业在国外建立生产销售基地，进行生产经营活动。它有 5 种方式，即组装业务、合同业务、许可证贸易、海外合资合作、海外独资经营。

（四）发展型战略

它强调企业要充分利用外界环境中的机会，避开强敌，发掘和利用自己的潜能和优势，以求企业顺利发展。

其特征是：投入大量资源，扩大产销规模，提高竞争地位和产品的市场占有率，或者用新产品占领新市场。

制定经营战略需遵循的基本原则

企业经营战略，是指导整个企业一切活动的总体谋划。正确制定企业的经营战略关系着企业的存亡。

实行战略管理是企业在市场经济条件下求生存、求发展的需要。它以适应企业内、外部环境因素为依据，以自身条件与发展能力为出发点，以制定程序化、合理化、符合长远利益的目标为航向，全面做好企业内部的各项工作。由此可以看出，企业战略决策有几个显著特征，即整体性、长远性、系统性、竞争性和相对稳定性。

成功制定经营战略须遵循以下 3 个基本原则：

（一）知己知彼，扬长避短

制定企业经营战略时，须分析企业内外各种因素的影响及发展趋势，研究竞争对手的状况，再根据自身的特长和优势，综合起来，使企业战略建立在自身雄厚实力的基础上，找出相对优势，在市场中充分发挥特长，以战胜对手取得胜利。

（二）抓住重点，长驱直入

在制定企业经营战略时，会遇到许多矛盾和问题，此时若眉毛胡子一把抓，势必会乱上加乱，忙中出错。因此，我们应当抓住影响大局和整体的关键性矛盾和主要矛盾，以点带面，切忌分散用力，贻误战机。

（三）群策群力，集思广益

一个成功企业仅靠一个或几个领导人的力量是绝对不够的。因此，当我们在制定企业战略时，一定要群策群力，充分发挥智囊团的主观能动性，集思广益。这不但可以改善、提高决策效果，而且还可以产生多种可供选择的方案，以便进行比较优化，避免犯重大战略性错误。

成功选择经营战略须把握的基本条件

经营战略选择的正确与否，是企业成败的决定性因素之一。每一个企业都是各具特色的，那么怎样才能发挥自己的特色去创更大的事业，怎样才能做到慧眼识珠，成功选中适合我们自身的经营战略呢？

通常，企业经营战略的选择取决于以下两个方面：

（一）行业发展趋势

如果企业处于国家重点支持的行业中，且这个行业很有发展前途，那么，企业就需采用发展型的战略措施；如果企业处于非重点发展的行业，或行业发展速度较慢，那么，企业就应运用稳定型的战略举措。

另外,行业的生命周期对于战略选择也有一定的影响:

1. 在行业新兴期内的企业应采用发展型战略举措。

2. 在行业已经进入成熟期时,产品价格出现下滑,特色减少。这时,对于小批量生产企业来说,应采取成本领先战略;而大批量生产企业,则应考虑运用多样化战略,把经营方向转向新的业务领域,以寻求新的发展机会。

3. 在行业进入衰退期时,企业应运用稳定型战略或紧缩型战略。这要根据企业的实力及其在市场中所处的地位,还有外部的发展趋势来恰当地决定。

(二)企业在市场中的地位

企业在市场中的地位,可按其产品在市场中的占有率来划分为首位企业、中位企业和低位企业。它们分别有着各自的战略选择方向。

1. 首位企业

首位企业是在市场竞争中处于领先地位的企业。不管其经营资源的多少,其产销规模随市场的扩大而扩大,以保持企业的领先地位,因此,宜采取发展型战略。在产品成熟期,也需投入适量资源,以维持其地位;在衰退期到来时,也应采取稳定型战略。

2. 中位企业

占有较好资源的中位企业,应采用发展型战略,并且要赶超首位企业;占有较少资源的中位企业在成熟期也宜用发展型战略。但到了衰退期时,资源少的企业应采用稳定型和紧缩型战略,资源好的企业则宜采用与首位企业相同的稳定型战略。

3. 低位企业

占有资源较好的低位企业在产品成长期和成熟期都宜用发展型战略,以努力摆脱其处于竞争边缘的地位;而占有资源较少的低位企业在产品成长期应用发展型战略,但到了产品成熟期时,可视情况采用稳定型和紧缩型结合的形式,到了产品衰退期则务必要考虑紧缩型经营战略。

一个企业到底要采用哪种经营战略,除了上述的因素外,还取决于经营者对待市场风险的态度和企业内部的具体情况,还有市场外部各种条件。企业只有随机应变,不断调整经营战略和方式,方能正确应对市场的各种变化。

制定科学经营决策的原则和程序

(一)制定科学经营决策的8个原则

企业经营决策是企业经营者解决长远发展和整体发展的问题的策略与方法。这就需要领导者能统筹兼顾,在进行重大问题决策时,能自觉遵循科学决策的原则和程序,以保证企业健康稳定地发展。

通常,制定科学经营决策须遵循以下8个基本原则:

1. 可行性。科学决策不仅考虑需要,还要考虑到可行;不但考虑成功的机会,还要估计到失败和风险。这取决于我们对企业主、客观因素及内、外部因素等的科学分析;

2. 选优准则。如果我们对经营企业的前景不能完全把握,最好先求得多套方案,然后再从中选出最符合实际、把不利因素压到最低限度的决策方案;

3. 系统准则。在决策时,必须考虑到企业各部分及各个系统之间的联系,局部须服从全局,同时还须和自身之外的各因素相适应;

4. 信息充分准则。只有真实而大量的信息才能对科学的决策提供可靠的依据。信息的质和量也决定了决策的质量。

5. 科学原则。不但要用经验与知识来做决策,还要用数学与计算机等方法对决策的正确性做出验证;

6. 目标准确原则。制定决策之前,应该首先清楚企业的经营目标,根据目标再做出必须的步骤和方案;

7. 规范性。一个企业所确定的目标,须符合社会规范,涉外方面须符合国际规范,同时还须遵守国家参与或承认的有关法规条例;

8. 反馈准则。决策者在决策实施的过程中,必须注意到在过程中变化的各因素,并据此来调整和提高决策的质量。

(二)制定科学经营决策的5个步骤

遵循科学的决策程序是决策科学化的重要保证。它可以提高经营决策的质量,有效防止错误经营决策的出台。

1. 确认决策问题与目标

决策问题指企业经营上应当或希望达到的状况与实际状况之间的差异。在决策问题弄清之后,针对这些问题,确定决策目标。决策目标要求可行、具体,不要过多。

2. 拟订方案

实现决策目标往往有许多途径与方法,所以应提出多种方案。即使第一个方案很理想,也要拟订第二、第三个方案以供优中选优。在拟订方案时,须注意整体上的完整性和个性间的排斥性。同时,还须注意运用丰富的经验和资料以及先进的信息处理技术,对所拟方案的后果做出客观的估计和预测。

3. 方案评估

组织专家和有关人员对各种方案的优、缺点进行分析和论证,定出每个方案的实用价值和重要程度,作为选择时参考的标准。

4. 方案选择

衡量经营方案好坏的标准是经营目标及经营目标具体化的各种指标。经营方案的作用效果,益处越接近于评价标准就越好。

选择决策方案有4个标准:

(1)能保证实现决策目标;

(2)在同样保证实现决策目标的前提下,付出的代价(包括人力、物力、财力、时间等)应尽可能小;

(3)实现决策目标,为此须承担的风险因素应尽可能少;

(4)方案实施后所产生的负作用应尽可能小。

5. 潜在问题的分析与防范

在初步选出较好的方案后,还须进一步分析其利弊,找出在方案执行过程中可能出现的问题,并提出可以防范的决策和措施。

科学决策的方法

(一)主观决策法

主观决策法是指决策者根据已知的情况和现有资料,直接利用个人的知识、经验和组织规章进行的决策。这种方法重视在决策中人的聪明才智的充分发挥。它的核心是直接利用人们的知识、经验和能力,在决策的各个阶段,根据客观实际资料,提出决策目标、方案、参数,并做出相应的评估和选择。它通常有以下几种方式:

1. 调查研究法。企业决策离不开对市场的调查研究,对市场进行深入的调查研究是企业决策的基础。

2. 观察法。调查者深入市场和社会,按照调查的主题,对调查对象进行直接观察。在问题复杂、头绪较多的情况下,这种方法是比较适用的。

3. 会议调查法。可采用专门决策调查会和利用现成会议两种具体方式。在会议中善于发现问题,抓住新线索,省时省力,所得资料比较多。

4. 个别访问法。这种方法有利于和访问者的感情交流,访问者也能较自由地回答各种问题。

5. 抽样调查法。按照随机抽样的方法,从对象中抽出部分代表,并以部分个体的调查结果推算出整体。

（二）计量决策法

计量决策法是指建立在数学工具基础上的决策方法。它的核心是把同决策有关的变量与变量以及变量与目标之间的关系，用数学关系表示出来，即建立数学模型。然后，根据决策条件，通过计算，求得决策答案，以此作为决策者的参考依据。

计量决策法主要适用于重复性的程序性决策，其中包括线性规划法、决策树法、期望值法等。计量决策法采用何种数学工具，主要取决于决策问题本身所包含的变量多少、决策环境的不确定程度以及是静态分析还是动态分析等三方面的因素。计量决策法在条件具备时一般较客观且准确率高，便于采用电脑辅助计算，从而有利于提高决策的效率。

在实际工作中，各种决策方法都有其优缺点，因此在决策方法的选择上，应能根据不同的决策问题和实际条件加以灵活运用。特别是应善于将主观决策法和计量决策法加以有机的结合，以不断提高决策的科学性。

10计 广结人缘

一个人要取得成功，就必须处理好各种关系，尤其对于商人来说，关系更是不可漠视的力量，在某种程度上，它往往起着决定性的作用。一个企业要想财源广进，取得商战的胜利，没有深厚的社会关系就会时时感到举步维艰。

有人在的地方，就会有关系发生，就应善于利用关系，精心编织关系网，给企业创造一个宽松和谐的外部环境。

广结人缘的捷径

（一）注意个人形象与交际礼仪

在日常生活中，我们都有这样的体验，衣冠整洁令人赏心悦目，而凌乱的衣着只会令人不快。礼仪也是这样，没有比不懂礼仪更令人不快的人。令人不快的人无疑与成功的商人无缘。俗话说："佛要金装，人要衣装。"穿上崭新的服装，情绪自然会高涨。穿高级名牌，心情也会富有。可见，服装不仅可以装饰外表，而且会对内心产生相当大的影响。因此，我们平时须留意自身的着装与仪表，尽量展现老板风度。这样，内心就会产生老板意识，更快地掌握经营感觉。

那么，老板的仪表是什么样的呢？首先，最重要的是整洁。整洁的仪表与其说是具有老板风度，不如说是作为商人的最基本的、最低限度的精神武装。忽视这种基本事情的人，不可能出人头地。

试想，一个人若衬衫领子污黑，皮鞋沾着泥点，西服皱皱巴巴、污迹斑斑，头发蓬乱，指甲满是污垢，会产生怎样的效果？这种人若与我们谈生意，纵使他们说得天花乱坠，我们会相信吗？无疑，这些都是把自己抛出商圈以外的仪容。

另外,如有可能,我们应该多多少少地表现出富有的气度。说穿了,就是要穿质地好的服装。没有必要非得穿高级名牌不可,但若总穿降价处理品,则难以令人称道。服装直接会影响到心情,总穿降价处理品,内心无形中也会降价。

与仪表相同,礼仪也会大大地左右人们的评价。成功的老板都非常懂得礼仪,因为不懂礼仪的人也不可能得到周围人们的协作,个人的发展自然也会受到诸多限制。

礼仪首先从问候开始。在工作岗位,早晨和下班时的问候最为重要。早晨应以开朗而振奋的声音说"早上好!"下班时,以愉快的心情清晰地道一声"我先走了。"实际上,认真做到这些问候的人,通常对工作也很认真。

其次,容易出现差别的是对来访者的接待方式。即使与我们没有关系的客人,在走廊擦身而过,也要轻轻地点点头,在电梯前碰到一起时,要做出谦恭的姿态让客人先上下。做这些事时,应自然而然,不要矫揉造作。有的人常常喜欢根据客人的身份不同,明显地改变接待方式,这是非常要不得的。不管什么客人,如果我们不能以礼相待,难免有一天会令自己造成损失。

初次见面时,通过礼仪可以看出一个人的人品,因此应特别注意。而一个人的社交形象不是一时可以造就的,它要经过长期的训练和培养,这就要求我们在平时务必要注意加强这方面的修养。

(二)找机会多和别人接触

要建立一个好人缘,编织一张关系网,我们必须积极主动地找机会多和别人接触。仅有想法是远远不够的,还必须将它化为行动。

在我们周围,各行各业都有许多出类拔萃的人物,他们的影响非同小可,我们不妨利用与他们接触的机会,与他们建立良好的关系,这对我们的前途至关重要。不要等待,一味地等待只能使我们错失良机。

几乎在每个场合,都有许多接触他人的机会,我们应充分利用这些机会,主动"出击",以真诚友好的方式把自己介绍给别人。如果我们想多结交一些朋友,就需主动地了解对方的爱好。为此,我们就应注意与其相处时积累一些有关的情况,或者通过他的朋友了解他的为人处世,还可以通过他的一些个人材料来了解他。

"一个好汉三个帮",多一些有益的朋友,拜访一些成功的前辈,关键时候他们若能帮我们一把,可能会直接促使我们事业的成功。因此,我们须时刻留意结交朋友的好机会,一有机会就应抓住不放。

比如,有朋友邀请我们去参加一个生日聚会、舞会或者其他活动,我们如果没有十分要紧的事,一定要欣然前往,因为这些场合是我们结交新朋友的好机会。还有,当新同事约我们出去逛逛商店或者看场电影什么的,我们最好也不要随便拒绝,这是一个发展关系的好机会。通常,人与人之间接触越多,彼此间距离就可能越近。这跟我们平时看一个东西一样,看的次数越多,越容易产生好感。又如我们在电视中反复看到的广告,久而久之也会在我们心目中留下印象。

一旦与别人取得联系,建立初步的关系之后,我们还不能放松,最好抓住机会深入一下。交际中往往会有直接的和间接的两种目的。直接的目的无非就是达到某项交易或有利事情的解决,或想得到别人某方面的指导;间接的目的只是为了与对方加深关系,增进了解,以使双方的关系长期保持下来。不管我们想达到什么目的,最好有意识地让对方明白我们的交际目的,以便消除对方的戒备心理,使双方的交往顺利深入下去。

(三)尽量与社会名流搭上关系

既然能成为社会名流,其影响力、行动力以及人格魅力肯定都达到了相当的程度,其中一定有许多值得我们学习的地方,更重要的是,我们若能与他们搭上关系,获得他们的赏识,无形中便增强了自身的实力,从而获得更多的成功机会。不过,要想实现这个目的,除了自身须有过硬的专业本领外,还须讲究一些基本的交际方法。

1. 提前搜集了解有关材料

对于我们欲结识的社会名流的有关材料,应尽力搜集,多多益善,力求全面详细。比如他的出生地、过去的生活经历、现在的地位状况、家庭成员、个人兴趣爱好、性格特点、处世风格、最主要的成就、在某一领域的影响力等,总之,凡是与他有关的材料,只要能搜集到的就尽力搜集。这是我们实现与他结交并深入发展的基础。

2. 托人引荐

这是比较常用的办法,通常托那些与名流交往密切的人作为中间人帮助引荐,会起到事半功倍的效果。因为名流对与他交往密切的人引荐来的人,自然会刮目相看,郑重接待。

找中间人须注意的是,我们要设法获得中间人的了解、信任与欣赏,这样他才会有引荐的积极性。通常,对一个不太了解或不太赏识的人,中间人是不会轻易引荐的,因为如果贸然引荐,令名流不愉快,无形中会减少他自己在名流心目中的良好印象,非常不划算。

3. 自己主动结识

这也是比较常用的一种结交名流的办法,就是"冒昧"地给名流写信、打电话,或者到有名流参加的各种社交场合去接近他们,主动提出结识请求,这种方法也不乏成功的案例。这时,我们更要表现出自己慕名而访的诚意。

比如，最简便的方式，我们可以通过写信向名流请教。须注意的是，我们的信要有独特的地方，提的问题新颖，甚至能启发他思考问题，能引起他的兴趣，这样自然能得到较为满意的答复。

4. 不卑不亢，适度恭维

名流也是普通人，也有七情六欲、喜怒哀乐，因此我们在与名流交往时，应保持一颗平常心，不卑不亢，不要拘谨也不要太直露。举止言谈，应落落大方，不要给人以谄媚、讨好的感觉。

一般人对名流都会怀有敬佩之情，我们很真实地表达自己的钦佩之情，适当地恭维一下也无不可，但一定要让他感觉出我们的称赞是发自肺腑之言。因为他早已听惯了奉承话，甚至对此已有些麻木，如果我们再进行俗套的吹捧已难以引起他的兴趣。如果要吹捧的话，倒不如找些别人尚未吹捧到的地方。

5. 慎重选择话题

交谈前，我们应对名流所从事的职业、专长、兴趣等有一定的了解，力争能给他留下良好的“第一印象”，为今后的交往打下基础。

交谈中，一定要多谈一些他平生最为得意的成就，而不要总“挠不到痒处”。最好选择一些能显示出我们对他关心的问题，如早晨何时起床，身体状况如何等。在谈话过程中，要保持谈话轻松自然，避免谈起那些令人不快的话题。另外，切忌班门弄斧，不懂装懂，说些外行话。

（四）建立高层次的人际关系网络

一个人是否有人缘，往往决定着他事业的成功与否，尤其是对于从商的人来说。说到人缘，我们首先会想到同学、亲戚、老朋友等这些故交。当然，这些人缘的确是我们人生最可宝贵的财富，但对于立志从商的人来说，如果仅仅停留在这上面是远远不够的，还须不断地建立新的人缘。重要的是通过新的人缘扩大自己的视野与交际圈，为生意的发展创造条件。

那么，怎样才能建立起新的人缘呢？一句话，就是积极地走出去，扩大与人交往的机会。坐着等，人缘是不会主动向我们走过来的。

勤于参加各种各样的聚会是建立新人缘的好方法。性格内向的人常常回避这些聚会，其实这正是鞭策自己的场合。我们务必要克服厌倦情绪，积极地参加。内心封闭的躯壳一经打破，后面的事就会容易得多。

参加各种聚会时，应注意以下几个方面：

1. 选择对自己有益的聚会

并不是所有的聚会我们都要参加，对于那些诸如打牌、搓麻将、喝闷酒、发牢骚等纯属娱乐消遣而且言论极端消极的聚会，可以说是有百害而无一利，我们知道后应赶快溜走，千万不可身陷其中而不能自拔，否则会毁掉我们所苦心经营的一切。

若要建立高层次的人缘，我们就应选择那些一流的聚会场所，诸如一流的俱乐部、酒吧、咖啡厅、影剧院、高级商场等，这些高级的地方经常会聚集一流的人物，正是结交名流的理想场所。我们不妨有意识地去几次，这样与他们在一定程度上面熟后，彼此自然地成为熟人。

2. 争取成为聚会的主角

如果我们仅仅满足于作为聚会的一般成员，就会总是一种小小的存在，还不能有效地建立起人缘。我们应积极主动地投身进去，与大家打成一片，踊跃发言，大胆提出自己的见解和方案，主动首先邀约。总之，要尽力使自己的存在获得大家好评，从而使自己获得实质上的主宰地位。这样，好人缘便会蜂拥而至，接踵而来。

3. 要有付出的精神

没有人愿意与只求索取、没有付出的人交往。有付出，自然就会有获取的机会。我们不应吝惜自己的付出和给予，一个人只有能够多多地给予大家，才会有机会获得大家的认可与回馈。

左右逢源的人际交往诀窍

(一)树立良好的第一印象

据统计，初次见面能给人以良好印象的人，与人合作成功的几率会大大增多。可见，第一印象在人际交往中实在是太重要了，它往往给人一种先入为主的感觉，在某种程度上主宰着今后交往的进程。那么，怎样才能树立良好的第一印象呢？以下几个方面可以供我们参考：

1. 早做准备

既然是要树立良好的第一印象，那么我们肯定与将要会面的人不认识，不然也就谈不上“第一印象”了。正是由于第一印象在人们的心目中所占据的重要位置，所以我们必须要慎重对待，尤其是当我们要会见的是某一领域的知名人士时，更要提前做好一切准备工作，其中最为有效的一个办法就是尽力搜集有关这个人的详细资料，例如他的主要特点、个人业绩、兴趣特长等，以便做到心中有数，有备而来，为成功会见奠定基础。

2. 不要迟到

做好了准备工作，接下来进行的就是会面，这就面临着一个时间问题。通常，我们在这方面最易犯的一个错误就是迟到。其实，这是一个很大的污点，不仅是不礼貌的表现，而且让人觉得我们不珍惜别人的时间，这样对会面的效果无疑会产生一个非常消极的影响。

3. 准确记住对方的名字

在双方见面后的交谈中，如果我们能准确地记住对方的名字，并且不止一次地使用，将会使他倍感亲切和愉悦。

4. 把握说话分寸

在交谈时，常常有人因言词不当，或出语过直，使对方出现尴尬甚至不愉快的现象。避免这种局面的办法就在于把握说话分寸，善于运用婉言。所谓婉言，即从善意出发，对不符合我们观点的人和事物做出正确而又不产生刺激效果的评述。生活当中所有的非原则问题，都可以用婉言来表述。其效果既可以消除怨怒，促进尊重，又能使人与人之间充满友好气氛，还可以改善家庭、生活与工作环境。

（二）扩大交际范围

要扩大交际范围，就会面临着如何与陌生人打交道的问题。许多人同陌生人说话常会感到拘谨。那么，我们不妨反问一下自己，为什么跟老朋友谈话不会感到困难呢？很简单，因为我们彼此相当熟悉。相互了解的人在一起，就会感到自然协调。而对陌生人却一无所知。于是，我们要设法把陌生人变成老朋友，首先要在心目中建立一种乐于与人交朋友的愿望，先要有这种要求，然后才能有行动。

比如，当我们参加一个充满陌生人的聚会时，不妨先坐在一旁，仔细观察一下，根据了解的情况，决定我们可以接近的对象。一旦选定，不妨主动走上前去向他作自我介绍，特别对那些同我们一样，在聚会中没有熟人的陌生者，我们的主动无疑会受到他们的衷心欢迎。

在决定与某个陌生人谈话时，我们不妨先介绍自己，给对方一个接近的线索。我们不一定要先介绍自己的姓名，因为这样可能会令对方感觉有些唐突。不妨先说说自己的工作单位，或者询问对方的工作单位。通常，我们主动先说说自己的情况，对方自然也会相应地告诉我们他的有关情况，这样就为双方的进一步交谈奠定了基础。

接下来，我们便可根据已知的一些情况，询问有关他本人而又不涉及隐私的问题。比如，对方有一定年纪的，我们不妨询问他的子女在哪里读书，或者他的工作情况等。对方谈了以后，我们也应顺便谈谈自己的相应情况，这样一来便实现了交流的目的。

与陌生人交流，由于对对方所知有限，我们应仔细留意他的谈话，重视已经得到的任何线索。对他的眼神、声调和回答问题的方式，都可以揣摩一下，以决定下一步是否能向纵深发展。

如果遇到那种比我们更羞怯的人，我们应跟他先谈些无关紧要的事，让他心情放松，以激起他谈话的兴趣。与陌生人谈话的开场白结束之后，尤其要注意话题的选择。为此，当我们选择某个话题时，要特别留意一下对方的眼神和小动作，一旦发现对方有厌倦或冷淡的情绪时，就应立即转换话题。同时，还应注意尽量避免那些容易引争论的问题，因为那样只会给人带来不快。

（三）尽显老板本色

希望能得到别人的尊重和重视，以体现自我价值，是人们心理的最高需求。

若要实现这个目的，首先我们须有一些值得别人信任与重视的表现，尤其对于经商的人来说，这一点更是至关重要。我们要想做个成功的老板，首先必须时时处处表现得像个大老板的样子，尽显老板本色，方能取信于人，获得应有的尊重和重视。

1. 对自己充满信心

为了显示我们的与众不同、出类拔萃，我们应常用肯定的表情，常微笑而不常皱眉，常开怀大笑而不常阴沉冷笑。说话应吐字清晰，语调适中，不要吞吞吐吐，躲躲闪闪，因为它会让人觉得我们不够坦率，欠缺潇洒。

在交谈时，我们应尽量让对方多谈谈他自己，这通常是人们最喜欢的话题，对方也会因此而对我们产生好感。要学会尊重别人，最好能常提到对方的姓名，以给人亲切感。同时，我们还须注意语言应尽量诙谐有趣，学会调侃自己是对自己有信心的表现，这也是说话艺术的最高境界。

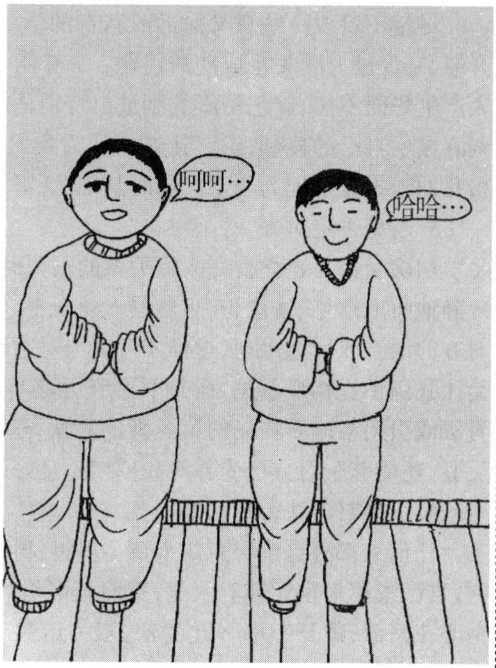

衣着整洁得体，走路时抬头挺胸，知礼谦让，落落大方，这些都是对自己充满自信的表现。平时，在主业之外，我们还应注意自修一门或几门专长，如会说外语、精通某项技术等，都是出众的本钱。

2. 对别人饱含真诚

要想取信别人，首先应发自内心地对别人真诚地感兴趣。要有自己的见解，不要人云亦云，否则别人会认为我们不真诚。应特别注意言语谨慎，信守诺言，不轻易放弃原则。不要装模作样，这样很容易被人看穿。应以本色示人，不怕承认缺点，敢于面对自己的弱点，这样最易赢得别人的信赖。

3. 克服紧张情绪

要克服紧张情绪，首先应弄清自己在什么场合容易紧张，例如在开会发言前、在社会名流面前、在会见陌生人时等。接下来，我们不妨故意多到这些场合中去磨练，长此以往，习以为常便会镇定自若了。

如果要克服紧张时的习惯动作，先要知道自己的习惯动作是什么。习惯动作通常都是无意识的、不知不觉中做出来的，因此必须留意才能察觉。同时还要弄清在什么情况下容易出现这种动作，例如在与陌生人谈话时、朋友间聊天时等。要学会预防习惯性动作，例如我们有咬指甲的习惯，不妨在容易出现的场合拿一样东西，或以别的动作代替，借此克服习惯动作。须知，紧张时的习惯动作是最要不得的，它是自信的大敌，对己对人都会产生非常消极的影响,我们必须予以摒弃。

(四)"套近乎"的8个速成技巧

1. 了解对方的兴趣爱好

对于初次会见的人,如果我们能够用心了解与利用对方的兴趣爱好,就能有效缩短双方的距离,并且加深给对方的好感。例如,与中老年人谈健康长寿,与少妇谈孩子和减肥等,都能在短时间内给对方留下较为深刻的印象。

2. 语言朴实无华

尽量不要说一些意义深远或新奇的话语,而应以身旁的琐事为话题作开端,是促进人际关系成功的钥匙。一味用令人咋舌与吃惊的话语,容易使人产生华而不实、锋芒毕露的感觉。特别是对于初识者来说,我们最好不要刻意显示自己的显赫,宁可让对方认为我们是个善良的普通人。因为一开始我们若不能与他人处于共同的基础上,对方很难会对我们产生好感。

3. 避免否定对方

初次会面是建立良好人际关系的重要时期,在这种场合,对方往往不能冷静地听取意见、建议,并且容易产生反感。因此,我们应尽量避免有否定对方的语言或行为出现,这样才可能与对方形成亲密的关系。当然,这也不是让我们不提相反意见,而是要讲究方法与策略。我们不妨借用一般人的看法或引用当时不在场的第三者的看法,这样不仅不会引发对方反射性的反驳,还能够令对方接受并对我们产生良好的印象。

4. 引导对方谈得意的事

任何人都有自鸣得意的事情。不过,再得意的事情,如果没有他人的询问,自己说起来也无趣。因此,我们若能恰到好处地提出这些问题,定会令他心花怒放,敞开心扉一吐为快,双方的关系自然也就顺理成章地融洽起来。

5. 设法接近对方

每个人都会在自己的身体周围设定一个势力范围,通常只允许特别亲密的人接近。为此,我们不妨设法接近对方,比如坐在对方的身边,自然会比较自在,既不用一直注视对方,又避免了不必要的紧张感,而且会很快亲近起来。

6. 找出与对方的共同点

人们通常都有这样一种心理特征,比如,同一故乡或同一母校的人,往往会不知不觉地因同伴意识、同族意识而亲密地连结在一起,于是,同乡会、校友会由此应运而生。如果我们想获得对方的好感,不妨利用这种方法,设法找出与对方拥有的某种共同点,这样即使是初次见面,无形中也会涌起亲切感,一下子拉近了彼此的心理距离。

7. 表现出对对方的关心

表现出对对方的关心,必然可以赢得对方的好感。在招待他人或是主动邀请他人见面时,我们应先主动热情地询问对方的有关情况,这既是一种礼貌,同时又可以满足他人的自尊感,使他感受到我们的诚意与热诚。另外,记住对方说过的话,然后再适时地提出来当主题,也是表示关心对方的做法。特别是兴趣、嗜好、理想等，对对方来说，无疑是最重要、最有趣的事情，一旦我们提出来作话题，对方一定会满心欢喜。

8. 直呼对方的名字

名字对于一个人来说实在是太重要了，人们通常都习惯在比较亲密的人之间才只称呼名字。连名带姓地称呼对方，有一种表示不想与他人太过亲密的心理。因此，直呼对方的名字，可以缩短心理的距离，收到意想不到的效果。

（五）打破僵局的4个窍门

在人际交往中，最常见的尴尬事情也许要数双方相对无言，长时间的沉默了。要打破这种僵局有两个基本要求，一是深入分析引起沉默的真实原因，二是在打破沉默的过程中，不要给对方以压迫感。只有巧妙地打破沉默的僵局，才能给双方带来语言沟通的热情，感受到社交的真正乐趣。

1. 放下架子，注意沟通

如果是由于我们自己太清高自负，盛气凌人，使人敬而远之，从而造成了对方的沉默，则应主要从自身的个性着手，注意培养谦虚谨慎的品行，在社交场合中主动些、热情些、随和些，多想想自己的短处，适当赞扬别人的长处，并真诚地表示向对方学习。

如果是由于我们自己的口若悬河，讲起话来漫无边际、无休无止而导致了对方的沉默，就应注意适可而止，并主动征求对方的看法和意见，让对方有机会发表自己的立场和观点。还要让人觉得我们不是在作“说教”，而应让人觉得彼此在进行双向沟通，让对方产生我们很重视他的观点的印象，引起他的交谈欲望，从而避免使交谈陷入僵局。

2. 谈对方得意的事

如果对方流露出对正在谈论的话题不感兴趣而不想开口的情绪，我们最好马上转移话题，选择对方乐于谈论的事情进行交谈，或者故意创造机会让对方自己转移话题。

如果对方事先没有准备，对这一话题有兴趣但一时又不知从何谈起，那么，我们应以简明而富有启发性的交谈来开阔对方的视野，活跃对方的思想，从而引起对方的谈话兴趣，打破僵局。

如果对方自我防范意识太强，还是不肯轻易开口，那么，我们就要努力创造一种非正式的交谈气氛，支持和鼓励对方无所顾忌地坦率地发表意见，对其中的一些合理看法给予赞许，促使其谈论下去。

3. 多谈双方的共同点

如果是因双方互不了解，不知谈什么得体，那么，我们就应当主动自我介绍，并使交谈涉及尽可能广泛的领域，从中发现双方的共同话题。

如果因双方过去曾经发生的摩擦或隔阂而造成了沉默，我们就应该高姿态，求大同，存小异，或者干脆把过去的隔阂抛在脑后，好像什么也没有发生似的，热情地与其交谈，增强信任和友善的气氛。

如果是刚刚发生了争论而出现了僵局，那么，我们就应当冷静下来，心平气和地谈论些没有分歧的问题；如果局势太僵，不妨暗示在场的第三者出面积极调解，设法打破僵局。

4. 换个交流的环境

如果对方觉得这个环境不适合他发表意见，我们不妨换个环境，也许他就愿意敞开心扉来谈。如果对方认为环境中的个别因素妨碍了交谈，在可能的条件下，我们应设法排除这些干扰因素，以使对方积极地参与交谈。

11计 口吐莲花

在现代商战中，语言是重要的交际工具。表达同样一个意思，说话艺术水平不同的人，获得的效果大不相同。因此，大凡精明干练的老板，无不十分讲究运用交谈的技巧，去触发他人的心灵，激起感情的共鸣。

说话的基本技巧

在人际交往中的说话，最能体现一个人的思想和艺术水平。富有艺术性的说话，通常须符合以下5个方面的基本要求：

（一）情理交融，以情感人

心灵的呼唤，离不开感情作媒介，思想的共鸣，也需借友爱去撞击。情不达、理不通，纵使金玉良言，也不过犹如好雨浇在石头上。因此，我们说话应该情理交融，理达情通，以理服人，以情感人。

（二）寓理于例，以事论理

俗话说："摆事实，讲道理"，这说明在谈话时，"事"和"理"不仅缺一不可，而且应融为一体。没有思想，谈话就意味着失去灵魂；没有事例，谈话就会流于空泛。

"寓理于例"中的"例"一般说来，应该具备新、近、精、切、实五个特点。新，是指引用事例要有时代特色；近，主要指所说事例在地理和心理上的接近，多用大家平时看得见、摸得着的事例；精，就是要有典型意义，谈话要选用最有分量、最有说服力的事例，以增强效果；切，即切合观点，选用对说话观点最有借鉴价值的事例；实，就是真实准确，确有此事。那种道听途说、无中生有的引例方法，只能有损于谈话效果。

（三）开诚布公，促膝谈心

谈话即是谈心。开诚布公，促膝谈心，往往比正儿八经地坐下来开一席会，效果要好得多。谈话应该推心置腹，最理想的是达到心心相印的境地。谈话不同于演说，它要求“理”尚往来，各抒己见，允许“公说公有理，婆说婆有理”，在平等协商中统一认识。如果只是我说你听，我压你服，就谈不上推心置腹、心心相印。促膝谈心，就是要求谈话双方并排而坐，面对面，便于察言观色，把握对方的心理，气氛轻松平和，毫无拘束。

（四）迂回曲折，善于巧说

说话，有直说与巧说之分。“直”是指真诚相见、肝胆相照。“巧”指的是说话艺术的巧妙。巧说常能给人以出人意外、跌宕起伏、引人入胜的感觉。以下是3种常用的巧说：

1. 归谬法。欲指出对方的错误，不妨先假定对方虚假的论题为真，然后从这个论题引申，推导出更为荒谬的结论，从而达到推翻对方观点的目的。

2. 迂回法。欲西先东，欲进先退，避其锋芒，迂回诱导。

3. 激将法。刺激对方自尊心，以使其受到激励和鞭策。

（五）刚柔相济，软硬兼施

说话，有时像火，有时像水。前者，刚气激越；后者，柔情一片。刚柔相济，就表现出了说话的技巧性。刚和柔，各有妙用，不可偏废。日常工作中常有这样的情形，一个员工犯了过失，老板怒不可遏，大发雷霆，他以为这样可以“镇住”那位员工。但结果却引起了对方的强烈抵触。而当时老板如果能换一种方式，比如只是拍拍这位员工的肩膀，微笑一下而已，那么便可使这位员工感受到理解和宽容。

可见，说话的刚与柔，应视对象的具体情况而定，或刚或柔，当从某种心理特殊性出发，以具体性格的条件为转移。

聆听的基本技巧

谈话，总是双向性的，既有自己的说话，也有对方的说话。因此，我们在与他人交谈时，不但要善于表达自己的意思，而且还应善于聆听对方的谈话。一席成功的谈话，其技巧性不仅包括说话的技巧，而且还应包括聆听的技巧。

（一）积极主动，及时回应

在交谈时，我们应对对方的意见表示出极大的兴趣，积极努力去听，去了解对方。如果有不明白的问题，应及时地问清楚。而且，在表现出我们极大兴趣的同时，又不要好表现自己。每当对方说什么，如果我们都能表现出自己很了解这方面的情况，好像自己无所不知，那么一方面会导致对方不把个人全部的话说完，另一方面还会引起对方的不快，使他感到我们自以为是，不能平等待人。

正确的做法是，在对方说话时，我们全神贯注地聆听，不做无关的动作，这样对方就感觉到我们对他的话特别感兴趣。如果我们东张西望，或低头做自己的事情，就会给对方造成我们不耐烦听他说话的感觉，从而使对方对

我们产生反感。

(二)不打断对方的说话

有时,谈话并不是一下子就能抓住实质的,应该让对方有时间不慌不忙地把话说完。即使对方为了理清思路,做短暂的停顿,我们也不要打断他的话,影响他的思路。特别要注意,不要未等对方把话说完,就打断对方和匆忙下结论。一个善于交谈的人,应该努力弄懂对方谈话的真正意图,完全把握对方的意思。

(三)注意对方的感觉和表达手段

一个人感觉到的往往比他的思想更能引导他的行为,越不注意他人感觉的真实面,就越不会彼此沟通。体察对方的感觉是指将对方说话背后的情意复述出来,以表示了解和接受他的感觉,这样会产生很好的效果。

在注意对方感觉的同时,还要注意对方语言以外的表达手段。一个人所要表达的内容,并不一定都在他的话语中,因此,要注意对方说话时的声调、情调、态度以及表情、手势等,以便充分了解对方的本意。

(四)抓住对方的主要思想

有些人说话时,常常带一些口头语或做一些习惯动作。对此,我们不必介意,更不要分散自己的注意力,应把注意力放在对方说话的主要思想上。

善于聆听的人,总是注意分析哪些内容是主要的,哪些是次要的,以便抓住问题的实质,避免造成误解。必要时,不妨简要地复述一下对方的谈话内容,并请他纠正。这样将有助于我们对对方谈话内容的准确理解。

(五)头脑冷静,超前思维

一个善于聆听的人,总能控制自己的感情。如果过于激动,无论对讲话或听话的人来说,都会影响表达或听取的效果。通常,思考的速度要比讲话的速度快若干倍,因此,在聆听对方谈话时,大脑要抓紧工作,超前思考分析。如果对方在谈话时,我们心不在焉,不动脑筋,便会记不住对方谈话的内容,于是不得不让对方一再重复谈话的内容,这样无形中就会引起对方的反感,影响工作效率。

配合交谈内容的基本技巧

一场引人入胜的交谈,不仅要能说、会听,而且还要善于用眼、手、态度等与交谈内容相配合。

（一）眼神的配合

俗话说："眼睛是心灵的窗口"，一个人心中的喜、怒、哀、乐都会从眼神中表现出来。因此，我们在与别人交谈时，一定要注意自己的目光，使目光与自己内心的真实意图相一致。目光凝视，会使人感到我们在聚精会神；目光锋利，会使人感觉我们心有警戒。因此，我们应该借助目光来表达我们的思想。

在交谈中，目光的方位也很重要。通常，在一场心平气和的交谈中，我们的目光应注视对方的眼睛或头部，但不要死死地盯住对方的眼睛，这样会使对方感到窘迫。注视对方的眼睛，应做得轻松自然。如果两个人在室内面对面地交谈，两人的目光距离应该是一米至两米半。这时看对方，目光可在对方胸部以上，头顶上方五公分以下，两肩外侧十公分以内的范围里比较好。

（二）手势的配合技巧

手势是一种表达思想与情感的重要方式。我们在与他人谈话时，为了加强语气，强调内容，可以适当地做一些富有表现力的手势，这样可以加强语言效果。但手势不宜过多，也不宜重复。过多了，显得指手画脚不稳重，会惹人讨厌；反复做一个同样的手势，则显得单调、乏味，缺少艺术性。

在做手势时应注意，当谈到自己时，不要用手指指着自己的鼻子尖，而应将手放在自己的胸口上，这样显得端庄大方、谦虚有礼；讲到别人时，不可用手指指着别人。特别要注意，在交谈时，切忌伸出食指，向对方指指点点，这样的手势极不礼貌，因为它表示的是对对方的轻蔑与瞧不起，即使无意的指点，也会引起对方的反感。

（三）态度的配合技巧

交谈时的态度对交谈的效果至关重要。同样一句话，用不同的态度（如漫不经心、认认真真、犹犹豫豫或充满自信等态度）说出来，给人的感觉和产生的效果就大不一样。

交谈中，正确的态度应该是真诚、稳重、热情、有礼。其中，以真诚最为重要。开诚布公，讲真心话，才能令人信服，产生良好的效果。

交谈中，不良的态度是傲慢、虚假、慌乱和冷淡。傲慢，会伤害对方的自尊心；虚假，会使自己失去信任；慌乱，会使对方低估我们的能力；冷淡，会使对方感到不亲切。

表扬员工的基本技巧

（一）表扬员工的重要性

1. 能使员工对老板的指令获得更深刻而全面的认识

在员工的成绩面前，老板赞许地说："你做得对，干得好！"，那么，员工在欣喜之中便自然会领悟到，这种"对"、"好"原来是以老板的价值取向和操作规范衡量出来的，同时也自然是老板部署的现实化。这样，每一次受到赞扬，便是对老板决策的不可动摇性的一次新的确证。

2. 通过满足员工的成就感，使其更加深信自身能力和价值

仅仅让员工体会到老板的坚强和能力是不够的，甚至是有害的。员工

如果在老板的巨大形象面前只感到自己的低能与卑微，产生自我人格萎缩效应，这对于再高明的老板来说，都是莫大的隐忧和危险。真正的强人很重要的一点就在于，他能使身边的或手下的众人毫不畏缩，富有坚定的人格信念。老板应善于相机向员工灌“你行”的精神激素。要实现“强将手下无弱兵”，很重要的就在于“强将不言兵弱”。

3. 激发员工的感奋与竞争意识

员工的创造活力与开拓精神，常常因彼此之间的成绩差异而被激活和燃旺。

而老板对某个成绩突出的员工进行的宣扬与称赞，更会人为地加剧这种差异的震荡，使更多的人胸中平添一种蓬勃向上的朝气，产生“你行我也行”的竞争意识。这正是事业发展的基本动力源。

4. 对员工成绩和良好思想品格的肯定和赞扬，实际上就是对另一种与其相对立的倾向的有力否定和批评

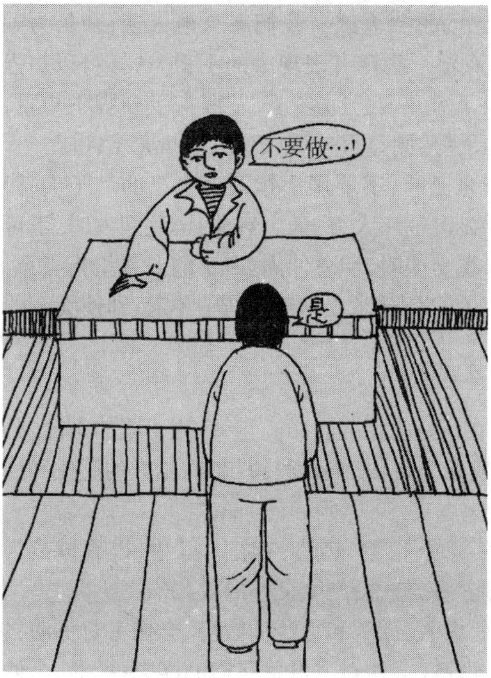

直接喝斥某种倾向的危害，明白地提出某种诫令，尽管不失为一种可行的常规办法，但是平心而论，这只能是一种辅助手段，其效力不可能深远。

实际上，指出“什么不好”、“不要做什么”，只能解决眼前的问题，因为人的精神和行为不会出现空白，不做这个，便会做那个，而做那个是否正当，可能又是问题。如果老板能及时向员工说明“什么好”、“应该做什么”、“怎样做”，这就从根本上解决了带有过程意义的问题。

因此，对于规定与约束员工的行为，肯定、赞扬要比否定、批评来得更为直接、便捷和根本。正是从这个意义上说，榜样的力量是无穷的。

(二)表扬员工的4项基本要求

顺耳之言似乎好说，但不易说好。肯定和赞扬员工的语言要想有效地激励感染员工，引人入胜，难度是很大的。

有的老板对于员工的成绩，往往视为其份内之事，是应该的，因此倾注的感情便会不自觉的有些淡然。这样即使表示肯定和赞扬也常常变成虚与委蛇，或者不着边际地搬弄一番溢美之词，不仅起不到激励的作用，还会产生负面效应。可见，对于表扬员工的语言，不但不能敷衍，而且还须学习与掌握一些基本的技巧与要求。

1. 情真意切

充分发挥谈话的效力，需要肺腑之言，只有从诚挚的心灵流出的语言，才能发挥语言的最大力量。而矫情、言不由衷则是语言的大忌。

当员工从老板表扬的语句中，觉察出老板原来并不是因自己的努力和成功而真心愉悦，而是怀有忌妒、猜疑甚至愠怒时，那无疑是对其心灵的严重创伤。当然，这种心胸狭窄、不愿成人之美的老板是成不了气候的，其心理也不能代表一般的情形。一般的情形是前面提到的，把员工的成绩片面地看作其份内应该的事，而得到的东西，就不如未得到时那样珍视。因此，老板常常不能为员工的成绩倾吐真挚的情感。

要克服这一点，一是要在理性上认识到应得与未得的不可分割，该肯定的成绩必须给予及时而充分的肯定，不能过河拆桥；二是在情感上推己及人，把员工的成功看作是自己的成功，把自己的喜怒哀乐与员工的喜怒哀乐融合在一起。

2. 增进认识

表扬是为了激励员工，这种激励应该是真挚热烈的情感与明晰深刻的理性相统一。

老板要善于通过对员工的表扬，帮助员工深入总结经验，找到成功的主、客观原因，并进而发现不足，引出缺憾，下步行动目标与任务也会随之而出，不致于使员工满足于已有成绩而沾沾自喜，止步不前。有价值、讲技巧的表扬不但不会使员工飘飘然忘乎所以，而且可以使其在成绩面前认识不足，决心继续奋进。

3. 扬长也须论短

员工的长处固然需要及时给予肯定和赞扬，但是，如果老板只会在员工的成绩面前来一声喝彩，那么这样的表扬就会显得过于单调，既起不到前面所说的增进认识的作用，更有损于老板在员工心目中的能力形象，造成了老板的角色模糊。

事实上，任何一个员工的长处都连着短处。因此，表扬的内容决不可采取孤立截取的方式。老板越是在常人不曾觉察之处，独具慧眼地发现员工的长中之短，那么，老板的威信和可信赖度就越高。

老板对员工的绝对肯定同对员工的绝对否定一样是有害的。绝对的否定会使员工沮丧困惑，而绝对肯定又会使员工的进取意志逐渐消磨。五彩缤纷的统一与交相辉映才是美。老板在充分肯定员工长处的同时，又伴以论短的言词，这样既会使员工在心理上对自己的短处造成比单受批评时更乐于接受的机制，又会使赞美的语言变得刚柔相济。

4. 虚怀若谷的气度

汉高祖刘邦在打败西楚霸王项羽的庆功宴会上，向文武群臣们提问："我为什么能得天下?"群臣纷纷各抒己见。但是刘邦对大家的见解都不以为然。他说："若论运筹帷幄，决胜千里，我不如张良；战无不胜，攻无不可，我不如韩信；安顿后方，保障供应，我不如萧何……"对于封建帝王来说，能有这样的谦逊气度确实难能可贵。

在表扬员工时，老板如果敢于把自己摆进去加以评说，将使员工大受震动，并由此缩短心灵的距离。那么，刘邦为什么能有这样恢宏的气度呢？他的下文就是答案："他们都能为我所用"。老板只有时时牢记，员工的才能和成绩再高，也都是在服务于老板的事业的，这样他就不会有降尊纡贵的屈辱感，而做到饥渴不已般地吸取员工的长处。同时，这也是老板执着的事业追求和具有自信心的表现。

（三）表扬员工的3个禁忌

1. 切忌与员工抢功

诚然，员工的成绩和建树离不开老板的指引与扶植，员工的胜利往往就是老板的决策与部署的科学性、正确性的确证。但是，这一点只应有员工和他人在内心去体会与认可，而不可流露在老板的言词中。

这首先是老板保持谦逊作风的需要。老板只应刻意追求生意的实际发展，而不应、也没有必要在成绩的归属上与员工争个高低。相反，推功会使老板的形象更加高大与超拔。

其次会增加员工的主体责任感。既然老板把成绩归功于员工的个人实践，那么，员工在受到表扬之际，除了珍重成绩与荣誉外，还自然会想到，将来倘若发生失误或差错，也当然要自我承担而无法推诿。因老板不掠员工之美，就蕴含着在员工犯错误需要处罚时，员工也不应推过于老板。

2. 切忌褒一贬多

表扬有成绩的员工，不可避免地要造成未受表扬的员工的心理失衡，这对于激励众人努力进取是必要的。

但是这种效果通常只应客观生成，老板不应采取双管齐下、曝此寒彼的方式。因为个体之间的差异有着条件性，某人有一种长处，而其他人不具备特定条件，就未必能形成这种长处，而只能具有其他长处。如果对某个员工的长处过度赞誉，而对其他不具备这种长处的众人倍加贬损，这将会严重地损伤众人的自尊心和对老板的亲和力。这样表扬员工不仅收不到预期效果，相反，还会造成老板、被表扬的员工和未被表扬的众人之间不应有的疏离。

3. 切忌任意拔高

老板表扬员工的语言要适可而止。如果不切实际地高估了员工的成绩，人为地赋予成绩本身不应有的价值，甚至流于庸俗的捧场，那么这样的表扬就会产生以下几个负面效应：

首先，会使受表扬的员工产生盲目的自我膨胀心理，误认为自己的做法真的具有那样高的价值，从而坠入"一览众山小"的迷雾中，损害了励精图治的开拓意识。

其次，会造成其他员工的逆反心理，人们崇敬的是真正的楷模，而不是人为拔高了的典型。对于名实不符的样板，人们会由不服气到猜忌，由猜忌到厌弃。这样一来，不但起不到应有的示范作用，反而会离散员工之间的团结协作关系。

最后，容易滋长员工不务实、图虚名、觅"终南捷径"的不健康风气。当员工看到小有成绩便可得到很高的表扬时，便会动摇脚踏实地孜孜以求的信心，这样就难免产生浮夸、造假及邀功求赏的不良现象。这样一来，本来作为一种激励手段的表扬，就会异化成员工心目中的目的，其本来的作用就将被扭曲,甚至丧失殆尽。

批评员工的基本技巧

(一)批评员工的必然性

恰当地批评员工,对管理活动和系统功能的完善有着重要的意义。

首先,从系统论的角度来看,批评员工的过程就是系统有效地克服偏差、完善组织机制的过程。通过这一过程,系统的目标更加明确,行动更加一致,从而更能克服所面临的各种困难,实现系统的功能。

其次,从控制论的角度来看,批评员工的过程,也是作为控制者的老板有效地克服系统正反馈的过程。通过这一过程,可以使控制者洞察全局,明察秋毫,保持与被控制者有效的信息传递,使系统始终处于活性状态,维持领导系统的良性运转。

最后,从人际交往的角度来看,批评员工的过程,更是领导者与被领导者意见沟通的过程。通过对员工恰如其分地批评,老板与员工之间达成相互认知和情感交流,彼此肝胆相照,卸掉精神包袱,轻松愉快地开始下一步的工作。这样既能保证整体利益与局部利益的协调,又有利于维护内部团结,进而同心协力发挥系统的最佳效能。

可见,老板适时而恰当地批评员工不仅是必然的,而且是必要的。那种毫无原则、恣意放纵员工的做法,与科学的领导方式是背道而驰的。但问题的关键在于如何恰到好处地批评员工,体现在语言上则要求老板须具有高超的技巧。

(二)批评员工的5项基本要求

1. 实事求是,公正民主

进行批评,态度、方式和方法都很重要,不过最基本的还是实事求是,公正民主。如果事先调查不够,事实真相与得到的情况有差异,被批评者就难以接受;如果有人提供了假情报,打了“小报告”,老板以此为据,妄加批评,那就更加难以服人了。因此,老板批评员工时须从实际出发,弄清事情本来面目,找出问题的原因,恰当地分清责任,这样的批评有理有据,既不夸大,又不失实,员工自然口服心服。

公正是一切人际活动的前提,民主是意见沟通的基础。只有公正,才能正确无私地批评员工;只有民主,才能使员工有申辩的机会,实现双向沟通。

公正、民主是有效批评员工的根本保证。它与传统的“家长制”、“一言堂”是截然对立的。尽管发扬公正、民主比独裁、专制要困难得多,但由于老板倾听了员工的意见和呼声,因而发出的指令更加具有客观性和活力。无论是总结历史,还是洞察现实,广开言路和各抒己见的做法,都要远远胜于只有一种声音的状况。

2. 强调员工工作的重要性

尽管批评的实质是员工的过失引起了老板的关注,但结果却往往容易使员工误认为其劳动受到了轻视或未被理解。因此,与期望的结果相反,员工对老板的批评意见会给予抵触或不予理睬,甚至由于逆反心理而依然我行我素,“破罐子破摔”。

相反,如果让员工感受到老板的重视和需要,就可以提高员工的自尊和自信,这样即使遇到批评,也就能以积极的态度对待。

3. 自责在先

批评员工,固然是因为员工有了过错,但与此同时,处于指挥和监督岗位的老板,也有不可推卸的间接责任。如果老板好像没事儿一样,只是盛气凌人地把员工批评一顿,却不肯承担领导责任,好像自己一贯正确似的。这样一来,员工便有自己在老板心目中一无是处的委屈之感,虽然表面未必反驳什么,但心中已耿耿于怀,无形中站在了老板工作的对立面。

因此,在批评员工时,老板最好首先自责,进而再点出员工的错误,使其有老板与他共同承担错误之感,进而产生负疚之情。这样一来,在以后的交谈中,老板说多说少、说深说浅,员工不仅基本上承受得了,而且融洽了彼此之间的感情,不至于弄得不欢而散。

4. 对事不对人

正确的批评应该是对事不对人。虽然被批评的是人,但绝不能搞人身攻击、情绪发泄。因为要解决的是问题,是为了今后把事情办好。只要错误得到了改正,问题得到了解决,批评就是成功的。因此,老板必须首先弄清楚事情的来龙去脉,据此同员工一起分析问题的成败得失,做到以理服人。由于对事不对人,员工便会积极主动地协助老板解决问题。否则,不问青红皂白,撇下问题而教训人,就容易感情用事,使员工误以为老板在蓄意整人而聚起思想疙瘩,一时难解。

其实,人和事本是统一的,因为“事在人为”,具体的事都是由具体的人做出来的,所以纠正了问题也就等于批评了当事者。不过这样做便容易被人接受,因为这种方式对事情是直接的,而对人却是间接的。如果抽掉“问题”这个中介,直接对人,当事人就可能吃不消。

当然,澄清了事实也并不等于解决了员工思想上的问题,接下来的工作应是凭事实摆道理。这样既办了事,又团结了人,真正达到了工作的目的。

说到底,对事不对人原则力求实现的就是,在感情上对批评者来说是委婉的,在问题上则是直接而本质的,是通过事实做人的工作。

5. 因人而异,把握分寸

既然批评做的是人的工作，就必须因人而异，把握分寸。那种企图用统一模式裁判活生生现实的做法，只能到处碰壁。

因人而异，就必须考虑被批评对象的各种具体情况；把握分寸，就是要讲究批评的恰当与适度，过与不及都是应当避免的。

（一）批评员工的8个禁忌

1. 捕风捉影，无中生有

批评本来是教育员工改正错误，因此批评的前提必须是员工确有错误存在。

没有错误，硬去批评员工，便会给员工留下蓄意整人的印象。老板应该心胸豁达，实事求是，最忌讳神经过敏、疑神疑鬼、听信谗言、无中生有。

2. 言辞刻薄，恶语伤人

每个人都有自尊心，即使员工犯了错误也是如此。因此批评时务必要平等相待，绝不能以审判官自居，更不能幸灾乐祸，甚至恶语中伤。因为训斥只是对被批评者自尊心的损伤和人格的侮辱，并不能真正地解决问题。应该是心平气和地谈论问题，给员工一种爱护与亲近感。

3. 乘人不备，突然袭击

严重的批评事先要打个招呼，使员工有足够的心理准备。普通的批评也要给员工以充分的回旋余地，做心理调整，以防引起较大的情绪起伏。一个人做错事时，内心本来已有所反省、恐慌和不知所措，此时，如果像打击罪犯一样对待他，他会因此而羞愧不安，甚至一蹶不振，无法再肯定自我，或者沿着错误的道路滑下去，自暴自弃。

4. 姑息迁就，抛弃原则

批评员工，当然需要给他一些安慰与鼓励。不要全盘否定，一棍子打死。要使他增强信心与勇气。但是，这决不意味着可以对员工的过失姑息迁就，庇护掩饰，不予追究。抛弃原则，听之任之，好像宽宏大度，关心员工，实际上这是养痈遗患，为其以后犯更大错误提供条件。看似爱护他，实际上是害他，千万不要这样去做。

5. 不分场合，随便发威

场合即时间与地点，它是批评员工的必要条件，也是老板语言发挥的必要限制。聪明的老板总是在什么场合说什么话，看什么情况行什么令，灵活机动，随机应变，从而创造出一个批评员工的良好时机;而鲁莽的老板则往往不分场合,不看火候,随便行使权力,大耍威风。结果,反而使问题变得更加复杂和严峻起来。

一般的批评宜在小范围里进行,这样会创造亲近融洽的语言环境。实在有必要在公众场合批评时,措词也要审慎,不宜大兴问罪之师。

6. 吹毛求疵,过于挑剔

老板对员工的领导,是起一种指导和监督作用,而不应是员工的管家婆,不要事事都批评员工。而有一些老板就喜欢寻找员工的不是,好像不经常挑出员工的一些毛病来,就不足以证明自己高明似的。而对如何防止出现问题,却提不出建设性的意见。这种对于小事过分挑剔、大事反倒抓不住的老板,员工是不会为其卖力工作的。

7. 口舌不严,随处传扬

批评员工既然不能不分场合,就更不应把批评的事随便传扬出去。有的老板前脚离开员工,后脚就把这事就给了别人;或者事隔不久批评另一个人时,又随便举这个人做例子,无意间将批评的事散布出去,弄得风言风语,增加了当事人的思想压力和反感情绪。

人人都有自尊,都有保护自尊的倾向。老板批评员工,就要爱护员工,尽量将其情绪起伏控制在最低程度,绝不能无意中增加新的干扰因素,影响员工接受批评,改正错误。实际上,口舌不严是老板不负责任、缺乏组织纪律性的一种恶劣表现,本身就在受批评之列。

8. 婆婆妈妈,无休无止

批评不能靠量多取胜。少说能解决的,不要多说;一次批评奏效的,就不要再增加次数。婆婆妈妈,无休无止,未必能打动人心;絮絮叨叨,没完没了,反而使人生厌。严肃的批评,必须有准确的内容、合理的程序和必要的时间限制。那种企图通过一次批评,就包医百病的想法是不科学的。

12计　八面玲珑

应酬是现代交际的核心内容,没有应酬,交际也就无从谈起。

应酬是我们获得良好人际关系的一个有效手段,其中有一些基本的应酬技巧是需要我们所熟知并灵活运用的。应酬有方,方能在现代商场上笑傲“江湖”,八面玲珑,为企业发展赢得更多的人缘与助力。

请客吃饭须讲究

请客吃饭作为商场中的一种礼节性行为,发出邀请是第一个步骤,恰当的邀请可以为交际的顺利和成功创造条件、奠定基础。为此,我们应注意以下3个方面:

(一)选择合适的对象

确定邀请对象是邀请首先面临的问题。而邀请对象的选择,必须根据交际的目的来定。通常，下棋应请棋友，跳舞要请舞友，乔迁、喜丧则请亲朋故旧，开业剪彩就该请有利于工作开展与业务往来，便于协调社区关系及从事传播等新闻媒介方面的客人等。邀请的对象一般是能给我们带来帮助的人，但有时也需要一些其他的朋友作赔，如果遇到这种情况，就应当精心安排，根据交际的性质、需要以及宴会规模的大小等，遵循先主要后次要、先亲近后疏远的原则，来划定邀请范围，依次确定邀请名单。

另外，还应适当考虑邀请对象的学识、年龄、地位、性格的差异和他们相互间的关系等，以防彼此发生冲突，破坏邀请对象间的和谐关系，给我们的交际带来不必要的麻烦。

（二）采取恰当的方式

采取哪种邀请方式，应具体问题具体分析，视交际的性质和对象而定。对于学者、专家、领导等，最好提前进行邀约，以便他们做好工作调整与时间安排；对于某团体的要人，最好公开邀请，甚至借助传播媒体，这样既能体现公正无私，光明磊落，又有利于引起关注，促进宣传，扩大影响；而朋友密谈则悄悄地进行更利于避开旁人的视线，保证交往活动的隐蔽性；对一般往来的亲友，打个招呼、通个电话、捎个口信就行了；对于比较重要的工作联系、业务关系、公关事务等，就必须采取相应的公文格式，如发书信、寄请柬等，或按一定的规格派专人传达、亲自登门，以示重视和尊重。总之，邀请的方式须因人而异，因事而异。

（三）运用得体的礼节

1. 明确邀请的内容

邀请前一定要明确宴会的时间、地点、活动内容、邀请对象等，以便心中有数，做好邀请。邀请时，须将上述事项向邀请对象传达明白，以利其接受邀请，担负相应的角色，准时赴约。

2. 尽可能地为邀请对象着想

如视需要为邀请对象提供来往交通等方面的便利等。这样与人方便，自己也得到方便，利人利己。

3. 真诚相约，不虚情假意，不违约，不失信

如有人曾邀请几位朋友到他家做客，朋友信以为真，谁知他却是虚意敷衍，让朋友吃了闭门羹。对于他的这种失礼行为，可想而知会得到怎样的结果，不仅失去了朋友，还由此落下个不守信用的坏名声，害人又害己。

推杯换盏有招术

完成了邀请，接下来便进入了酒宴应酬的正题。酒宴作为一种现代交际媒介，在迎宾送客、朋友聚会、彼此沟通、传递友情等方面，发挥了独到的作用。因此，探索一下酒桌上的“推杯换盏”术，无疑有助于我们交际应酬的成功。

（一）气氛活跃融洽

大多数酒宴宾客都较多，因此我们应尽量多谈论一些大部分人都能够参与并感兴趣的话题，众欢同乐，创造一个活跃融洽的气氛。

由于各人的兴趣爱好、知识面有所不同，所以话题尽量不要太偏，力戒

唯我独尊,神侃无边,出现跑题现象,而忽略了众人。特别是尽量不要与人贴耳小声私语,给别人一种神秘感,而影响大家的喝酒效果。

(二)宾主尽兴言欢

大多数酒宴都有一个主题,也就是喝酒的目的。赴宴时首先应环视一下各位的神态表情,分清主次,瞄准宾主,把握大局,使宾主尽兴言欢。不要单纯为了喝酒而喝酒,以致失去交友的好机会,更不要让某些哗众取宠的酒徒搅乱东道主的意思。

(三)语言诙谐幽默

酒桌上可以充分显示出一个人的才华、学识、修养和交际风度,有时一句诙谐幽默语言,会给人留下深刻的印象,使人无形中对我们产生好感。所以,应该知道什么时候该说什么话,语言得当,诙谐幽默很关键。

(四)举止有礼有节

在酒桌上,劝酒和敬酒是最为频繁的现象,这时特别要注意举止应有礼有节,劝酒适度,敬酒有序。有的人总喜欢把酒场当战场,想方设法劝别人多喝几杯,认为不喝到量就是不实在。这样对酒量大的还无所谓,酒量小的可就犯难了,有时过分地劝酒,会将原有的朋友感情完全破坏掉,好心反而办成了坏事,实在是不足取。

敬酒也是一门学问。通常,敬酒应以年龄大小、职位高低、宾主身份为序,敬酒前务必要充分考虑好敬酒顺序,分清主次,切忌顾此失彼。如果有求于席上的某位客人,对他自然要倍加恭敬,但也不要因此而忽略了在场的更高身份或年长的人,不要只对能帮我们忙的人毕恭毕敬,应先给尊长者敬酒,不然会使大家都很难为情。

(五)神色轻松随和

在酒桌上,主人的言谈举止、神色表情至关重要,往往直接左右着宴会的气氛和进程。因此,我们自身应率先以一种轻松随和的态度和大家畅所欲言,同时不动声色地对大家进行察言观色,敏锐地捕捉各人的需求信息,然后投其所好地挑起话题。

怎样说好应酬话

(一)祝贺令人快慰

祝贺是一种常用的交际用语形式,一般是指对交往中有喜庆意义的人或事表示良好的祝愿和热烈的庆贺。通过祝贺表达我们对对方的理解、支持、鼓励和祝愿,以抒发情怀,增进友谊。

从语言的表达形式看,祝贺词可以分为祝词和贺词两大类:祝词是指对尚未实现的活动、事件、成绩等表示良好的祝愿和祝福;贺词是指对于已完成的事件、业绩表示庆贺的祝颂。通常,祝贺总是针对具有喜庆意义的事来说的,因此,不应说不吉利的话和使人伤心不快的话,应讲一些吉利的话、欢快的话、使人快慰和感动兴奋的话。例如:

1. 祝酒。通常,在饮第一杯酒之前,主人应致祝酒词。祝酒词内容应围绕本次邀请的主旨,一般包括:感谢来宾光临酒宴;阐明宴请的目的;对未来的美好祝愿等。话语应简短,最好带点幽默感,以使人快慰和振奋。为此,词语不妨稍加修饰,但不要矫揉造作。致祝酒词时应起立,致词后与客人们轻轻碰杯,然后干杯。

2. 贺婚。贺婚词的内容通常包括三部分:对新郎新娘的幸福结合表示祝贺;对新郎新娘的爱情加以赞美或介绍有关趣事;对他们的美好未来真诚祝愿。语言宜简洁优美而富有激情。

(二)恭维恰到好处

人们通常所说的某人的嘴甜、会说话,其实大多说的是这个人能够恰如其分地夸奖或称赞他人。而且,这种人的人缘特别好,人们大都对他们怀有好感。那么,怎么才能恰到好处地恭维他人呢?

1. 不要过于直截了当。例如说:“你是聪明人,一定难不倒,能不能告诉我答案?”这样便会让对方觉得我们的主要目的不是恭维,从而更容易相信我们的话。有时,与其恭维对方的容貌,不如恭维对方的品味和能力。因为品味和能力是自己后天培养出来的,而容貌却是父母给的,不是自己的成功。比如说:“你的身材很好”就不如说:“你的穿着非常得体”。

2. 注意恭维不要过多。恭维话过多,对方会觉得不自在,认为我们惯于花言巧语,因而对我们产生怀疑。恭维过多,还会妨碍谈话的正常进行。

3. 恭维话要有新意。例如,有一头秀发的女孩最常听到的恭维话就是:“你的头发真漂亮!”而如果我们说:“你的一头乌发配上一双明亮的眼睛,真是太吸引人了!”这就有新意了。

4. 在对方想听到恭维话时,不要令其失望。如,一位朋友对我们说:“我昨天买了一套西服,你看怎么样?”这时即使我们觉得不以为然,也不能说:“不怎么样”或别的什么话。我们不妨这样说:“难怪你一进来,我就觉得你今天怎么特别的精神!”

5. 对方的名字是恭维的话题。如果别人刚刚介绍我们认识对方,这时我们不妨恭维一下对方的名字如何如何,这样会使对方觉得我们对他很有兴趣。

6. 不必说话也能表示恭维。眼光注视对方,流露出正在倾听对方说话的表情,会让对方意识到自己很重要,这是“此时无声胜有声”式的恭维。

(三)谈话兴趣盎然

1. 夸张般的赞美

老朋友、新同事见面后,免不了要介绍寒暄一番,这是个极好的应酬机会。

借此若能发表一番“外交辞令”,把每个人的才能、成就、地位、特长等作一种夸张式的炫耀与渲染,无疑会使朋友们感到自己深深地被我们所了解和欣赏。尤其是当我们利用这种方式把朋友推荐给第三者时,谁也不会去计较真实性,但我们无形中却张扬了朋友们最喜欢被张扬的内容。这种把人抬得很高却没有虚伪与奉承之感的介绍,立即会使整个气氛变得异常活跃。

2. 引发共鸣感

朋友或同事相聚,最忌一人唱独角戏,大家当听众。成功的社交应是众人畅所欲言,各自都表现出最佳的才能,做出最精彩的表演。为此,就须寻找最能引起大家共鸣的内容。有共同的感受,彼此间才可各抒己见,气氛才会热烈。因此,如果我们是社交活动的主持人,一定要把活动的内容与参与者的好恶、最关心的话题、最擅长的拿手好戏等因素联系起来,以免出现冷场。

3. 有魅力的恶作剧

善意而有分寸的取笑、调理朋友并不是坏事,双方自由自在的嬉戏,超脱习惯与规则的界限,享受不受束缚的自由和解除规律的轻松,是极为惬意的乐事。恶作剧具有出人意料的效果,它起于幽默,导致欢笑。人们在捧腹大笑之余,会深深地感谢那个聪明而欢乐的制造者。

4. 提出荒谬的问题并巧妙应答

交谈中,总是一本正经的人会给人一种古板、单调和乏味的感觉。这时,若能不时穿插一些朋友们意想不到的、貌似荒谬而实则有意义的问题,不失为一种活跃气氛的好方法。学会提出引人发笑的荒谬问题并巧妙应答,有助于良好社交气氛的形成。

5. 适当贬抑自己

能够自我贬抑、自我解嘲,这种战术是最高明的。通常是老练而自信的人才采用这种方式。贬抑会收到欲扬先抑、欲擒先纵的效果。众人将在哄笑声中重新把我们抬得很高。自我贬抑既可活跃气氛,又能博得他人好感。

(四)巧用金蝉脱壳

找借口是一种常见的生活现象。所谓借口,是指人们在交际中为了达到某种目的而提出的非起初的或假借的理由。在必要的时候,如果我们能找到一个美丽的借口，巧用金蝉脱壳，促使交际获得良好的结局，无疑是一种十分得体的选择。

1. 隐蔽本意的借口

在交际中，有时不想把自己的真实意图暴露给对方，常常需要为自己的行为打一个美丽借口，即找一个合理的事情来为自己打掩护。这种借口，既可推动交际成功，又不授人以话柄，具有保护自尊的作用。比如，有一个姑娘爱上了一个叫张强的小伙子，想直接到他家又怕别人笑话，于是便拿了一本书，来到他家，说：“伯母，我来给张强还书，他在吗？”伯母说：“他这两天不舒服，在屋里。快进去吧。”在这里，她便找到了一个无可挑剔而又遮人耳目的借口。

2. 成全他人的借口

在交际过程中，如果发现自己继续在场是多余的，会妨碍他人正常交际时，就应找一个借口适时地退出现场，为别人创造一个理想的交际环境。比如，在家里，姐姐见弟弟的女朋友来了，就这么一间屋子，两个人说话不方便，姐姐微微一笑，说：“你们坐着，我要上街买点儿东西。”说完便出去了。虽然弟弟明知这个借口是虚构的假话，但还是从内心十分感激姐姐这个借口，因为它带来了善意而积极的后果。

3. 拒绝他人的借口

有时，自己不想参与某事，就需要找一个借口加以拒绝，这样既不失礼，又达到了目的。比如在约会时，如果一方不能赴约，面对对方的好意，为了不让对方难堪，不妨找个借口说：“对不起，很不巧，今晚我有约在先了，我们改日再会，好吗？”这样，便得体地拒绝了对方的邀请。不过，须注意的是，这种借口必须有正当的而又不被他人怀疑的理由才是成功的。如果所找的理由不足以使人相信，这个借口就可能影响双方的关系。

4. 回避难堪的借口

有时，为了避免难堪，或自己不想在某种交际场合待下去，不妨找一个合适的借口离开。比如小张到一个公司办事，快到开饭时间了，经理诚心挽留他一起吃饭，可他与这家公司的另一位副总有些不合，不愿与他同席，于是便找借口说：“实在对不起，今天中午我有位朋友要来，我不能失约。”这么一说，经理自然不好再坚持。不过，运用这类借口须注意，说出来的理由一定要比对方挽留的理由更充分，不好拒绝，才能达到目的。

5. 争取时间的借口

在交际应酬中，当自己处于不利形势，为了寻找转机，加强己方的立场，便需要找借口暂时离开现场，为考虑对策或采取某种行动争取必要的时间。比如在谈判中，人们常常以“去卫生间”或“打电话”为借口等。

（五）把握玩笑分寸

在商场应酬中，开个得体的玩笑，可以松弛神经，活跃气氛，创造出一个适于交际的轻松愉快的氛围。因此，诙谐幽默的人常能受到人们的欢迎与喜爱。不过，玩笑若开得不好，便会适得其反，伤害感情，因此开玩笑还须掌握好分寸。

1. 内容高雅

笑料的内容取决于开玩笑者的思想情趣与文化修养。内容健康、格调高雅的笑料,不仅给对方以启迪和精神的享受,也是对自己美好形象的有力塑造。例如,钢琴家波奇在一次演奏时,发现全场有一半座位空着,他对听众说:“朋友们,我发现这个城市的人们都很有钱,因为你们每个人都买了两三个座位的票。”话音一落,便惹得听众放声大笑。波奇无伤大雅的玩笑话使他反败为胜。

2. 态度友善

与人为善,是开玩笑的一个原则。开玩笑的过程,是感情互相传递的过程,如果借着开玩笑对别人冷嘲热讽,发泄内心厌恶或不满的感情,那么除非是傻瓜才识不破。也许有些人的确不如我们口齿伶俐,纵使我们表面上占了上风,但别人会认为我们不能尊重他人,从而不愿与我们交往。

3. 行为适度

开玩笑除了借助语言外,有时也可以通过行为动作来逗别人发笑。不过,须注意的是,行为千万不可过度。比如,有对新婚夫妻,感情很好,整天都有开不完的玩笑。一天,丈夫摆弄着鸟枪,对准妻子说:“不许动,一动我就打死你!”说着故弄玄虚地扣动了扳机。不曾想鸟枪走火,妻子被意外地打成重伤。

4. 区别对象

同样一个玩笑,能对甲开,不一定能对乙开,须视对象的具体情况区别对待,不可一概而论。比如,夫妻间开的玩笑,放在朋友的身上就未必合适;而对无话不谈的好友开的玩笑,用在同事身上就可能会伤害对方的感情等。

应酬有方,八面玲珑

(一)如何进行商业会晤

商场应酬免不了经常要有很多会见活动,那么,会见中通常有哪些要求呢?

1. 有针对性地热情问候

问候时最好点名道姓。迈进会客室的门,我们说的第一句话应显得十分热情。不单在言语上,在行动上也要显得热情,并且不要泛泛而谈,而应有针对性地致以热诚的问候,使大家都能得到应有的尊重。

2. 注意得体的礼节

如果对方没请我们坐下，我们最好站着。坐下后不应掏烟，如对方请我们抽烟，我们应该说："谢谢。"切记，不要把烟灰或纸屑弄到地板上，那是很不礼貌的，有损形象美。

3. 不要急于出示我们随身携带的东西

只有在对方提及了这些东西，并已引起对方兴趣时，才是出示它们的最好时机。另外，我们须事先准备好，当对方询问我们所携带资料中的有关问题时，我们应能给予详细的解释或说明。

4. 主动开始谈话，保持相应的热情

即使对方已经知道我们的一些情况和来访目的，我们仍有必要主动开口，再次对某些问题进行强调和说明。这不仅反映我们的精神面貌，也是礼貌的需要。在谈话时，如果我们对某一问题没有倾注足够的热情，那么，对方会很快失去谈这个问题的兴趣。

5. 诚实、坦率，有理有节

如果我们在一件小事上做假，很可能会使整个努力付诸东流。对方一旦发现我们不诚实，我们的各种不同凡响的作为都将黯然失色。没有人是十全十美的完人，因此，我们不妨坦率地谈起或承认自己的缺点或过失。在评论第三者时，不要失去体谅他人的气度，无节制地使用尖刻的语言只会让人疑心。

6. 告别时干脆利落，不要节外生枝

会见结束时，不要忘记带走我们的帽子、手套、公事包等东西。告别语言应适当简练，并克制自己不要在临出门时又引出新的话题，因为人们没有理由认为告别才是会见的高潮。

（二）如何介绍朋友

当我们的朋友越来越多时，其中便会有许多人是由别人的朋友介绍来的，由朋友介绍来的朋友往往使人更感亲切。不过，介绍朋友也需掌握一些基本的技巧，否则就白费了我们的一番美意。

1. 按照先后顺序介绍

当介绍陌生男女认识时，通常先把男士介绍给女士。当然也有例外，如果男士的年纪比女士大很多时，则应先将女士介绍给年长的男士，以表示对长者的尊重；年轻者被介绍给年长者；地位低的被介绍给地位高的；未婚者被介绍给已婚者。以示对后者的尊重。介绍时，通常后被介绍者应趋前主动伸出手来，与对方握手。握手后，双方应寒暄几句，如随身带有名片，可以互换名片。介绍时还应注意自己的体态：趋前，微笑，点头，目视对方，举止端正得体。

2. 介绍的 3 种类型

（1）正式介绍

正式介绍是指在较为正规、郑重的场合下进行的介绍。正式介绍时应注意以下几个问题：首先，介绍时一般用"请允许我向您介绍——"等之类的说法；其次，如果将女士介绍给男士，应有一个类似征求意见的表示；最后，当给双方介绍后，介绍人不应马上离开，以免双方因初次接触而感到尴尬。

(2)非正式介绍

非正式介绍指在一般的、非正规场合中进行的介绍。在这种场合,不必过于拘泥于礼节,完全可以视双方关系的密切程度和当时的情形,做较为随便的介绍。介绍时语言也比较简单、活泼,也不妨加上“这位是”、“这就是”之类的话,以加强语气。

(3)自我介绍

自我介绍是交际场合中常用的介绍方式,它在某种意义上可以说是打开人际交往大门的一把钥匙。在社交场合,如果主人一时无法抽身介绍,或者忘记了介绍,我们就应先做一下自我介绍,以表明自己的身份。这样,沉默一旦被打破,彼此便可做进一步的交谈了。有时为了结识某人,在没有介绍人的情况下,也可以直接进行自我介绍。自我介绍中,还可以先请问对方的姓名。如果能够找出我们与对方的某种联系,将会使彼此更加容易沟通。自我介绍时应注意及时、准确、清楚。

3. 介绍时的注意事项

介绍时,应先打招呼,使双方有思想准备,不至于感到唐突;须注意把握先后顺序;语言要清楚明确,不要含糊其词,使双方记不清或记错对方的姓名;应避免过分赞扬某人,不合时宜的吹捧会令被介绍者感到尴尬,介绍者本人也会给人留下不良感受,从而使被介绍的双方产生反感,出现难堪局面;介绍后的停留时间要适当,一般应稍停片刻,引导双方交谈,待他们能够交谈后,再借故离开。

(三)成为任何场合中的主角

有一些人在社交场合非常活跃,无论参加谁的聚会,他们好像都认识每位客人似的,左右逢源,谈笑风生。如果我们留心观察就会发现他们成功的秘密:在任何场合中,他们所扮演的角色都是主角而非配角。他们通常热心地介绍客人们相互认识,替他们换饮料,与客人聊天,甚至请人上台高歌一曲。

而那些甘于扮演配角的人则正好相反,他们不是百无聊赖,就是被其他人所忽视。所以我们不要被动地等待别人来介绍,而应热情积极地融入到人群中去。积极主动是达成圆满社交的不二法门。

在人群中常常是谁能制造话题谁就是主角。因此,我们要善于刺激对方的创造力与想象力,如果我们知道对方有某方面的才能,或我们的问题是能够引起大众兴趣的话题,便不妨大胆征求别人在这方面的想法,刺激他们的创意。

在我们所讲的故事中,一定要设法给出细节,因为只有活灵活现的细节描绘,方能给人以身临其境的感觉,激发大家的兴趣和投入。比如,不要只是说:"小刘是个有趣的小伙子。"还要说清楚:他为什么有趣?什么时候?做了什么事?说了什么话?等,因为这些才是别人最关心的。

故事的生动性还在于使故事与当时的话题关系密切。尽管并不需要总是这么做,但如果我们讲的故事与大家正在议论的话题密切相关,就能更好地吸引听众的注意力。如果我们的故事进一步深化了正议论的话题,一定会博得大家的喝彩和赞赏。

如果当时的气氛有些沉闷,我们不妨把谈话目标瞄向大家感兴趣的娱乐话题上,避免涉及辩论,因为那样很少能使人快活起来。

(四)不要成为电话的奴隶

毋庸置疑,电话作为一种现代通讯工具,可以说是一个无价之宝。但也不要因此而成为接听电话的奴隶,而浪费许多宝贵的时间。为此,我们不妨采取以下一些举措:

1. 电话交谈时不要扯开话题

坚持针对打电话的目的进行交谈。有趣的是,电话创造了一种歪曲话题的现象,也许是因为在电话中人们缺乏面对面的及时交流,没有身体语言作为辅助工具,因此,为了显得友善,往往就很容易偏离话题。而问题在于这样一来便会没完没了,浪费了我们许多宝贵的时间。为避免这种现象,我们需先做好准备,想到我们打电话的目的,然后一开始就开门见山地说出我们的目的。我们不妨多重复几次,尽量将它说明白了。这样我们的谈话就既干脆又很有效果。

2. 控制谈话的时间

视我们手头的事务给谈话的时间定个合理的极限,不要超越它。当其他方面都无法谈妥时,最好的统筹时间的工具就是时钟或手表了。

有人打电话谈完正事之后喜欢聊天,因此,一旦我们把事情谈妥,就应向对方说我们得把电话挂了。例如,我们可以说要去哪儿,或是还有个电话要接,反正是找个结束交谈的合理借口。

3. 充分利用现代高级技术

如果没有人能帮我们接听电话,而自己又无法或没时间固定接听,那么不妨加设一个电话答录机,最好是有一个回答系统或是录音系统。当我们要与好几个人共同商讨某一项目时,为避免重复做某件事而浪费太多的时间,最好的办法便是开个电话会议。

4. 避免用电话闲聊

诚然,拿起电话来闲聊是很轻松的事,我们甚至可以认为,这样做是在建立自己的人际关系网络,这种说法看起来也很有诱惑力,但它却大大挫击了我们的工件效率。如果我们必须这样做的话,最好将谈话时间控制在5

分钟之内。

5. 逃避电话

如果我们确实不想被人打扰，不妨“逃”到电话找不到我们的地方。有时，最佳的处理办法便是离开办公室，并且不告诉别人我们去哪儿。如果我们能给自己一段不被打扰的时间，便会发现我们的工作效率会提高许多。当我们真正需要时，倒不妨试一试。

（五）不要拿友情做交易

商场中，对于朋友借钱是很难应酬的。应酬不好就亵渎了友情，把友情抵押给了金钱，最后金钱吞噬了友情。因为友情是不能抵押的，抵押过的友情如同修补过的脸盆，无论我们怎么视而不见，它都让我们无法忘却。

友情很伟大，友情又很脆弱，在经济生活中我们绝对不可滥用友情。正因如此，许多成功的商人都抱定了一个宗旨，不和朋友做生意。因为友情不容投资，和陌生人做生意能交上朋友，和朋友做生意搞不好会失去友情。

可是，事实上，我们都生活在高度发达的商品经济社会里，任何类型的社会关系都不能脱离商品经济关系而存在，友情自然也不例外，它正经受着现代经济关系的挑战。那么，我们如何应酬这种挑战来捍卫我们的友情呢？

1. 不要为情面而抵押金钱

朋友之间开口借钱是最平常的事。因为朋友就是要互相帮助，肝胆相照。

当然，大多数人都还是能做到好借好还，但也有少数不能按时归还，或根本就无力归还。有的人甚至在借出之前就知道，这钱已丢在水里了。但不借吧，又碍于情面和友情，觉得对不住朋友，真是左右为难。

这时就须问清楚，朋友借钱干什么用。如果是生活所必需，那义不容辞，没偿还能力也必须借；如果他已经失去了最起码的信用，还要再去冒险做生意之类的事情，就必须予以拒绝。还有一个技巧我们不妨视情况来运用，就是给予一定数额的馈赠。比如，有人向我们借5000元钱，而他本人并没有偿还能力或信誉不佳时，我们不妨主动资助他200元或500元，并明确提出，他今后不用还了。这样看来我们好像吃亏了，但实际上失去的并不多，因为这样做不仅避免了更大的损失，还保护甚至加深了彼此的友情。

2. 运用合法的手段维护友情

经商的朋友通常都有过与朋友合伙的体验。生意好做，伙计难处，民间早已有了定论。一般人也大都有过这样的经历，在经济交往中，如果与一般人有什么金钱往来，往往都会想到立个字据，而与朋友的交往，却谁也不愿提及或根本想不到立据这个说法，这样往往便为友情埋下了“翻脸”的导火线。

现代社会是法制社会，朋友间的任何交往也要接受法律的制约，我们的友情也要适应这个法制社会。作为朋友，作为友情的载体，我们必须转换心态，学会运用合法的手段维护友情，不要再让友情为我们承担太多的负担。

3. 为友情找个支点

纯真的友情是人生最可珍贵的情感，但它不是抽象的货币，也不是无形的投资，我们不要把友情当成一切，在日常应酬中为友情找个支点，把握好友情的深浅,这样对双方都有好处。用善意的应酬技巧给友情定位,重新认识友情,这才是真正意义上的珍重友情。

13计 知人善任

人才是最难得的一种资源。因此,一旦发现了人才,不单要留住他,更重要的是培育他、重用他,给他创造一个能充分施展其才华的环境。

老板的工作就是给最优秀的人最好的机会,并且把企业的资源作最好的分配。至于其他的事,就不用多管了。

作为一个老板,就像是一个球队的教练一样,把每一个队员放在最合适的位置,给他们一个清晰的目标去努力,并不断激励他们。这样,他们就能发挥最佳作用。

识人是用人的前提和基础

(一)正确认识员工的7项建议

1. 作为员工,他们对自己的工作懂得比老板多。老板需要做得是,征求他们的意见与看法,并综合归纳。

2. 如果员工都关注自己的工作并为之自豪,那么,老板应该由衷地为员工的成就而自豪。

3. 老板和员工只是在一起分工合作做不同的工作,所以老板只要做好份内的工作,绝不可越俎代庖。

4. 员工与老板有平等的权力,并无三六九等之分,公开、公平、公正待人,方能保证企业长治久安。

5. 老板须明白自己要惩罚什么,奖励什么。

6. 员工不是十全十美,老板自己也不是。求全责备,抓住员工弱点和错误不放,只能削弱他们的自觉性与积极性。

7. 老板想如何让员工对待自己,老板就应该如何对待员工,将心比心,方能吸引人、用好人、留住人。

(二)了解员工的各项能力

企业间的竞争在很大程度上是人才的竞争。企业若能拥有一些较出色的人才,在竞争中就会处于有利地位。了解本企业员工的各项能力和性格,为其安排适当的工作,使其潜能和特长得以充分发挥,就会促使员工更加卖力地工作。

1. 专业技术能力

对任何企业来说,专业技术人员都是最重要的,他们是企业实力的基础。

因此,我们应特别注意发掘员工的专业技术才能。对不同的企业来说,意味着不同的专业技术要求。比如说在工厂,工程师是专业技术人员;在涉外旅游公司,翻译才能是非常重要的专业技术才能等。

另外,在一个企业内部,对人员的专业技术要求也是不一样的,比如说会计员和质检员的专业技术要求就大相径庭。对企业老板来说,首先须认识每个员工的专业技术才能,也就是职业特长,然后才能对员工量才适用。

2. 管理与协调能力

企业里面,老板不可能直接管理每个人。尤其是当老板有事不在时,更需要有人维持企业的正常运转。也就是说,企业需要有除老板以外的其他管理人员。管理人员除具备基本的管理才能外,协调能力也非常重要,它是指一种将企业各个机构有效组织起来合作共事的能力。

3. 公关能力

公关才能是应该加以细分的,不能说一个员工具有公关才能,我们就理所当然地认为一切对外事务都是他的特长。事实上,有的人适合在外树立企业形象,有的人适合推销产品,有的人善于与政府官员打交道,有的人善于同企业同行打交道,还有的人善于同顾客打交道等。

我们在选用公关人员时,应注意两项基本条件:一是言谈举止要给人可靠的感觉,不要任用那些让人一看就知道靠不住的人去搞公关;二是要任用对本企业与公关对象都有责任心的人去搞公关。衡量一个员工是否具备公关才能,应当以他是否办成了事为标准,而不要被他的口才和表面现象所迷惑。

4. 非本职工作以外的其他能力

一个人的能力是多方面的,除现职工作的能力外,通常还具备其他相关才能。例如,懂经济学的人一般须有数学、统计学、会计学方面的知识,懂工程学的人一般具有机械、材料方面的知识,懂历史学的人一般具有古代汉语、文学方面的知识等。虽然他没做那项工作,但是,一般来说,他的专业本身就意味着他具有那些知识。可见,人才就在身边,关键是看我们有没有发现的能力。

优秀员工的特征

(一)具有敬业精神

企业用人需求的调查结果表明,工作态度与敬业精神是企业选拔人才时应优先考虑的条件。对企业忠诚和工作积极主动是企业最欢迎的人,而那些动辄想跳槽、耐心不足、不虚心、办事不踏实的人,则是企业最不欢迎的人。

通常,人的智力悬殊不会太大,工作成效的取得往往取决于对工作负责的态度以及勇于承担任务的精神。在工作中遇到挫折能不屈不挠、坚持到底的员工,其成效必然较高。

(二)较强的专业技术与学习潜力

现代社会分工细致,各行各业所需的专业技术越来越精细。因此,专业技术与工作能力已成为企业招聘人才时重点考虑的问题。

在愈来愈多的企业重视自行培训人才的趋势下,员工除了具备专业技术与工作经验外,还须具有较强的学习潜力。

(三)良好的道德品行与反应能力

道德品行是一个人为人处事的根本,也是企业对人才的基本要求。一个很有能力的人,如果道德品行不好,将会给企业造成极大的损害。

对问题分析透彻并能迅速做出反应的人,在处理问题时比较容易成功。企业的经营管理通常都面临着许多变化,只有抢先发现机遇,确切掌握时效,妥善应对各种局面,方能立于不败之地。

(四)愿意接受新事物

现代社会,科学技术的发展日新月异,市场竞争瞬息万变,企业若要持续发展,只有不断创新。否则,保持现状即意味着落伍。而企业所开展的一切工作都是以人为主体的,因此拥有学习意愿强、能够接受创新思想的员工,企业的发展必然比较迅速。

(五)沟通协作意识强

随着社会日趋开放和多元化,沟通协作能力已成为现代人们生活必备的能力。对企业员工来说,必然有面对老板、同事与客户等现象,同时还须处理企业内外的各种复杂关系等,这些都需要有较强的沟通协作能力。

在当今社会里,一个人无论多么优秀与杰出,如果仅凭个人的力量也难以取得事业的成功。因此,员工在个性特点上具有协作意识或合群性,几乎已成为各种企业的普遍要求。

(六)能顺应环境

企业在选拔人才时,通常普遍注重所选人员适应环境的能力,避免提拔个性极端或太富理想的人,因为这样的人较难与人和谐相处,或是做事不够踏实,这些都会影响同事的工作情绪和士气。

新人初到企业工作,开始时必然感到陌生,但如果能在短期内熟悉工作环境,并且能与同事和谐相处,取得大家的认同和信任,企业必定重视这位员工的发展潜力。反之,如果过于固执己见,处处与人格格不入,纵使满腹经纶,也难以施展。

勇于启用比自己能力强的人

美国钢铁大王卡耐基的墓志铭一直被商界人士传为佳话,因为上面这样写道:“这里长眠着一位先知,他勇于启用比自己能力强的人才。”

对企业老板来说，对于能力比自己强的人才，既必须用又难用。说必须用，是因为一个人能力再强，也不可能独自包打天下，必须借用其他人的力量，能力越强自然力量越大，企业发展也就越迅速；说难用，恐怕是老板见员工比自己能干，心理上不平衡，担心这些人有朝一日取代自己。同时，这些人在性格上通常有一股傲气和犟劲，使用起来不太顺手。那么，如何化解这一矛盾呢？

（一）提高认识，转变观念

创办企业不容易，守住基业，发展壮大更不容易。企业生存发展的危机感最主要的是对企业内人才的危机感。如果企业始终像个武大郎烧饼店，那么，这个企业时间不长就会被同行挤垮。人才与智力资源是企业最宝贵的物质财富，是企业实现差别化竞争战略的前提条件。因此，我们只有把重视人才提高到决定企业发展的战略高度，才会真心诚意地选拔比自己能力强的技术与管理人才。

（二）加强沟通，真诚相待

通常，对于比自己能力强的人，我们越压制他，他就越不服管；越尊重他，就越能取得他的信服。尊重表现在以下几个方面：首先，在语言的沟通交流上，以礼相待，注意在称呼上要使对方有亲切感和被尊重感；其次，对于他们的工作，大胆放手，有了成绩归功于他们，出了问题自己主动承担责任；最后，对于他们所长而恰好为己所短的知识，主动请教，不耻下问，甘当小学生。另外，平时还要多讲他们的好话，对其能力进行大力表扬，并表现出这也是企业的光荣和骄傲的自豪感。

（三）指出不足，协助改正

对于能力强的员工所犯的错误，须适时适地地指正过来。所谓适时，就是在他急躁时，使他冷静下来；在他悲观及情绪低落时，为他鼓劲打气等。所谓适地，就是根据对象的心理特征，对承受力强且自我约束力低的人应当众指出其不足；对于承受力弱或自尊心强的人用蜻蜓点水的方式予以暗示或私下单独交换认识，分析其不足的原因等。在指出不足的同时，要用实际行动来帮助他改正过来，使他认识到我们的做法不是在“整”他，而是真诚地帮助他完善自己。

（四）积极举荐，用其所长

平时，应积极举荐他们去干更能发挥其长处、更能做出贡献的工作，因为这样不但能使被举荐者对我们产生敬意，而且还能给其他未被举荐者树立典范，促使他们通过多做工作、做好工作来回报。

走出企业用人的误区

（一）过分依赖能人

被公认为世界第一商人的犹太人，口头上常常挂着这样一句话："除了你自己，谁也不要相信，包括你的父亲。"可见，在犹太商人眼里，父亲尚且不能相信，何况亲戚、朋友、他人乎？

在我国也流行着这样一句俗话："亲兄弟明算账，买卖行中无父子。"可见，对于经营者，尤其是初涉商场的经营者来说，由于参与竞争的经验不足，也不具备驾驭和使用各类人才为自己服务的资本和能力，投身在现代商战的环境下，只能先靠自己去做自己的买卖，信赖别人是没有希望的，搞不好还会上当受骗。

在商场上过分依赖他人的经营者，往往会造成被别人牵着鼻子走的局面，从而使自己处处陷于被动状态，成为任人摆布的木偶。这样难免危机四伏，如履薄冰，或是听从了错误的建议，或是落入别人设下的陷阱，总之，时刻都可能有厄运降临。

如果一个企业，它的设计和生产总是依赖外界，难免会被别的企业牵着鼻子走，以致失去竞争的主动权，在商战中败下阵来。而一旦转为自制，就有了足够的能力与别的企业竞争，并且还可以随着市场的动向，弹性调整产品推出的速度，自然也就会大大提高企业的竞争力。

世界上有许多著名企业，之所以能够从小到大，战胜竞争对手，在商场中经久不衰，关键在于相信自己的力量，跳出了单纯依赖他人的困境。

当然，在创办企业初期，不惜高价聘请专业技术人员，依赖他们振兴自己的企业，是十分必要的。但是，如果我们仅仅满足于此，长期不培养自己的力量，而把企业的命运系在别人的手里，一旦别人撒手而去，无异于折断企业腾飞的翅膀。所以，在创办企业之后，最忌一味依赖"财神"，受制于人。

在现代商战中，越是依赖越没有自我，就越容易被依赖的东西所击倒。即使依赖能人取得一些成功，这也是暂时的，绝不会持久。开步的路只有自己走，才会踏实些。

（二）薪酬分配不合理

薪酬的分配方式应具有激励效应，与员工的工作绩效紧密挂钩，多劳多得，多效多得。如果我们采用完全浮动的薪酬分配方式，会使员工有一种赤裸裸的劳资交换的感觉，很难有归属心理。因此，通常宜采用在一定工作量中发放底薪，超额部分按工作绩效浮动的办法分配资金。这样，一方面让员工感到自己与企业有着某种相对稳定的关系，增加其对企业的归属感，一方面可发挥薪酬的激励作用。

我们必须改变一种心理状态。许多劳资双方关系紧张的原因，大都是由于双方在利益分配上自觉或不自觉地站在了彼此对立的角度上。一个浅显的现象是，如果我们给予员工的薪酬过多，那么，我们的净利就会变少。于是，双方在利润分配上便产生了一种斗争性，甚至到了斤斤计较的程度。如果我们陷入这一误区，那么可以预言，不等我们把员工"炒鱿鱼"，就会有许多优秀员工先把我们给“炒”了。

其实，如果我们静下心来想一想，就会发现上面这种观念是假设在双方的利益总量为定值的情况下的。这样一来，只要员工多一分钱，就意味着我们要少一分钱。但我们想过没有，是否应该增加这个利润总额呢？一个良好的利益分配方式自然是通过利润总额的增长来增加双方的收入。一旦我们认识并认可了这种观念，那么，我们所获得的利润将远远大于我们所付出的。

（三）任人唯亲，排斥异己

中国人传统的团结主要是发生在家族内的团结，一旦越出家族的范围，争斗就特别厉害。而人们一旦把血缘和家族的观念带入合伙企业中，就会出现任人唯亲、排斥异己的情况，从而把企业发展引入歧途。因为如果每个合伙人都在企业里安置自己的亲信，那么就可能导致产生小团体，引发合伙人之间的激烈争斗，使企业在“内耗”中逐渐丧失元气，终至退出竞争主体市场，可见任人唯亲对合伙企业的危害是非常大的。一些成功的合伙企业都认为，必须阻止合伙人的用人唯亲，特别是合伙人的家属不能加入到企业的经营行列。有些企业在对待这个问题上非常严谨，甚至在企业章程中明确规定，合伙人中如有单身男性，则企业在他未婚之前不得聘用单身的年轻的女员工。这种做法当然有些极端，但对于合伙企业的成功来说，确立制度至上的准则，的确有利于企业的成长和发展。

防止企业任人唯亲、结党营私的方法和手段有许多种，不过最重要的预防途径有两个，一个是完善人事制度，一个就是规范财务管理。

人类群体的结成，核心纽带就是共同利益。任人唯亲就是通过人与人之间天然的联系来谋取利益，而一旦这个通道被堵塞，剩下的便是用金钱来结成新的利益联盟。从历史与现实来看，用金钱来搞结党营私的现象更为普遍。因此，为了防患于未然，除了在人事问题上杜绝任人唯亲外，更重要的是避免个人控制财务。

（四）用人只求忠诚不看表现

在用人只求忠诚的企业里，一个人只要对老板和企业忠诚，就可得到重用。至于他有没有才干，工作能力怎样，则是次要的问题。这样一来，忠诚而无才的人也就有了走上重要工作岗位的机会，成为掌握企业命运的关键人物之一。

这种似是而非的用人准则，是很不科学的。忠诚固然是企业所必需的优异品质，但如果到此为止，除了忠诚这一资本外，就没有什么资本奉献给企业，才能平庸，空有热情，而无能力把事情办好，更不用说具有创造性了。那么，用这样的人是弊大于利，在有些情况下甚至无利可言。

当然，如果能把忠诚和才能结合起来，做到才能优先兼顾忠诚，那就是再好不过的事了。

(五)家长制作风

目前，我国还有不少企业奉行的是家长制作风，老板在企业中享有至高无上的权威。老板的话就是金科玉律，作下属的只能服从和执行。员工必须主动扼杀自己的想法，不能顶撞他、批驳他，否则就是大逆不道，不尊重一家之长。因为他任用了你，你就得感激他、服从他，而他批评你、指责你，则是天经地义的，甚至是关心爱护你的表现。

这种状况的恶果是显而易见的，在“家长”的压制下，没有民主，意见无法表达，堵塞了员工的“进谏”之路，难以调动员工的积极性，更不可能培植起企业主人翁的责任感和归属感，致使人才遭到压制或大量流失。

(六)重内而轻外

普通企业最大的内耗是人际关系问题和权力斗争。有的老板为了维护企业的团结，往往疲于协调与平衡企业内部各方关系，解决人际关系上的矛盾与冲突，而忽略了企业外部环境，从而给竞争对手以可乘之机，成为竞争中的牺牲品。

因此，我们在重视企业内部人际环境建设时，千万不可忽略外部环境的建设，只有理顺了企业内外方方面面的关系，为企业创造一个适于发展的空间，方能走出内忧外患的困境。

(七)事必躬亲，独断专行

事必躬亲，独断专行，是普通企业的一大特点，是造成用人机制僵化的根本原因。其实，作为老板，无论他能力多么出众，都必须承认，个人能力毕竟是十分有限的，不可能一人包打天下，因此他必须借助他人的帮助。

既然需要他人帮助，就应当下放一些权力，把老板的权力和责任适度地交给员工分担，让员工尽最大努力去取得好成绩，这才是提高效率的科学方法。但还不能到此为止，放权并不等于放手。有的老板形式上放了权，把权力授予某人，实际上却并没有做到放手让他去做，在决策上与具体问题上频繁进行干涉，结果导致权力放而不到位，当事人并没有多少自主权。因此，如果我们放了权，还应同时放手，尽量让员工独立自主地去充分运用手中的权力为我们的企业服务。

(八)短视行为

短视行为最集中的反映是企业只看重眼前利益，不重视员工的培训工作，没有人才培训计划，不能对员工进行分批分期的培训，更不组织参观、学习和考察，致使企业人才匮乏，员工素质和技能低下，难以适应企业发展的需要，从而导致企业发展底气不足，在同现代企业以人才为核心的竞争中败下阵来。

14计 文韬武略

商场谈判是企业与谈判对手围绕利益关系，进行沟通与交流，寻求解决问题或矛盾的方案的过程，它是企业竞争的一个重要组成部分。

谈判最重要的是知己知彼，预先详细了解对方的种种情况和需求。在谈的过程中，先要静静地听对方谈，以摸清对方的想法和要求。务必要掌握双方什么条件是可以让步的，什么条件是不可能让步的。双方都不能让步的，就不必再谈了。

商场谈判成功的基本原则

企业进行商场谈判时，需要综合考虑一系列因素，运用恰当的技巧，发挥优势，避开弱点，以争取最好的谈判结果。为了取得谈判的成功，我们须首先掌握谈判成功的4项基本原则：

（一）信心是成功的前提

一个没有信心的人不可能取得事业的成功。商场谈判也是如此，在谈判中我们要代表企业实施必要的战略战术，而这些都需要我们用语言、行为和表情去表达和传递。如果没有成功的信心，就不可能在艰难的讨价还价中坚持下来。尤其是如果我们没有坚定的自信心，无形中就会在语调、语音、表情和动作等方面产生细微的变化，从而给对方以可乘之机。

例如，当我们缺乏信心时，说话的语调会自然由高调变成低调，面部表情会很不协调，眼下垂，手指会做出无意义的机械动作或习惯性动作，个人的整个言行就会呈现出非常不自然的感觉。这样一来，对方就可根据我们的不自然表现而觉察出我们的心理，穷究细问，一路猛追，从而使我们陷入无法招架、频于应付的吃亏局面。所以说，信心是成功的前提，没有信心谈判一定失败，不是谈不拢，就是自己吃亏。

商场谈判的信心包括3个方面：

1. 对自己能力的自信；

2. 对企业实力及期望

目标的自信；

3. 对所采用的战略战术的自信。

这3个方面哪个方面有欠缺，都会成为对方攻击的目标。

（二）实力是成功的基础

在商场谈判中，企业的实力都以谈判力的形式表现出来，它是一系列因素综合作用的合力。如果说信心是谈判成功的主观前提，实力便是谈判成功的客观基础。因为如果没有相当的实力，即使有再强的信心也是枉然，何况信心本身也只有建立在必要的实力基础上才会坚定。通常，实力较强的一方总是在谈判中占有优势，能取得比较满意的结果。反之，实力较弱的一方总难免要吃亏。

不过，需要说明的是，商场谈判中的企业实力绝不仅仅是企业规模等物质实力，还包括一系列的其他因素，其中有的因素还是不确定的。在这些因素中，归根结底还是我们的能力因素，因为企业的一切实力都必须通过我们谈判者个人，方能在谈判过程中表现为谈判力而发挥作用。此外，企业的谈判实力还是与企业的谈判期望目标相比较而言的，对谈判结果的期望值越高，所要求的实力便越大，反之也一样。

（三）利益是成功的根本

商场谈判就是为了解决利益矛盾，寻求各方都能接受的利益分割方案，并且努力使自己多分割一些，这是不言自明，人人皆知的。可是，现实谈判中，却有许多谈判者并没有把利益作为根本，而是在其他方面兜圈子，浪费时间和精力，使谈判不是陷入僵局甚至破裂，就是坐失良机，使自己吃亏。

为什么会出现这种常识性的错误呢？主要有以下4个方面的原因：

1. 立场错误

凡是谈判各方都要采取一定的立场，如果立场选择错误，结果自然流于失败。举例来说：某居民区有一家有污染源的工厂，居民区的居民要求厂家迁出本地区，于是双方进行谈判。这本是正常的，可是谈判中双方一开始就摆明立场，于是便围绕立场而非利益争执不休，致使结果陷入僵局甚至导致谈判破裂。

其实，是否迁址的根本问题是为什么要迁址。居民要求工厂迁走无非是工厂的“三废”危害了居民利益，如果工厂能够解决污染问题，或者能够把居民迁移到环境较好的地方，或者工厂能弥补污染造成的居民经济损失，都可以作为解决利益冲突的建设性提案进行洽谈。

2. 感情用事

人都是有感情的，商场谈判者也是如此，而谈判本身也是既需要理智，也需要感情的地方。可是在谈判中，由于双方利益矛盾与立场尖锐对立，再加上其他因素，很容易使感情失去控制。如上例，厂方代表听到居民代表表明的立场很生气，而居民代表觉得对方侵犯了自己的利益还蛮横动怒，更是肝火上升，这样一来，双方的谈判很快就变成了斗气，结果自然不欢而散。

3. 卖弄技巧

谈判中的确需要灵活运用各种谈判技巧，但是如果为了使用好技巧而卖弄技巧，就是顾末失本了。须知使用谈判技巧是为了使自己在谈判中获得好处，而技巧仅仅是实现“利益”这个目的的手段。

4. 存在偏见

在谈判中，因为对谈判对手不了解或了解不全面而形成偏见，而偏见总是会把谈判引向歧途或危途。再如上例，如果居民在正式谈判前，曾多次向厂方或政府提出抗议和要求，甚至直接与厂方发生冲突，这样厂方便会对居民产生不好印象。这种偏见，如果累积太深，就很难改变，自然会导致厂方以恶劣的态度来进行谈判。

（四）技巧是成功的保证

要取得商场谈判的成功，灵活运用各种谈判技巧是重要的保证。所谓“在战略上藐视敌人，在战术上重视敌人”，即首先要有信心使谈判取得成功并对己方有利，然后须有战术（即谈判技巧）的巧妙运用，两者缺一不可。

没有必要的技巧，谈判的信心和实力就不能充分发挥。而有了技巧，没有机会也可以创造机会，寻找机会，被动的劣势可以变为均势或主动的优势；己方的弱点可以得到有效的防护，己方的强点更为加强；对对方的弱点可以及时发现并予以攻击，作为取胜的突破口；对对方的强点能够心中有数，巧妙地避开；对对方的诡计可以及时识破，免受蒙骗。

商场谈判的技巧很多，这里所说的技巧是指合理、合情，特别是要合法的技巧，也只有这样的技巧才能奏效。我们必须把运用正当的技巧同玩弄阴谋诡计、进行欺骗区别开来，后者只会把企业引入歧途，必须予以摒弃。

商场谈判的攻防策略

（一）商场谈判的准备策略

“知己知彼，百战不殆”，这句话同样适用于现代企业的商场谈判。因为商场就是和平时期的战场，而商场谈判则是这个战场的中心。

要知己知彼，就必须进行“战前”准备。商场谈判前的准备工作做得如何，对谈判过程和结果有着决定性的影响。准备工作越充分、全面，在谈判中就越能掌握主动；反之，就会处处被动受制。

商场谈判的准备工作一般包括以下5项主要内容：

1. 收集情报；
2. 评估谈判力；
3. 确定谈判目标与内容；
4. 制定方案；
5. 选择环境。

其中，收集情报工作是整个准备工作中最基本、最重要的工作。

（二）商场谈判的开局策略

商场谈判开局的好坏，将会在相当大的程度上决定着整个谈判的顺畅曲折和成败得失。虽然许多谈判持续很长时间，但大多数的交易都是在最初的一刻钟内甚至短短的几分钟内决定的，此后的谈判不过是交易细节的深入讨论。开局不利，达成交易的希望就不大，即使能成，也要花费很大的代价。

谈判开局之所以如此重要，是因为在谈判开始的很短时间内，谈判者将获得对方的初次印象，透露出谈判的基本信息，形成谈判的基本氛围，明确双方的基本态势，确定谈判的基本方式和程序，而所有这些都将使谈判各方形成整个谈判的“第一印象”，这对整个谈判的影响是非常强烈的，要想改变异常困难。

商业谈判开局的基本任务是：

1. 创造和谐融洽、坦诚积极的谈判气氛；

2. 刺激、诱发对方的商谈兴趣；

3. 获取并补充、修正信息，视需要对有关决策进行调整。

为了搞好开局谈判，首先，我们须注意给对方树立良好的第一印象。据研究表明，整个形象的 90% 是由第一印象决定的，其余的为语言内容。

其次，要力争主动，控制局势。要先声夺人，努力使谈判按照己方设定的方向发展。当然，这须有充分的准备，否则贸然轻举妄动，反而被动，还不如伺机后发制人。

再次，要努力创造适宜的谈判氛围，以坦诚的态度去激发对方的谈判兴趣，先讨论双方共同感兴趣的问题、利益一致的问题、看法相同的问题，对于有分歧的问题不妨暂时避开。

最后，要利用沟通的技巧，准确地传递信息，并猎取与分析对方的信息。

（三）商场谈判的中局策略

商场谈判的中局是整个商场谈判的主体阶段，其经历时间较长，情形也比较复杂。

商场谈判的中局的重点一般都是价格谈判，这里主要介绍价格谈判的基本规则、买卖双方的价格谈判技巧和防范价格陷阱法。

1. 价格谈判的基本规则

（1）估价要略高

估价是谈判出价的依据，估价或出价之所以要略高，是因为：

①这是商场谈判惯例；

②谈判本身要留有回旋余地；

③有助于削弱对方的信心，摸清对方的承受力，提高对方所能接受的价格；

④有利于我们实现“期望效应”。

(2)出价要坚定

在出价前须准备并掌握好估价的充分材料,出价时一定要严肃、坚定、自信、准确。出价以后,言谈举止中都必须以出价为势在必得的实现目标,对出价表现出充分的自信。如果对方提出疑问,可做简要清楚的回答,但绝不能带有半点价格高估的歉意,更不能做出多余的解释或评论。出价时犹犹豫豫、吞吞吐吐,出价后缺乏自信、诚惶诚恐,对方肯定会狠狠地杀价。

(3)明确对方的价格决定权

正式洽谈价格前,须先明确对方的价格决定权。否则,在价格谈判进行到实质性阶段时,对方若告诉我们,他无权决定可以接受的价格,这样一来,我们所进行的努力,除了向对方透露信息和浪费时间和精力外,将一无所获。

(4)杀价要狠

无论对方出价高低,即使是和己方准备接受的价格差不多,也要毫不留情地拦腰一刀,并且告诉对方:“您必须做出点让步!”

(5)尽量制造竞争

这样至少可以使己方表面上处于有利的垄断地位。

(6)让步要慢

出价后完全不让步是不大可能的,必要时不妨做一定让步,但步幅要小、要慢。否则,对方会得寸进尺。

2. 买方的价格谈判技巧

在买方市场情况下,买方在价格谈判中大多处于主动优势地位,其要在选择对自己最有利的卖方出价的基础上,最大限度地杀价。就具体的谈判技巧而言,买方应注意以下 10 个方面:

(1)首先,要求卖方做产品成本分析。经过对产品各项成本的质询与汇总后,对方便很难抬价。

(2)卖方在分析产品成本时,买方不要轻信。卖方总会对成本有所隐瞒,要反复质询,要求降低。

(3)卖方在说明成本项目时,买方不要对产品表示太大兴趣。否则,对方可能马上做进一步的交易准备,使我们匆忙签约。

(4)杀价前,先要弄清对方有无交易的诚意,有多大诚意,然后权宜出价。

(5)杀价时,第一次要提出很高的条件,杀狠些,压住对方的气势,同时要对卖方晓以利害,如盈利或减亏、市场占有变化等。

(6)杀价过程中,立场要坚定,态度要和善,不能攻击对方,以免形成敌对心理或气氛。

(7)商谈价格时,要尽量争取以自己所提出的价格为基础。

(8)买方应适当拖延签约时间,这样既可以进行慎重仔细地考虑和研究,又可以使对方处于焦躁不安的不利状态。这时候,有的卖方会主动表示做进一步的退让,以求签约。不过,这样做须把握分寸,以免适得其反。

(9)商谈中应以轻松的话题开始,轻松的话题结局,最好能由我们自己来控制话题。但是，如果对方非常健谈，我们就不可抢话，要专心倾听，伺机后发制人，常常会有收获。

(10)价格谈判的结果往往是带有尾数的价格，这时，我们应抢先凑个对自己有利的整数。整数能令人愉快，吸引人的注意力，因此容易被接受。凑整数要在单价上凑，这样既不显得大，卖方又容易接受。

3. 卖方的价格谈判技巧

当今世界，已是买方市场的状况，卖方在商场谈判中往往处于劣势。为了得到满意的价格，卖方须注意以下5个方面的技巧运用：

(1)在引诱对方购买兴趣的基础上进行价格谈判

只有先使买方相信我们的产品质量过硬、服务优良，从而产生浓厚的兴趣，才有可能卖到理想的价格。

(2)在出价时，应当使对方觉得我们的价格很合理且很便宜使价格显得便宜的方法很多，主要有以下4种：

①价格细分。把价格按最小的单位进行分割，直接使价格显得很小；

②价格比较。通过与其他商品价格的比较，来显示自己所售商品的价格便宜；

③利益整合。即把产品能够给对方带来的利益汇总起来，从各方面显示价格的便宜性；

④帮助对方增加收益。即通过帮助改进对方企业，特别是与我们的产品使用有关的经营管理，来增加对方的收益，从而使我们的实际价格相对下降。

(3)趁热打铁，不给对方思考或对价格提出异议的余地

为此，一要选择好谈判时机，二要在谈判过程中，在似乎轻描淡写但明确清楚地说明价格以后，紧接着继续说明产品的优点，或者给对方似乎已接受的姿态转入订立合同的技术细节问题。

(4)不要惧怕“货比货”

有些谈判者可能拿出我们的产品和价格与别的厂家进行对比，对此，我们不必恐慌。对方这种做法很可能只是一种测价战术，我们若一恐慌，正中对方下怀。实际上要进行完全的价格比较是不可能的，因为价格中包含着许多不确定或无法定量的因素。

(5)不要行贿

行贿只能强化自身劣势，置自己于不法之地。尤

其在国际谈判中,行贿被视为对对方的侮辱。

4. 防范价格陷阱法

在商场谈判中,一方为了获得更多的利益而设置一些陷阱是普遍现象。这种陷阱有些是公认不道德的,有些则是谈判技巧。对此,一要靠谈判者的经验和知识,二是要慎重行事,对于对方的各种行为,须在搞清其真实意图的前提下再做出反应。

(四)商场谈判的收局策略

商场谈判在经过一番讨价还价后,便要进入收局阶段。在此要抓住时机,使之顺畅自然,同时还须注意以下3个问题:

1. 准确判定形势

收局时要仔细分析,准确判定形势,看哪些项目已达成协议,哪些部分还有分歧;分歧中哪些是主要的,哪些是次要的;哪些可以让步,哪些不能让步;同时揣摩对方,预测其对收局可能做出的反应。

2. 认真反省

认真反省所做的承诺是否合理与可行,有没有中对方圈套。对于错误的承诺,要设法改正;对于对方的反悔,一般应允许其改正,但尽量要让对方付出其他交换等。

3. 结束谈判的策略要领

(1)结束谈判时一定要自信、从容不迫,不要急于求成。

(2)结束谈判的时机一定要慎重选择,不妨先试探对方的反应,同时制造结束气氛。

(3)不要轻易提出最后通牒式的条件,除非的确不可让步并能让对方相信这一点,否则会失去对方信任。

(4)遇到僵局要坚忍不拔,应用积极的提案来化解,而不要消极撤退。

(5)要想方设法帮助对方做出结束谈判的决策,比如运用二者选一法、利益诱导法、引用惯例法等,都有助于对方早下决心。

(6)结束谈判时,应以总体利益为重,必要时不妨做适当让步。

(7)结束谈判时,一定要订立严格的文字合同,做好备忘录。

(8)在谈判结束的最后时刻,即使我们取得了很大的成功,也不要洋洋得意,要注意维护双方的关系。

商场谈判力的运用方法

谈判力是影响谈判进程及其结果的各种因素的合力,商场谈判力是随立场、时间、空间及因素组合方式等变化而变动的变量。影响谈判力的主要因素有谈判项目、企业实力、期望目标、谈判准备、谈判者、谈判策略、谈判时间与时机等八个方面。这八种因素相互作用,形成企业基本的谈判力,决定着企业在谈判中的初始状态:优势、劣势或均势。而谈判者的作用就是通过谈判来改变或发挥自己的谈判力,以便更好地为本企业争取利益。

(一)优势商场谈判力的运用

当企业的谈判力优于对方时,谈判者的主要任务便是充分运用与发挥自己的谈判力。有些企业的老板总是让最出色的谈判能手去从事优势最大的谈判，因为优势越大，谈判出色与否所取得的结果悬殊也越大，而平庸的谈判者可能会将优势断送掉。

在优势条件下，运用谈判力主要有以下8种主要方法：

1. 强制法

用强硬的态度、方式和方法迫使对方接受自己的条件。这种方法让人反感，不宜经常使用，要注意保全对方的自尊和维护自己的形象。

2. 批评法

又称挑剔法，即用激烈的言辞批评对方，促使对方不安并降低期望，进而迫使对方接受自己的要求。这种方法也应少用，运用时也应严格对事不对人，不要搞人身攻击。

3. 回避法

通过在一定时机中躲避对方，造成对方的心理挫折和被动，以进一步增强自己的谈判力。这种方法适用于对方别无选择而达成交易的愿望又非常强烈时。不过，回避法的使用也可能导致敌意。

4. 掩强法

优势谈判力的一方在谈判前期，适当掩盖自己的实力，使对方不能完全了解自己的全部谈判实力。这种掩饰等到对方已投入相当成本并具有浓厚兴趣时即应停止。

5. 玄虚法

谈判一方为了发挥谈判力而故弄玄虚，或避重就轻，或避实就虚，貌似积极，实为消极，使对手迷惑，以便实现自己的要求。这种方法也常为劣势或均势谈判者所运用。

6. 利诱法

通过给予对方利益而降低对方的要求，从而使自己更多地获取利益。

7. 拖延时间法

优势谈判者通常在时间上都比较富裕。相反，劣势谈判者在时间上往往拖不起。优势方可使用这种方法使自己更主动，以最大限度地发挥自己的谈判力。不过，使用此法须有解释得通的理由，并适可而止。

8. 引兵过河法

使对方在实质性谈判之前，投入大量的谈判成本，已经后退不得，而自己无形中就更加处于优势和主动地位。

(二)劣势商场谈判力的运用

在商场谈判中，一方处于优势，另一方就会处于劣势。对于劣势一方来说，谈判难度较大，最重要的就是改变双方谈判力的对比，然后才是进行实质性谈判的技巧。其基本要领是：削弱对方的优势，改变自己的劣势，努力扬长避短、补短，尽量减少让步。以下介绍8种常用的方法：

1. 事前补救法

有些影响谈判力的因素可以进行调整和控制，如战略战术选择，劣势一方在谈判前不妨多下工夫，以扭转不利局面。

2. 改变对方心态法

优势谈判者往往有较强的否定、高傲、压迫等心态，劣势谈判者要不卑不亢，让对方明白双方是平等的，大家是有着相互依存的利益关系才坐到谈判桌边来的，以改变对方心态。

3. 坦诚相见法

使用这种方法要取得成功，必须晓之以利，这种"利"不一定就是金钱，其他的如社会影响、企业形象、长期合作、开拓市场等，都是对方的收益。

4. 欲擒故纵法

如果对方盛气凌人，己方不妨巧妙吹捧，顺着对方，以满足其自高自大的虚荣心态，使对方放松警惕，以便寻找可乘之机。

5. 外强中干法

己方谈判力的确很弱，只要对方不确切知道，己方的言行就不能流露出软弱，而要表现出充分的自信，从而使谈判得以公平进行。

6. 利用外力法

当我们自身的谈判力较弱时，不妨采用纵横联合、借用外力的方法来提高自身的谈判力。外力通常包括其他企业、政府、行业组织及社会舆论等。

7. 设立底价法

低价的设立可使劣势方在谈判时心中有底，情绪稳定，既有助于抵挡对方施压，又能有效控制冲动。

8. 争取对方让步法

要让对方让步，自己须占据优势。如果全局不能占据优势，不妨争取局部优势。另外还须施加压力，因为让步大都是在压力之下被迫做出的。施加压力时须注意：

(1)必须准备几个替代方案，利用一切机会，不断施加压力；

(2)必须不断地抵抗或反对对方；

(3)要尽力削弱对方的立场，即尽量寻找并抓住和利用对方的"把柄"。

(三)均势商场谈判力的运用

均势是指各方谈判力在总体上基本相当。均势谈判的基本方法是在平等相待的基础上，找出对方的弱点所在，以我所长，攻其所短，并掩盖自己的弱点。创造条件，努力把均势变为有利于己方的优势，把均势谈判转化为优势谈判。

商场谈判致胜的致巧

（一）掌握有利的谈判地点

在商场谈判过程中，谈判地点往往是一个争议较大的议题，这是因为地点的选择对于谈判的双方都有着密切的关系。一般来说，地点对谁有利，谈判结果就有可能被谁操纵，这种心理上的差异是不容忽视的。

如果谈判不得不在别的地点举行时，应挑选一个中立的地方，并携带足够的助手及相关的谈判条件。

（二）尽量采取主动

商场谈判，不是东风压倒西风，就是西风压倒东风，谁占据主动就意味着谁将获得更多的利益。因此，在谈判中不妨采取以下一些措施在心理上压倒对方：

1. 充分暴露对方商品的缺点

对卖方商品的缺点加以揭露，借以达到杀价的目的。如果卖方急欲脱手时，我们不妨采用拖延战术，并提出同类商品廉价出售的信息，从而使卖方对自己所开的高价失去信心。

2. 尽量利用第三者出面与卖方洽商

采取迂回战术，或让多人分别杀价，将所杀价结果进行比较，便得出卖方愿售价格的答案。应该欲擒故纵，对于所看的商品，明明中意，却故意表示出不喜欢的种种理由，藉此达到杀价目的。

3. 采用拖延战术

告诉卖方，初步谈判方案我们还须与合伙人协商，尽量采用拖延战术，为了压低卖方售价，我们可以提出许多理由，予以拖延。待卖方实在有些等不及的最后一刻，再予以杀价。

（三）绝不首先让步

在商场谈判中，斗智斗勇的目的就在于不给对方以可乘之机。须知“一步放松，步步被动”，许多谈判的失败一方就是这样逐渐走向被动的。

1. 给自己留下讨价还价的余地

如果我们是卖方，喊价要高些；如果我们是买方，出价应低些。但不能乱要价，价格务必要在合理的范围内。为此，我们不妨先让对方开口说话，让对方表明所有的要求，先隐藏住我们的观点。让对方对重要的问题先让步，如果必要的话，在较少的问题上，我们也可以先让步。

2. 不要让步太快

通常，晚点让步要比较好些，因为对方等待愈久，就愈会珍惜它。同等级的让步是不必要的，例如对方让我们40%，我们不妨让他20%。如果对方再做进一步要求时，我们不妨以无法负担来婉拒对方。不要作无谓的让步，每次让步都要设法从对方那儿获得某些好处。

3. 不要出轨

尽管在让步的情况下，也要始终保持全局的有利形势。如果我们在不慎作了让步后想要反悔，也不要不好意思，因为那毕竟还不算是协定，一切都还可以重新来，这总比事后毁约要强得多。

(四)不要有问必答

在商场谈判过程中,问题往往起着诱导对方的作用,如果有问题就可能不知不觉地陷入对方的圈套里去。因此,高明的谈判对手并不是有问必答,而是视情况不同而分别应付。

在我们回答问题之前,要给自己一些思考的时间;在未完全了解问题之前,千万不要回答;要知道有些问题本身并不值得回答;有时回答整个问题,倒不如只回答问题的某一部分。逃避问题的方法通常有:顾左右而言他;以资料不全或不记得为借口,暂时拖延;让对方阐明他自己的问题;倘若有人打岔,就姑且让他打扰一下等。谈判时,针对问题的答案并不一定就是最好的回答,它们可能是愚蠢的回答,因此大可不必在这方面浪费工夫。

(五)找到双方的适度点

谈判过程中,任何说服,本质上都是要使对方放弃自己原来的观点和立场,做出某种程度上的退让和改变。因此,必须找到双方都能接受的适度点。周恩来在调解"西安事变"的过程中,就对当事各方,作了深刻的分析,从而找到了各方都能接受的适度点:释放蒋介石,团结民众一致抗日。在这个基础上,说服工作才能奏效,从而成功地解决了"西安事变"的调解难题。

(六)掌握火候,迂回包抄

火候不到,大事难成。矛盾的形成、发展与解决,都需要一定的时间。谈判过程中说服点的时间过早,条件尚不成熟;时间过晚,又要错过时机。因此,只有巧妙掌握"接受时间",才能使矛盾的解决比较自然和顺畅,从而收到"水到渠成,瓜熟蒂落"的良好效果。

迂回包抄包括两层含义,一是在谈判中对非原则问题不必纠缠,完全可以绕道而行;二是对一时难以解开的疙瘩,不必正面强攻,完全可以采取迂回包抄,扫清外围,最后一举"全歼"的解决办法。

15计 固本清源

经商能否成功,与商品采购有很大关系。如果采购太多,库存就相对过剩,这样不仅积压资金,而且还可能因销售不畅出现亏损;相反,如果采购太少,又很可能造成缺货,失去更多赢利机会;如果进了假冒伪劣产品,不仅侵害了消费者的利益,还会给经营信誉带来不可估量的损失。

可见,把好商品采购关,固本清源,是商战成功的前提条件,须臾不可掉以轻心。

商品采购的要领

(一)商品的供求规律

对于供求平衡、货源正常的日用品,适销什么,就购进什么,快销就勤进,多销就多进,少销就少进;对于货源时断时续,供不应求的商品,视市场需要开辟采购渠道，随时了解供货情况，随供随进；对于扩大销售，而销售量却不大的商品，应当少进多样，在保持品种齐全和必备库存的前提下，随进随销。

（二）商品的季节产销特点

对于季节生产、季节销售的日用品，季初多进，季中少进，季末补进；对于常年生产、季节销售的日用品，淡季少进，旺季多进。

（三）商品的供应地点

在当地采购，要少进勤进；在外地采购，应适当多进，适当储备。

（四）商品的市场寿命周期

对于新产品，应通过试销，进货从少到多。待打开销路后，再适当扩大采购批量；对于商品市场寿命周期短的商品，应抓住时机，勤进快销，防止积压；对于市场寿命周期长的商品，可适当储备，防止出现缺货现象。

（五）商品的产销性质

对于季节生产、长年销售、生产周期比较长、受自然灾害影响较大、生产不稳定的农副产品，应寻找生产基地，保证稳定的货源；对于大宗产品，可采用期货购买方式，以减少风险，降低采购成本；对于花色品种多变的商品，要加强调研，密切注意市场动态，按需定购。

商品采购的技巧

（一）采购批量的技巧

商品采购数量适当，不仅能够稳定地保证销售需要，而且还可以节省资金占用，减少费用开支，获得较多的利润。

采购商品既要支付采购费，又要支付储存费，这两种费用都随采购量的多少而变化。一次采购的数量少，采购的次数就多，采购费用支出也就多。而储存费用支出和资金占用情况，却正好与采购费用支出相反。也就是说，从采购费用的角度看，采购次数宜少不宜多，要求一次商品的采购量越多越好；而从储存费用和资金占用的角度看，又要求多进几次，一次采购不要太多。因此，采购时不要只考虑一项费用，必须综合权衡，兼顾到这两个方面的节约。大批量采购的优点是，采购价格较低，能够节省采购费用，但要求库存数量不受限制；小批量采购的优点则是占用资金少，风险小，但要求货源充足，采购方便，没有时间限制。是选择大批量采购还是小批量采购，须视具体情况区别对待。不过,也有一个一般的常识,即大型零售商店及超市通常适合于大批量采购。如果经营的是一些区域性总经销或总代理的商品,或者是看出商品有明显的涨价趋势时,一些小批发商或零售商也可偶尔采用大批量采购的方式。但是,如果不具备大量销售的条件而盲目地大量采购,就会造成商品库存过大,增加保管和折损费用,带来资金周转困难等。因此,是否采用大批量采购的方式,必须慎重决策。

对小批发商或零售商来说,通常还是采用小批量采购的方式比较保险。采用小批量采购,除了便于资金周转和库存管理等因素外,还有利于营销筹划。例如,可以较准确地预测和控制商品的周转期,还可以适时根据市场需求的变化,经常更新商品品种,减少由于销售不畅而造成的商品积压。

可见,小批发商和零售商采用小批量采购的方式,比较适合自己的特点,能够扬长避短,充分发挥自己的优势。

(二)采购品种的技巧

销售商品,不仅要求采购的批量适宜,而且还要尽可能做到品种繁多,花色齐全,应有尽有,让顾客有充分的选择余地。

人上一百,形形色色,各有所求,可谓是百客百意。不过这并不是坏事,正因为百客百意,才能引起他们对琳琅满目的商品产生兴趣。于是,商品越多,品种越全,规模烘托效应越大,就越能招徕顾客盈门,生意也就越做越红火。

但是,就单个的商人而言,所谓品种齐全,也只是相对的。不管我们资金多么雄厚,也只能经营极为有限的品种。我们选择的经营品种是否适销对路,对偌大的市场不会有什么较大的影响,而对于我们自己却是至关重要的。因此,我们必须摸清行情,准确掌握市场信息,有针对性地进行采购活动,这样方能使生意越做越活。

市场行情千变万化,去年的畅销货,今年可能变滞销;上月商品价格还居高不下,本月也许会跌进低谷。不懂得这些变化,经商就会完全处于盲目被动状态:受顾客欢迎的商品采购不到,不受欢迎的却积压不少;该多进的少进了,该少进的多进了;该早处理的商品没能及时处理,不该处理的商品却过早脱手了。结果有的商品积压,有的商品脱销,效益自然好不了。

因此,进货要进到点子上。要知道什么货该多进,什么货该少进,就必须摸清市场的购销情况、需求情况、价格情况以及竞争对手的情况,做到心中有数,及早计划和安排,这样才能掌握经营的主动权。

(三)采购时机的技巧

俗话说:“机不可失,时不再来”。采购和推销一样,良好的时机也常常稍纵即逝。现代社会瞬息万变,一个非常好的构想,动作稍一迟缓,就可能变得一文不值。采购商品也是如此,一定要善于寻找机遇,从市场调查研究中,分析出该进哪种商品,什么时候进,才能够赚钱。一旦看准机会,就应及时捕捉,充分利用,争取获得最大的利益。如果犹豫不决,畏首畏尾,就会坐失良机。

有一则寓言:一头小毛驴在干枯的原野上好不容易发现了两块青草,可由于不知道应该先吃哪一块,竟在长时间的犹豫和徘徊中饿死了。在现代商场中,类似这种小毛驴的现象也屡见不鲜。

在商场上,获利的机会并不是唾手可得。机遇如果被竞争对手获悉,别人就可能会先下手为强。哪怕仅抢先半步,也会从此步步领先。

的确,新产品、新行业的出现,较容易吸引顾客,产品的定价也可以提高,顾客的需求也较大。只要抓住机会,就可在短期内获得较多利润。等到别人醒悟过来,也跟着一哄而上时,市场却已饱和,“新”又变成旧了。到那时,精明的老板早已把目光又投向了新的行当。为了不失时机地采购商品,使商品存量始终保持在能够保证供应的水平上,而又不过多地增加资金占用,通常采用“采购点法”来确定采购时间。所谓“采购点法”,就是当库存下降到采购点时,就应及时进行采购。一般商品从开始采购到商品进店,须有一定的间隔时间,并不能做到随要随到。另外,库存商品随着逐日销售而下降,当下降到采购点而得不到及时补充时,就可能脱销。因此,当库存商品下降到通过计算确定的合理存量时,就应开始采购。

这一方法主要适用于经营上没有十分明显的淡旺季变化的常年性商品的正常采购。一旦市场行情发生变化,采购点就应作相应调整。

由于生产和消费以及社会购买力的季节性变化,商品经营经常会出现淡旺季变化。因此,我们必须赶在消费旺季来临之前组织采购,不失时机地变换采购品种,增减采购数量,从而以充足的货源保证销售的正常进行。

具体来说,须注意三点:季初要抓“头市”,即抓住时令和数量之头,力争早日采购,多采购,早上市;季中要“补”,及时添补一些品种和一定数量,以补充旺销时的不足;季末要“去尾”,即压缩采购数量,力争在淡季到来前基本售完。

(四)货比三家

如何选择采购渠道是每个老板非常关心的事。那么,怎样才能采购到质优价廉的商品呢?通常须注意以下几个方面:

1. 严格把好商品采购关,在采购时,须对生产厂家有个初步了解,了解厂家是否为合法经营实体;

2. 严格考察厂家的商品质量；

3. 采购时，须“货比三家”，至少选择两家以上的供货单位。其好处在于：

(1)可以促使供货方之间在商品质量、价格和服务等方面的竞争；

(2)可以有效防止采购方与供应方之间的不正当交易，比如回扣等；

(3)可以及时掌握商品信息和市场动态，从而有的放矢。

(五)抓住畅销商品

对于什么是畅销商品，除了可以从销售情况得出结论外，关键还须考虑商品流动的时间及产品供应状况等，因为消费者的口味变化越来越迅速而多样化。

1. 采购新产品时，不要盲目地一时大量购进，因为新产品可能是畅销货，也可能不是。应当先少进一点，试销后视销售状况再做进一步决定，以防积压大量资金。

2. 对流行商品，应充分考虑到流行时间。在畅销高峰到来前，应备足存货，充分保证畅销的需要；待畅销接近尾声时，可视情况采取优惠酬宾、买一赠一、多买多送等多种促销形式，以避免商品积压。

(六)依靠信息采购

采购商品，离不开市场信息。准确的市场信息，是我们做出正确采购决策的依据。如果信息不可靠，就会使经营遭受损失。

依靠市场信息采购和经营，归纳起来可包括“知己”、“知彼”、“知货”、“知人”、“知时”5 个方面：

1.“知己”。是指要知道自己的销售现状，以及可能出现的变化；要知道现有的商品库存量和货源供应情况；要知道自身的人力、物力、财力以及所处环境的优劣处等。

2.“知彼”。是指要知道竞争对手的业务活动情况，包括销售、库存以及经营特点、策略和方法等。这样方能出其不意，以奇制胜。

3.“知人”。是指要知道消费者的心理动机和所处商圈内消费者的数量、类型、结构、收入水平及文化程度等。如此方能因地制宜，购进适销商品。

4.“知时”。是指要知道政治经济形势与季节气候变化，并认真分析这些“天时”给市场带来的影响程度，据此方能做出针对性的举措。

5.“知货”。是指要有商品知识,熟悉商品的性能、质量、规格、花色品种与价格,知道产品生产和货源情况等,这是采购商品的根本要求。

获得最满意差价的途径

差价是利润的根本,没有差价就没有利润。

商品采购价格越低,销售价格越高,利润也就越高。追求采购的最低价和销售的最高价,是经商的基本原则,也是获取利润的根本途径。

如果销售价格已定,那么,获取利润多少,就取决于如何获得最低的采购价格。同一种商品,从不同的时间、地点和供货渠道采购,或者采购批量不同,其采购成本大不相同。

对经营者来说,合理制定各种商品的差价率,不但可以直接增加利润,而且还可以减少库存,降低费用,避免损失。差价当中大有学问,从某种意义上说,获得了满意的差价,就意味着经营的成功。从批量角度看,通常可通过以下4种途径获得最满意的差价:

(一)批量差价

通常,商品采购数量越大,价格越低;反之,价格就会相对高些。这就是人们学说的批量差价。

批量差价作为一种经营手段,反映了买卖双方共同的经济利益和要求。对卖方来说,一次销售量越大,费用越小,资金周转越快;而对买方来说,一次采购越多,费用越大,资金周转越困难。要解决这个矛盾,就需要借用批量差价这个杠杆。

卖方对大批量采购的客户,以价格折扣的方式,将自己由于费用节约、周转加快而增加的利润,让渡给买方一部分,以刺激销售,结果是双方利益均沾,何乐而不为?在商品购销环节中,不论是买方还是卖方,都要根据商品批量和价格、费用和利润之间的关系,计算批量供应与批量采购的最佳差率。

对于卖方来说,首先要确定批量折扣的起点,然后划分批量折扣的档次,最后计算出每个档次的最佳差率,也就是卖方能分到的最大限度的净利润而买方又能接受的差率;而对于买方来说,一方面要核算大批量采购对流通费用和资金占用产生的影响,卖方所让渡的差价是否可以抵补大量采购所带来的损失,另一方面还须对不同批发商的价目表和批量差率,进行比较分析,以确定对自己最为有利的供货厂商,选择最佳的批量档次。

(二)季节差价

季节差价是相同商品在同一地点、不同季节的采购价格或销售价格之间的差额。季节差价主要有两种:

1. 储存性季节差价

它是由于季节生产、常年消费或者常年生产、季节消费的商品,在从生产领域向消费领域的流通过程中,需要发生一定的储存费用,而形成的一种季节差价。

2. 淡旺季季节差价

在不同季节，生产同一种产品，由于各种自然因素的影响，单位产品所耗费的生产成本不同，而形成的季节差价。

要想获得满意的季节差价，首先要把季节差价与乱涨价区分开来。差价不是凭空制订的，而是根据合理的季节储存费用、生产成本以及不同季节的消费需求差异制订的。保持合理的季节差价，既有利于促进生产，调节供应，又能满足人民消费需求。

其次，要掌握好季节购销商品的规律。属于季节性购销的商品都有规律可循，一般都表现出令前、上令、正令、下令、背令五个阶段，每个阶段的购销价格都有很大差别。

最后，以商品购销规律为基本依据，确定升降有序的商品差价，既使经营者在季节差价中获益，也令消费者乐于接受。

（三）质量差价

不同质量的相同商品，在同一时间与地点的价格也不一样。商品的质量、等级、花色以及鲜活品的新陈、老嫩、死活不同等，均可形成质量差价。另外，市场供求、社会环境、生活习惯对商品质量差价也有影响。

在经营过程中，经常使用的质量差价包括：品质差价、品级差价、等级差价、含量差价、规格差价、式样差价、花色差价、色泽差价、包装差价、新陈差价、鲜度差价、老嫩差价、品牌差价等。

根据不同商品、不同季节、不同社会环境等分别制定不同差价，是灵活经营、占领市场、提高效益的重要途径。制定质量差价的基本原则是优质优价、劣质低价、同质同价、分等定价、质价基本相符。

（四）地区差价

同种商品在不同地区，其价格也会有所差别。形成地区差价的主要原因是自然地理条件、收入水平、生活习惯、市场供求等因素。

从商品的流转环节看，工业品一般分为大中城市之间、中小城市之间和城乡之间的地区差价；农产品则分为产地、初级市场、中转市场、销地市场之间的地区差价。

根据地区差异，选择和确定采购渠道和目标市场，可以获取较多的利润。

16计 千变万化

所谓营销，就是寻找那些需要商品而又有购买力的人，使他们对本无兴趣的商品产生兴趣，进而使其兴趣大增，以至最后掏钱购买。

我们必须先对商品有兴趣，方能信心十足地推介给顾客。有兴趣，也就乐于努力付出，说服力无形中得到了提高。同理，我们必须先确信商品是值得顾客购买的，然后才能想出说服顾客的方法。

市场营销高手的基本素质

(一)熟悉商品并对它有信心

市场营销高手的首要素质就是要熟悉自己的商品并对它有信心。任何营销都必须对有关自己商品的有关知识有充分的了解,同时还须真正懂得所从事的行业的情况。仅仅记住样品的清单已远远不能够适应形势,还需要清楚地知道市场的竞争态势。

作为一个营销员,至少应给他所接触的顾客一个很自信的感觉。为此,营销员应注意好好包装自己,并训练一种处变不惊的能力。对自己的商品有信心,方能信心十足地推介给顾客,进而感染顾客对我们所推介的商品产生信心和购买欲望。推销商品的同时,我们也是在推销我们自己。

(二)巩固关系,广结人缘

如果我们以为推销活动只是一种数字游戏,只决定于我们拜访过客户的多少,那就大错而特错了。在登门拜访客户的同时,我们必须拿出同等的精力揣摩拜访对象的个性,并考虑如何拜访以及何时拜访更合适。只有这样我们才能赢得顾客的好感,唤起他们的消费欲望。

在营销过程中,我们应注重与顾客建立稳固的业务关系,在此基础上广结人缘,不断拓宽营销渠道。

(三)随时随地进行营销

随时随地进行营销,在大多数情况下都有可能成功,但是在顾客根本没打算购买或需要时间进行考虑的情况下除外。虽然这一招有奇效,但我们也千万不要以为这样就可以随意打扰与纠缠别人。随时随地的基础是我们经过长时间的摸索,能够准确地把握最佳的上门时机。建立时间观念,妥善安排推销活动,守时守约,并视顾客的反映来决定推销时间的长短。

(四)有幽默感

营销高手通常都能给人以良好的第一印象。他们衣着得体,彬彬有礼,说出话来妙语联珠,更关键的还在于他们的幽默感。人们通常都愿和有幽默感的人接触,这是建立良好的顾客关系的催化剂。我们应有意识地培养这方面的潜质,抓住每一次机会将营销项目向前推进,哪怕只有一点点,只要是实质性的。

(五)信守承诺

顾客与我们签约,说明

他们信任我们，如果我们不能信守承诺的话，无异于搬起石头砸自己的脚，不仅有可能失去大客户，还可能会影响一大片。信守承诺是我们稳固发展业务关系的可靠保证，须臾不可掉以轻心。

在买方市场下把握商机

所谓买方市场，是指市场上多数商品呈现供过于求的状态，商品交换的主动权掌握在购买者手中。买方市场的形成，标志着我国已经摆脱了短缺经济，这是我国经济发展的一个划时代的变化。对企业经营者来说，这又预示着新一轮的竞争将更加激烈。

针对市场出现的新形势、新变化，大多数企业经营者都能够主动适应，迎难而进，开拓创新。但也有一些企业经营者认为，现在商品供过于求，很难找到新的发展空间，因而等待观望，情绪消极。其实，市场商机无处不在，关键看我们有没有智谋，能不能找到市场的突破口，发现潜在的商机。为此，我们提供了以下6条市场商机，以供借鉴。

（一）认真分析供求差异

我国人口多，面积大，发展不平衡，消费观念与销售时间都有较大的差异。有的商品在南方看是坏的，在北方却大受欢迎；老年人看不惯的商品，年轻人却备加喜爱。这就说明不同的地区与阶层有着不同的市场差异与需求，企业经营者正可以通过时间差、地区差，从市场商品的品种、规格、型号、式样结构等不一致中寻找市场机会。

同时，不同层次的消费者的总需求中，总有尚未满足的部分。有的是收入极高而市场还没有可供消费的高档商品；有的则是消费水平过低而市场上忽略了的极低档次的商品等，这些都是商机所在。

（二）重视市场调研

市场调研是以市场为对象，搜集、整理、分析与企业营销相关的数据和资料的活动。市场调研运用科学而系统的方法，有目的、有计划地对市场需求及顾客的意见和建议进行了解，从而得出比较准确的预测，成为企业经营者开拓市场、占领市场的向导。

商机的朦胧性和隐蔽性，使企业经营者难以捕捉，这也是市场调研的重要性所在。市场调研是市场营销的起点，更是买方市场环境下发现与揭示商机的重要手段。其实，市场调研是一切经营活动的基础。以广告为例，只有通过市场调查才能找准产品的消费群体及市场切入点，并据此得出成功广告的创意，确定何种广告以何种媒体在何时推出，以达到事半功倍的效果。

（三）细分市场，填补空缺

市场细分就是企业经营者根据消费者的不同需求、社会经济因素和地域因素等把整个市场划分成若干细分市场。市场细分的作用在于：鉴定营销机会，弄清潜在顾客的需求，哪些是潜在的顾客，潜在顾客对商品的满意程度；选择确定目标市场；针对目标市场制定相应的市场营销策略来满足各类消费者的需求。

对整个市场的细分，是买方市场条件下搞活营销的重要内容，有助于发现市场机会和有针对性地开拓目标市场。通过市场的进一步细分,可以从市场容量尚未满足的比例中寻找到市场机会,迅速把商品打入不饱和地区。同时,尽管绝大多数商品表现为买方市场,但供过于求是相对的,任何一种商品都存在不同程度的市场空档。

（四）适应消费变化

当今的市场需求已不再是传统的消费观支配下的无选择购买。随着人们消费水平的不断提高,必然要求有一个与其相适应的有效市场供给,这就为企业创造了新的供给商机。

首先,消费需求层次由低向高发展,具有梯形递升的规律,企业可以循势寻找市场机会;其次,消费需求具有替代性的变化,企业可以从中捕捉市场机会;最后,消费者对商品的消费功能有一定的需求,希望消费功能多、价格低廉。企业可以据此创造市场,求得机会。

（五）善于捕捉市场信息

在开放、竞争与充满机会与风险的买方市场中,企业营销仅靠技术和质量是远远不够的,信息的作用和地位显得越来越突出。以“信息流”来指导“物质流”是现代市场竞争的重要特征。

要把握竞争就必须具有对信息的高度敏感和快速反应。不管是制定营销策略,还是开发新产品,抑或是谋划企业的未来发展,都不能单靠经营者的胆识与直觉,而应把信息与情报工作放在基础位置。

结合成功企业的实践经验,企业需要这样一些有利于创造财富的诊断工具:

市场、社会变化、价格变化、法律制度、产业性质、资源与能源动向等环境信息;技术水平与潜力、新技术预测等特定的技术信息;经营战略、销售战略、技术开发战略、经营能力分析、经营国际化等特定企业信息;市场占有率、需求预测、竞争力要素、竞争产品动向等特定产品信息。不过这些信息只告诉我们经济社会与竞争的现状,还必须经过一系列去粗取精、去伪存真的加工处理,以使其产生利用价值。

同时,企业信息工作要针对市场经济的新变化、知识经济的新发展,迅速向宏观的广度和微观的深度做出努力。这种努力要以重视产品信息和科技信息转到重视横向的经济联合、定向信息的传递和开发新产品、新市场方面来;从注重信息收集转到重视信息的深度加工与反馈方面来;从简单的营销人员零碎收集转到组织专业人员与发展互联网方面来;从只重视供求信息转到重视预测与决策信息方面来。

（六）创造新的先手机会

市场竞争的实例告诉我们,市场领先者与追随者的竞争优势大不一样,谁领先谁主动,谁主动谁就会成为赢家。综合市场营销,争取领先的机会有很多,如任何产品的不足、顾客的不满、消费品味的改变、环境和政策的变化、消费者收入的改变、新科技与新知识的应用、多种文化的组合、多种学科的综合等,都会产生新的市场营销策略和新的先手机会。

从市场供需矛盾转化中争取主动。任何产品都有其生命同期,任何一个企业都不可能永远依靠现有产品过日子。因此,企业就必须密切关注和研究市场的变化,并善于分析这种变化给企业造成的主要机会和威胁,迅速地促成可控变数(即企业的内部条件,包括产品、价格、地点、促销手段等)与不可控变数(即企业的外部条件,包括人口、经济、自然、技术、政治和法制、社会和文化环境等)相适应,从而获得市场竞争的主动权。

同时,还要看到商品的供需平衡是相对而暂时的,而平衡却是绝对而长期的。因此,市场上的商品畅销与滞销同时并存是正常的。有时某一商品畅销而形成购买热潮,这样就人为地拉动原有市场供给的空间布局,促使供给偏向一极,势必造成了新的需求区域。针对这种规律性的市场变动情况,企业应及时研究潜在的市场变化,培育自己的潜在市场。

千变万化的智谋营销术

(一)将欲取之,必先予之

在全球饮料市场中,首屈一指的当数美国的可口可乐。1981 年,可口可乐开始打进拥有 11 亿人口的中国饮料市场。他们一反常人惯用的为打开一个新市场而大量倾销商品的做法,借鉴我国古思想家老子的"将欲取之,必先予之"的观点,采用了投饵钓市场的营销策略,获得了巨大的成功。

可口可乐公司率先与中国粮油进出口公司签订合同,无偿向其提供价值高达 400 万美元的可口可乐罐装设备,并提供价格低廉的浓缩饮料。当在我国生产的可口可乐罐装饮料,以它独特的"可口清爽"的特性投放市场时,铺天盖地的广告战术又拉开了。电视里、报纸上以及广告牌等,随处可见那特有的红色着底上印有白色的"Cocacola"的商标。

很快,可口可乐在我国城镇便家喻户晓了。由于产品质优价廉,我国的厂商都乐于生产和经销美国的可口可乐。可口可乐就这样一举打开了我国的饮料市场。

但是,当市场打开以后,生产企业再要进口他们的设备和原料,可口可乐公司就要根据市场需求状况来调整价格。从 20 世纪 80 年代以来的 20 年时间里,美国可口可乐产品在我国一直畅销不衰。生产厂家由当初的 1 家发展到 8 家,销售量由最初的几百吨提高到好几千吨,销售价格也是一路攀升,由最初的几分钱一瓶发展到几角,最后达到 1 元多一瓶。

可口可乐公司采用这种营销策略在我国发了大

财，当初无偿向我国提供的设备和投资早已回收不知多少倍了。

（二）以点带面，连锁优惠

以点带面，连锁优惠促销战术，是指企业经营者以本企业经营的某种热销商品为龙头，开拓市场，并以此来带动整个企业商品的销售的营销方式。

美国有一家斯里兰百货公司，曾一度积压了上千万美元的商品。公司资金周转不开，处境十分艰难。为使公司走出困境，该公司推出了“以点带面，连锁优惠”的促销策略。

他们以公司最为畅销的“雪山”牌毛毯为促销的龙头，让利8%，并且只要顾客在该公司购买一条“雪山”牌毛毯，便可额外得到优惠购物券一张。顾客拿着这张购物券在公司再度购物，便可获得15%的优惠价，同时还可获赠一张购物券。顾客拿此券再度购物时，便可得到20%的优惠价。如果顾客能三次购买该公司出售的商品，便可得到一张“忠实上帝”奖券。顾客拿着这张奖券便可参加公司根据购物价值级别而设立的各种抽奖活动。中奖者可以获得公司销售的冰箱、彩电、录音机、电熨斗等。如果顾客没有中奖，也可凭“忠实上帝”奖券在公司任挑一样价值在3－5美元的商品，使顾客在心理上获得满足感。

这一招使斯里兰百货公司获得一种“忽如一夜春风来，千树万树梨花开”的效果，顾客从四面八方涌向斯里兰百货商店。该公司的销售额因此而直线上升，公司不但转危为安，而且积压商品在两个月内全部销售一空，从此该公司的名声大振，经济效益扶摇直上。

（三）单一价格，统一销售

1984年，美国南部新开了一家引人注目的服装商店。店门前挂着一块招牌，上面写着：“该店各式服装一律每件6美元。”6美元当时在美国就相当于看一场电影的价格。服装店里陈列着琳琅满目的商品，有内衣、内裤、紧身衣、毛衣、毛裤等，包括销售税在内，售价一律6美元一件。自开业以来，该店买卖兴隆，门庭若市。

通常，大型购物中心不愿廉价经营低档或号码不全的服装。这家服装店抓住这一机会，专门经营低档服装，这样一方面为大商场清理了库存，一方面又为市场提供了许多断档和难以配套的商品，满足了不同层次消费者的需求。尤其是该店巧妙地利用了销售学所研究的“心理价格”，确定的“单一价格，统一销售”的营销策略。这奇妙的单一价格使顾客觉得整齐简单，省去了各种价格计算上的麻烦；另外，较低的价格标准，使顾客忘记了不同商品之间的价格差异，消除了购买商品时常有的此贵彼贱，担心买了是否合算的心理负担，可以自由地在琳琅满目的商品中游逛选购自己所中意的商品。

正是由于采用了这一营销策略，该服装店在不到4年的时间里，发展成了一个拥有100多家分店的大型连锁企业，4年零售总额达到400多万美元，取得了辉煌的经营业绩。

4. 出其不意，攻其不备

通常，一些名牌产品的厂家因其产品牌子硬、市场占有率高而在市场竞争中占据主导地位，因此，这些厂家往往也就掉以轻心，从而使那些名不见经传的产品乘虚而入。

意大利是一个举世公认的"制鞋王国",自产鞋在市场上的占有率很高,外国厂商要想把鞋类产品销往意大利决非易事。而美国林地公司不但把鞋子展示在意大利商店的橱窗里,而且销量年年攀升,很令意大利同行嫉妒。

林地公司的成功在于它看准了近年来意大利消费者崇尚高贵优雅的鞋子渐成风气,而本国厂商仍以时髦、新奇的流行样式来取悦顾客,于是以己之长克人之短,攻其不备,出其不意地打入这个制鞋王国,从而获得极大的成功。还有,日本时装对抗风行全球的法国时装,日本手表威胁历史悠久的瑞士"老大哥",都是运用此计取胜的。

采用此计须有以下前提条件方有取胜的机会:首先,推出的产品必须有自己的特点,尤其应以"新"见长,否则将难以引起顾客的注意;其次,要洞察消费者的心理。林地公司正是因为抓住了不少欧洲人的崇美心理,强调其产品独具美国风格和美式气派,从而吸引了大批消费者;最后,还须有一种冒险精神,因为这种方法往往是违反常规的,须有冲击市场的勇气与理智。

(五)虚实并用,以诡防诈

古人说:"虚虚实实,真真假假"、"玄之又玄,深不可测",在现代商战中不可不用此计。当然我们应当反对那种无中生有、以假乱真的欺诈之术,但我们却不能不学会以实击虚、将计就计的防诈之法。市场竞争中,虚则实之,实则虚之,虚而虚之及实而实之等虚实并用之计为商家广为采用,必须有很强的识别能力,并将计就计,谨防上当。

例如,日本的汽车制造商早就想打入美国市场,正苦于找不到机会,而美国则以"汽车王国"自居,根本不把日本放在眼里。在西方国家石油危机刚刚开始时,日本汽车把握了油价上涨这一信息,着手设计和生产节油的小型汽车,并迅即打入美国市场。而美国汽车企业则认为美国人还是喜欢豪华的大型车,日本的这种小型汽车决不会在美国市场立足。结果大出他们意料,在较短的时间里,日本小型汽车便大面积地占领了美国汽车市场,其销售额在1984年占整个美国市场的1/4。日本企业正是采用了这种"以实击虚"的竞争之计使美国汽车企业措手不及。

(六)打破常规,出奇制胜

当今企业处在一个瞬息万变、分秒必争的竞争环境中，经营者必须经常革新，才能适应这种竞争。比如在 1984 年的香港，"大降价"的彩旗挂满街头，"七折"、"八折"的标签俯拾皆是，被招引来的顾客却极少破费，市场很不景气。

面对这种不景气的严峻局面，专营领带的金利来公司却反其道而行之，提价出售领带。对此，同行都讥笑其不识时务。但结果却出人意料。提了价的金利来领带，不仅销路大增，还由此创名，成为国际市场上的名牌产品。

金利来公司的这一绝招，正是兵法上所说的"以奇制胜"。奇之所以奇，是因为其发出常识、常规之外，是一种反向思维方式。

17计 呼风唤雨

广告是一种促销手段，它是指广告主在支付一定的费用下，采取非人员沟通形式，通过电视、广播、报纸、杂志等各种媒介把商品信息传递给广大目标对象，以诱导消费者采取购买行为的促销活动。

发布广告的要领

（一）抓住电视广告的要领

电视广告主要是表现动作画面，强调的是视觉色彩与声音的巧妙组合。因此，在拍摄过程中，一定要注意远景、近景、特写以及画外音的配合效果。画面要清晰、新颖、富于感染力，要在瞬息之间就能调动起观众的兴趣，并明确传达出广告画面与产品的内在联系，从而使观众在艺术欣赏的瞬间，抓住广告宣传要领。为此，应注意以下几个方面：

1. 首先，应注重广告的娱乐价值，即艺术效果。只有富于艺术效果的广告，才能广泛吸引观众的视线；

2. 在强调艺术效果的同时，应注意电视广告中的艺术部分不要盖住广告的实质部分，以免造成喧宾夺主的现象。比方说刺激的摇滚乐、泳装艳女、幽默的语言对白或者优美的舞蹈，这样的内容肯定能吸引观众，但也极有可能冲淡广告的内容；

3. 广告必须反映产品

的特性。任何画面或画外音，都是为产品本身的特性服务的，因此，对于与此不符的广告内容应断然舍弃，以充分突出出产品的个性；

4. 任何广告都忌讳啰嗦，因此画面须简洁有力，语言字字千钧，用瞬间广告效果，直指产品的个性。

（二）发布电台广告的技巧

电台广告主要是靠声音来传达产品的性能、质量等因素，因此着重强调的是人的听觉功能，要求必须从语言和声音的角度着手展开吸引听众的手段。

1. 选择黄金时间播放，以增加收听人数；

2. 语言尽量明白流畅，易听易记；

3. 用音乐或歌词等陪衬播音效果；

4. 根据产品的主要销售对象选择广告播出时间。比如，推销学生用品时，最好选在周末，推销上班族用品时，应在上班前或晚上休息时间等；

5. 反复播放，有利于增加听众印象。

（三）户外广告的注意事项

户外广告通常是指向流动人员所做的一种广告促销方式。它包括建筑上的巨型广告牌、道路两旁的广告设计、在交通工具上所做的广告标语等。由于人群是流动的，这样的广告一般只能在人们的视线里停留几秒钟，因此须特别强调广告的创意和色彩，以便在瞬间抓住观众的注意力。

1. 户外广告图像应清晰新颖，色彩以亮色为主。同时还须注意设在人流相对集中的地方，如车站广场、立交桥梁、大商场等处便是理想的地点；

2. 图文并茂。文字尽量做大，最好用楷体或行书，以便增强阅读效果。如果要使百米之外的人能认清字体，文字广告通常需做到单字直径一米左右，

3. 广告牌尽量设在灯光好的地段，以便于夜间观看。同时也可以考虑在设计过程中安装必要灯饰。

4. 应考虑到风吹、日晒、雨淋对广告牌所造成的损害，尽量提高户外广告的使用寿命。

通过以上介绍，我们可以认识到公共关系技巧包括很多方面，这些技巧相互衔接与促进，形成一股合力来共同促进企业的发展，不可单纯强调某一方面。

搞好企业与新闻传媒的关系

从某种意义上说，我们也应该把新闻媒体看作企业的一个极其重要而特殊的客户。这么说是因为新闻界对企业而言具有多重身份和价值。

首先，新闻媒体是实现企业与公众联系的一个重要媒介；其次，新闻媒体又是企业的特殊观众，因为它代表了社会舆论，并集中了广大消费者的意愿。同时，新闻媒体中的大多数，还要靠为企业做广告宣传等来获取一定的经济利益。新闻媒体可以把一个企业推向辉煌，也可以断送一个企业的生命。在愈演愈烈的现代商场竞争中，我们不难看到各企业间利用新闻媒体互相排挤的特殊现象，尽管这种竞争是不健康的，可却是现实。

企业与新闻媒体的关系可分为直接关系和间接关系两种。直接关系即企业与各种新闻媒体的直接交往;间接关系则体现在企业与一些依靠传媒形式传播的其他项目上,如文化、体育、艺术演出、书刊出版等方面。由于体育比赛、文艺演出等活动往往要靠传媒尤其是广播电视播出,使得企业与体育部门和艺术部门的合作往往具有新闻意义,在比赛中冠以"某某杯"尤其具有新闻性。另外,刊物和书籍也有着不同程度的传播作用,这些都是需要加以注意的。

企业需要通过新闻媒体传播自己的产品情况,并扩大企业影响;而新闻媒体也应该及时准确地向社会提供各种真实的报导。随着现代科技的飞速发展,传播技术日益发达,新闻媒体必将成为影响社会舆论的权威性机构,其对社会的影响力是任何一个企业所无法比拟的。

例如,美国的新闻机构几乎可以独立地左右整个社会舆论,并自称为是对社会经济变动具有独特作用的一根支柱。在国外,企业公关人员的第一要务就是与新闻界打交道。

新闻传媒的工作具有信息量大,时效性强,反应敏捷,可信度高,传播面广等特点,能够成为企业与广大公众之间信息沟通的加速器和放大器。因此,我们必须善于利用新闻媒体树立企业的良好形象。为此,应把握以下几个重点:

(一)保持联系,及时报导

企业要与新闻媒体保持长期而密切的联系,并要及时向新闻界提供新闻,主动争取公众的注意。这件事可派专门的公关人员负责。凡遇重大事件,及时通知新闻媒体来单位采访,并帮助他们了解企业技术性较强的问题,使他们能够准确及时地向社会报道。

(二)一视同仁,保持公正

由于新闻界包括的范围较广,企业的公共关系部门应采取一视同仁的态度,决不可因新闻单位的名气大小、级别高低而采取截然不同的态度。尽可能让他们获得平衡的信息量。让新闻界各单位对企业抱有好感。只有这样,当企业有了重大危机时,他们才能以公正客观的态度和立场加以报导。

(三)尊重事实,不搞虚假

坚持尊重事实的原则。既要尊重新闻媒体的报道,不用拉拢、贿赂、请客送礼等手段引诱新闻媒体制作欺骗公众的虚假新闻,同时又要坚持自己的原则,不要为了讨好而一味迎合新闻记者的某种口味,反应提供的信息应真实可靠。

(四)培养兴趣,响应活动

企业应培养对新闻媒体的兴趣,积极响应由新闻、文化、体育各界发起的有益于社会的公益性活动,诸如捐资助学以及赈灾、赞助性演出和比赛等。这样做会加深新闻媒体和社会公众对企业的好感。

18计 金字招牌

现代市场营销的核心就是品牌。品牌是企业在市场运营中的旗帜,是企业与消费者沟通的标签,是企业实力的综合体现。

一件产品可以被竞争对手模仿,但品牌却是独一无二的。产品会很快过时落伍,而成功的品牌却会经久不衰。

如果可口可乐公司在全球的所有工厂,一夜之间被大火烧得精光,但只要"可口可乐"的品牌还在,就可以肯定,大银行家们会争先恐后地给公司贷款。因为"可口可乐"的品牌进入世界任何一家企业,都会给它带来滚滚财源。

品牌的作用

品牌是塑造产品整体形象的一个重要组成部分。品牌的基本功能就是把不同企业之间的同类产品区别开来,不至于发生混淆,从而塑造出鲜明的企业个性。争创驰名品牌,树立品牌的权威形象,是每个企业老板梦寐以求的事。因为品牌对于企业经营来说,具有独特的功能,其主要表现在以下3个方面:

(一)品牌是企业参与竞争的基石

一个精明的企业老板,办企业应该从品牌的确立与论证这些基础的工作做起。只有夯实了这个基础,才能去考虑发展隶属于该品牌之下的产品,参与市场竞争。一个再好的产品,如果没有品牌,它将永远只能是一个无名小卒。

美国可口可乐公司拥有世界名牌"可口可乐"饮料,其商标价值高达280多亿美元。可口可乐公司的老板正是利用这块国际名牌在世界许多国家建立起生产基地。还有日本的汽车制造商历来也特别重视用品牌来开拓、培植和占领市场,像本田、丰田、皇冠等品牌的汽车,在我国城镇已家喻户晓。

品牌可建立稳定的消费群,吸引那些具有品牌忠诚性的消费者,使企业的销售额保持稳定。品牌具有一种心理上的作用,可以在消费者中树立良好形象,从而稳定和扩大产品销售额,增加企业效益。

(二)品牌是区别不同商品来源和产品质量的标志

品牌标明产品的出处,是生产经营者信誉的标志。消费者可以通过品牌,达到识别生产厂家,进行选购的目的。品牌不仅能起到区别不同生产者与经营者的作用,同时也起到了区别产品不同质量的作用。因此,一个企业的生存和发展,离不开维护和提高自己的品牌信誉。

在现代商战中,日益众多的消费者把品牌信誉和质量的可靠性联系在一起,愿意为有信誉的品牌付出更高的代价,同时又摒弃无信誉的产品。这样就能有力地促使企业为维护品牌信誉而重视产品质量。因此,企业在自己的商品上使用了品牌以后,企业信誉、商品信誉和品牌信誉就紧密地联系起来,而商品质量无疑是品牌信誉的基础。

(三)品牌是企业广告宣传的一种手段

企业要打开产品销路,必须进行广告宣传。既然品牌作为企业信誉和产品质量的一种标志,就自然成为企业进行广告宣传的一种手段。消费者通常习惯于认牌购物,品牌可以建立、维护并发展消费者对商品的信任感,使消费者对商品产生深刻印象。

发挥品牌的广告作用通常有两种做法:一是通过消费者使用有品牌的商品,使他们对商品的质量、用途、式样等留下良好的印象;二是对还没有使用过这种商品的消费者,通过广告宣传使他们对品牌产生好感,诱发购买欲望。

品牌设计的基本要求

品牌是企业产品打开市场大门的“金钥匙”,是企业跨出国门的“绿色通行证”。一个良好的品牌设计须具备以下 4 个基本条件:

(一)品牌应有利于产品营销

这就是说品牌须具有代表性、商品性、持久性、艺术性和简洁性。

(二)品牌设计应相对稳定

品牌一经注册即受法律保护,享有专用权,因此品牌设计不可随心所欲、草率行事,而应采用不受时间和形势变化影响的名称和图案来表示。如“可口可乐”的英文字母设计图案,百年来没有变动过,几乎成为美国文化的象征。

(三)品牌名称不可直接反映商品本身的属性

如果品牌名称直接反映了商品本身的某一属性,那么品牌就可能不具有排他性。例如,对于手表来说,运行准确是最基本的要求,如果采用“准确”作为品牌,就不能与其他生产厂家的手表相区别。同理,保温瓶、保温杯等也不能用“保温”牌。还有,也不可采用与商品毫无关系的名称作为品牌,否则就会引起反作用,如“石头”牌毛巾、“飞机”牌毛笔等,无疑会给人一种格格不入的感觉。

(四)回避品牌设计的禁忌

世界上各国法规对品牌都有一定的限制和禁忌，因此在设计品牌时对此须给予回避。

1. 品牌设计不能使用国内外重要政治标志和重要国际组织徽标，如国旗、国徽、军旗、勋章、红十字等；

2. 品牌设计不能同已注册了的商标相混淆，否则要受到法律制裁；

3. 品牌设计不能违反各民族风俗习惯中的禁忌和产品销售地区居民的风土人情。因此，在品牌设计时，须充分了解目标市场的民族、制度、历史、文化、风俗等方面的情况，有意识地采用当地消费者喜爱的吉祥标志，避免采用人们忌讳的或容易产生误解和反感的图案组成品牌。如欧洲人大都忌讳“13”这个数字，品牌中就不能出现“13”。日本人喜欢樱花，忌讳荷花与菊花，因为他们认为荷花不吉利，菊花是皇室的象征。

建立品牌的策略

随着市场经济的深入发展，品牌在现代商战中的地位日益突出，因为它最能体现企业的气质与产品的特性，是企业信誉和产品质量的象征。我们应在重视企业的信誉与产品质量的基础上，以大众需求为中心，建立起适合企业发展的驰名品牌。为此，有以下两种策略可供我们选择：

（一）自建品牌策略

企业自建品牌后应珍惜它，不要随意转让，更不能用偷工减料的劣质产品来玷污它，使它轻易丧失信誉。自建品牌不仅能保持企业的利益，而且有助于广告宣传和产品营销，有助于消费者识别同类产品以使企业既得利益不致受到损害，有助于企业竞争并保持稳固的市场占有率。

（二）使用其他企业品牌策略

使用其他企业品牌通常又分两种情况：一种是用生产企业的品牌，由生产企业负责质量把关及技术指导，以保证名牌产品质量；一种是用中间商的名牌，尤其是在对外拓展市场中，当一时不易进入对方市场时，不妨按中间商要求的式样与质量生产产品并使其名牌在新开辟的市场上销售，利益按一定比例分配。

充分发挥品牌的效应

(一)品牌是企业进入市场的标志

品牌最重要的意义在于直接、明显、一目了然,成为企业信誉与产品质量的标志。特定产品的标志有多种,包括品牌、企业信息、原料与功效说明、产品型号、准产和准销标记等。其中,有些是国家规定必须具有的,否则就是“三无”产品,不允许在市场上销售。据统计,特定产品上的标记文字平均在200字左右。在这些大量的标记中,最重要、最直接的就是品牌标记,所以说品牌是企业进入市场标志的旗帜,这主要表现在以下3个方面:

1. 企业经营运作必须有标志

在市场营运中的企业,必须有明确的标志。没有标志,企业几乎就没有办法开展正常的工作。在企业识别的标志中,品牌具有受法律保护的唯一性,是企业营运的关键标志。

企业的标志主要有企业名称和品牌两种。企业名称是最原始和最基础的企业标志,是明确的文字标志,通常的形式是地区、企业特定名称和行业三者的组合。企业名称在我国只能在特定的地区具有唯一性,这就制约了企业名称成为唯一和独特的识别标志。而且,在特定企业的发展过程中,变更企业名称的可能性很大。更为重要的是,从传播的角度看,特定企业名称相对太长,不适应现代商战强调的简洁沟通。

时代的发展要求企业必须寻找一个更为突出的标志,于是品牌便应运而生了。

2. 消费必须建立在市场识别的基础上

通常,消费者不可能对所有的产品与服务都有足够的了解,最简单的了解方式便是知道特定产品或服务的识别标志。在现代市场环境中,品牌无疑是消费者最常见和最重要的识别标志。

从市场的角度来看,品牌包括生产企业品牌和销售企业的商号。由于消费者缺乏足够的商品知识,通过品牌识别便能够克服缺乏足够的商品知识所带来的消费障碍。

对于消费者来说,品牌是一个广义的概念,包括商标、商号和俗称。特定的品牌通常都有明确的市场定位,而多数情况下是消费者通过消费体验,自行定位,并将这种定位在相关领域中广泛传播。

3. 标志是市场营运的基础

从市场的原始意义出发,市场是实现商品交换的场所。市场营运也就是完成商品的交换过程。不同的商品具有不同的价值,商品交换必须实行等价交换。为此,不同的商品必须能够有效识别,才能展开价值判断的工作,进而根据不同的价值,完成商品交换,即市场营运。

作为商品交换的双方,生产企业与消费者便是在市场识别的基础上进行生产与消费。于是,标志也就成为市场营运的基础。而品牌作为稳定性和独特性的识别标志,已成为企业信誉与产品质量的象征,必然成为企业进入市场标志的一面旗帜。

(二)品牌是产品与服务的承诺

如前所述,市场营运是建立在商品识别的基础上的,并实现商品的等价交换。不同的商品具有不同的价值。因此,在市场中,不同品牌的商品也就具有不同的价值。例如,我国五粮液酒厂生产的白酒,使用两个品牌,其中一个是五粮液,一个是五粮春。两者的市场价格有很大的差异。同理,同一种品牌的产品,在不同的销售地点,市场价格也会有所不同,高级商店的商品价格自然要高于普通商店。而消费者也广泛接受了这种事实,并认为是合理的。

产生这种现象有多种原因,最关键的原因在于特定的品牌具有特定的附加价值,其基础就是特定品牌代表着对特定产品与服务的市场承诺。

1. 品牌是特定产品和服务的识别标志

前面已经说过,品牌是市场识别的关键标志,因此,品牌也就成为特定产品和服务的识别标志。

同种产品原型,由于资源投入和资源转换效率的差异,不同品牌的产品具有不同的价值,品牌也就成为区分这种不同价值的标志。

2. 品牌代表特定产品和服务的品质与数量

由于品牌是特定产品和服务的识别标志,因此,不同的品牌代表特定产品和服务的品质与数量。在特定品牌长期的营运与推广过程中,这种价值的差异被企业强化,使消费者逐渐承认和接受,成为一种广泛的价值区分观念。

对于企业来说,特定品牌的商品,必须提供相应的品质与数量;对于消费者来说,选择特定的品牌,就是选择特定的品质与数量。品牌从而成为市场正常营运的基础。

3,维护品牌就是坚持承诺

在品牌战略中,企业维护特定的品牌是长期营运的重要内容。企业维护品牌的过程,就是坚持特定市场承诺的过程。

在市场营运中,企业与消费者的沟通是建立在品牌基础上的,即建立在特定品牌市场承诺的基础上。这种品牌承诺是指企业对于特定品牌的产品与服务,必须维持在一定水平的品质和数量基础上,消费者也应因此付出相应的代价。

企业在营运过程中,必须坚持特定品牌的市场承诺,这是一种广泛的社会契约,并通过市场机制来维护这种契约的严肃性。当特定的企业不遵守特定品牌的市场承诺时,消费者很快就会放弃特定品牌的观念,也就不会再承认特定品牌的市场价值。这样一来,特定的品牌便会失去市场基础,从而使企业多年的资源投入与努力毁于一旦。

(三)品牌是企业与消费者沟通的标签

企业与消费者的沟通,是市场营运的基础。通常,品牌都是经过企业精心选择的名称与图案,具有明显的识别性,于是自然成为企业与消费者进行简洁沟通的标签。

1. 市场营运必须有效沟通

现代市场是一个信息泛滥的市场,沟通已经成为企业与消费者面临的共同困难。而完成商品的交换，必须建立在市场沟通的基础上，即企业必须将特定的商品以及相关知识告诉潜在的消费者；消费者也必须获得特定的商品知识，作为选择商品的依据。如果不能有效地实现这种沟通，企业将很难销售商品；消费者也不知道如何选购需要的商品。

在信息泛滥的市场中，信息的数量大量增加，使企业与消费者的沟通受到很大的干扰。最有效的沟通方式便是直接和简洁，于是，具有这两个特征的品牌自然就成为企业与消费者有效沟通的标签。

2. 品牌是沟通的关键词语

对于特定事物的了解，存在多种不同的层次，从简单的了解到专业的研究。

各种层次的共同点就是主题，而主题就是描述事物的关键词语。同理，特定企业的产品也是如此，品牌就是描述企业和产品的关键词语，具有以点带面的关键作用。

3. 标签化是沟通的重要方式

沟通的关键词语就是标签的关键词语。标签化是现代人类对待信息爆炸的有效方式之一。所谓标签，就是特定事物的简洁而实质性的描述。人们通过对标签的了解，形成对特定事物的具体认识。

市场信息的泛滥，迫使消费者广泛采用标签来简化市场信息。特定的标签意味着特定的意义，标签化已成为市场沟通的重要和常见方式。例如，“微软”是什么？——世界最大的软件企业，其老板比尔·盖茨富可敌国，是知识经济创造的一大奇迹；“茅台”是什么？——中国最著名的白酒企业和品牌；“超市”是什么？——敞开销售便利商品流通的地方，商品价格通常比较便宜。消费者正是通过这些不同的标签，进行消费选择。

营销专家将品牌形象地比喻为消费者心灵中的挂钩，通过品牌这个挂钩，使企业进入消费者的心灵。

可见，在现代商战中，品牌是标签的关键词语，具有最关键的意义。

19计 保驾护航

市场经济是法治经济。健全的法治是使市场规范、有序、走向繁荣以及使每个经营者的正当权益都能得到保护的根本保障。

因此,我们必须树立法律观念,熟悉和遵守国家制定的有关法律,使企业的经营活动与法律的要求相一致,并充分运用法律武器来为自己的商务活动保驾护航,维护企业及自身的正当权益不受非法侵害。

树立法律观念

(一)守法必先知法

在我们的经济社会中,各行各业都有自己相应的法律法规来约束和规范本行业的经济秩序,而且这种法律法规的制度还正在走向完善。连游戏都有规则,更何况经济活动,它关系到整个社会的生存与发展,所以绝不可等闲视之。

不管在哪里经商,经营者都应在国家法律允许的范围内从事经营活动,不能超出这个范围。否则,就无法进行商业活动。要守法,知法是基础。通常,经营者应学习以下几方面的法律法规:

1. 国家有关部门制定的产业政策和工商法规

经营者须根据实际情况,取得合法经营后,才能从事经营活动。

2. 税法知识

要了解所从事的经济活动的有关税目种类和税率标准,增强纳税意识,在经营中应将各种税目支出,作为经营收益核算的主要项目,及时照章纳税,切不可为了增加个人收入而偷漏国家税金。

3. 从事经营活动所涉及的行业管理规定

行业管理规定是政府根据行业特点制定的,用以约束和维护行业经营秩序,具有法律效力的行政法规。凡属该行业经营的单位和个人,都必须遵守有关的行业规定。例如,从事烟酒销售的经营者,必须遵守国家专卖规定;融资借债,应按国家规定向银行或金融机构贷款;饮食服务业,必须符合国家卫生防疫部门规定的开业条件;商业经营者严禁销售假冒伪劣产品等。

经营者只有遵守上述法律法规,守法经营,才能顺顺当当地发展。如果为一时获利而从事违法经营活动,不但会受到法律的制裁,还可能因违法行为承担其他后果,使个人和家庭蒙受巨大的经济损失。

作为一个经营者,不仅要了解有关的法律和法规,在经营活动中遵守有关的法律和法规,还要懂得运用法律法规这个锐利的武器,来保护自己的合法权益,不给奸商以可乘之机。

(二)制假贩假,贻害无穷

俗话说:"君子爱财,取之有道。"在寻求发家致富赚钱发财的过程中,我们必须走一条正规的道路，这就是在法律的约束下合理合法地经营，千万不可做出与各种法律相悖的事情来。比如在经营活动中出现的制假贩假的违法行为，坑害了消费者，即使一时赚取了利润，但终究逃不脱法律的应有制裁。

通过制假贩假可能会一时蒙住贪占便宜的消费者，但却不可能长久地占领市场。消费者上一回当，就会警觉起来，不会再次光顾。也许有人会想，我一天骗一个人，我这辈子也才骗全中国人的多少多少分之一，简直是微不足道，这样就会更错。记得聪明透顶的犹太人曾说过，在商场上存在着“78/22”这样一个自然规则，即在商店里，尤其是在中小商店里，回头客与普通顾客的比例大约为78/22。可见回头客光顾商店的机会比普通顾客要多得多。如果我们用假冒伪劣产品欺骗他们，他们下次就会毫不客气地离我们而去。

更值得注意的是，如果我们制假贩假，终究会受到法律的无情制裁。稍微留意一下，我们就不难看到报纸上、电视上等经常报道的执法人员没收、查封、销毁假冒伪劣产品的事情。在商场上，以坑人开始，势必会以害已而告终。法网恢恢，疏而不漏，靠制假贩假，不是长久的赚钱之计，更不是发家致富的捷径，到头来必定要受到法律的制裁。

市场经济是法治经济，任何违法经营行为都将受到应有的惩罚。我们应开动脑筋，多在自己的生产经营领域里重视提高产品质量、降低生产经营成本，多在改进品种与设计上下工夫，多在全方位优质服务上下工夫，只有这样才能在公平竞争的市场环境下站稳脚跟，稳健发展。

（三）引以为戒的6种逃税行为

在市场经济的大潮中，极个别的经营者想通过偷税、漏税和逃税来谋取不法利益，挖国家税收的墙脚，但是在税务部门、会计师事务所和国家审计部门的通力协作下，不仅不义之财被没收，还被罚款、吊销执照等，最终落得个竹篮打水一场空，赔了夫人又折兵。

从当前调查掌握的情况看，有以下6种逃税行为我们应引以为戒：

1. 换牌逃税

有些机关团体开办的一些经济实体，由于自身缺乏相应的资金和经营管理的能手，只好采取招聘经营、定额承包的办法经营企业。这就给少数的不法商人提供了可乘之机。他们摇身一变，戴上校办企业或国有企业的“红帽子”，成为机关团体经济实体的承包者。这样一来，他们不仅逃避了现行较为合理的税收，还享受到新办经济实体一些减免税收的优惠政策，致使国家税收流入个人腰包。

2. 瞒天过海

少数不法商人利用发票做手脚，采用虚报丢失、伪造涂改、大头小尾、两次填写等手段来逃避税收。例如，某企业承包人将实际金额10万元的业务分两次填写，在业务报销联上填的金额是10万元，而在存根联上竟只填了100元。还有少数不法商人公然违反制度规定，设两本账，在出示给税务人员的假账上填写少量的金额，却在给自己看的暗账上记载大宗经营收入，通过这种方法来减少上缴税收。只可惜，再好的伪装也有露出马脚的时候，对于这种瞒天过海的偷税行为，税务人员只要下工夫是能够查出来的。

3. 无证经营

极少数商人，为了躲避税收管理，采取不办税务登记和营业执照的方法进行无证经营。也有些商人借用别人的营业执照副本来经营。他们通常采取“你来我走、你追我跑、你疲我卖、你查我躲”的游击战术，打一枪换一个地方，结算完毕就迅速逃离经营现场，以逃避纳税检查。

4. 以小瞒大

少数商人利欲熏心，他们深谙利润多交税也多的道理，节外生枝，虚增成本，假摊费用，借以达到在账面上减少利润而偷逃税收的目的。

5. 私立账户

有的商人对开设的银行账户弃之不用，而又另立账户或采取现金交易不入账的手段，隐瞒收入，逃避税收。

6. 偷梁换柱

为了提高利润，谋求更多的财富，个别商人公然销售其经营范围以外的商品，并且隐瞒这部分商品的销售收入，以图少交税。例如，某发廊老板擅自销售电视机和电风扇，某杂货店老板非法销售建材等。税务部门坚决取缔了他们超出营业范围的经济合同，把他们已经获取的收入照章追缴了税款。

对以上这些不法行为，我们应引以为戒，千万不可重蹈他们的覆辙。否则，便会一失足成千古恨，法律上面是没有任何余地的。

（四）切勿官司缠身

市场经济是法制经济。当我们遇到非法经营使自己上当受骗时，就应通过法律途径来解决问题，这就需要打官司。如果我们不懂得打官司，不仅很难适应现代市场和竞争局面，而且一旦自己在经营中遭受到非法侵害，便会无法追回损失。

法律是市场经济得以生存和发展的“保护神”，如果我们学会运用法律这个锐利的武器来保护自己，懂得打官司，就能拿法律作为自己生产与经营管理的“护身符”。否则，就有可能受人欺负。

法律是维护我们本身及所创办企业合法权利的有力武器。国家已颁布的“企业法”、“经济法”、“公司法”、“合同法”等商业法律，给我们创造了一个合法经营的环境，也赋予我们一定的权利。不过这些权力往往要受到一些非法干扰，要真正完全享有这些权利，我们还要善于运用法律武器来抵制非法侵害。例如，对强加于自己的乱摊派、乱收费、乱罚款等，必要时可跟这些不法分子打官司。

法律是我们经营管理的基本依据。我们经营什么项目，招聘什么样的员工，只要符合法律，就行得通。在管理过程中，我们应尽量避免不必要的内部纠纷，如果产生不可调和的纠纷，就应依法处理，要么打打官司也未尝不可，但绝不可感情用事，置法律于不顾，做出违法的蠢事来。

法律也是我们处理外部经济关系的基本准则。在商品采购、运输、买卖、联合等经济关系中，需要签订大量的经济合同。在现代商战中，许多经济纠纷都是因为合同签订得不完善而引起的。这些合同纠纷往往给经营者带来很大的经济损失，经营者也只有运用法律武器，通过打官司来维护自己的合法权益。

俗话说："害人之心不可有，防人之心不可无。"在商场上，在"利"字当头的个别经营者身上，随时都干得出违法的事情来。除了需要经常防人外，最好的办法就是打官司，让法律惩治这些不法分子。

生意往来，贵在谨慎，我们既要懂得打官司，又切忌遇事就打官司而搞得长年官司缠身而不得自拔。打官司通常是须花费时间和精力的。很多官司，即使有理，没有大量的时间和精力也是打不赢的。在光明磊落的争执中，如果一方做一些让步就能解决争端，那又何乐而不为呢？这样做便可节省许多时间和金钱。否则，一旦打起官司，我们便会把所有的注意力都集中在双方的争执中，以期把对手打倒在地。这么一来，也就无暇顾及自己的生意了。如果再碰上难缠的官司，焦躁和愤怒的情绪便会一起向我们袭来，再加上旷日持久的争战之后出现的疲惫，哪里还有心思做生意呢？

可见，最好的办法还是在于平时多多留心，谨慎行事，早做防范，不给不法之徒以可乘之机。一旦遇到麻烦，在保障自身利益的前提下，尽量寻求私下和解，实在不行再诉诸法律，通过打官司来圆满解决。不过须注意，千万不要长期官司缠身而妨碍了正常的经营活动。

合同的签订和执行

（一）怎样与员工签订聘用合同

聘用合同，是劳动者与用人单位之间确立劳动关系，明确双方责任、权利和义务的一种协议。聘用合同依照特定的程序并经过法律的确认，就具备了法律效力。劳动者作为用人单位的员工，承担一定的工作任务，应当遵守用人单位的有关劳动规则；用人单位则根据一定的标准付给劳动报酬，并保证法律规定和合同双方依法议定的劳动条件。

从法律上讲，聘用合同必须以书面形式签订，因为口头形式容易引起各种不必要的纠纷。聘用合同的主要内容或条款包括：合同期限、工作内容、工作时间、劳动报酬、各种保险和生活福利待遇、劳动保护和工作条件、劳动纪律、教育与培训、聘用合同的变更和解除条件、违约责任等必备内容，同时还包括由合同双方认为需要特别约定的其他事项。

签订聘用合同，对双方当事人来说，都是至关重要的事情。为此，作为企业人力资源管理者，在签订聘用合同过程中，应注意以下几个问题：

1. 确定适宜的合同期限与试用期

聘用合同是一种帮助实现企业战略目标的制度，因此必须按照企业的战略意图选择适宜的合同期。由于企业与员工所站的立场不同，在合同的期限设定上往往便构成一对矛盾：企业希望与高素质的员工签订长期合同，以稳定骨干队伍；希望与低素质的员工签订短期合同，以便今后有调节的余地。而员工则恰恰相反。另外，我国企业目前大多凭经验确定合同期限，缺乏科学依据，致使聘用合同期限一刀切，不管工种与岗位的差别，要么期限过短，要么期限过长，结果合同期限与工作任务不相协调，差距较大。因此，必须科学合理地确定合同期限。为此，不妨采用建立聘用合同期限序列的方式。

企业根据生产经营的长期规划和目标任务，对员工的使用进行科学预测，将生产岗位与任务划分为若干序列，然后分别对员工的使用做出规划，并据此设计出企业聘用合同期限序列，形成合同期限数据库，即：哪些工种、岗位需要签订有固定期限的聘用合同，并分为若干类，如 1 年、2 年、3 年、5 年以及分别需要多少数量的员工；哪些工种、岗位需要签订无固定期限的聘用合同及数量。这样一来，便可使合同期限长短并用，梯形配备，形成灵活多样的格局。

试用期是用人单位和员工为相互了解、选择而约定的最后考虑期限。一般来说，其时间长短不定，可以根据工作岗位的不同确定不同的试用期，但最长不得超过 6 个月。

2. 对违约赔偿与合同有效性的考虑

如果是用人单位用于员工职业技能培训费用的支付和员工违约时对培训费的赔偿可以在聘用合同中加以规定，但约定员工违约时应负担的培训费和赔偿金的标准不得违反国家的有关规定。

要想使合同具有法律效力，首先必须遵守国家的有关规定，其次要在平等自愿的基础上签订。否则，违反法律法规，或采取欺骗、威胁手段签订的聘用合同均为无效合同，不具有法律效力。

3. 保守商业秘密

为了保护企业和员工的权益不受损失，在聘用合同牛应视需要增加关于保密的条款。同时，在法律和制度的硬性约束外，还可以通过加强双方的自觉意识及强调职业道德，做好自我保护工作，约束双方的行为。

（二）解除聘用合同的条件和技巧

企业与所属员工分道扬镳，主要有两种情况：一种是聘用合同期满的正常终止，一种是聘用合同的提前解除。对于前者，当事人双方大多都能心平气和地对待；而后者，则易于引起争议与纠纷，被解聘者如果认为聘用方不合法或不合理，就可以向法院提出申诉。因此，正确把握聘用合同解除的条件，并主动运用一些技巧，有助于当事人双方心平气和地分手，避免引起合同纠纷。

1. 解除聘用合同的条件

解除聘用合同是以已签订的聘用合同为前提的，是指聘用合同生效以后，当事人一方或双方因主客观情况发生变化，在合同履行完毕之前，提前终止合同效力的法律行为。

由于聘用合同的解除是在当事人未履行完合同规定的权利和义务的情况下发生的，因此解除合同必须具备法律法规规定的条件或有正当理由(指当事人在聘用合同上加以规定的事项)的情况下，聘用合同的当事人方可提出解除聘用合同。否则，便属于擅自解除聘用合同的违法行为。

根据现行法规，企业一方解除聘用合同的条件，主要包括：合同制员工在试用期内，经发现不符合录用条件；按照国家规定应予以辞退的员工；合同工生病或因负伤医疗期满后不能从事原工作；企业宣告破产或濒临破产，处于法定整顿期间等。

合同工一方解除聘用合同的条件，包括：经国家有关部门确认，企业劳动安全、卫生条件恶劣，严重危害员工身体健康的；企业不能按照合同规定支付劳动报酬的；经企业同意，自费考入中等专业以上学校学习的；企业不履行聘用合同，或者违反国家政策、法规，侵害员工合法权益等。

2. 解除聘用合同的技巧

弄清聘用合同解除的条件相对容易，而在严格按照法律办事的基础上，如何使当事人双方能够心平气和地分手，却是需要一点技巧的。

(1)提前一个月通知对方

解除聘用合同，除了必须具备法律法规规定的条件外，还须依照法律法规规定的程序办理有关手续。除试用期内发现不符合录用条件而解除合同及按照规定就予以辞退的员工外，双方当事人任何一方解除聘用合同都必须提前一个月通知对方，方可办理解除合同的手续。

这样规定的目的，是为了维护合同当事人双方的合法权益和聘用合同的严肃性。这样做一方面可以使对方有所准备，不致因突然解除合同而影响生活或生产；另一方面，可以有利于合同管理机关对解除合同进行审查，防止非法解除合同。

(2)设身处地为对方着想

无论是因哪种原因解除合同，双方当事人都要互换角色为对方想一下，尽可能冷静而客观地评价对方和看待这次分手。这样做的目的，是希望在解除聘用合同的过程中，双方都能够相互尊重，相互鼓励，减少不必要的伤害。

(3)通过面谈进行沟通

面谈时，应明确自己应该说的话，要清楚而坚定地表达自己的意思，以免产生任何误会或希望。谈话的重点应放在工作绩效或行为上，避免使用像“不负责任”、“不可靠”等带有价值判断色彩的字眼。同时还须注意，面谈的时间应简短，面谈时间越久，就越可能说出日后会后悔的话。

(三)“君子协定”靠不住

挂在商人嘴边常常有这么一句口头禅，叫做“空口无凭，立字为据”。置身于现代商战中，其间充满着欺诈和诡秘。交易时，盲目轻信的人永远不会成功，而且往往是别人吞噬的主要目标。

按照商场惯例，即使对方是自己的亲戚朋友或多年的交易伙伴，在进行大宗的买卖时，都应办理签订合同的手续，以防止出现不必要的或无法预见到的麻烦。如果我们认为对方讲信誉，双方口头约定即可，那么，很可能就会受骗，尤其是与初次进行交易的人搞口头协议，受骗或吃亏的可能性更大。如果对方是骗子，我们肯定会成为他们的猎物。即使对方诚信且初始无心坑骗我们，但当他们日后发现协议对他们不利或者有别的更好的生意可做时，他们便可以轻而易举地否认彼此之间的约定，把我们这个伙伴抛弃或者反咬一口。事实上，在这方面栽了跟头的例子不胜枚举。

其实，在经营活动中，如果我们只做“口头合同”，搞“君子协定”，这本身就是不合法行为。在市场经济体制下，经营者参与生产、流通、分配与消费等整个活动靠的是与客体间的契约联结在一起，而这种契约本身又需要完备的法律来规范和保障。不合法的行为，当然就很难得到法律的保护了。

“经济合同法”中明确规定：“经济合同，除及时结清外，应采取书面方式。”可见，“口头合同”、“君子协定”是很难端到“台面”上去的。

随着市场经济体制的逐步完善，人们的经济关系也日趋复杂，而多元化、复杂化的现代经济关系，不能也不应依赖个人的品德和赌咒发誓来维系，而应靠法律作保障。既然如此，我们就不能再稀里糊涂地搞“口头合同”、做“君子协定”这种不受法律保护的事情了。

（四）订立经济合同时须注意的3大问题

1. 审查经济合同的主体是否合格

如果合同的主体不合格，那么所签订的合同书自然无效。因此，在谈判正式开始之前，应认真搞好主体审查，看看对方有没有资格做这笔交易，看对方的营业执照，了解其经营范围及其资金、信用、经营情况，其项目是否合法。如果对方有担保人，也要调查担保人。

通常，重要谈判的签约人应是董事长或总经理或企业法人，不过对于具体的业务谈判，出面签约的可能是某业务代表或营销员等。这时也要检查签约人的资格，如了解对方提交的法人开具的正式书面授权证明，常见的有授权书、委托书等，了解对方的合法身份和权限范围，以确保合同的合法性和时效性。

2. 认真起草合同文本

通常,合同文本由谁起草,谁就掌握主动权。因为口头上商议的东西要形成文字,还需要一个过程。有时候,仅仅是一字之差,意思就会有很大区别。起草一方的主动性在于可根据双方协商的内容,认真考虑写入合同中的每一项条款,斟酌选用对自己有利的措词,并安排条款的程序或解释有关条款。因此,在谈判中,我们应充分重视合同文本的起草,尽量争取起草合同文本。

要起草合同的文本还需要做许多工作。例如,在拟订计划时,计划确定的谈判要点,实际上就是合同的主要条款。应搞清楚自己在哪些条款上不能让步,在哪些条款上可作适当让步以及让步多少等。这样,双方就拟订合同的草稿进行实质性的谈判时,我方就掌握了主动权。合同必须有严密的条款。对于谈判所涉及的数量、质量、货款支付及履行期限、地点、方式等,都必须清楚而严密。否则,会造成不可估量的经济损失。同时,合同太笼统了也不利于合同的履行。例如,我国北方某企业向南方某电脑公司购买了一批奔腾机芯的电脑,注明原机主要部件须为进口产品,而南方电脑公司提供的除电脑除机芯为进口产品外,其他部件均为国内组装产品。因为合同用语“主要部件”表达的意思含糊不确切,从而导致了本想购买一批进口主机的北方企业买了一批国内组装产品。

签订的合同对商品的标准必须明确规定。有国家标准的,按国家标准执行;没有国家或专业标准的,按企业标准执行。例如,北京有一个单位与一家蔬菜公司签订的合同只有 7 个字:“大白菜二十万斤。”但在运输过程中出现了许多问题,大白菜被毁坏了一部分。在双方的交涉过程中,因购货方没有事先在合同中明确质量标准,最后只能自食其果了。

还有,合同必须明确规定双方应承担的义务和违约责任。在实际操作中,许多合同只规定了双方交易的主要条款,却忽略了双方各自应负的责任,特别是违约应承担的责任。这样自然削弱了合同的约束力。有些合同条款尽管规定了双方各自的责任和义务,但却写得十分含糊笼统。这样,即使一方违约,也无法追究违约者的责任。

3. 合同应当经过国家有关部门的审查和认可

经济合同作为一种法律文书,仅有双方当事人的签字同意不是不够的,还要得到国家有关部门的签证认可,以确保谈判协议的合法性,同时也有利于双方有效地履行合同内容。

(五)经济合同纠纷的解决之道

在合同的实际履行中,发生矛盾与纠纷是不可避免的事,这不仅关系到合同当事人双方的切身利益,也关系到合同能否继续执行的问题。因此,一旦出现矛盾,必须及时而合理地加以解决。

1. 做出适当让步,是解决矛盾纠纷的方法之一

当纠纷出现后,人们通常都会想到上法院打官司。打官司不失为解决问题的一个途径,不过如果有其他途径,倒可以暂时不打官司。因为做生意正红火时,须专心致志地继续干,而一旦诉诸法庭,便须具备各种合乎法律规定的手续,费时、费力、费钱财。而如果能对对方做出合理让步,从而使双

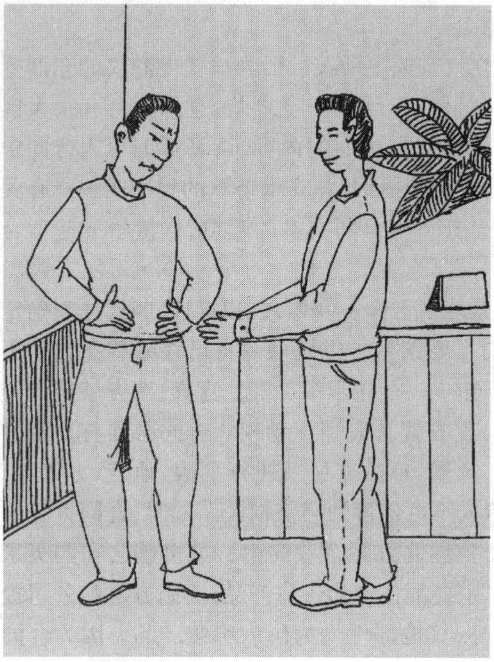

方得以互相谅解与协调，而后再设法解决矛盾，不失为一种好办法。做出适当让步，是协调的方法之一。有时，双方本来关系就很密切，或者对方在商场上有地位，如对方是某种紧俏大类商品的大货主，或是企业产品长期的购货单位，对于这种情况就该采取让步的策略，适当妥协，牺牲眼前利益以保持长远的利益，否则会因小失大。

2. 调解和仲裁是解决经济合同纠纷的主要办法

（1）调解

所谓调解，就是通过第三方的努力来帮助合同当事人各方消除纠纷。它与仲裁明显的区别是：调解不能强制当事人接受解决办法，它只能通过建议或利用其威信促使当事人接受某种解决办法。

要进行调解，就需有调解人。调解人既可以一个组织身份出现，如企业的主管单位或上级单位、工商行政管理部门等，也可以是一个组织中的成员，如法院的工作人员、上级主管部门的负责人、企业的经理人员等。

调解人的调解办法是，通过倾听各方的意见，了解有关情况，收集有关资料，在此基础上再进行客观分析，最后提出一个公正可行的解决方案。在一般情况下，由于调解人站在中立的立场上，不带有偏见或感情色彩，提出对双方都有利的处理办法，往往能够为发生纠纷的双方所接受。当然，协调人的威望也是一个重要方面，通常调解人的威望越高，越能取得双方的信任，调解效果自然也越好。

（2）仲裁

调解一旦失效，就可以进行仲裁。这是指发生纠纷的各方，自愿将有关争议交给仲裁部门，从而使仲裁部门做出具有一定约束力的裁决。仲裁具有法律强制性，它是通过强制各方执行仲裁决定来解决合同纠纷的。

仲裁庭进行仲裁审理通常有两种方式：一种是口头审理，由仲裁机关通知双方当事人，在规定开庭的日期出庭，以口头答辩的方式，接受仲裁庭的审理；一种是书面审理，由仲裁庭根据双方当事人提供的书面材料，对争议的案件进行审理，不要求双方当事人作口头答辩。

仲裁程序的最后阶段是裁决，即仲裁庭对争议案件做出的仲裁决定。对于仲裁决定，涉外的是一次终局仲裁，立即发生法律效力，当事人应在规定期限内自动履行裁决，双方都不得向法院或其他机关提出变更的要求。否则，法院将依法强制执行。对于国内合同纠纷的仲裁，当事人不服时，可在收到仲裁决定之日起 15 日内向法院起诉。否则,裁决即生效。

通过法律仲裁机构仲裁解决,是协调的好办法。一般来说,大单位在发生纠纷时,常常通过这种途径来解决。

20计 精打细算

经商的目的是为了赚钱,如果不会理财,就不可能赚到钱。即使赚了钱,也会白白流失。精打细算,细水长流,精明的老板总是把一毛钱当两毛钱用。该用时,就把钱用在"刀刃"上;不该用的,一毛钱也不多花。因为,他们深知,如果在某一地方用错了一毛钱,并不单是损失了一毛钱,而是相当于花掉了两毛钱。

做好财务预算

财务预算是指企业在计划期内反映有关预计现金收支、经营成果和财务状况的预算。它主要包括现金、预计收益表和预计资产负债表三部分。

(一)了解财务预算的 3 个对象

1. 现金预算

主要反映计划期间预计的现金收支的详细情况。在完成了初步的现金预算后,就可以知道企业在计划期间需要多少资金,财务主管人员就可以预先安排和筹措,以满足资金的需求。为了有计划地安排和筹措资金,现金预算的编制期应越短越好。我国常见的是按季或按月进行编制,不过也可以以周或日为单位进行编制。

2. 预计收益表

又叫预计利润表,是用来综合反映企业在计划期间生产经营的财务情况,并用作预计企业活动最终成果的重要依据,是企业财务预算中的最重要的预算表之一。

3. 预计资产负债表

主要用来反映企业在计划期末那一天预计的财务状况。它的编制需以计划期间开始日的资产负债表为基础,然后根据计划期间各项预算的有关资料进行必要的调整。

(二)认识财务预算的 4 个优点

1. 用一个统一的指标(即货币)来表明多种不同的活动和事情货币语言虽然有其局限性,但它却适用于进行工作总结和比较。货币与企业、政府及其他任何衡量手段相比,更能被应用在广泛的工作范围上。财务预算正是利用了货币单位的这种独特的性质。

2. 预算直接关系到企业的中心目标之一,就是盈利预算内所列的都是将影响到能记录的利润和亏损的东西,因此,在预算中受到控制的项目很容易追溯到利润目标。

3. 预算过程中使用的是现有的记录要素，为了进行税务申报、财务报告以及内部管理，企业财务部门都必须保持精细的会计记录。在进行预算中，利用这一现有的记录，而不是另用一套新的记录。

4. 能激励好的管理实践活动。作为对其他好的管理活动的激励因素，预算常常有很重要的作用。在没有预算的情况下，这些活动管理人员也可能明智地给予利用，然而采用了预算控制，可能赋予这些活动以明显的活力。

（三）杜绝预算控制失效的3种危险倾向

1. 预算过繁

由于对较细微的支出也作了琐细的规定，使主管人员管理自己部门丧失了必要的灵活机动。所以，预算究竟应当细微到什么程度，必须联系授权的程度进行认真的审定，过分琐细的预算等于使授权名存实亡，无疑会影响各级主管人员的工作积极性。

2. 效能低下

预算总少不了有一种因循守旧的倾向，过去能花费的某些费用，无形中成为今天预算同样一笔费用的依据；如某个部门曾经支出过一笔费用购买材料，这笔费用往往就成了今后预算的基数。此外，主管人员往往根据申请资金会被削减的经验，将申请资金有意识扩大。所以，必须有一种更有效的管理方法来扭转这种倾向，避免预算变成掩盖事实、效率低下的主管人员的保护伞。

3. 预算目标取代企业目标

在有些情况下，主管人员往往只顾使自己部门的费用不超过预算规定，在经营管理中缩手缩脚，使企业的效率下降，以致无法实现企业的既定目标。这种目标转换通常是由两个方面的原因引起的：

（1）职业部门或作业部门设立的预算标准，没有很好地体现计划的要求，与企业的总目标缺乏更直接、更明确的联系，从而使得这些部门的主管人员只考虑如何做好自己的本职工作。

（2）没有恰当地掌握预算控制的度。例如预算过于琐细，或者规定的规则过于严厉，难以遵守。

（四）防范预算目标转换的措施

为了防止在预算控制过程中出现目标转换的倾向，一方面应当使预算更好地体现计划的要求，另一方面应当掌握预算控制的合理限度,一旦超出了这个限度,预算控制就会背离其目的走向反面。

一个企业一旦决定了投资目标,下一步需要解决的问题是:需要多少资金?在持续不断的经营活动中,何时需要为这些投资筹措资金?为了解决这一问题,必须学会运用预测表进行谋划。

现金流量表,是一种分析预期投资和交易对企业现金影响的有效方法。预测表可以用日、周、月、年或几年为基础来编制。编制现金流量预测表的常见方法是:计算需要筹措的资产、费用和清偿到期债务所需的资金,接着再看企业能从哪几个方面取得资金。一般首先要学会估计企业通过内部经营活动,能产生多少现金,这是依据企业过去的表现和对未来的期望而设计的一种类似收益的方法来实现的。

严格控制不必要的开支

(一)强化管理,压缩开支

经商办企业,应坚持勤俭节约,强化管理,压缩开支,以增加效益。针对费用支出,实行"包干"制,严格防范各环节的跑、冒、滴、漏。为此,我们不妨借鉴有些企业采取的一些先进的管理经验,比如对资金、费用实行"一支笔"(主管经理或主任一人按规定审批)和"两长"(财务科长和业务科长)共同审查制度,对差旅费等开支实行每月公布一次,以便群众监督和本人自我约束。

既要通过加强管理,节约差旅费和其他费用,又要因地制宜,制定出财产和商品管理办法,增强员工责任感,减少财产损失。

(二)正确区分"可买可不买"与"非买不可"

通过对人们消费心理的分析可以看出,一般人总是存在着"可买可不买"与"非买不可"两种心理活动。比如,对于一家新开张的网上商店来说,必备的电脑设施、基本的专业技术人员、业务运营所必需的软、硬件等便属于"非买不可"的东西,至于再增添 10 台更先进的电脑或聘请更高级的专业人才等,须待业务开展起来后,视业务需要而定,目前这些就属于"可买可不买"的东西。

(三)避免滚雪球式的开支

如果企业的某项费用如滚雪球一样难以控制,势必会影响到企业的其他工作。例如,企业推行办公自动化,就是一个典型的例子。

某企业准备改善办公条件,专门组建了一个办公自动化领导小组,以便妥善解决购买电脑与配套设备等问题。经过一段时间的调查取证,决定先购买 20 台电脑,并建立一个小型的电脑终端设施。当这些设备采购完毕之后,却发现还需要大量的辅助设备等其他的开支。于是,办公室秘书部门与电脑配套,购置了 3 台打印机;财务部门则购买了新式的财务软件,其价格远远超过了整机价格;为总经理和两位副总经理购买了 3 个隔音罩等。结果,两个月以后,财务部门发现,为电脑的配套开支已远远超过购买设备主机的费用。

所以在购买新设备时,精明的老板总是亲自审定报告,决定购买与否,以防出现这种滚雪球似的开支,避免那种互相攀比的风气发生。

(四)减少意外开支的7个办法

经商过程中超出计划以外的开支通常被称为意外开支。就是一个普通人一生也少不了意料不到的花销,更不用说职业商人了。但这种花销常常却是不值得的。

意外开支经常出现在生活中,而不是商场,并且常与当事人的性情与行为模式有关。因此,关键还须靠自己平时多注意养成减少意外开支的习惯。以下7个减少意外开支的办法可供我们参考:

1. 编制详细的资金预算计划。平时养成一个习惯,每逢资金运作行动,先与计划相对照。虽然有时实际开支与计划差距很大,但也不应忽视这道程序。

2. 给自己制订一些财务规定。分清什么是正常开支,什么是不正常开支;什么是"非买不可"的,什么是"可买可不买"的。优先保证"非买不可"的正常开支,对于"可买可不买"的尽量不予理睬。

3. 减少库存现金和随身携带的现金数量,多用支票和转账支付。

4. 对电话费、应酬费等,须有定额限制,并经常检查监督。

5. 注意不要一有困难就用钱开路,面对问题,先想合理、合法、合情的方法解决。

6. 事先计划好开支,遇事三思而后行,不要冲动购物。

7. 在票子与面子之间,不要为了面子而不惜票子。须知,我们的面子和信誉,不是用钱能买来的,而是靠我们诚信经营,长期积累得来的。

用花钱的办法省钱

用花钱的办法省钱,这听起来感觉好像挺可笑,不过其中自有它的道理。

(一)正确区分短期利益与长期利益

用花钱的办法省钱,其核心的一点就是要学会正确区分短期利益与长期利益。比如,购置便宜的设备、工具等,的确会节省下大笔的开支,使短期财务负担还能够接受;但从长期来看,便宜的设备如果其质量不过关的话会经常发生故障,未来的修理费用支出将是巨大的,同时还会影响产品的正常生产,对员工的身心健康还可能造成破坏,把所有这些因素综合起来看,这些支出可能会远远高过设备因价格便宜而省下来的支出。

成本控制的观点并不是一味地削减开支,相反,该花的钱必须要花,一毛钱也不能省;该多花的钱必须多花,一点也不要心疼。就拿电脑来说,当前,这种设备处于不断的贬值中,现在购买意味着将来价值下跌而遭受损失。但我们也应该看到,虽然由于它的价值很高,在使用它的最初几年是回收不了成本的,但此后通过良好的服务、更好的协调工作和快速处理问题等途径,不费力地就能把钱赚回来。

(二)多花钱带来的种种超值好处

明智的老板们不应只着眼于眼前,应该力图找出用花钱来省钱的办法,具体说来就是要增加一些额外的开销来取得未来更大的收益。

平时,我们不难发现良好的工作条件(如清洁、整齐、有序的生产现场或办公室等)总能产生良好的工作效果。当然,创造这些条件需要投入相当的代价,但我们也应看到,过一段时间后,会有数倍于这个投资的收入正在前面等着我们去清点。

就拿生产产品来说,增加的额外开销会引起产品质量的提高,这意味着销售额会随之增加;增加的花费还可有助于减少机器的故障,它反过来节省了维护费用,同时提高了产量;增加的开销还可提高工作的速度和效率,减少损失,激发员工的工作积极性等。这些重要的收益方面,都不能简单地用钱一个因素来衡量。

(三)值得多花钱的投资项目

1. 多花点钱改善生产和办公条件。

2. 多花点钱在食堂为员工改善生活。

3. 购买高自动化的昂贵设备,千万不要贪图一时的便宜。

4. 对研究和发展尽可能投资,虽然其开销短期内未必能出成果。

5. 购置电脑、复印机等高效办公用品,尽管其初期投资很大。

6. 提高员工薪酬,高价聘请高级专业人才等。

的确,有时候,多花点钱往往是省钱的最好办法。重要的是,我们应该学会用全面而发展的观点来看待问题,不要仅仅只看到眼前昂贵的支出,更应看到其未来巨额的回报。

走出理财的误区

(一)忽视资金周转

资金是企业的血液。人体要靠血液在周身循环流动,为全身的器官提供营养;企业生产经营的各个环节,也必须有一定的资金作保证,才能维持正常的运行。资金周转速度缓慢,无疑会给企业的经营运转带来很大的波动,直接威胁到企业的生存发展。

有一家配件厂,一年前与另一个组装汽车的厂家签订了供应配件的合同。按成本计算,所供应的30多种配件,利润率可以达到34%,经济效益算起来是相当可观的。但对方要求所订的配件,须按照组装汽车的数量分批供应,随要随供,要多少供多少。这个条件,看起来并不苛刻,但执行起来,却给配件厂带来许多意想不到的问题。

原来对方组装汽车用的是进口发动机,每次进口的批量不等。进得多,需要的配件量大,配件厂加班突击生产才能供应得上;进得少,需要的配件量小,配件厂平时生产出来的产品就积压在库房里。结果仅仅不到一年,这些配件的原料和成品长期占用的资金就高达140多万元。致使厂内缺乏流动资金,其他生产项目都被迫停了下来,生产经营一度陷入瘫痪状态。可见,经营者只注意了单项生产的利润,忽视了资金周转这个要素,结果给自己造成了非常被动的局面。

(二)不做财务核算

一般经营者通常很少对企业的财务做整体的规划,也不拟订年度预算和销售计划,因此在成本和利润的控制上,往往不得要领。

只重现金的赔赚，忽略实际经营的盈亏，是经营者的一大理财误区。例如，有一家电器商场，老板一直觉得生意很好，每天也的确都有不少现金盈余，所以每个月都慷慨地发奖金给员工。可是到了年终一结算，却发现亏损不少。什么原因呢？原来是管理松弛，根本不做财务核算，“只看见鱼喝水，却不知哪鳃漏。”钱倒赚了不少，但大都消耗在诸如银行利息、大量的应收货款、请客送礼拉关系、业务开支费等方面上去了，而所有这些最主要的一个原因便是没有做好财务核算工作，忽略了资金周转，心中无底，致使店面账款跑、冒、漏无以计数。如此一来，焉有不亏之理？

（三）不敢举债，坐失良机

为了买东西应该先攒够了钱，然后再去购买，这听起来不错，但却只是部分正确。因为，在有些时候，敢于举债经营恰是扩展业务的一条捷径。

比如，经过认真评估和财务咨询之后，我们胸有成竹地认定，如果买上一台电脑操纵的印刷机，就能大大提高产量，招来新的生意，那么就不要徘徊观望，而应尽快购进。如果我们仍然在想攒够钱再买，那就需要再等上较长一段时间。在这段时间里，由于对机器的需求得不到满足，业务可能陷入停滞状态，这显然是失大于得。因此，应当毫不犹豫地举债购进这台印刷机。

总之，“等有钱时再扩大业务”，这听起来好像很负责任，但实际上却是不合时宜的想法。为了能让企业飞速发展，我们一定要在必要时扩展业务，否则就会造成经济损失。而由于扩展业务通常是需要资本的，当条件一时不具备时，只要看准了的，创造条件也要上。这样就需要“借鸡下蛋”，借助“举债经营”这个杠杆，使业务得以快速扩展。

（四）赊账过多，无力清欠

经商，最好用现金交易，不宜赊销。如果赊销 10000 元的商品，倒不如卖 8000 元现款。这里所说的现金交易，包括开户单位和个人利用转账方式进行结算。俗话说：“现有小钱 50，胜过以后大钱 100”、“站着放债，跪着讨钱”等，说得就是这个道理。

相对而言，现金交易和赊销，后者较前者利少弊多：一是影响资金周转；二是减少利润；三是讨债占用大量人力与财力；四是赊出容易，回收困难；五是往往因人事的变动或对方企业的变化，造成呆账、瞎账、乱账，搞不好可能永远也收不回来。

犹太人经商，其发财秘诀之一就是彻底采取“现金主义”。他们认定，唯有现金才能保障他们的生命和生活，以对抗天灾人祸。现代商战说千道万的诀窍，归根结底要讲现金收入。

（五）铺张浪费，开支过大

商品经营中的浪费是人们不易觉察到的，它就像一个无形的黑洞，随时都可以把整个企业吞噬掉。

人们都知道利润等于销售总量减去费用，利润和费用是呈反方向运动的。在销售额一定的情况下，如果费用低，利润就高；如果费用高，利润则低。费用与资金控制紧密相关，而现在许多老板却不知道如何管理资金，忽视对费用的控制，从而造成费用节节上升，而利润却不断下降的颓败局面。

对于资金十分有限的老板来说，如果跌入这一误区而不能自拔，必然会造成经营上的失败。对此，我们应引以为戒，平时注意养成良好的节俭习惯，并配以规范的制度来共同约束大家。

21计　收放自如

在现代市场经济条件下，任何一个企业若想顺利进行生产经营活动，提高经济效益，都必须加强财务管理工作。作为企业管理主要内容之一的财务管理与企业整体生存及其整个营运活动息息相关，存在着固有的内在联系。

企业财务管理应加强资本预算、财务预测与决策，从过去的事后监督与反映转到事前控制，强调对企业生产经营活动的全过程进行财务控制，以实现促进企业生产经营活动，控制生产经营耗费和改进企业管理，提高经济效益的目的。

建立健全基本财务管理制度

（一）明确财务管理的两个对象

经营者对财务管理的对象是必须清楚的，不然，建立起的财务制度也只是个摆设。财务管理的对象有两个，一是企业的资金运动，二是财务关系。

企业的资金，无疑是用来开展经营并创造财富的。资金只有在运动中才能增值。企业的资金，从货币资金开始，经过若干阶段，又回到货币资金形态的运动过程，就是资金的循环。企业的资金周而复始的不间断的循环过程，叫做资金的周转。资金的循环和周转都体现着企业资金运动的形态变化。企业的资金运动过程，可以分为筹集、运用和分配三个阶段。

财务关系是指在资金的筹集、使用和分配过程中，企业与社会各个方面所形成的相互关系，具体表现在以下5个方面：

1. 企业与国家财政之间的财务关系。

2. 企业与银行之间的财务关系。

3. 企业与其他企业或其他经济组织之间的关系。

4. 企业内部的财务关系。

5. 企业与员工之间的财务关系。

(二)建立健全各项财务管理制度

根据资金运动的规律,一般经营者应建立健全以下各项财务管理制度:

1. 资金筹集制度。即对筹集生产经营所需资金的渠道和方法、筹资风险和进行预测、计划、检查和考核内容进行管理的制度。

2. 资金运用制度。即对固定资产、流动资产、无形资产及其他资产和对外投资进行的管理制度。

3. 资金消耗制度。即对成本、费用所进行的预测、计划、决策、控制和考核的制度。

4. 资金回收制度。即对企业营业收入所进行的管理制度。

5. 资金分配制度。即对企业实现的利润和利润分配所进行的管理制度。

6. 外汇资金管理制度。即对外汇汇率、外汇风险和外汇收支平衡的管理制度。

7. 资产评估与企业清算制度。即对企业的资产进行评估和对破产、解散企业所进行的管理制度。

另外,还有对财务凭证、报表、账簿等依照法律规定设定的制度等。

(三)运用财务管理制度所要达到的5个目的

作为经营者,建立了财务管理制度,还只是形式问题,更重要的是要清楚企业运用这些管理制度所要达到的目的,也就是其价值所在。

1. 合理筹集资金,满足生产经营活动的需要

资金好比企业的血液,任何生产经营活动都离不开资金。经营者可以有不同的资金来源和筹集办法、方式,其可以使用的时间长短限制以及成本的大小等都不相同,这就需要我们在筹集资金时认真考虑其资金结构的合理性,所承担的风险和资金成本的大小等因素,从中选择最有利的筹资方式。

2. 使资金取之有道,用得其所

资金在经营中是一种稀缺资源,我们只有将有限的资金进行合理配置,方能适得其所。为此,我们就要做好资金使用的控制、调度、核算和分析等工作,增产节约,增收节支,处处精打细算,把有限的资金用在"刀刃"上,争取少花钱多办事。

在资金运转中,首先,应及时组织资金偿负债务,避免出现资不抵债的问题;其次,应根据现有资金,把握投资机会;最后是建立健全资产管理责任制度。

3. 降低成本费用,增加盈利

在生产经营过程中,必然会产生各种各样的耗费,同时取得一定的生产经营成果。成本就是我们在生产经营过程中的耗费,成本计算正确与否、客

观与否,对生产经营过程的影响很大。

4. 正确分配盈利,及时完成上缴财政税收的任务

营业收入扣除成本费用后的余额,就是企业的盈利,包括税金和利润两部分。企业应按规定履行纳税义务,即按规定交纳增值税、营业税、消费税、所得税。并合理分配利润,所实现的利润分为三部分:一是提取各种基金,形成企业积累;二是向投资者分配利润,如上交国家,发放福利等;三是作为未分配利润,留待以后年度分配。

5. 实行财务监督,维护财经纪律

财务监督是指根据国家和财务制度以及有关政策、法令,借助价值形式对企业生产经营活动所进行的控制和调节。其目的在于执行国家财经纪律,促进经营者规范经营。

(四)高度重视现金周转管理

许多生意都有明显的周期,这种周期可能是半年、3 个月、1 个月等。首先,我们必须根据自己生意的特点,确定自己现金管理的周期。

现金流量预计与我们的营业规模有着直接的关系,因此,我们还必须提前确定自己的业务规模。实际情况也许与我们的预计有很大的出入,不过不要紧,这毕竟仅仅是一种预计,帮助我们理解自己未来一段时间内的资金情况。

我们都知道,做 100 万的生意,本钱并不需要 100 万,或许 10 万 8 万的就可以了。本钱仅仅是营运周期内的启动资金。生意启动之后,完全可以从供应商获得一定的商业信用。同时,也可以通过销售获得现金收入,滚动向前发展。

在现金流量预计的过程中,我们一定要根据自己多年的经验,相对准确地做出判断,清楚自己在现金周转问题上面临的实际情况。否则,当供应商知道我们的财务状况不好之后,一般不会再提供商业信用,反而会增加催款的力度,使我们本已捉襟见肘的现金周转雪上加霜。一旦出现这种情况,纵使我们生意的利润再高,规模再大,都可能面临倒闭的厄运。

实际上,在维持自己的生意规模不变的情况下,通常不会面临资金周转的问题。现金周转困难一般都发生在扩大经营规模、实施新的创业计划、个人消费非常态大量用款、严重的营销决策错误等。因此,我们必须提前预算,做好防范准备。否则,将彻底地终结我们苦心经营的事业。

聘用一名优秀的财务主管

财务主管作为现代企业最为重要的部门主管之一,在企业决策层中占有重要的地位。可以说,企业的任何决策都与财务主管有关。能否发挥其决策参谋的作用,纵然要受到企业所处客观环境的制约,但从根本上来讲还是取决于财务主管自身的素质与能力。因此,聘用一名真正有素质、有能力的人担任财务主管就显得尤为重要。

(一)优秀财务主管必备的两个基本素质

1. 道德素质

财务主管是现代企业核心部门的负责人,由于其所处位置的重要性,他的品德素质对企业的发展至关重要。财务主管的道德素质主要包括以下 3

个方面：

（1）作风正派

一名优秀的财务主管应当具有良好的工作作风，无论做人还是做事都能实事求是，光明磊落，在财务管理工作中遵纪守法，廉洁奉公，严格按规章制度办事，坚持原则。

（2）有敬业精神

一名优秀的财务主管应当热爱本职工作，把工作视为一种需要和自我价值的实现。在工作中，勤恳忠实，不断追求创新，自觉学习相关工作知识与技能，不断提高自身业务水平。

（3）对企业忠诚

主要表现在：视企业利益高于自身利益，不做任何不利于企业的事情，针对企业财会工作中的各种商业机密，财务主管应当严格保守，并自觉维护企业形象，为企业的发展积极出谋划策。

2. 知识素质

企业财务管理是一项专业性很强的工作，财务主管作为企业财务部门的负责人，必须熟练掌握一定的专业知识，方能做好企业的理财工作。

（1）微观与宏观经济学知识

这些知识给财务主管以正确的思维方法，使其能比较好地把握经济形势对企业经营的影响。要分析经济环境和经济形势，离不开宏观经济学中对政府货币与财政政策的知识；而微观经济学中边际成本以及市场运作原理对于正确地进行企业财务决策至关重要。

（2）会计知识

财务主管进行财务管理活动最重要的信息来源就是会计报表，企业的一切活动和营运情况都在会计报表中有所体现。财务主管在进行各种财务经营决策时，都离不开会计报表所提供的各种信息。

（3）相关的专业知识以及国家有关财务、会计工作的政策法规

如《企业财务管理》、《审计》、《管理会计》等专业知识是财务主管开展工作的基础，而像“公司法”、“经济法”、“企业会计准则”等国家的政策法规，也应当熟悉。

（二）优秀财务主管必备的5个基本能力

1. 组织及协调能力

财务主管的组织能力是指其指挥与安排调度的能力。财务主管应当把下属组织成为一个有较强凝聚力和战斗力的团体，实现团体目标的决策，并

领导他们完成既定任务，接受企业最高决策层所要求的工作筹。

此外，财务管理工作中各岗位的设置、财务信息的收集与处理、报表的编制、筹资、投资和利润分配等活动都需要精心组织，周密安排，协调配合。每一个环节都容不得半点差错，这的确需要财务主管必须具备较强的组织与协调能力。

2. 分析判断能力

财务主管应具备从各种相关信息中分析出自己所在企业面临的各种问题及相应解决方案的能力。

从外部来看，财务主管应具备对整个宏观国民经济的发展趋势以及市场环境变化的分析判断能力，根据市场上的财务机会和财务风险，为企业的财务决策提供依据；从内部来讲，财务主管应当从企业纷繁复杂的各种财务活动中，发现其规律性的东西，找出存在的问题并提出解决方案。

3. 参与决策的能力

财务主管作为企业重要的部门主管之一，会经常参与企业的各种决策活动。

其主要职责是当好参谋，为最高决策层的拍板定案提供建议和资金、财务方面的支持。财务主管应当从尽可能降低耗费、用好资金、提高效益的要求出发，从财务角度对各种决策方案进行分析、研究和评价，为最高决策层最终做出决策提供依据，当好参谋。

4. 沟通与交流能力

要想做好财务管理工作，仅靠财务主管一个人的力量是远远不够的，还必须有效地与别人进行交流与沟通，这样才能减少彼此之间的分歧，从而获得老板和其他部门的支持。

只有团结协作，才会使企业各部门凝聚在一起，形成一种同心力，从而为企业在市场竞争中赢得整体优势，其工作价值方能得以体现。

5. 使用与培养人的能力

财务主管作为企业的一个部门负责人，应善于培养和使用骨干，借助骨干力量，使一人的智慧和才能变成众人的智慧和才能，从而带动整个财务工作的顺利开展。

同时，还应注意适当分权，让下属分管部分工作，从而使自己从繁琐的具体事务中解脱出来。凡事不可事必躬亲，应集中精力考虑和处理好全局性的财务管理工作，这是对一个优秀的财务主管的重要要求。

完善现金收付的内部控制制度

现金收付控制是企业内部控制系统中最为重要的环节，它包括现金收入的内部控制和现金支出的内部控制两方面。

1. 规范现金收入的内部控制制度

现金收入的内部控制制度主要包括以下7个方面：

1. 聘用可靠和有职业道德的职员。企业应仔细审查职员是否有不良的个人品质。另外，还需花费资金实施培训计划。

2. 合理分工。指定特定的职员，担任出纳或管理出纳的人员或现金收入会计。

3. 合理授权。只有指定的职员才可批准顾客的特殊情况，即同意超过支票限额的支票或允许顾客赊购商品。

4. 职责分离。出纳和分管现金的职员不得接近会计记录，记录现金收入的会计不得兼管现金。

5. 内外部审计。内部审计人员检查企业的业务是否与管理政策相符；外部审计人员检查现金收入的内部控制，确定由会计系统产生的与现金收入相关的营业收入、应收项目和其他项目是否相符。

6. 凭证和记录。顾客要收到业务记录的收据，银行对账单要列示现金收入用以调整企业记录。顾客的邮寄付款记人汇款通知单，用以反映企业收到的现金数额。

7. 电子及其他控制。现金出纳要进行业务记录，出纳受其制约。现金须存放在保险柜和银行里。每天的收入与顾客的汇款通知书和银行取得的送款单相一致。

2. 规范现金支出的内部控制制度

现金支出的内部控制制度也是非常重要的，与现金收入的内部控制制度相对应，也包括7个方面：

1. 聘用可靠和有职业道德的员工。现金付款应由高层职员管理，大额付款应由财务主管或财务主管助理经办。

2. 合理分工。由专门的职员批准需付款的购货凭证，高级管理人员批准并签发支票。

3. 合理授权。大额开支必须由老板授权，以确保与企业目标相一致。

4. 职责分离。电脑程序员和其他经管支票的职员不得接近会计记录，登记现金支付的会计不得有经管现金的机会。

5. 内外部审计。内部审计人员审查企业业务是否与管理制度一致；外部审计人员审查现金支出的内容控制，以确认会计系统所产生的费用及资产与现金支出相关的其他项目的金额是否准确。

6. 凭证和记录。供应商开出的发票的支付现金所必需的凭证；银行对账单上列示的现金支出用以调整企业的账面记录；支票要按顺序编号，以说明付款的顺序。

7. 电脑及其他控制。空白支票应锁在保险柜里并由不从事会计工作的管理人员负责控制；支票的金额要用擦不掉的墨水由机器印上去，已付款的发票要打孔以避免重复付款。

此外,为了安全和控制支出,许多企业要求支票要有两人签名。为了避免凭证的涂改,有些企业还用机器在支票上印刷擦不掉的金额。付款后,支票签发者要在付款袋上打孔。这个孔表示发票已被支付,防止不诚实的职员用假凭证重复付款。

市场营销人员的费用控制

市场营销人员的业务费用必须有一套合理的制度加以规范,既不能捆住员工的手脚,妨碍营销业务的正常开展,也不能无节制地报销,造成经费的浪费。

(一)把握营销费用控制的5个基本原则

1. 费用是营销员因推广业务的需要所做的开支,而不是营销员薪酬的一部分。因此,不能使营销人员从费用的报销中,获取个人利益;但另一方面也不能让营销员因为公务而自掏腰包。

2. 费用的审核,必须公平合理,不能有所偏袒,也不能随心所欲地当成是老板的施舍。

3. 费用支出的目的是为了业务的拓展,因此审核费用的人不要把费用视为是一种浪费,更不要因为要节省开支而限制了营销员的活动,致使其工作效率降低。

4. 费用的管制办法必须简单易行,不要制定太复杂的管制办法,而导致不必要的误会或曲解。

5. 费用的报销和支出程序应该有一定的流程和固定的系统,这一套流程和系统应该越简明越好,所流经的单位也应该尽量简化,同时也应该避免因费用的报销而和企业的管理者、出纳人发生纷争。

(二)避免费用管理的4种不良现象

根据以上5个费用控制原则来评估一般企业常见的费用管理办法,我们可以发现以下4种不良现象普遍存在于企业中,这4种不良现象可以说是导致企业费用泛滥或业务效率低落的重要原因。

1. 费用审核权限过于向上集中

大部分企业的老板都知道授权是发挥效率的必要条件,他们也都愿意实行授权。但问题是,他们的授权往往仅限于一些例行事务的处理，一碰到费用的审核，他们就不放心部属，非得亲自过目不可。

有些企业虽然有明确的授权规定，某一限额内的费用只要经过某一阶层的主管核准，即可付款。但是，当该费用的支出付款送到较高层主管处时，该较高层主管如果认为支出不当，还是任意可以干涉。这种名存实亡的授权，也会使得费用的审核权向上集中在高层主管手中。

这种过分向上集中的费用审核权，使得低层员工慑于老板的权威，对费用的报销发生恐惧感，从而对一些需要开支金钱的活动，宁肯效率低，也不愿主动申请支用。

这种过分向上集中的审核权，还会产生一个不良后果。许多老板对非直接管辖的部属的工作并不了解，当然也就难以想象某些费用的报销是否必需与合理。他们所以审核的凭据，只不过是个人的主观判断而已，偏颇主观，自属难免。

2. 缺乏明确的费用审核标准

有些企业对其员工费用的审核，缺乏一套明确的标准，有的部门尺度宽，有的部门尺度紧，有的甚至在同一部门内，都可能出现宽严不一的标准。

在所有费用中，最难以确定尺度的是交通费和交际费。比如，员工在什么情况下可以搭出租车？什么情况下可以请客户吃饭？请客的开支限度又是多少？诸如此类的问题，如果缺乏一个共同的标准，或是虽有标准却不能严格执行，就很容易产生宽严不一致的现象。

费用的审核标准不一致，必然会导致员工的怨忿和不满，对员工的士气往往会产生很大的摧残作用。所谓“不患寡而患不均”，说得就是这个道理。

3. 费用的报销流程过于繁杂，徒增员工困扰

有些企业的费用报销流程非常繁杂，每报销一笔费用，必须填写一大堆的报表单据，还要经过许多主管的审核，徒增工作上的负荷。最糟糕的是，其中大部分的单据报表都形同废纸，没有任何作用。而负责审核的主管家许多也都是闭着眼睛签章，并没有发挥真正的审核作用，一切都是流于形式。这种管理，只是徒增员工困扰而已，岂能谈到效果？

4. 费用的报销缺乏有效的管理，从而使员工从费用的报销中获取不正当利

益

许多企业根本没有任何管理制度，员工爱怎么花钱，就怎么花钱，这种“慷慨”得过分的企业，往往会使员工(尤其是营销员)养成奢侈浪费的坏习惯。他们会自然而然地认为，反正是花企业的钱，何必斤斤计较。长此以往，就会造成挥霍无度的现象，企业的利润，就在这点点滴滴的浪费中，逐渐被消耗殆尽，终至走向衰亡。

(三)选择有效控制费用的3种方法

1. 费用由营销员自行负担

这种方法适用于佣金制的营销员。营销部门在制定佣金比率时，就把营销费用的支出考虑在内，一并归到佣金项下，发给营销员，营销员必须在其佣金项下开支营销费用，不得再向企业另外申请。这种办法对企业的好处是：

(1)处理简单，工作方便，减轻了会计人员的工作负荷；

(2)公平一致，不会产生宽严不一、审核不公等情形；

(3)有业务才会有费用的支出，对企业的利润较能保障，不致发生超支费用的情形；

(4)如果营销部门对所属营销员的监督有困难，也宜采用这种方法。

不过，这种方法也有其缺点：

(1)营销主管因对其所属营销员无法控制费用，对其行动也相对较难控制；

(2)有些费用的发生是在获得业务之前，可营销员的费用补贴却必须等到获得业务之后，因此营销员往往需自掏腰包，先垫费用。而万一费用支出后，业务又无法获得，则意味着这些支出就要“血本无归”。这对营销员来说，便不公平；

(3)由于客户的性质、营销的区域以及产品项目的不同，营销员所需支出的营销费用也会不一样，如果以同等的比例给予费用津贴，显然不公平。

2. 无限制逐项报销法

即允许营销员就其所支出的业务费用逐项列举，不限额度地予以报销。通常都是由营销员定期填写支出报告，将所开支的费用，列附必要单据，逐项填写，呈报主管审核，然后到出纳处领取该项费用。

由于这种费用管理方法对于营销员的支出额度没有限制，因此营销员可以斟酌其业务需要，做最灵活、最有效的运用，从而使营销效率发挥到极致。同时，营销员与营销主管之间的摩擦也可减少到最低限度。

但是这种方法也有不足之处：

(1)营销费用很难预测和把握；

(2)容易使营销员花钱变得过于大方，甚至出现假公济私的现象；

(3)这种方法只会鼓励营销员浪费，而无法敦促他们节省。

要克服这些不足，营销主管在建立这种管理制度时，必须格外谨慎。最主要的应对举措是在选拔营销员时，要特别注意其品德素质，避免让品德不良者蒙混进来，以免产生腐败的风气。此外，还应配合以定期的分析检查，严加防范不正常的支出，发现问题，及时采取积极的应对措施，把损失减少到最低程度。

3. 限额报销法

限额报销法是就营销员可能开支的费用，制定一个在最高限额下报销的方法。这种方法最大的优点是，业务主管能够精确地预测其直接营销费用，还可以防止营销员过度浪费。这种方法又可分成两种：

(1)逐项限制法

即就营销员所可能开支的费用，逐项制定一个最高限额。例如，规定营销员出差时，住宿费每宿不得超过300元，餐费每餐不得超过20元等。

(2)总额限制法

即规定在一定期间内，如每日、每周或每月营销员所报销的费用总额，不得超过某一限额。至于各项费用的限额则不予以硬性规定，以便使营销员有适当的自主权。

限额报销法的最大问题是限额的规定问题。限额订得太低，营销员捉襟见肘，“又叫马儿跑，又少给马儿草”，效率自然低落；限额订得太高，又会导致浪费，产生不良效果。更何况有些费用实在很难订出限额，诸如交际费、交通费等，必须因时、因地、因客户来决定开支的限额，很难事先确定限额。即使勉强确定，也很可能因难以执行而形同空文。

通常，信用程度较高的营销员大都难以忍受这种限额报销制度。因为把这种制度强加在他们身上，无异于宣布企业对他们不信任。

尽管限额报销制有这么多缺点，却是目前企业界使用得最广泛的一种费用管制方法。可见我们的社会仍然对营销员存在着相当程度的“不信任”态度；换一个角度来看，营销员的“诚信度”也不是没有问题。更糟糕的是，当前企业在规定限额时，也大都是互相抄来抄去，很少真正花时间去研究本企业的营销员在拓展某项业务时，“真正”需要多少费用，这正是许多企业所制定的费用管制办法之所以难以推行的主要原因。

22计 因势利导

地点的好坏比门市的大小更重要，商品的优劣又比地点的好坏更重要。即使是小店，只要能够提供令顾客喜爱的优质商品，也可与大商店竞争。

善待顾客，因势利导，使顾客对门市产生好感，这是吸引更多顾客的最正确办法。不要一直盯着顾客纠缠啰嗦，要让顾客轻松自在地尽兴逛店。否则，顾客会敬而远之。

如果我们想把一只玻璃杯卖掉，最聪明的做法就是先把它擦拭得又光又亮，让它看起来格外吸引人。凡是在交易中占据优势的人，无不懂得这个普通的道理。

经营门市需考虑的要素

（一）选择合适的行业

经营门市通常本钱都很有限，必须集中有限的本钱在特定的行业中发展，最怕的就是“入错行”。选择行业须把握两个要点：一是我们必须选择自己所熟悉的行业，并且拥有足够的专业技能、经验和业务关系；二是必须选择有现实市场与发展前景的行业。

（二）充分掌握市场需求信息

门市代表特定的消费群体采购特定的商品或者准备特定的服务，并在特定的地点销售出去，好比是“市场的搬运工”。

门市生意是“为卖而买”，不是老板自己消费，因此一定要采购适销对路的商品，为此须先充分掌握市场的需求信息。

（三）商品的采购渠道

在商品采购过程中，不仅要注意市场的需求变化，还要考虑好资金问题、采购渠道问题、销售场所的大小问题等，尤其是要选择好采购渠道，把好商品入店的第一道关口，避免为以后积压商品留下隐患。

（四）销售场所的选择和装潢

对于门市生意来说，店址是最关键的竞争要素，它往往主宰着门市生意的兴衰存亡。因此，我们必须不惜花费最大气力去反复考察、比较与论证，并充分考虑各种相关因素，确保经营地址的选择准确无误。

地址一旦确定下来，接着便是对经营场所进行必要的装潢和布置，以便能为顾客创造一种舒适的购物环境，刺激消费，这也是现代商战的基本竞争手段。

（五）合格的门市负责人

门市经营在很大程度上都是“现场管理”，因此，门市负责人必须采用现场管理的方式才能经营好门市生意。为此，要求门市负责人必须具备足够的专业技能、销售技巧、人事管理等知识与经验，关键是要善于思考与总结。

战胜竞争对手的举措

（一）了解自己的竞争对手

经营门市是有限的竞争，只有在有限的地理区域与同行业间才存在有效的竞争对手，门市的竞争仅仅与他们有关，而不是所有的同行。

了解竞争对手的门市规模、特征、目标顾客的确定等与自身的经营成败有着直接的关系。通常，须明确自己在一定阶段内的3名主要竞争对手，并重点分析与关注其经营活动的状况，及时对自身做出调整与部署。

（二）确定自己的目标顾客

投其所好是经商成功的秘诀，其前提则是理解目标顾客的好恶。

经营门市，一方面要理解目标顾客的消费心理，一方面要理解顾客的消费行为。如果门市经营的是日用品或特色商品，最好能把门市发展成为顾客生活习惯的组成部分。

(三)选择自己的竞争策略

对比了3家竞争对手的经营特色,理解了目标顾客的消费心理与行为,自然就会明白生意赚钱的真正原因。自己的门市也想赚钱,就必须在此基础上确定自己的竞争策略,是进行直接的价格大战?还是搞特色经营,以期相互补充?

在制定竞争策略时,务必要把握自己的核心竞争因素,并建立在务实与经验的专业认识基础上。门市经营通常强化一点核心竞争因素,便足以生存了。

如果实在没有更好的竞争策略,通常也不要尝试"出奇制胜"之类的开店怪招,这样做风险很大,不适合门市生意,尤其不适合初次创业的老板。在很多情况下,老老实实地按照行业通行的做法,再加上自己的勤勉努力,一般多小都能赚点钱。而各种开店怪招通常却不会有什么好结果。

(四)确立自己的竞争优势

根据竞争对手、消费者与自己的实际情况,选择合适的竞争策略,并认真组织实施,将自己的竞争优势向消费者宣传,使之成为消费者甚至竞争对手都能接受和承认的优点,这样也就获得了真正了竞争优势。

我们的竞争优势将吸引特定顾客走进我们的门市,选择他们需要的商品与服务,而不是选择相邻的竞争对手的商品与服务。

提升门市效益的绝招

(一)比隔壁的门市做得好一点

门市生意是"扎堆"的生意,消费者通常进入特定的商圈选购他们满意的商品,以便比较选择。须知,消费者通常只能在十分有限的范围内进行直接的商品比较,因此,只要我们能够比隔壁的门市做得稍微好一点,就可以显著提高门市的经营业绩。

好与不好,通常是比较之后的相对结果。门市竞争绝对是有限竞争的生意,竞争的主要对手便来自隔壁的门市。这里的隔壁是指有限的区域,通常是500米以内的步行距离。

根据这个原则,如果我们的门市比隔壁的门市差一点,即使做得很出色,生意兴隆也是不可能的事。

(二)优秀的营业员可提高20%的销售额

我们知道,良好的店面

装修、适销对路的商品以及各种促销活动，只能起到吸引消费者走进门市游览的效果，是否购买在很大程度上往往取决于营业员的销售技巧。优秀的营业员无疑是营销高手，能够使顾客心甘情愿地掏腰包。

优秀的营业员一方面是学习与训练的结果，另一方面也有天赋的因素，最关键的还取决于特定行业商品现场销售经验。

20% 的经营业绩意味着每月多收益几千元甚至上万元，经营门市绝对不可忽视这个因素。

(三) 重点经营门市的“当家”商品

做生意有一个“80/20”的规律。也就是说，门市经营的业绩 80% 来源于 20% 的商品，这也是做事情应抓住重点的体现。

仔细分析一下门市商品的销售情况，就会发现在特定时期内，总是有几种商品特别畅销，其余则非常平淡。这些畅销的商品就是门市经营的“当家”商品。经营门市只要把握住这些“当家”商品，就可以维持门市基本的营业额与利润，使生意平稳发展。

在一段时期内，如果没有“当家”商品，经营很快就会陷入麻烦的境地。门市看似一切都还不错，就是少卖货，几乎找不出业绩下降的直接原因，各种促销活动也没有太大的作用。如果出现这种现象，多半是因为门市没有“当家”商品所致。

因此，经营门市一定要有“当家”商品，并且须保证货源充足。

(四) 旺季一定要“热卖”

几乎所有的门市生意都有特定的销售周期，具有明显的淡、旺季。通常，旺季收入占总营业额的 70% 以上。因此，经营门市务必做到“旺季要热卖”。为此，须注意以下几点：

首先，须提前准备好商品，保证货源充足；其次，及时发掘出当季的“当家”商品，重点管理，尤其要备足货源，不要怕积压；最后，还须配合有效的促销措施，在门市内制造出“热卖”的浓厚氛围。

(五) 充分利用销售淡季

门市出现淡季是很正常的现象，这是由市场本身的特征所决定的，非门市所能改变。淡季的直接表现就是营业额长期处于很低的水平，一般的促销措施根本无力改变这种情形。对此，我们不妨采取以下 3 个有效应对措施：

1. 压缩开支，降低固定的门市维持费用，如减少员工、将一部分门市场地出租、杜绝不必要的开支等；

2. 出奇制胜，使淡季不淡。例如，反季节销售，冬天卖夏天的商品，夏天卖冬天的商品，其关键就是价格必须有足够的吸引力。为此，须与生产企业密切合作，共同处理大量的过季商品；

3. 临时经营其他有利可图的短期生意。

(六) 变顾客为“常客”

许多门市生意都是依靠“常客”来维持的。增加门市的常客，是提升经营业绩的有效方法。

使顾客变常客的方法很多，其本质上都是使顾客获得额外的利益，包括

物质和精神两个方面。

使用贵宾卡就是一种有效的措施。所谓贵宾卡就是给予特定顾客的优惠卡，顾客可以凭借贵宾卡获得打折等优惠。

积分奖励也是一种有效的措施，也就是根据顾客采购的金额累计积分，达到一定程度就可以获得各种优惠待遇，如赠送购物券、奖品，或是参与抽奖等。

不过，最为关键的一点还是提高门市服务水平。例如，营业员应能认出门市的常客，并给予常客的待遇，如能够称呼姓名、聊聊家常、提供更加贴切的购物建议等，这样将会大大提高常客的满意度，甚至促使他们介绍自己的亲朋好友也来门市购物消费。

“常客”无疑是门市的最佳活广告。

（七）靓货是关键

经营门市，说到根本还是在于门市的“商品”。须知，门市生意最本质的功能就是为消费者提供合适的商品，其他都是为了这个目标服务的辅助手段。

尽管市场上各种商品琳琅满目，可是在消费者日益个性化的今天，许多消费者还是很难购买到自己真正满意的商品。他们为了选购到满意的商品，往往会花费大量的时间和精力，并且乐此不疲。

因此，筹集适销对路的商品是提高门市经营业绩的核心，这一点怎么强调都不过分。

（八）重视集团消费

门市生意大都是散客，但集团消费也不容忽视。往往一笔集团消费的生意，就是门市通常一个月的营业额。

掌握集团消费的重点有两个。首先就是主动出击，对可能发生的集团消费紧迫不放；其次，对待集团不能当作散客对待，应当给予大买主应有的待遇，包括优惠的价格、特殊的服务等，甚至视情况给予一定的商业信用。

门市兴隆的特征

（一）立足市场，经营有方

门市生意是市场竞争的最前沿，市场所有的竞争活动与结果都直接体现在门市中。面对如此复杂而激烈的市场环境，要求我们必须立足市场，竞争有方。

经营门市生意必须具备特定的市场感觉，也就是理解特定门市的目标顾客、准备适销对路的商品、制定合理的价格政策、采取有效的促销措施等，这在很大程度上依赖于我们的直觉和经验。

同时，门市生意每天人来人往，千头万绪，各种琐事如果不能及时处理，就可能影响门市生意的经营业绩，甚至影响门市的生存，这些都需要及时决策与处理，在立足市场的基础上，采取有效的应对方法。

（二）锐意进取，不断创新

只有锐意进取，不断创新的门市，才会有前途。而墨守成规或一味模仿他人，到最后必定会失败。任何门市，都必须表现出自己的特色，方能创造出附加价值，从而不断增加顾客。做生意总会遇到困难和挫折，这就需要我们拿出勇气和魄力，在创新方面寻求机会。须知，没有创新是不可能形成自己的竞争优势的。

门市生意永远没有尽头，如果我们不能锐意进取向更高目标挑战的话，就只能不进则退。只有不断追求发展壮大的门市，才会有足够的能力提高门市的经营水准，从容应对同行的竞争与市场的挑战。

（三）确保合理的利润

做生意，必须获得合理的利润。

人们都知道赔本的生意不能做，门市生意还应更进一步，即没有合理利润的生意也不能做。所谓合理利润，是指除了保本之外，还必须赚到一定水平的利润。

门市生意中，通常都有一定量的存货。现代市场已是典型的买方市场，特定商品的生命周期越来越短，积压过多商品无异于自杀。过季存货的价值随着时间的推移，其价格只能会越来越低，因此，门市经营的利润必须分担商品积压的损失。

门市生意如果最后仅仅赚了一些积压商品，应当视为经营的失败。

（四）以顾客的眼光为出发点

做生意须以顾客的眼光为出发点，方能让顾客买到他们所需要的商品，从而扩大销售额。

经营门市，必须把自己当作是替顾客采购商品，这样便会设法去了解顾客的需求。因此，了解顾客的需求是开店的第一步。那么，如何做到这一点呢？最好的办法自然是倾听顾客的意见，以顾客的眼光为出发点。

如果只顾推销商品，而听不进顾客的意见，就得不到大众欢迎。在经营过程中，只要我们能够以谦虚的态度，认真倾听顾客的意见和建议，持之以恒，生意必定会日益兴隆。

（五）把握销售良机

生意成功的关键在于我们能否掌握销售良机。为此，平时我们就要深入分析顾客的潜在需求及购买时机，及早做好准备。

所有的门市生意都有销售周期，淡季与旺季的经营业绩往往相差很大。销售时机就是门市中的“天时”，“地利”是门市的店址，“人和”则是顾客的消费心理向背以及门市工作人员的凝聚力。

门市生意能否维持通常取决于“地利”和“人和”；而能否赚钱，尤其是赚大钱则几乎完全取决于“天时”，赚钱的门市无不把握了关键的销售时机。

(六)注重服务，特色鲜明

现代市场是个性化的市场。市场上销售同样商品的门市到处都是，要使顾客上门非要具备鲜明的特色不可。

门市的特色，当然在配合顾客的需要。至于如何去发挥，则需区别对待。除了要注意店址和开店条件外，还须考虑该地区消费者的收入水平和文化程度等。其实，特色并不限于商品，其他诸如良好的服务、温馨的环境、诚恳的员工等，只要发挥其中一两项特点，就足以吸引顾客上门了。

在过去的生意经中，独家经营是赚钱的秘诀。随着现代市场经济的高度发展，这条秘诀显然已经过时，因为已很难做到独家经营，而形成门市鲜明的经营特色，无疑是现代商战中的“独家经营”。

23计 威逼利诱

“宁要今天小钱50，不要明天大钱100”、“站着放债，跪着讨钱”、“赊账容易清欠难”，这些广为流传的生意经在民间早已成定论。通观我国私营企业的发展历程，好多企业垮就垮在大量应收账款的不合理占用与无力清回上。

既如此，最好的营销方式当然是能坚持现金交易。可这毕竟只是作为商人一厢情愿的美好愿望而已，事实上，对于我国广大的私营企业老板来说，完全不赊账的生意几乎是不存在的。我们姑且不去探究这其中的诸多原因，单就这个存在的客观现实，迫使我们不得不去认真面对，寻求成功讨债的良策。

摸清债务关系

当应收的账款不能及时兑现，企业与客户之间便形成了债务关系，这几乎是令所有企业老板头疼的问题。那么，怎样理顺双方关系、解决债务问题呢？首先必须摸清债务关系，并对债务人的情况有个通盘的了解，然后对症下药，采取相应的清欠措施。

(一)存在争议的债务

这种争议存在的原因，可能由一方过错造成，或者因双方过错而造成，也可能因一方认识错误而造成。对此，因债权债务人双方同为一定的经济目的，通过摆事实，讲道理，分清是非，一般可以解决。如果双方协商失败，通过调解仲裁或诉讼，达成协议或裁决一般比较容易执行。须注意的是，处理这类债务时，一定要抓紧时间，及时处理，否则会给解决纠纷造成困难。

(二)无力偿还的债务

造成无力偿还的原因，有两方面的因素：一方面是由债务人自身造成

的，如经营管理不善，拆东墙补西墙，挥霍浪费，各种经济联合体或私营企业内部发生纠纷等；一方面是由外部环境造成的，如国家有关政策的调整，市场物价的变化等。

这类债务人对债务的心态，通常有两种：一种是积极的，即想方设法偿还债务；一种是消极的，即无动于衷，漠然处之。对于积极的债务人，我们应尽可能地给予帮助和支持，争取使债务人能早日清偿债务；对于消极的债务人，我们应施加压力，尽快采取法律手段来妥善解决。

（三）故意拖欠的债务

故意拖欠是指有偿还能力的人，寻找种种借口，拖延履行偿还的义务。在实际业务中，经常遇到的是债务人声称一时无偿还能力或答应偿还，但到期却又借故推脱；或是“只给米吃不给面见”，即债务人故意借故躲避讨债人员。

这类债务人的心态是，能磨就磨，能拖就拖，能少还就少还，不见棺材不落泪。对此，我们除了采取强有力的措施使其感到不履行义务对自己的经营活动有影响，对个人在声誉道德方面有损害外，请求法律援助是最有效的办法。

（四）存心赖账的债务

存心赖账，根据其赖账心理形成的时间不同，可分为三种情况，即一开始就准备赖账、在变动过程中有机可乘赖账和根据讨债者的情况赖账。

这三种赖账通常表现为：拒不承认其义务，或强词夺理，吹毛求疵，寻找债权人的缺点，或干脆外逃难寻。对此，一旦发现债务人有赖账的动机就须引起高度的重视，及时收集必要的证据，尽快争取法律援助，不给债务人以可乘之机。

（五）蓄意诈骗的债务

蓄意诈骗，是指诈骗人一开始就以骗取钱财为目的，企图利用合同纠纷等合法手段，达到非法目的。对这类债务人，千万不可让其抓住债权人讨债心切的心理，或与其妥协甚至为其掩盖罪行，这样不但不能达到讨回欠款的目的，反而给讨债增加难度，使犯罪分子越发猖狂。实际上，这类债务人的境况和心态相当复杂，并且处于不断变化之中，往往令我们防不胜防，给讨债带来很大的不利。对此，讨债人员的决心和意志往往对讨债起重要作用，同时还应尽早请求法律援助，以减少损失。

讨债高手的策略

讨债成功与否，除了运用各种手段与方式外，还须讲究一些讨债策略，以便收到争取主动、化难为易、化险为夷、事半功倍的效果。

（一）周密计划，多方考察

对于棘手的债务，必须提前做好周密的计划与安排，进行多方的考察和分析，具体包括以下一些方面：

1. 我方能抓住对方哪些要害问题使其偿还债务；
2. 我方有没有违约、失误或失策的地方，让对方抓住了把柄；
3. 对方可能会强调哪些拖欠或拒付的理由，我方能否一一驳倒；
4. 有哪些力量或关系渠道可以借助，以促使我方尽早讨债成功；
5. 对方最惧怕的是什么？
6. 对方的经营状况怎样，短期内会不会发生经营危机？
7. 对方有无履约还债的诚意与能力？软磨会不会无济于事？硬逼会不会造成执行困难？
8. 今后是否还保持业务关系，从此继续友好往来还是公开为“敌”？若打官司，所有的材料和证据是否齐备、真实无误？

在准备阶段，我方应在表面保持友好的背景下，暗中抓紧摸清对方的底细，尽量多方考察取证，备齐以后催讨、诉讼可能用得上的证据和材料。

（二）威逼利诱，先礼后兵

在摸清债务人的底细后，便可进行实质性的催讨进程了。为此，可酌情采取使用催债函或亲自登门催讨两种方式。

书写催债函时须注意，落笔应审时度势，指明利害，简洁有力，用词严谨，无用的字一个也不要多写，避免为了显示文采而节外生枝。催债函发出后，若十天之内没有回复，应再发一次函。可视情况连续几次，且用词语气应逐渐升级，最好每次都注明是第几次催讨。这样先礼后兵，便可先让对方理亏一筹，为进一步的上门讨债或起诉做好了铺垫。

上门讨债最好两个人，这样一文一武，一个唱白脸，一个唱黑脸，进可以攻，退可以守，威逼利诱，无不可以尽显手段，给对方以巨大的压力。这里须注意的是，文的要口齿清楚，说理透彻，晓以利害，在不伤害对方自尊与体面的前提下，调子不妨高些；武的要振振有词，咄咄逼人，是理直气壮的表现。这样一来，债务人往往便会折服于此而不得不承认偿债。

（三）抓住把柄，攻其薄弱

对于长期无力清回的棘手债款，多数情况是由于对方表现得好像无所顾忌而造成的。但我方只要仔细揣摸一番，对方总会对某些方面有所顾忌，例如：

1. 怕上法院当被告，大失老板体面与尊严；
2. 怕被报纸或电视台曝光；
3. 怕银行知晓而采取收贷、停贷、冻结账户等限制措施；
4. 怕客户同行知道而跑了业务、失了销路、断了财路；

5. 怕员工知道，影响士气，扰乱正常的经营秩序；

6. 怕亲友知道，爱人埋怨、恋人变卦、邻居嘲讽、同行笑话等。

至于对方究竟顾忌什么，须根据不同形势、不同性质以及对象的不同个性和境况进行具体分析，以便抓住把柄，攻其薄弱，令对方就范。

成功讨债高招

为了摆脱债务问题的困扰，许多老板都在苦苦寻觅成功讨债的良策。为此，我们不妨借鉴有关专家总结的 8 大成功讨债高招：

（一）运用公关手段

讨债，对债务人来说，心里自然不乐意，因此债务人总会想方设法与债权人周旋，寻找继续拖欠或赖债的借口。这时，讨债人不仅需要具备讨债的素质与知识，还须采取恰当的策略与技巧方能达到目的。为此，讨债人不妨站在债务人的立场上想一下，将自己的目的和任务理解成是获得债务人的帮助，这样讨债人便不会以债主的身份而盛气凌人，避免了双方的对立情绪，使债务人的自尊心和虚荣心得到满足，从而可能会令其比较爽快地答应偿还债务。

因此，债权人和债务人之间的关系是否和谐融洽对讨债行为能否达到预期的目的有极大的影响。如果关系融洽，双方就可以心平气和地坐在一起相互讨论，互相协商有关债务的偿还事宜；反之，双方不仅不能坐下来协商，债务人还会给债权人徒增许多烦恼和忧愁。而双方能否建立起良好的合作关系，关键就要看讨债人的公关能力了。

运用公关手段不同于行政手段、经济手段和法律手段，它是指采取有计划的公关活动，以改变债务人不按时履行还债义务的态度，引发债务人还债。运用公关手段讨债最重要的是，讨债人须有一整套可靠的行动计划，然后根据计划采取一系列行动，包括社交、宣传、谈判等具体事宜，以诱导债务人尽早清偿债务。

（二）利用行政干预

即讨债人在讨债的过程中，经过自己的努力，取得了债务人上级主管部门的同情与支持，通过债务人的上级领导机关对债务人进行说服教育，劝其尽快偿还债款。由于国家行政机关特别是企业的主管部门既负有为企业服务的义务，同时又享有对企业进行宏观调控和监督的权利，因此，当讨债人遇到障碍而没有有效的措施促使债务人清偿债款时,不妨去争取债务人上级主管部门的同情与支持,通过主管部门与企业之间的特殊关系,请求债务人的主管部门帮助督促债务人尽快清偿债款。

在实际操作中,主管部门往往未必愿意帮助讨债人实现其债权,这就要求讨债人想方设法争取获得主管部门的同情与支持,这是相当关键的一个步骤。只有一种情况下讨债人不需要对债务人的主管部门多做工作便可获得他们的大力支持,那就是讨债人和债务人同属一个行业与系统,都由一个政府业务机关主管。

不过,讨债人在讨债过程中请求债务人的上级主管机关帮助讨债人实现讨债目的这一手段的范围是有限的,因为债务人的主管机关对债务人是否履行债务并没有权利命令或者裁决债务人必须履行债务,而只能采取说服教育或者为企业提供各种服务或者帮助企业改善经营管理活动等方法,努力促使债务人讲信誉,守合约,尽快履行到期的债务。

(三)利用金融机构的监督职能

我国法律规定,凡是法人之间的经济往来,除国家规定允许使用现金的以外,都必须经由国家银行或信用社转账结算。这一规定,使国家银行对企业的经济往来具有结算管理的职能。

根据国家银行所具有的结算管理职能,当讨债人经过多方努力仍不能同债务人协商解决债务清偿问题时,不妨通过与债务人有信贷关系的银行帮助向债务人催讨债款。如果债务人对银行帮助讨债人催讨债款的行为仍熟视无睹,置之不理,继续坚持无故拖欠债款,这时,银行便有权进行扣款,替债务人清偿债款,以满足债权人的需要。

我国法律还规定,国家银行具有协助执行的职能。这主要是指我国的经济合同纠纷案件经由国家仲裁机构或人民法院调解、仲裁、判决并已产生法律效力之后,当事人一方仍然没有在规定的时间内履行其义务,另一方当事人则可以向人民法院提出申请,由法院通知有关的银行或信用社协助执行已经发生法律效力的调解书、仲裁决定书、判决书,从债务人在银行的账户里强行扣款或者划拨款项以支付债务人所欠债权人的债款。

讨债人懂得以上两点,对他顺利完成清债任务将很有帮助。因为在我国企业不分大小,很少有不和银行打交道的。所以,讨债人通过银行的帮助实现其讨债的目的不失为一种有效的手段。

另外,我国有关信贷政策还规定,信贷的基本原则之一就是计划择优原则。即银行在发放贷款的过程中,应当遵照执行国家计划放贷的原则。根据这一原则,那些经营状况良好,讲究信用,按期履行经济合同的企业就可能从银行获得较多的贷款支持;反之,企业就得不到银行的支持。讨债人如果了解了这一原则,并能够争取到银行的支持,那么,通过银行这一渠道帮助督促债务人清偿债款便是很管用的一招讨债技巧。俗话说:“不怕县官就怕现管。”银行能够管得住债务企业,所以自然会对督促债务人改变欠债的态度,尽快偿还债款产生相当大的影响。

(四)运用经济抗衡手段

即债权人在讨债过程中根据双方合同应当同时履行的原则,针锋相对地迫使债务人履行债务的方法。

现实经济往来中的合同，多数都是双务合同，即债权人同时又是债务人，债务人同时也是债权人。比如在期货交易中，买卖双方你欠我物，我欠你钱，彼此互相欠债。如果负有先行付义务的一方到期不给付，那么，另一方就可以推迟给付义务的时间，针锋相对地进行抗衡，直到对方遵照合同规定先行给付为止。比如，某企业向某商场租用柜台，签订的租赁合同上讲明了承租人必须按月交纳租金给出租人。结果柜台经营人员却连续几个月不向商场交纳租金，最后商场决定中止同这家企业的租赁合同。这一下，该企业的负责人便慌了手脚，亲自还了钱不说，还忙不迭地赔礼道歉，并保证下次再也不会拖欠租金了。

不过，在运用经济抗衡手段追讨债款时，应特别注意把握好分寸。通常，运用经济抗衡手段追讨债款只限于同一债权债务关系之中。具体说来，只限于同一债务合同中，并且这样的债务合同必须是双务合同，比如技术转让合同、房屋租赁合同等。在双务合同中，如果一方不履行，那么另一方便可以采取以牙还牙的方式与其对抗，以促使其按时履行合同所规定的义务。

（五）运用中断合作关系方式

随着我国社会化大生产的程度越来越高，任何一个经济实体都不可能单独从事生产与经营活动，都不可能单独存在，它必须在与其他的经济实体的相互协作中得以生存与发展。而且，商品经济越发达，社会分工越精细，各个经济实体与各个社会成员之间的相互依赖与相互协作的程度就越高。

根据社会成员彼此之间这种相互依赖、相互协作、相互制约的特点，讨债人在讨债过程中，就可以视情况利用中断协作关系而迫使违约的一方尽早清偿债款。因为在这种情况下，债务人如果不尽快向债权人清偿债款，那么，他自己就将因债权人中断其协作关系而遭受更大的损失，尤其是在双方达成有短缺物资长期协作的协议时，讨债人用其他办法解决不了的债务问题，用这个办法就会显得比较灵验。

不过，须引起注意的是，运用中断合作关系的手段迫使债务人履行义务时，一定要掌握好法律界限，就如同运用经济抗衡手段讨债一样，稍不留神，债权人反被债务人追讨违约金或赔偿损失，特别是如果双方签有合同，更应当慎重对待。

（六）运用“输血”扶植方式

在现实经济生活中，大多数债务人并不是在有能力履行债务的情况下存心拖欠或者有意赖债，而是确实是因为主、客观原因，造成债务人一时资金短缺或者是经营困难而无力履行债务。比如，债务人遇到意料之外且人力无法相抗的自然灾害，或者因债务人自己的经营决策失误、管理不善等，都会对债务人的正常经营产生不良影响，直接波及到债务人的经济效益。在这种情况下，债权人不妨对债务人实行“输血”扶植的办法，即对债务人进行经济或者其他方面的资助，使债务人获得从事经营活动必不可少的“血液”，从而扶植债务人恢复并发展其经营活动，取得利润，以偿还债权人的债款。

其实，这是债权人权衡以后的一种决策。如果债权人要求其破产清偿，那么很可能在债务人的债务清偿过程中，还没有还清银行的债款就没钱了。而按我国“经济法”规定，企业破产清偿时，第一债权人是银行。于是，对于非银行的债权人来说，往往吃力不讨好，不但没能讨到债，还搭上了许多清偿过程中的消耗。所以与其让这些企业破产清偿，还不如帮助他们起死回生，这样希望会更大一些。

通常，债权人对债务人实行“输血”扶植有以下几种形式：

1. 给予经济资助；
2. 给予技术资助；
3. 给予物质资助；
4. 给予管理“软件”资助；
5. 给予一些只有短期效应的资助或帮助，如撮合生意等。

不过，债权人在为债务人提供资助时应当特别注意，首先，债权人一定要搞清楚，债务人是否值得进行“输血”扶植。如果债务人已经是资不抵债，毫无生机，再多的“血”也不能使它起死回生，只会使债权人白白地遭受损失。与其这样，还不如采取其他手段，比如清偿算了；其次，应充分意识到其风险性，随时对债务人接受资助的情况进行调查了解，监督检查，及时给予指导，使债权人的再次投资真正发挥作用，债务人真正得到效益，获得利润，具有履行债务的能力；最后，如果上述几种“输血”方式配合使用，其效果会更好，债务人得到的效益更大。

（七）通过仲裁机关判决

讨债所波及到仲裁主要是经济合同仲裁。所谓经济仲裁，就是指当经济合同的双方当事人因对合同的理解或执行等发生争议，双方协商不能解决，有关方面出面调解也达不成协议时，由国家仲裁机关依照法律、法规和有关政策，对双方的权利和义务关系做出公正的判断和裁决。我国的仲裁机关是设在各级工商行政管理局里面的经济合同仲裁委员会。

在我国的债务纠纷案例中，因经济合同纠纷所引起的债务纠纷所占比例很大。而经济合同纠纷的情况比较复杂，种类比较多，由此而产生的债务纠纷的情况也比较复杂，并不是所有的合同纠纷都可以申请仲裁解决的。

只有当债务人拒不履行合同的原因是由于对合同本身或者与合同的有关事项同债权人发生意见分歧,双方协商不能达到一致时,方可申请仲裁。

仲裁完全是第三人的行为,因此,当讨债人申请仲裁机关受理仲裁以后,债权人和债务人事实上都把各自的权利和义务交给了第三人,即仲裁机关,一切结果都只有等候仲裁机关在查清事实的基础上给予公正的裁决,而且仲裁一经宣判即具有法律效力。

经济合同仲裁的原则:

1. 自愿原则;

2. 以事实为根据,以法律为准绳,公正平等的原则;

3. 重调解的原则。

经济合同的仲裁程序:

1. 如果债权人决意向仲裁机关申请仲裁,那么,按照仲裁条例的规定,首先应递交申请书。仲裁机关在收到申请书后,经审查符合规定的,应在7天之内立案;不符合要求而不予立案的,也应当在7天之内通知申请人,并说明不予立案受理的理由;

2. 仲裁机关决定立案受理经济合同纠纷之后,应当在5天之内将仲裁申请书副本送达被诉人。被诉人收到仲裁申请书副本后,应当在15天之内向仲裁庭提交答辩书和有关证据;

3. 仲裁机关处理经济合同应当先行调解。可由仲裁庭或仲裁员一人主持,使当事人双方相互体谅,自愿达成协议。调解达成协议后,应当制作调解书。调解书送达后,当事人应当自觉履行;

4. 仲裁庭开庭裁决。经调解无效或者调解书送达前当事人一方或双方反悔,仲裁庭即开庭进行仲裁;

5. 仲裁的执行。仲裁判决书送达之后,当事人一方或双方对仲裁不服,可在15天之内向人民法院起诉。15天之内不起诉的,裁决书即产生法律效力,当事人应当依照期限自觉履行。

债权人如果决定通过仲裁机关解决,那么他在熟悉仲裁程序、制度及规定的同时,还应权衡一下自己胜诉的可能性,因为仲裁庭的裁决是不以债权人的意愿为标准的。在仲裁庭上败诉的债权人并不鲜见。

(八)运用民事诉讼手段

在讨债过程中,对于那些不讲道理,胡搅蛮缠,一心只想欠债于已有利,从而存心久欠不还，甚至想借机赖掉的债务人，最有效的讨债办法或许就是运用民事诉讼手段请求人民法院强制债务人清偿债务了。

讨债人因债务人久欠不还，准备向人民法院提起诉讼，请求法院强制债务人履行债务或赔偿损失时，须注意以下几个问题：

1. 债权人的损失必须是由债务人的责任造成的。也就是说，如果债权人要追究债务人的责任，那么债务人必须符合承担责任的条件。具体来说，如果债权人要追究债务人因不按时履行债务合同而支付违约金的责任，那么债务人必须具备这样两个条件：一是债务人实际上有不履行债务的行为；二是债务人不履行债务行为的发生是因债务人自己主观的过错所造成的。

2. 债权人如果想采取诉讼手段解决债务人久欠不还的债务问题，那么必须在法律规定的诉讼时效届满之前向法院提起诉讼。否则，超过法律规定的诉讼时效，法院将不予受理。

3. 债权人向人民法院起诉，还必须按照我国法律规定的诉讼程序进行。

24计 居安思危

哪里有利益，哪里就有风险。利益越大的地方，风险往往也就越大。在竞争激烈的现代商战中，风险更是无处不有，无时不在。

周此，我们必须不断强化风险意识，居安思危，在考虑赚钱的同时，千万不要忽略了其中潜藏的风险，以便采取积极的应对措施，把风险降低到最低程度。

商战风险

（一）行业风险

行业本身的兴衰与经济环境通常有着千丝万缕的联系，这就为我们的行业分析提供了参考依据。不过，凡事都不是绝对的，有时经济环境很好，并不代表某些行业就一定发达。这就需要我们针对行业特点做出审慎地分析判断。

（二）经济形势变化风险

面对有盛有衰、循环不息的经济形势，经营者须理智地分析形势，把握好时机，及时顺应经济形势的变化。否则，就可能被经济形势变化的大潮所吞噬。

（三）政策变化风险

不管哪种投资，随时都可能受到政策变化的干扰。比如政府对特别行业的宽松与严紧政策的变化、银行存贷政策的调整等。

（四）资金集中风险

在我们投资过程中，千万不要过于集中。比如买股票，应避免把所有资金全部用来买同一类股票，最好采取多种不同类型的投资办法，以防止出现一边倒的状况。

降低风险的技巧

(一)学会分析风险

经商做生意,投身到市场经济的大海之中,必须要考虑家庭的一切正常开支,考虑到一旦我们生病或发生意外导致收入来源中断的风险。因此,我们必须学会分析自身的处境,对可能发生问题的风险进行分析和预测。

(二)善于评估风险

通过分析,对预测风险将要带来的破坏程度的高低,做到心中有数,例如失火将造成的危害程度、货款回收的程度、资金周转可能会出现的恶性循环程度等。

(三)慎重预防风险

务必要采取最佳措施降低风险发生的可能性,例如,对客户进行详细的信用调查;制定周密的收款措施;加强保安措施,将当日收入现金及时存入银行;对周围环境进行调查,对可能发生的问题和漏洞进行弥补等。总之,应慎重预防和避免风险的发生。

(四)设法转嫁风险

有些风险是不可避免的,例如,对于一些价值很高的设备、仪器等,即使我们做了安全防范,也仍然会面临着设备、仪器可能遭受的损失。怎么办呢?当前,大多数人还不太习惯于保险,可是,加入财产保险,这确实是一个转嫁风险的好办法。设备、仪器等贵重物品的意外失盗或因洪水、地震、火灾、房屋破坏等造成的意外损失都会因有保险公司的赔偿而把我们应承担的风险转嫁出去。

妥善应对风险

(一)遵循分散风险原则

分散风险作为一个原则,应用非常广泛。小到货物运输、仓储管理,大到经营策略、企业战略,都可以灵活运用。例如,在仓储管理上,就有这么一个教训。前些年北京隆福商场大厦发生火灾,由于大厦在仓储管理上落后,也没考虑风险问题,只想有效利用空间,减少成本,将货物都堆放在旧楼,其中还包括占有巨大资金的家用电器。结果一把大火烧个精光,商场损失惨重。

作为经营手法,通过成立股份制企业,从广大的个人、团体和组织中筹资,用于扩大企业的规模,促进企业的发展,这种分散风险的方式在企业界广为应用,它比靠贷款和借款筹资安全得多,因为资金风险实际上已经分散到众多投资者身上。这将使企业放开手脚,更加大胆地参与竞争。

风险投资者(包括银行)也是如此。他们从不轻易把“宝”压在某个风险企业身上,一般通过两种方式来分散这种巨大的风险:一种是寻找合伙人共同对一个企业投资来共担风险,一种是多管齐下,同时对多个风险企业进行投资,以期在风险最小程度下获得最大收益,其中以后一种运用居多。

分散风险原则是一种常见而有效的风险管理手段,在广阔的风险领域中发挥着重要的作用,往往能够使我们有惊无险。但要注意也不要太分散了,如果成本大于收益,那么这种方式就不划算了。

(二)寻找合作伙伴共同承担风险

寻找合作伙伴共同承担风险,是减少风险的方式之一。比如说数目众多的公司联合起来,成立大集团以共担风险,并尽量扩大自己的规模,不断吸收、合并子公司与小公司,不但能给大集团注入新的活力,而且还能使集团在某方面出现亏损时,可由其他公司的盈利来弥补。

20 世纪 80 年代初,随着国外汽车的大量涌入我国市场,国有汽车企业面临着前所未有的危机。为摆脱困境,四川东方红小汽车厂与成都小汽车厂自愿走到一起,成立了四川成都轻型汽车总厂,共同对付强大的对手。他们进行优化组合,取长补短,共同开发新产品,利润由以前的 400 万元上升到近 1300 万元。这种结合使他们对环境有极强的适应力,能够从容面对风险的冲击,在轻型汽车制造业中展现出明显的优势。

可见,在激烈的市场竞争中积极寻求合作伙伴,不仅可以壮大彼此的力量,还可以取长补短,增强自身的风险防御力。这对于企业走出低谷,迎接挑战,最终战胜风险无疑有着明显的作用。

(三)以退为进,另辟蹊径

如果我们对自己的实力有清楚的了解,认识到将要面临的风险是自己无论如何都不能承受的,那么,及时清除这种危险可能出现的条件,或避开这条可能遭受损失的道路,以退为进,另辟蹊径,也未尝不是一种有效的变相减少风险的方法。

商人李明当年在广东参观博览会时,发现了一种新型的饮料机,于是便倾其所有,花了 3800 元钱将这台本不出售的样机带回了北戴河,卖起了饮料。结果游客纷纷来买,再加上独此一家,在那年夏天,他的生意异常火爆,大赚了一把。但是夏季一结束他就将饮料机转手卖给了别人,因为他意识到今年是由于他垄断了市场,生意才会如此红火,明年情况就未必如此了。

果然,第二年夏季,在北戴河海滩一下子涌现出了许多这种饮料机,竞争十分激烈,最后只好纷纷降价,生意一落千丈。

而李明因居安思危,提前预见到了这种危机,激流勇退,早已又转入到其他买卖中去了,于是安然避开了这次风险损失。

可见,清楚地认识到自己的处境,以退为进,避开迎面而来的巨大风险,另辟蹊径,不失为商人的明智选择。如果一味逞强好胜,搞不好便会招来灭顶之灾。

(四)申请破产保护

当企业的财务陷入困境,经过大力的整顿之后仍不见起色而面临绝望的僵局时，就应当考虑申请破产保护这种迫不得已的手段。

尽管破产保护在国外屡见不鲜，可在我国目前仍不多见。随着市场经济的发展，新的法律法规也必将出现，以便与世界接轨，那么，实行破产保护就是近在眼前的事了。况且随着竞争的日益激烈，我国企业的更新也更加迅速，风险也越来越大，于是，在企业尚未走向全面崩溃之前，果断地寻求破产保护，以便给自己一个东山再起的机会，便成了商界人士愈加关注的问题。盛极一时的王安电脑就曾采用这一措施安然渡过了危险的处境。

杜绝财务隐患

(一)资金来源和资金占用失去平衡

要使企业发展壮大，投资是必不可少的。投资主要有设备投资、库存投资、开发投资以及其他投资等。投资活动还反映出企业资金盈余现象以及对生产技术的热心程度。

设备投资通常包括机器采购及兴建现代化厂房等，这种投资，往往一步走错就可能导致经营状况急剧恶化。因此，在投资前须充分研究核算，确保设备资金占用后，能有足额的资金来源，然后再决定是否投资。

如何筹集资金也是一个问题。对经营困难的公司来说，最好利用长期贷款或增加资本，尽量少用短期贷款，因为这样可能会带来资金冲击的危险，加大经营恶化的可能性。如果执意进行投资，可销售额并没能按预想的那样好，从而造成设备闲置，资金呆滞，于是那些资金不雄厚的企业，一下子就会面临倒闭的厄运。

(二)可能出现巨额不良债权

如果我们的企业，某一天突然出现意想不到的不良债权，将怎么办呢?

有的企业可能顶得住这种突如其来的巨额债权，但也有的企业可能顶不住而很快倒闭。总之，企业的经营问题伴随着风险，虽然今天经营得不错，但谁也说不准明天会怎样。这种状况是企业面临的严峻现实。

因此，我们应时时居安思危，不断强化风险意识，尽可能采取预防措施。即使春风得意，买卖兴旺，也不可粗心大意，因为有时会发生连锁性的倒闭事件。

为防止出现巨额不良债权，首先，我们应对每位客户都要规定信任限度，并严格控制不超过这一限度的债权。生意本身就伴随着风险，无风险的生意是不存在的，因此我们必须在充分调查客户的经营状况和财务内容的基础上，决定信任范围。

其次，交易条件最好是现金买卖。如果不能用现金支付的，应尽量缩短结账期限，这一点非常重要。

最后，我们还须考虑如何分散风险。在销售上完全依赖大客户是不行的，那样万一发生什么问题就很危险。在任何情况下，依靠一家企业的销售比率应控制在30%以下。如有可能，应有计划地开展活动减少风险。当然，应视企业的具体情况而定，不过最安全的是一家企业的销售比控制在10%以下。

(三)经费存在慢性增长的倾向

如果我们对经费的开支放任不管，费用肯定会增加。经费的增加通常

是在不知不觉中进行的。因此，我们随时都应注意检查经费是否出现增长现象。那么，究竟从哪里着手进行检查最好呢？

首先，我们应看经费的增长率是否高于销售额的增长率。如果经费的增长率高于销售额的增长率，说明经费增长并未对销售额的增长做出实质性的贡献。如果这种状态一直持续下去，就会影响经营。这时就应检查经费开支内容，查清是什么原因使经费开支不断增加，然后努力削减。

在经费开支中也包括经费的浪费。浪费是经营的大敌，必须彻底消除。尤其是交际费等最容易出现浪费，对此要经常进行检查，严格杜绝浪费。

还有一种是可以控制的经费，比如电费单价虽然是固定的，但可通过节约用电来控制电费等。经费削减的重点应是可以控制的经费。

总之，经费本身就有自我膨胀的性质，所以必须加强监督与检查，杜绝经费的慢性增长倾向。

（四）资产总额过度膨胀

经营中，我们须注意查阅资金平衡表最末栏目填写的资产合计总额每年是如何变化的，如果发现增长过多或资产膨胀，就应大加怀疑。

企业资产可分为流动资产、固定资产和延期资产，其中流动资产应是我们检查的重点，尤其是不合理的应收账款，往往是造成虚假资产膨胀的主要因素。对此，我们应对企业的应收账款规定一个月或三个月必须回收的大致目标，并且随时检查是否真正达到这一目标。

总之，必须对库存的压缩、应收账款的清收等进行充分的考虑。资产膨胀会带来经营停滞，同时，资金的周转也会随之恶化，资产效率也会下降。因此，必须千方百计地使全部资产都运转起来，杜绝出现资产膨胀的现象。

避开业务扩展中的陷阱

对企业来说，要获得长期稳定的发展，扩大规模可以说是一个非常重要的方向。但是，并不是说我们可以随便通过扩大规模来求得发展。在扩大规模前，我们必须进行缜密的调查分析，然后再从自身发展的战略需要出发进行扩大规模的实际运作，以尽量避开在扩大规模的过程中可能会出现的风险以及各种陷阱，从而通过扩大规模真正使企业得到发展。

（一）资源配置不足

任何一个经营者，其拥有的资源毕竟是有限的。而多元化发展必然导致经营者将有限的资源分散于多个发展的产业领域，从而使每个想要发展的领域都难以得到充足的资源支持，有时甚至无法维持在某一领域中的最低投资规模要求，结果在与相应的一元化经营的竞争对手的竞争中失去优势。这样一来，扩展战略不仅没能够避开风险，做不到“东方不亮西方亮”，反而可能导致“东方西方全不亮”，加大经营者失败的风险。其根本原因就在于资源配置过于分散，这是我们在业务扩展中首先应予以回避的第一大陷阱。

（二）运作费用过大

这主要表现在以下两个方面：

1. 付出较高的“学费”

经营者从一个熟悉的经营领域转到另一个陌生的领域发展，从新成立一个个体到新个体产生出效益，需要一个学习的过程。在这个过程中，由不熟悉而导致的低效率，必将使经营者遭受损失，付出较高的“学费”，甚至会因此拖垮经营者的资本。

2. 加大投入成本

在新的领域求发展，要想得到消费者的认可，必须加大广告宣传以及各种促销成本，从而使得分散的资源更加难以应付应付。

（三）缺乏得力助手

企业竞争归根结底是人才的竞争，对于经营者来说，所拥有的适用人才通常都非常有限，要扩展业务，首先必须要有得力的助手去担此重任。而得力助手的培养又绝非短期内可成，这就为业务的扩展带来了阻碍。如果无视这一情况，强为扩张，一旦人员选择错误或所选人员力不胜任，将会给新扩展的业务以致命的打击。

（四）时机选择不当

企业从单一领域进入多元领域时有一个时机把握的问题。通常，只有当自己的单一领域地位非常稳固，已具备良好的核心专长，并有剩余资源寻求更大投资收益时方可考虑。可是现实中的企业，往往在原有产业尚有发展潜力时，为其他领域的高预期收益所吸引，于是便抽出资金投入新产业。结果势必会削弱原产业的发展势头，而原产业可能恰恰是企业最具竞争优势的领域。这样一来，此时的跨产业扩大规模便可能形成新的产业未发展好，原有的产业领域又被竞争对手抢了先的不利局面，结果自然是得不偿失。

25计　败中求胜

成功者往往比一般人拥有更多的失败经验。

当我们在面临危机时，如果往消极面去想，势必会越想越糟，直至变得萎靡不振，而陷入万劫不复之地；如果往积极面去想，这恰恰正是难得的磨炼机会，犹如黎明前必然经过的黑暗，危机感也是成功前必须承受的苦难。

作为一个老板，当面对危机，遭遇困境时，一定要有坚强的意志，因为它往往主宰着事情的得失成败。

解决资金短缺

如果我们的企业遇到了资金短缺的问题，而此时我们又制定了大规模发展的计划，可以预见企业迟早会耗尽所有的资金。资金的短缺程度取决于我们能否及早意识到这个问题并及时采取积极有效的应对措施。对此，我们可以采取以下 4 项最有效的解决办法：

（一）加快资金流入

当我们资金短缺时，能帮助我们解决问题的第一大措施就是加快资金流入。

找到所有应收账款，看看是否有办法尽快地收回这些款。打电话去问一问，以最动听的语调和最诚恳的态度请求对方先支付给我们一笔款。在必要的情况下，为了能尽快让对方付款，不妨给对方快速付款提供一点小折优惠或给预先付款提供大折优惠。同时，在给我们的客户售货时，应坚决要求他们尽快付款，尽管在原先的销售合同里并没有提出这样的要求。

（二）控制资金流出

在资金极度短缺的时期，我们务必要精打细算，搞清哪些欠款是必须先偿付的，而哪些欠款则可以后付。须知，不管多大规模的企业，能在既定的时间里按时付款的简直就如凤毛麟角。如果我们欠了一个客户的一大笔钱，而这个客户对我们来说又非常重要，这时我们就须谨慎对待。如果我们确实需要延期较长的一段时间才能付第一笔款，那么事先须和对方商量一下，征得对方同意。如果我们能确定付款的确切日期，那就应提前告诉对方，这无疑会帮助我们再次得到对方的赊货。

（三）搞好与关键债权人的关系

要确保是由我们来决定先把货款付给谁和何时付款，而不是由债权人来决定。不要被电话催款者的怒吼声所吓倒，要首先付款给那些对我们的企业经营具有举足轻重地位的债权人。

如果我们无法确定还款的确切日期，那么就不要对债权人做出还款的承诺。否则，一旦我们违背了诺言，债权人可能会更加咄咄逼人、怒不可遏。相反，我们应告诉债权人，我们正在为此做准备，保证不会让他们等得太久，但不要告诉还款的确切日期。

在与关键债权人搞好关系的同时，我们也不要忘记给普通债权人付款，但那是在我们有了额外的资金后才能考虑，因为我们必须优先给我们最重要的债权人付款。

（四）鼓励员工共同参与

不要试图向员工隐瞒企业资金严重短缺的问题，而应让大家一起来共同解决这个问题，鼓励员工提出节省开支的建议。尽管企业资金严重短缺，但如果有可能，我们还要拿出一点钱来奖励那些能提出好建议的员工，这是个很不错的办法。须知，点子就是财富，有时关键的一个点子往往就可以使企业起死回生。一个人的力量毕竟十分有限，尤其是在困难时期，这时若能集合大家的力量，有力出力，有钱出钱，有计出计，齐心协力，那么渡过难关将会指日可待。

败中求胜

胜败乃兵家常事，也是商家常事。每战必胜的常胜企业尽管存在，但毕竟为数不多。一个经营者能否成功，并不是看他是否从不失败，而是看他能不能正确地对待失败，并在市场竞争中保持较高的胜率。

（一）及时回撤，免遭失败

要想在失败来临之际稳操胜券，首先，我们须对市场竞争态势有灵敏的信息渠道并加以判断，能够清醒地认识到企业将要受损的领域和时机，然后及时快速退却以避免或减少损失，即抓住失败之前的有利时机先主动收缩或撤出必败的领域。

日本松下电器的创始人松下幸之助对此作过一个十分形象的比喻："武功高强的人，往回抽枪的动作比出枪时还要快。"脱身最早、最快、最彻底的往往也是受损最小的。那些先期脱身的企业，常常会成为下一轮竞争中的赢家。

（二）以退为进，迂回包抄

退让有时是一种最间接的进攻策略。例如，在激烈的商战中，企业如能先巧妙地让出一方市场，接着再开出一方新天地作为目标市场，最后再包围先前让出的市场，收复失地，这实际上是一种商战高招。

曾经，在城市保健品市场异常饱和、发展空间日异狭窄的情况下，武汉红桃 K 集团在重新审视这场城市市场争夺战后，毅然把目光投向广阔的农村市场。当别人把网络建起来时，红桃 K 集团多走几步绕小道，跑冷门，把网络建到县、乡、村，即使在穷乡僻壤的山沟里也能看到"红桃 K 生血剂"的踪影，仅此一个品牌销售额就达 15 亿元，一度居我国保健品之首。该集团领导面对成功颇有感慨地说："当初如果没有退让意识，死心蹋地地争夺城市市场，肯定会沦为竞争的牺牲品。"

（三）退而不乱，转危为安

当企业面临必败局势时，宜先退、早退，但这种退却不是无节制、无止境的乱退。要借退蓄力，借退蓄势，为下一轮竞争做准备。老板要始终对企业保持控制力，使企业员工人心不散，管理不乱，各项工作有条不紊。

无数企业失败的教训告诉我们，无节制的败退必将导致企业目标体系和责任体系的迅速瓦解，形成溃不成军、一败涂地的局面。因此，无论企业面临多么严重的困难，处于何种危急局面，老板决不可慌不择路，而应全力以赴地带领员工力挽残局，尽量把损失减少到最低程度。

当大失败的局势已定时，也不要指望会出现什么翻天覆地的奇迹，企业唯一的选择就是在撤出某些经营领域的同时，在剩下的经营领域里采取一些打破常规的管理措施，把损失减少到最低程度。

当我们在面临大败之势时有效地减少了损失，保存了实力，在一定程度上就意味着我们战胜了这场危机。

（四）保存实力，东山再起

常言说得好："留得青山在，不怕没柴烧。"企业在经过多次失败的耗损或一次失败的重创之后，破产倒闭之势已无可遏止，这时比较现实的目标就是不要输光，在失败之前设法保存有生力量，为他日东山再起留下"火种"。

面临这种情况，企业老板应静心做好以下两件事：

1. 选准必须保存的资源

不要奢望能保存很多资产，应当选择那些市场价值不高或不明确但对企业却最有再利用价值的资源设法保存，例如技术诀窍或关键岗位的技术骨干、企业名号、商标或一块活动场地等，总之以一些"软资源"为主。

2. 选择最有效的合法保护手段来保存这些资源

在企业破产清算之前，果断地采取合法手段，将拟订的保存对象进行隔离、转移、分立等技术处理；在破产清算程序已经启动的情况下，则应充分利用"破产法"中对企业所有者和经营者有利的条款，既据理力争又灵活通融地争取对自己有利的结局。

再坚持一下

自主创业，可能赚钱，也可能亏本，还有一种可能就是维持现状。所谓维持是指生意在十分微利的情况下，保持运转。如同鸡肋，食之无肉，弃之可惜。通常，维持状态的企业赚取维持企业营运的费用之外，很难回收投资。这时，许多老板便灰心丧气，并认定自己已经到了失败的边缘，甚至是已经失败了。

其实，这是一种认识误区，他们不知道维持对于企业的发展具有重要的意义。许多事情，到最坏时往往就是向好的方向转变之时，此刻若能再坚持一下，说不定就可跨入"柳暗花明又一村"的崭新境界。

（一）赚钱需要一个过程

通常，很少有生意开张之后就能立刻赚钱的，尤其是对于一家企业来说。正如人们常说的，生意是守出来的，赚钱需要一个过程。

（二）用时间换取市场空间

一般情况下，普通企业很难通过投入大量资金，利用广告迅速获得较高的市场知名度，被消费者广泛的接受和认可。况且，直接的广告又非常昂贵，超出许多企业所能承受的范围。因此，企业的生意通常是采取用时间换取空间的策略，通过消费者体验自己的产品和服务进行市场开发。而这种策略，是一个需要时间的过程。

（三）维持期是守业过程的必然阶段

由于种种原因，企业通常经过三个阶段：亏损阶段、维持阶段和盈利阶段。亏损阶段是指企业创建期与营业初期，我们的营业收入十分有限，还不及我们的费用支出；维持阶段是指市场逐渐接受我们的产品与服务，营业收入已经超过费用支出，企业开始有一定的有盈余，类似产品生命周期的导入期；盈利阶段是指企业已经步入正轨，在市场中获得了立足之地，因此营业收入增加很多，企业也有可观的利润。在创业规划中，我们必须正确评估维持期的问题，并做好相应的准备。切记，维持期是我们守业过程的必然阶段。

（四）维持是赚钱的前提和基础

在企业营运中，维持是我们能够赚钱的前提。虽然我们的企业处于一种维持状态，但多少在市场中占有一定的基础和影响，是我们获得业务的基础。一个简单的常识，做生意之前双方要相互考察，一个处于维持状态的企业总比新建企业要好上许多。

机会总是垂青有准备的人，我们守着一个维持的企业，就有可能获得一笔大生意。

在市场不景气时，或许维持就是最大的成功。在不景气的市场环境中，会有大量的企业倒闭。如果我们的企业能够维持下来，将是巨大的成功。

首先，在这个过程中，我们可以用较少的代价获得较好的营运资源，例如一些优秀的员工、良好的设备等；其次，在不景气的市场中，仍然会有一定的生意，剩下的企业或许就是奇货可居，并相对容易地获得倒闭企业的市场机会与份额；最后，当市场景气回升，我们可以立即开展业务，几乎没有创建与启动过程，从而获得市场的先机。

（五）突破现状，赢取成功

经商都是想赚钱，若长期处于维持状态未免于心不甘。维持是我们可以接受的状态，却不是我们努力追求的状态。

维持不是我们的目的。长期处于维持状态,会使我们一直处于高强度的市场压力与企业的生存压力之下,并可能产生强烈的疲惫感、厌倦感和失败感,这决不是我们自主创业的目的。那么,如何突破现状,赢取成功呢?

首先,我们须判断企业处于维持状态的真实原因,是守业过程的必然阶段,还是市场原因,或是我们企业竞争力的相对低下?只有了解了真实原因,才能对症下药,采取适当而有效的解决办法。

如果市场环境良好,要打破维持状态应采取进取性策略与措施,如加大市场开发与投入、增加设备与员工、必要的广告宣传等。此时,增加投入往往能够打破维持的状态。

如果市场环境不好,应当保存实力。在不景气的市场环境中,能够赚钱的行业一定是行业中的佼佼者。我们应当设法降低利润率和营运费用,并维持合理的市场规模。

另外,在市场不太景气时,我们务必要做稳妥的生意,不要涉猎风险大的生意,因为我们的客户也可能倒闭,并直接殃及我们的生意。

26计 如履平地

现代商场是一种没有硝烟与炮火的战场,各种经济实体在这里角逐较量,斗智斗勇。商战无情,竞争往往是残酷的,稍有不慎,便可能跌进别人预设的各种陷阱里,给自己苦心经营的企业带来灭顶之灾;商战有道,提前识破这些隐藏的手段,在经营的道路上绕开或跨越这些陷阱,便可在现代商战崎岖的征途上健步如飞,如履平地,把竞争对手远远地抛在身后。

识破现代商战的陷阱

(一)信息诈骗

经商做生意,切忌“想当然”、“莫须有”。过分相信花言巧语害处更大,俗话说:“百闻不如一见”,是有一定道理的。一切信息要眼见为实,证据确凿,以免落入别人的圈套,面对形形色色的商战陷阱千万不可掉以轻心。下面有正反两个案例,我们不妨引以为戒。

1997年年末,有人介绍某植物油厂出售给某机械厂价值8万元的麻油,用来作为机械厂员工的年终福利。价钱、交货地点、付款方式、利润分成都已谈妥,并讲好了货到付款。为慎重起见,植物油厂还专门选派了该厂经验丰富的供销部门负责人张经理随车前往。

待货物运到了指定的地点后,对方却要求待卸完货后再付款,张经理坚持要对方按合同规定付款后再卸货,对方无奈,便派人开了张8万元的现金支票送过来。张经理仍不放心,拿着这张支票到银行去查验,结果银行证实这张支票的账户上实际只有3000元,还不够货款的零头!幸亏张经理处事谨慎,发现得及时,不然损失就大了。

李某是某家电公司经理,听别人说今年夏天家电价格要暴涨,于是便筹集所有资金采购了大批家用电器，以防备夏季货源奇缺。可是，直到夏季中期，家电价格不仅没有上涨，还下跌了不少。结果该公司只销售了库存总量的1/10，大量商品积压在库房里，资金滞流，经营状况几乎陷入瘫痪。此时这位李经理除了叫苦连天外，一切都已无可挽回了。

针对这类信息诈骗，经商时一定要时时给予高度警惕。具体防范措施有以下几点：

1. 对于对方的支票、汇单等票据务必要认真核实，待银行确认属实后再进行下一步的行动；

2. 采购商品时，应认货不认人；销售商品时，应认钱不认人；

3. 尽量避免对方的分期付款和分期发货，以免节外生枝；

4. 即使见到提货单也要亲眼验货，待核实货物确属对方后再付款；

5. 对于一些商业信息应进行认真分析与考证，待估算确凿后再投入运转；

6. 谨防泄露商业机密。

(二)"皮包"公司

所谓"皮包"公司，是指一无资本，二无实物，只有一个"公文包"，专门从事东拉西扯、"空手套白狼"的勾当，从中渔利，且惯于"打一枪换一个地方"，以躲避国家执法部门的检查。凡是与这个"公文包"交往的人，十有八九会上当受骗，因此要千万小心。

"皮包"公司既没钱，又没货，拿着个"公文包"满天飞，实行的是"空对空"战略，一条信息，一张合同七转八转，油腔滑调，甚至连"飞机大炮我都有"，其实纯属子虚乌有，胡乱吹嘘。一旦我们信以为真，与他们签了合同付了款，他们便会"36计，走为上策"，赶紧溜之大吉。某市有个"皮包"公司，从1995RH至1998年期间，先后与国内60多家单位签订了家具合同100多份，总金额高达几个亿。已骗得付款和定金500多万元，但合同履约率为零，最后竟胆大妄为地骗到国务院头上。

皮包公司"买空卖空"害人非浅，不少都是"挂羊头，卖狗肉"，头衔看起来挺大，对此须高度警惕。首先应检查他们的营业执照、注册时间以及注册人是否与事实相符，千万不要轻信他们的任何托辞借口；其次，察言观色，留意负责人是否信口开河，无所不能，如果这样肯定是冒牌货；最后，"不见兔子不撒鹰”,只有见到货物,并核实属于该公司后再签合同。

(三)选错伙伴

经商创业之初,当自己的条件一时尚不具备时,人们往往选择合伙创业的方式,以增强力量,共担风险。不过,在茫茫商海中,要想找几个合适的合伙人并不是件容易的事,搞不好遇到其中一个居心叵测的人,大好的生意也可能就此败坏在他的手上。因此,当我们创业必须要合伙人帮助时,千万要慎之又慎,多留一个心眼。

在一家公司的合伙人中,有一个负责管理资金的人,由于虚荣心强,每天都要给女朋友一个惊喜。刚开始还可以,到后来因女友的贪心越来越大,这位负责人经济上严重透支,不得已便挪用公款,最后直至把企业的银行存款一卷而空,合伙人的血汗盈利就此化为乌有。

还有某公司市场部负责人,由于对该公司业务熟悉,人缘不错,不甘久居人下,便另外打起了“炉灶”,挖走了公司的大批人才和客户,从而使得原公司实力大减,生意一落千丈。

经商时,寻找合作伙伴,不要只看到合伙人给我们带来的诸如资金投入、人缘关系等种种好处,更要看其本质,考察他能否为公司负责到底,还是别有企图。为此,须注意以下几点:

1. 选择身边已经有一段时间认识和了解的人;

2. 有一定共创大业精神的人;

3. 不管是亲戚朋友,合伙之初都要明确达成契约,“丑话说在前面”,就是亲兄弟也要明算账,绝不能有丝毫的含糊。

(四)轻易改行

俗话说:“隔行如隔山”,大多数人经商,都选择自己较为熟悉或内行的行业,这样做起来既得心应手,又不容易上当受骗。可是在实际商战中,却仍有不少人按捺不住利益的诱惑,轻易改弦易辙,结果给自己带来了不必要的损失。

做首饰生意的李老板原本做饮料生意,后来由于看到经营首饰利润可观,便不顾自己对此行业的一窍不通,贸然转了行。第一次进货时,他特地请了一位专业人士帮助鉴别,效果还不错。待第二次进货时,他感觉自己已懂得了不少这方面的知识和技能,不想再依赖别人,于是便独自采购了大批的首饰回来。结果经内行人一看,五光十色的首饰全是伪造品,都是经过高科技加工过的次品来充当的。这一下损失惨重,李老板辛辛苦苦挣来的钱全部赔了进去。

因此,决定改行之前,我们一定要审慎从事,多方考证,同时还须充实自身的相关专业知识和技能,不给图谋不轨的人以可乘之机。

(五)盲目投资

在经营过程中,人们往往嫌钱来得慢,总想有朝一日做大生意。于是就有些人急着筹款搞投资、上规模。

例如,做服装生意的王老板几年来积攒了几万元钱,总觉得来钱慢,于是便忙于扩大门面做大生意。1999 年夏季,他倾囊而出,提前采购了大批服装,希望能在今年夏季大赚一笔。

然而事与愿违，这年夏季服装市场不稳定，王老板的服装被大量积压，资金严重短缺，根本无法周转。眼看夏季要过，迫不得已，最后只好来个“跳楼大降价”，几年来的血汗钱一下子赔了个精光。

由小见大，如果是动辄上十万、上百万的投资，一旦失算损失可就惨了。可见盲目投资、上规模具有极大的风险性。

这样做的缺点是：

1. 占去大量资金，使资金流动困难；

2. 没有小生意机动灵活，一旦生意不好便很难收场；

3. 盲目扩大后的管理比较复杂，加大了投资风险。

跨越商战陷阱

（一）防人之心不可无

在五彩斑斓的社会里，在错综复杂的现代商场上，骗子的脸上是没有写字让人们辨认的。相反，他们还穿着非常美丽的外衣，巧舌如簧，每时每刻都可能活动在我们身边，随时随地都可能把灾难降临到我们头上。他就像一个黑色幽灵，活跃在我们的经营活动里，若隐若现，明来暗去。对此，如果我们置若罔闻，对骗子缺乏起码的戒备心，纵使上当受骗后，也许还蒙在鼓里不知道呢。

俗话说：“害人之心不可有，防人之心不可无”，没有戒备心，对自己的投资不加分析与思考，往往就会糊里糊涂地上了“贼船”，被掀翻在商海里。不要迷信号称有极高利润的经营项目，实际上能有10%的利润已是十分有利可图的了，越是获利高的经营项目其风险性就可能越大。可见，在我们投资之前，看准对方的经营实力是最关键的。对于没有雄厚资金却试图通过“集资”来经营的人须多加防范，不了解某种经营项目的行情，就千万不可仅凭对对方的“好印象”而贸然投资，除非对方有足够的事实令人信服。

没有戒备心，对自己的合作伙伴不加防范，到头来也会时常吃亏。作为经营者，凡事三思而后行是非常必须的。在商场上面临“利益”当头的选择时，有许多人，哪怕是好朋友，甚至是兄弟亲戚中，背叛自己的人也大有人在。现实生活中，有许多人财迷心窍，为中饱私囊会不择手段，不管是对谁。这种人我们不能不防，否则，吃亏的只能是我们自己。

与陌生的经营者打交道，更要多长几个心眼。在与对方交易之前，务必要对对方的资料状况、组成人员状况、盈亏状况、业务内容、设备设施等内容，进行认真的资信情况调查，这样才能熟知对方的底细，从而看清对方的真实意图，是诚心交往，还是蓄意诈骗。

没有戒备心，没有起码的鉴别常识，很可能在商场上被一些虚假的东西所套牢。现代商场，虚假广告常常诱惑着一心想发财的经营者，假冒伪劣产品被一些不法分子廉价转销给经营者，虚假的无效合同不时地缠绕着经营者，还有那数不清的假发票、假信用证、假单据的骚扰。经营者要想与假绝缘，必须先要练就一双慧眼，时时保持警戒心。

（二）识破诈骗的伎俩

商场如战场，要想在现代商战中立于不败之地，就必须学习一些商战制胜术。

主动出击、抢占先机是制胜术的一个方面；而严密防守，识破诡计，不给别人以可乘之机，也是制胜术的一个重要方面。

所谓诈骗，是一种完全以虚假的事实和诡诈的言行来达到其获利目的的招术。其在行为上多数是隐瞒真相、虚构事实、伪造证件和假冒身份；在言语上多数是装腔作势、花言巧语、大吹大擂，无所不用极致。

人们通常容易步入一种误区，即认为虚假的东西就一定好辨认，虚假的东西迟早会现原形。其实，好多情况下，当我们认识到它是虚假的事实之前，就已经上当受骗了。这种“事后诸葛亮”式的自慰无异于给骗子的再次行骗以可乘之机。正是由于虚假的东西常以“美貌”展现，因此可以迷惑人心；而花言巧语，能获得心理上的好感，“伪理论”常以“真理”的身份骗取人们的信任。对此，若不花一番工夫仔细思量，常常容易被其所误。

花言巧语、迎合人心是诈骗的一贯伎俩，作为局外人也许容易识破，有道是：“当局者迷，旁观者清”，对于当局者来说，有时在心理上便会莫名其妙地对其产生好感。殊不知，正是这种“好感”，往往使我们忘乎所以，葬送了大好的钱财。

对付诈骗的方法，首先应警惕存在，然后要略知其中惯用的一些伎俩。在心理上不要以为“美貌”就一定美，须知，诈骗术的一个重要特点就是借用美的魅力，从心理上去迷惑人。这就要求我们要学会“审美”。

如何识破骗局,并没有固定的方式方法。通常,对对方的整体动机、言行等都应认真分析,鉴别其中的真假虚实。同时,还须始终保持清醒的头脑和高度的警惕,从实质上看问题,对对方的言行进行系统的全方位分析思考。对怀疑有诈的情况,在自己深入调查研究的基础上,最好能主动征询一下旁观者的意见。一旦发现对方的诈骗真相,就应采取果断措施予以揭露或寻求法律援助。

另外,防范诈骗的最简单的办法就是不要贪心。俗话说:"人心不足蛇吞象",我们千万不要轻易相信能从简单的办法中获取大笔钱财,不要自以为我们的智慧和手段会高于诈骗者,事实往往并不像我们一厢情愿的那样美好。

27计 拨云见日

物竞天择,适者生存。在现代日益繁荣的商品社会里,没有任何一种商品为市场所独享,也就是说,没有任何一家企业的产品是垄断始终的。这就要求我们一方面要以自己的产品或服务去挑战别人,一方面也要随时准备迎接别人的挑战和排斥。

商场如战场,现代商战更是充满了咄咄逼人的纷争气息。如何顺应时代发展的潮流,形成自己的竞争优势,从而在浩瀚商海中劈波斩浪,傲立潮头,是我们每个从商人士所渴盼了解的内容。那么,就让我们翻开本篇,一起去透视那充满着智慧与经验的竞争谋略吧!

形成竞争优势的策略

在现代商战中,竞争是企业整个经营管理活动的主题。企业员工一方面要为企业的生存与发展而竞争,一方面也要为提高自身生活水平而竞争。有的企业在竞争中获胜,有的企业则在竞争中破产倒闭。

竞争是残酷的,竞争又是必须的。只有通过竞争,才能淘汰一批"无规"作业者,从而使真正的强者得以在商海中崭露头角。那么,在当今市场瞬息万变的情况下,企业如何才能驾驭市场,在激烈的竞争中赢得优势呢?

(一)树立正确的经营理念

这是企业在市场竞争中赢得优势的前提。经营理念是否正确关系到企业经营的成败,因此企业在经营实践中,应牢固树立正确的市场观念、竞争观念、成本观念、利润观念、服务观念等一系列经营理念,以"顾客至上"、"信誉第一"、"质量取胜"等经营原则为准绳,不断强化求实创新、灵活多变、居安思危、敢为人先等经营意识,从而为企业在市场中取得主动权奠定良好的思想基础。

(二)实行超前决策

企业要在竞争中赢得优势,不仅要随着市场的变化作相应的调整和变化，更重要的是着眼于未来市场的前景，了解和把握未来市场变化和发展的趋势，做出科学的超前决策。实现超前决策应做好以下3方面的工作：

1. 对竞争对手进行仔细的分析和研究，了解其经营战略与活动方式，正确估价其经济实力，从而制定出与其抗衡的对策；

2. 重视对消费者的心理进行分析和研究，摸清消费者的消费心理，把握消费者的消费动机，了解消费者的实际需求，从而制定出满足与引导消费的对策；

3. 对市场进行认真的调查和分析，掌握最新的市场信息，摸准市场的脉搏，从而对未来的市场前景进行科学的预测。

（三）搞好产品的开发与创新

市场竞争实质上就是产品的竞争。产品滞销，企业就会陷入困境；产品畅销，企业就会兴旺发达。而产品的畅销与否，在相当大的程度上取决于产品的创新程度。因此，企业就必须重视产品的开发与创新。为此，应着重抓好以下几个方面：

1. 制定出一系列新产品开发规划，使产品开发规范化；

2. 依靠科技大力开发和生产具有独特风格和时代特色，符合市场消费潮流和消费者购买力的新产品；

3. 重视产品的设计，应在现有的技术、设备、工艺与材料的基础上，重新构思产品的结构、性能、外观和使用范围等；

4. 借助科研部门和教育机构的科研力量，实施“借脑”工程，进行新产品开发。同时，加强企业自身技术力量的培养和提高。

（四）强化质量管理

企业要在市场竞争中取胜，最根本的是取决于产品的质量。如果产品质量没有保证，即使能够卖出去，也只能奏效一时，最终难逃消费者的冷遇。因此，企业必须重视提高产品质量，力争创出更多的名牌产品。为此，应着重抓好以下3个方面的工作：

1. 不断强化员工的质量意识，提高员工的整体素质；

2. 强化质量管理，完善质量检测制度，采用先进的生产标准和检测手段，严把质量关；

3. 积极培养企业管理人才，搞好现有管理人员的岗位培训，更新管理知识，提高管理人员的业务素质。

（五）采取灵活的营销手段

在当前买方市场的环境下，企业营销工作显得尤为突出和重要，成为主宰企业兴衰存亡的关键环节。为此，企业须着重做好以下几个方面的工作：

1. 重视广告宣传，提高产品的知名度，为销售打下良好的基础；

2. 建立营销网，有条件的企业不妨多开办一些销售网点，不断扩大销售范围，以抢占市场制高点；

3. 采取灵活的促销方式，如薄利多销、分期付款推销、租赁销售、赊销等。

（六）完善服务功能

营销服务在国外已被称为“二次竞争”。在保证产品质量、价格相差无几的情况下，谁能提供最优质的服务，谁就能赢得用户，从而抢先占据市场。因此，企业要在市场竞争中赢得优势，就必须充分重视和不断完善服务功能。

现代商战竞争谋略

竞争，是商品经济的客观要求，优胜劣汰是竞争的必然产物。现代企业，尤其是中小企业，作为自主经营、自负盈亏的生产经营者，要想在日益激烈的市场竞争中占据优势，立于不败之地，必须通晓其中的竞争谋略。

（一）产品质量以“优”取胜

消费者购买的商品虽然千差万别，但都有一个共同的标准，就是物美价廉。

对于质量相同的产品，消费者会去买便宜一些的；相反，价格相同的商品，消费者一定会去选择质量好的，甚至情愿多花一点钱去买名牌产品。可见，企业的成功与产品的质量高低息息相关，须臾不可掉以轻心。企业只有不断创新生产或销售名牌优质产品，才能最终赢得市场与用户。

（二）信息处理以“快”取胜

作为企业经营者，应善于捕捉各种信息，及时了解市场变化，这是现代商战成功的基础。特别是一旦获得有价值的信息，应当马上进行决策，及时抓住机遇，一举取得胜利。

（三）决策过程以“短”取胜

决策，尤其是重大决策，关系到企业的兴衰存亡，作为企业老板，应有胆有谋，在市场飞速变化的现代商战中，一旦遇到机遇必须坚决果断，根据市场状况及时做出正确的决策。

为此，在进行每一项决策前，特别是重大决策，应自觉遵循“敢想、慢定、快做”的决策原则，即决策前，应“敢想”，摆脱一些旧有的条条框框的束缚，大胆想象与预测；决策时，应小心谨慎，对将要进行决策的事情进行周密的考证，最好能充分借鉴智囊团的意见和建议，不要急躁冲动；决策后，就应立即付诸行动，赶紧布置落实，中途没有特殊情况绝不轻易动摇。

这样整个决策过程前后连贯，一气呵成，如此方可运筹于帷幄之中，决胜于千里之外。

（四）资金周转以“活”取胜

从事生产经营，资金是必不可少的一个重要因素。

有时我们明明抓到一条可以使我们一举获利的信息，但却因手头资金不足而不得不就此搁浅，眼看着机会从身边溜走而无能为力。因此，作为老板应时时考虑，如何调用自己手头有限的资金，进行合理地分配使用，尤其是在如何有效减少资金的占用、加快资金周转这方面，更要下大气力来抓。

举个简单的例子，假设我们拥有10万元的商品，如果周转1次需要3个月的时间，每周转1次可获利2万元，那么1年下来可获利8万元；而如果我们能有效开辟销售渠道，把资金周转提高到每两个月循环1次，那么1年下来便可获利12万元，无形中1年就增加了4万元的利润。

（五）规格品种以“多”取胜

由于人们的收入水平、文化程度、生活习惯、欣赏层次各不相同，人们的兴趣爱好自然也就千差万别。同样一件商品，有人可能喜欢圆形的，有人则可能喜欢长方形的；有人可能喜欢红色，而有人则可能喜欢黄色或其他颜色等。因此，企业生产或经营的产品必须规格齐全、品种多样，这样消费者才有选择的余地。

（六）销售价格以“廉”取胜

价格是调节人们经营行为，影响市场供求关系的主要杠杆。每一个消费者无不希望以最合理的价格买到称心如意的商品。因此，生产经营者应坚持薄利多销的战略方针，对需求弹性较大的商品尤其要采取以廉取胜的竞争策略。

（七）服务用户以“诚”取胜

企业不仅要向用户销售各种优质商品，而且还要向用户提供各种优质服务。前些年企业普遍实行的“三包”制度，解除了用户购买商品的后顾之忧，现在的服务大战又上升到一个新的高度，有的名牌企业提出20年保修计划，有的则更加有气魄：如果购买他们的产品出现质量问题，不仅包换新的还另外赔偿损失。所有这一切的目的只有一个，就是要让消费者“买得放心，用得安心”，从而赢得消费者的信赖。

（八）管理水平以“高”取胜

成功者的经验向我们表明：企业的发展，一靠技术，二靠管理。无数的事实证明，高明的经营者能够将一个濒临倒闭的企业从死亡线上挽救过来；而一个不称职的管理者则会将他手中的企业毁于一旦。尤其是在我国目前高科技相对落后、生产技术和产品设备相对老化的情况下，高水平的管理人才就成了企业兴衰存亡的关键。经济学家一致认为，技术和管理是企业腾飞的两个翅膀，缺一不可。

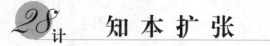

28计 知本扩张

进入新世纪以来，知识已成为社会发展的主要动力，知识经济正成为时代大潮中不可阻挡的洪流。只有拥有知识经济时代所应具备的知识的人，才可能拥有更多发财致富的机遇。

经济竞争的实质是知识竞争，而知识传播也就意味着知识资本的扩张。在崭新的知识经济中，知识和信息将取代物品和钱财，成为现代商战中最具竞争性的优势，而创造性的智慧无疑将成为新的社会财富。

知识创造财富

(一)认识知识的经济化趋势

进入新世纪以来，传统的经济价值观正经历彻底的变化，现代企业将通过创造知识赚钱。

现代企业在其发展过程中，几乎始终都是以生产或销售产品赚钱。它通过积累固定资产，组织大规模的劳动大军和通过等级制度进行管理来实现这一目标；新世纪的企业几乎不用做这一类事情，它们将通过生产由拥有高级知识与全球伙伴合作创造的知识赚钱。

放眼发达国家，资本已在流向起步最早的知识型企业。例如，拥有31000名员工的微软公司占有6000亿美元的市场资本，而员工人数为其10倍的麦当劳公司的市场资本总额仅为它的1/10。

知识经济正在改变着企业的价值取向、经营理念、行为方式、服务意识，以及市场运作的规则、参加者、组织和决策。但有几条依然如故，比如，无论是有形资本还是无形资本，其目的还是为了赚钱；市场经济的运作规则依然取决于供求关系和价格杠杆；获取利润的途径仍然是销售有形或无形的产品等。

由知识经济引起的剧变正在显著地改变全球的企业力量与地位。由于美国最早采用了个人电脑，美国的企业显然已成为数码时代的主宰。因特网和其他新技术源于个人电脑，大多数美国人都是通过办公室或家里的电脑上网。不过，固定的个人电脑正在让位于便携式信息工具，可移动网络显然将成为未来的潮流。今天，欧洲人和日本人首先有了最新和最好的无线移动电话，他们正迅速地完全以移动电话取代台式电话。日本的儿童现在随时都可以直接上网，无须拨打电话。

在未来几十年·，现代商场将出现今天的老板们见所未见的激烈竞争，而我们恰好正处于这一开端的起点。

(二)把握新财富分配原则

本世纪，知识资本将决定一个人的财富。在当今时代，拥有大量知识的人，将会获得更多的财富，这已成为不争的事实。

15年前，世界富豪排行榜的前10名几乎是清一色石油大王；今天，排在前10名的有一半以上与信息等高科技产业有关。当今世界首富当属美国微软公司总裁比尔·盖茨，而盖茨的财富则存在于电脑软件所包含的知识当中。

从上个世纪50年代的微电子革命开始，造就了一大批百万富翁，蕴育着“知识资本”的新概念，其中包含知识是创造财富的基础，以及知识的创造是财富创造的直接体现，这预示着一种崭新的财富分配格局：谁掌握了知识、创造了知识，谁就能成为百万富翁。

年纪轻轻便成为世界首富的比尔·盖茨无疑是知识创造财富的一个最好例证。出生于1955年的比尔·盖茨进取心强烈,不管游戏还是比赛总要争第一。喜爱电脑的他,面对电脑时代的来临,在21岁时做出了献身电脑软件的选择。1976年,他与同窗好友艾伦正式成立了一家规范的软件公司,这家公司就是今天享誉全球的微软公司。

比尔·盖茨成功的基础是为IBM公司开发一种用于IBM新型电脑的操作系统:MS-DOS,他把自己的双脚踩在雄霸rr业的巨人肩膀上,把一个原本只有5万美元的软件产品设计成了整个行业使用的操作系统。1982年,MS-DOS完成,27岁的盖茨成为同行中举足轻重的人物。

1986年,微软公司的股票正式上市,开盘价25.17美元,收盘价29.25美元。仅仅一年之后,微软股票便冲至每股90.75美元,盖茨一跃成为全球最年轻的亿万富豪。

随着信息时代的到来,微软又接着向网络进军,盖茨意识到微软必须控制这一新兴行业的咽喉,事实上他已做到了。1995年,微软推出的"Windows95"大大增强了联网功能。接下来,微软公司又推出了"Windows98"等,以大力发展其"微软网"。

盖茨在较短的时间内已经拥有510亿美元的财富,这不能不说是"知识"创造的一个奇迹。盖茨的成功之路给了我们以深刻的启迪和警示:

劳动创造财富,这是人人皆知的道理,令人感兴趣的是这种迅速扩大的财富来源。微软没有大规模的生产厂房、原材料消耗和产品,唯一大规模拥有的便是"知识"。"开发部"是微软的核心,每个人拥有一个只有5平方米的办公室,除了一把椅子和几台电脑外,几乎看不到其他任何东西;它所进行的国际贸易是无形的,其价值与作用却难以描述。今天,微软的用户已遍及世界各地,数以百万计,并且每时每刻都在呈几何级数倍增。

盖茨的迅速崛起反映了一个惊人的事实:知识创造的财富远远大于机器、设备、原材料等所能创造的财富。在世界意义上说,它甚至比工业经济中对稀缺自然资源(比如土地、石油等)的占有更具有重要意义。而在以往的历史中,知识的财富效应从来没有如此明显过。

当今世界出现的知识经济大潮,是人们的经济活动发展到一定复杂阶段的实际体现，是继上一次工业产业升级后的又一次全球性的产业升级现象。知识经济依赖的是人类最复杂的功能：智慧。高新技术是人类智慧实在化的体现，方法是人类智慧哲学化的体现，而信息技术则是传播人类智慧的最佳手段。

总之，以知识为基础，直接依托于知识和信息的生产、运用和传播的知识经济，正在日益影响和改变着人们的工作和生活。而今，知识经济正在替代工业经济，成为当今一个难得的发展机遇，这已成为越来越多的百万富翁的共识。

（三）了解知识经济的4大支柱产业

与原有的支柱产业如钢铁、石油化工和汽车等相比，知识经济的支柱产业体现了多级分散性，由多个战略型的有发展前途的产业共同拉动。

从纺织业到汽车业再到机电行业，这些原有的支柱产业注重的是硬件，靠单一技术支撑；新支柱产业则由不同行业间的技术融合来支撑，它将制造业和服务业、硬件和软件融为一体，相互关联又相互补充，共同促进知识经济时代的发展。

1. 高科技产业

顾名思义，高科技产业是以高科技为核心力量的产业。与以往的科学不同，高科技分类不再以探索系统知识为标准，而以追求效用为标准。如信息科学就是要加大、加快信息的存储、处理和传输，光电子学、大规模集成电路和电脑科学都为这一目的服务。同时，现在从科学到技术的周期大大缩短。

由于高科技具有如此的特性，知识高度密集、学科高度综合的高科技和传统科学在象牙塔中自锁完全不同，它将直接而迅速地向经济、政治、文化、军事等各领域广泛渗透，对改变人们观念、生活与社会结构产生难以估量的变革性影响。

2. 信息技术产业

信息科学技术以微电子技术和电脑技术为基础，包括信息的采集、处理、存储和传输技术，并涉及到传感技术、多媒体技术、光导纤维技术、集成电路技术、人工智能技术和网络技术等一系列技术，当前的信息高科技集中反映在“信息高速公路”的建设上。

“信息高速公路”的建成将使人类能够最大限度地利用知识，真正使“科学技术成为第一生产力”。信息技术产业主要技术和产品范围包括多媒体技术、数据存储与处理技术、传输技术及其相关产品。

3. 生命技术产业

在达尔文的物种进化论及细胞理论建立之后，人类看到了一片全新的视野。

尤其是近20年来来，细胞工种、酶工程、基因工程在理论上有了长足的进展，在实际应用中也取得了可观的收益，从而使得生命技术产业越发让人不容忽视。

4. 新材料技术产业

所谓新材料，主要是指最近发展和正在发展之中的比传统材料更为优异的新一类材料。国际上关于新材料科学与工程的战略研究发明是高技术发展的一个关键，并且对国计民生、国家安全以及增强国家在国际市场上的竞争力都有重要影响。

如今，世界经济的增长率远低于产业革命之初，其原因除自然资源有限性的约束外，更主要的原因在于所生产的产品在质量上不能创造出新的需求。人类对产品的需求已由数量方面转向质量方面，人们开始注重追求生活的高品质。这就要求谁拥有高智力产品，谁将具有竞争力，谁才能获得智力劳动的高额回报：财富。

在知识经济条件下，产品的性质发生了巨大的变化。物化劳动在产品价值中的比重逐渐减少，活劳动在产品价值中的比重逐渐增加，这是知识经济中产品的特征之一，是由知识经济中社会需求与产品生产的变革所决定的。同时，在知识经济条件下，产品价值的实现也发生了深刻的变化，而且这种变化不总是取决于产品数量的供求关系，更取决于知识产品的创新，这主要表现在以下几个方面：

(1)在知识经济下，产品的生产主要消耗的是人力资源，尤其是智力；

(2)在知识经济下资本与劳动再次结合，主要指人力资本与劳动者的结合。相反，劳动者对非人力资本的依赖程度弱化；

(3)知识化的产品在市场上的存在与延续期变短，知识创新成为更紧迫的事。

知识经济的特征

(一)知识经济是一种信息化经济

知识经济是微电子技术、信息技术充分发展的产物，是信息社会的经济形态。在信息社会，信息技术在全社会被广泛使用。遍及全球的 Internet 网络已初步显示信息社会的端倪，全社会生产自动化程度大大提高，自动化技术将在社会管理、经济管理、企业管理等方面全面普及。

由于信息社会中信息技术的充分应用，信息处理价格的降低，尤其是通讯与电脑技术的“数字趋同”以及国际网络化进程的加快，使信息、知识的创造、储存、学习和使用方式产生了第二次革命，从而使知识的商品化、信息的商品化能力大大提高。信息、知识应用于制造业、服务业的速度大大加快，进而引起全球经济增长方式发生根本性变革。

经济的发展日益与信息技术的发展不可分，生产、分配、消费的每一个环节，都伴随着信息的获取加工、传输、储存及应用，整个经济信息化、数字化。

(二)知识经济是一种网络化经济

随着互联网的崛起和电脑的广泛普及，人类在跨入信息时代的同时，正在从两个方面接受信息化的根本改造：一方面，信息化建立了企业与市场之间的桥梁。企业可以快速而准确地了解市场动态和顾客需求，传统的大规模生产和推销可能被灵活而高效的信息服务所取代；另一方面，信息技术由过去的大型主机统一处理信息和发布指令，发展到个人电脑成为信息形成、处理、发布和传输的主要角色，提高了人与人之间交换信息及协调合作的水平，从而使众多电脑组成的网络得以在商业活动中完成最佳媒体的作用。

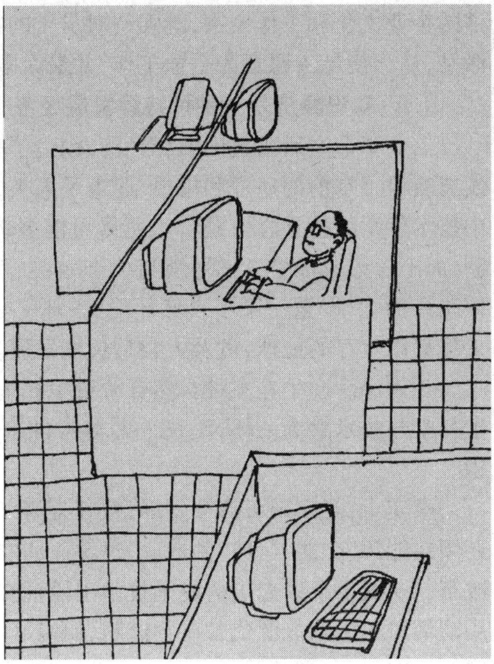

现在网络贸易已不是天方夜谭，而是世界上许多大企业的实际业务。企业通过 Internet 可以非常方便地与全球几乎所有的大企业进行信息交换，从而得以把自己的企业通过网络介绍给所有人户的用户，以宣传企业及产品。

（三）知识经济是一种创新型经济

创新是经济发展的发动机。知识经济正在逐渐成为国际经济的主导，在这个过程中，世界科技的发展将更加迅猛，技术革命向产业革命转换的周期将更短。在这样一个新技术不断出现、落后技术迅速被淘汰的社会中，一个企业的竞争力的大小，将取决于技术创新能力的强弱。一个缺乏创新能力的企业，将失去存在的根基。

据科学家研究，技术创新对经济增长的贡献率，在 20 世纪初为 5% - 20%，20 世纪 70 - 90 年代为 70% - 80%，信息高速公路联网后，将提高到 90%。这充分说明了，在技术和产品的生命周期日益缩短的知识经济时代，只有全面创新（包括技术创新、制度创新、产品创新、市场创新、管理创新等），并将这些创新互相结合，形成一种持续的创新机制，使技术与经济、教育、文化有机结合，综合协调与发展，才能赢得和保持竞争优势。

（四）知识经济是一种智力支撑型经济

知识经济也可称为智力经济，它是一种以智力资源的占有、配置、生产、分配和使用为最重要因素的经济。在传统经济发展中，大量资本、设备等有形资产的投入起决定性作用；而在知识经济中，智力、知识、信息等无形资产的投入起着决定性作用。运用知识提供智力、扩充财富成了知识经济的核心问题。财富和权力再分配取决于拥有的信息、知识和智力。

智力是通过特定人才和技术体现出的创造和拓展能力，其主要形态是特定知识及其开发和运用。智力既是个人的特殊财富，又是企业拥有的一种资本。智力资源的多寡、智力资源开发和利用程度的高低将决定着企业面向未来的优势。

正是由于智力资源对经济发展的重要作用，现在世界各国对于智力资源的开发越来越看重。一方面强调对知识和人才的管理，对发挥组织内外相关学者专家的智囊作用给予重视，甚至连企业都被看作是“学习型组织”；另一方面，在企业中推崇人本管理，创造一种使员工精神愉快、关系和谐的企业文化和工作氛围，既强调对员工的物质鼓励，又重视对员工的精神激励，从而使员工愿意为企业工作，并最大限度地发挥自己的智力。

（五）知识经济是一种可持续发展经济

工业革命之后兴起的资源经济，创造了日益丰富的物质财富，社会经济发展获得了空前的速度和规模，促进了人类的文明和繁荣。但是，工业社会中技术发明的指导思想是单一而尽可能多地利用自然资源，以获得最大利润，而不考虑或极少考虑环境与生态效益。而资源经济对自然资源的过度依赖和消耗，严重污染了自然环境，破坏了自然界的生态平衡，从而损害了人类赖以生存的地球，危及人类的长期发展。

知识经济产生在多种自然资源近乎耗竭、环境危机日益加剧的时代，它把科学与技术融为一体，反映了人类对自然界与人类社会全面而科学的认识。

事实上，要实现可持续发展，仅仅对环境污染进行控制是远远不够的，还须在能源、交通、运输、制造业、建筑业和农业技术等方面进行全面彻底的改革。这就要求以先进的科学技术手段，使人们能够更加有效地使用能源，用清洁可再生的能源代替矿物燃料，研究开发效率更高的材料，实行封闭的工业生态循环，把污染控制在第一污染现场。知识经济，将科学、合理、综合、高效地利用现有资源，同时开发尚未利用的自然资源来取代已近耗竭的稀缺的自然资源。

总之，知识经济作为一种崭新的经济形态，它以知识的生产和人的智力的充分发挥为支撑，以信息化和网络化为基础，通过企业持续而全面的创新，最合理、最有效地利用资源，促进经济、社会、科学的和谐统一，从而促进经济的可持续发展。

知识经济的发展趋势

（一）知识商品化

知识商品化是多方面的。一是文化商品化。由于知识具有商品属性，比如门票、作品、绘画、雕塑、书籍、报纸、杂志等，不仅丰富了人们的精神生活，为人们的文化消费提供源源不断的知识产品，而且，由于知识商品与高技术的结合，已使传统的知识商品更加丰富、新颖和美观，比如电子音乐、电子书刊、光电艺术品等。

二是知识物业。由知识物业所代表的知识商品化，比如北京大观园、山东周易文化城、深圳世界之窗等，而风行全球的中国山水园林，更表现出知识物业的迅猛发展态势。

三是文化知识经济活动。诸如奥运会、世锦赛、影视大奖赛、时装大赛、健美、音乐、舞蹈等，这些多如星云的知识活动已经构成当代社会最绚丽多彩的经济生活。

（二）文化知识旅游

文化消费、文化购物、文化服务与文化知识旅游，形成了知识经济的又一奇观。文化知识旅游是知识、经济、旅游的三位一体，也是知识、经济、科学技术的三位一体。

文化知识旅游在更高、更广的层次上覆盖了文化商品、知识物业和知识经济活动，不过，文化知识旅游更倾向于精神文明和文化知识消费者的身心健康。如果说，知识物业是典型的知识商品化，那么，文化知识旅游就是典型的知识经济的理念化。

（三）知识产业化

知识产业化，不仅使第一产业、第二产业上档次，并且同信息业、服务业一样，构成了新兴产业的支柱性产业。

知识产业的第一产业群是影视、录像、音乐磁带、激光唱片等文化商品和工艺美术商品的生产、加工与制造业；第二产业群是以教育、装潢、设计、规划等为代表的知识经济产业，是以创意、策划、信息等为代表的知识经济行业。

知识产业化，是知识经济的直接成果和最终目的，也是知识经济发展的必然趋势和最佳模式。随着知识产业化的迅速发展，社会经济文化生活的质量将越来越高，品味将越来越高，档次也将越来越高。

知识资本的扩张途径

（一）品牌资源的扩张

如果把品牌比作孩子，那么这个孩子是需要经常喂养的，否则它便不能茁壮成长。任何方法都应尽量用到品牌资源的扩张上，它直接影响着企业的生存与发展。

品牌资源的扩张可以通过两条途径，一条是大做广告，一条是创造新品牌。

显然，广告对顾客的影响是至关重要的，对品牌资源的扩张也产生了直接的推动作用。如此，广告成了一门艺术和学问，广告业成了一个方兴未艾的产业。

而在原有品牌的基础上开发新品牌，自然使原有的品牌资源得到扩张。不过，这种途径风险较大，事先须做好市场调查与分析，做到有备无患，以防新品牌刚进军市场就导致门庭冷落的下场。

顾客是品牌资源的重要组成部分，并且是其他品牌资源组成要素的基础，品牌资源的其他要素只有以顾客为核心和基础，才能有真正的品牌资源。任何一个企业要扩张它的品牌，都必须关注顾客。

品牌资源包括销售渠道。销售渠道是连结企业与顾客的通路，这个渠道若不通畅，品牌资源不仅不能扩张，还会日益萎缩。因此，必须大力拓宽销售渠道，使其更加畅通无阻。这样，一方面，企业的产品才会源源不断地进入顾客手中；另一方面，利润也会源源不断地流向企业。

（二）知识产权资源的扩张

知识产权的扩张主要有两种，一种是通过企业内部的研究开发，一种是企业从外部买断知识产权。

企业采用哪种途径去扩张本企业的知识产权，应根据本企业具体情况而定。可以兼顾两种途径同时进行，不过应以一种途径为主，另一种途径为辅。至于主次的确定，应由该企业的实力和品牌资源以及其他因素来决定。

内部开发的知识产权往往具有较强的针对性和实用性，并且保密性较强，不易泄露出去，一旦开发出来，立刻能为企业带来滚滚收入。它的缺点是：周期长，见效慢，而且投入资金比较多。

外部购买知识产权的优点恰恰克服了内部开发的缺点，它能马上拥有，而且购买所需的资金也往往比内部开发的资金少，颇有立竿见影的效果。不过，它的缺点也是显而易见的：购买来的知识产权毕竟不如自家开发出的知识产权实用，针对性相对较弱，而且保密性也未必能做得好。这样一来，它究竟能为本企业带来多少收入就值得怀疑了。

（三）组织管理资源的扩张

组织管理资源可分为两类，一类是软件部分，包括管理哲学、企业文化和管理程序，另一类是硬件部分，主要是信息技术系统。

组织管理资源的扩张，就是组织管理资源的改变。这种组织管理资源的改变，是为了适应整个知识资本扩张的整体需要。管理者可根据资产扩张的要求及时改变与调整该企业的管理哲学和管理过程。

信息技术系统必须根据企业知识资本扩张的需要及时变化，必要时重新设计和建立。对企业来说，它的计划延伸到未来的程度就取决于信息技术的先进程度，即信息技术系统越能反映最前沿的信息甚至能预见未来几年的信息，那么，企业的计划就越有前瞻性，就越能在未来的竞争中掌握主动权，获得商战的胜利。

而企业文化的改变却没那么容易，既费时，又要支付高成本。企业文化是扎根于企业内部包括管理者和员工头脑中的固定思维习惯，一旦形成，就很难改变。

企业文化的改变不仅仅是管理者的事，更是广大企业员工的事，他们才是企业的主体。这就需要管理者和员工共同努力，长期规划，精心组织，往往要经过若干年方能达到。甚至有些时候，新企业文化的形成要在知识资本扩张完成之后。不过不必着急，一旦新企业文化得以形成，它就会顽强地生存下去，为企业提供坚定的思想支柱。

（四）人力资源的扩张

人力资源的扩张说到底就是人才数量和质量的提高。

对企业来说，知识经济时代的竞争归根结底就是人才的竞争，没有高素质的人才，就没有竞争资本。因此，我们必须充分考虑到人才的作用，不管在人才投入上付出多少,都是值得的。

只要是人才,总有他的过人之处。本企业之所以能在激烈的竞争中生存下来,说明是有自己的人才的。这些人才既然呆在本企业,他们总比那些外来人才更了解本企业存在的问题,更能提出切合实际的办法,做起事来,也要比外来人才更驾轻就熟些。如果他们再经过一定的培训,结合本企业的实际情况有针对性地学习一些知识,创造出的能量也未必就比外来人才少。

这就要求我们在注重引进大量外来人才为本企业流入新鲜血液的同时,千万也不要忽略了对企业现有员工的重用与培训,从而使得企业的人力资源得以全方位的扩张。

29计 蜘蛛结网

网上商店是电子商务应用很重要的一个方面,也是电子商务应用最普遍,发展最快、最成功的领域之一。

网上零售指的是消费者通过 Internet 购买商品或享受服务。消费者可以浏览网上商品目录,比较、选择满意的商品或服务,通过 Internet 下订单,通过网上付款或离线支付、卖方处理订单、网上送货或离线送货,完成整个网上购物过程。

网上商店发展的动因

网上零售业发展之快,原因是多方面的,主要在于以下几个方面:

(一)传统零售商店本身存在的问题

1. 零售业过剩。传统零售商店的店铺遍地开花,竞争激烈;

2. 零售业对空间的抱怨声四起。传统零售需要很大的场地来摆放商品;

3. 收益下降。零售业的效益有下降的趋势;

4. 员工随着店面的扩大而增多。需要售货员进行导购。

而网上商店则消除了时间和空间的限制,无需考虑场地的存储空间问题、人员问题、场地店面的成本,只需解决服务器的容量问题即可。

(二)消费行为的改变

1. 某些用户消费行为从注重品牌转向最低价格。例如,购买机票,在航空公司服务质量都有所提高的条件下,人们会挑选最便宜的机票;

2. 消费者用于购物的时间呈下降趋势。消费者不愿花大量的时间去购物,而是将时间用于其他的休闲活动;

3. 消费者希望享受高质量的服务。在传统购物中会遇到交通安全问题、商场安全问题、礼貌服务问题、产品信息问题以及到收款台排队、支付、打包,然后再把商品带回家等烦琐的购物过程。

而网上商店为消费者选择最低价格的商品和服务提供了可能，消费者只需点击鼠标即可完成购物，减少了购物时间，也免去了购物中心的嘈杂和拥挤，使消费者安坐家中就可享受到悠闲自在、随心所欲的高质量的服务。

（三）网上商店的5大优势

1. 24小时提供服务，无节假日，消费者可随意安排购物时间；

2. 打破地区与国界的限制，消费者安坐家中就可以购买到全世界的商品；

3. 可为人们提供更广泛的商品和服务；

4. 在网上最流行、最时髦的商品很少会出现缺货的情况；

5. 提供了比传统零售业更多的方便和信息，容易搜寻商品信息。

（四）上网条件的不断提高

1. 上网人数的增加

1997年全世界上网的家庭仅为2000万，1998年为2700万，1999年为3500万，2000年达到4200万，2001年将会更多。截至1998年底，我国互联网用户已达210万，比1997年底的62万翻了两倍还多，其中87%的用户有上网购物的需求，这就为网上商店的发展提供了广阔的前景；

2. 网络安全技术的提高

随着网络安全技术的不断提高，消费者对网上支付的信任程度显著增强，从以前的七成网友对在网络上使用信用卡有疑虑，降到了如今的三成。

网上商店的规划策略

（一）拟订行销计划

对于已经拥有传统渠道的商家来说，开设网上商店应考虑对传统渠道的影响，并重新拟订整体市场行销计划。

以某一知名售票公司为例，其销售计划是希望新渠道能够逐渐取代传统售票专柜渠道，以节省渠道成本。利用网上商店，可提供消费者在家利用互联网购票划位，经由Internet用信用卡付款后立即取得入场密码。整个售票流程比传统渠道节省了相当可观的手续费与时间，而利用这一渠道购票的消费者也因此得到更高的折扣。实际的销售情况证明了该公司的计划非常成功，赢得了不少消费者的好评。

而另一家以生产并销售个人电脑的企业却没有这么幸运。网上商店的设立并没有为其带来任何一张订单,反而引起老客户的疑虑,造成传统渠道与新渠道之间相互排斥的现象。其原因便是没能拟订好行销计划。

可见,开设网上商店时应审慎考虑,哪些产品适合销售?是销售新产品还是现有产品?是否与传统渠道相冲突?等,以避免投资的损失。

(二)确定商品的销售及配送方法

如果我们经营的是必须由人工递送的实体化商品,可以考虑利用网上商店作为商品的展示。至于下单及售后服务的管道,如果我们的商品可以用数字化的方式传送,那么,不妨直接利用网络商店将数字化的信息(如软件、电子书、图片等)直接传送给我们的客户。

为节省物流及零售商的费用,商品的配送应掌握便利与效率的原则方能吸引客户的购买欲望。例如,美国著名的电子零件经销商 Marshll 公司,便是通过与 UPS 快递公司合作,从而成功地将产品的配销网络延伸到全世界。而号称全球最大的网上书店的亚马逊书店(Amazon. com),则提供了顾客在订购时选择快递、空运、海运等多种不同的配送方法,以节省顾客的时间。

(三)设定营业目标

如果网上商店是我们开设的第一家店,而且是唯一的销售渠道,那么,暂时先不要将我们的营业目标定得太高。因为据统计,上网逛街的购买率仅占来客率的 1% 不到(超市的购买率为 24%,邮购的购买率为 3% ~ 4%)。而针对上网者所做的统计,则只有 13% 的上网者有网上购物经验。因此,营业初期应以拓展市场及增加知名度为目标。

(四)评估获利能力

商场上唯一的生存之道就是获利,因此,我们除了评估直接从商品销售所带来的利润外,还须知道一些开源节流的方法。

1. 我们的网站热门吗?考虑成为广告的提供者,以增加广告收入。

2. 我们的商品会吸引客户再度光临吗?考虑如何吸引未上门的客户光临,如提供预约服务、会员折扣、促销活动等。

3. 我们的经营成本高吗?考虑利用更改广告策略、实行跨行业联盟及联合促销等形式降低销售成本,并降低售后服务成本。

4. 我们有吸引人的内容吗?考虑从提供信息内容方面进行收费。

5. 我们的企业可以兼售其他产业的商品吗?可以考虑收取手续费或佣金。

(五)预算经营成本

经营成本通常包括广告成本、开店成本及营业成本三个方面。

说到开设网上商店,当然免不了包含硬件、软件、通讯设施以及最后的维护等。小本经营在初建时,系统架构可小一点,能省则省,待业务量扩大后再视情况升级调整。

但如果要朝着规模化方向经营,许多花费则省不了。例如以资料库来说,商品资料库、客户资料库的建立都不可少,商品货号、价格、存货等必须有迹可查。复杂些的还要对商品销售情况进行分析,选主力商品配合促销活动等。而客户资料库作为商店经营的资产之一,如何有效管理是网上行销的基础。

网上商店的设施成本包括:硬件成本、软件成本、网上通讯成本、维护成本、大量的储存装置、资料通讯设备、网络服务器、资料内容开发、资料库整合、安全控制软件、软件更新、硬件的升级、网络扩充等。

整体来说,系统设施以稳定性及安全性为首要条件;其次,应考虑系统的绩效及网络频宽,以维修部分的资料内容的持续更新为主。如果网上商店一个月才更新资料一次,那么,顾客也会预期一个月才上网上商店一次。

通常,有意开设网上商店可找信息厂商协助架设,许多信息厂商提供相关的系统设置服务,从软、硬件设置到网页的设计等都有。不过对众多的中小企业来说,如果想试探市场的状况如何,并不想一开始就投入大量的资金,这时不妨考虑采取租赁网上商场的方式。

其形式类似于百货公司出租专柜一样,由信息企业开设整个系统架构,包括软硬件与订单的处理甚至后台的信用卡连线等一应俱全。有了商场的雏形后,再提供空间给想要在网上开设商店的老板,老板则不仅可省去硬件设置及软件、安全控制等系统维护,届时只要一根专线连接到商场主机,通过简易制式化的界面来更新商品价格及信息内容即可,省去了不少麻烦,而且可以借助于商场的规模与信誉,较容易取得顾客的信赖,吸引更多的客户。

(六)规划亲和的购物流程

我们常碰到这样一种状况,当我们很有耐心地忍受网络塞车,仔细地在一家网上商店挑选到中意的商品,好不容易下定决心要订购时,却因为不知如何订购,或是订购流程繁琐得令人困惑等因素,而不得不放弃订购。可见,一个明快流畅的订购流程,也是规划一家成功的网上商店时应注意的重点。

到国外的购物网站逛一圈,总会有些诸如大特价、每日一物以及配合精美的图片或动态的显示等,以勾起顾客的购买欲。不过也有顾客反映网络塞车问题严重,所以图形不可太大,否则,网络下载的时间一长,将直接影响顾客驻留的时间及消费意愿,说不定他们已经跳到别的网站了。

另外,是否有完善的商品分类系统以及中文检索引擎提供快速查询,让顾客快速地找到他们想买的商品,最好把相关商品也列出来,以刺激购买欲,也是系统设计者须谨记的事。

还有,关于顾客下订单的流程是否清楚,订单寄出前是否标记所买商品的价格,运费内含还是附加,商品多长时间收到,货款支付的方式,商品退货的处理,对于交易安全的保证,使用哪种技术等,所有顾客在购物时所关心的细节及相关信息,务必要在网上商店上说明清楚。否则,顾客在不搞清楚有疑虑的情况下,是很难冲动地购买的。所以,系统设计必须十分注意对"顾客导向"的设计,从顾客浏览商品到下订单的整个过程的细节来着手。

(七)决定顾客的付款方式

目前在美国网上商店的付款方式以信用卡居多,大约占80%。但我国由于尚未成立正式的CA认证中心,无法对交易的双方做认证,所以对顾客的付款方式仍以划拨和货到收款为主,用信用卡付款的商家仍为少数。除了信用卡的付款方式外,还有以下常见的几种方式:

1. 邮局付款:包括划拨、汇票、现金等;

2. 银行付款:包括支票、电汇、金融卡转账等;

3. 亲自付款:包括顾客到门市店面付款、厂商到顾客处收款等。

(八)后台作业处理

由于目前网上交易的商品金额不大,而为了促销又往往提供许多优惠,因此,订单处理的成本成为关系到网上商店能否生存的重要因素。

一个完善的后台作业处理,应包括商品资料库管理系统、商品自动上柜系统、在线订购及订单管理系统、在线安全支付系统、会员管理系统等。

网上商店接到订单后,后台作业处理是为电子化处理,还是另外有人来处理订单或是取得信用卡授权号码,这些都关系到每笔订单处理的成本。另外,物流配送的处理,是商店自己包装,请快递公司或邮局寄送,还是联络厂商直接送货等,都有不同的处理方式。

实际上,许多作业处理,如包装、运送等费用都关系着成本,如果能用电脑做有效的处理当然最好。例如接到订单后直接连线到收单银行取得信用卡交易授权,可以直接列印标签处理物流配送,或是将订单转成订货单转向供货厂商等。许多现成的套装软件可提供这些功能,不过价格比较昂贵,通常只有当营业额达到一定规模时,老板才会愿意花更多的钱投入到系统开发中去。

(九)广告与促销活动的规划

1. 网上商店的广告宣传

网上商店设置完毕,我们是不是就可以坐在家里等着大把大把的票子赚进我们的口袋中呢?当然不是。目前全球Internet主机数已超过几千万台,我国WWW网站数也达到数千个,在这浩瀚似海的Internet中,如果我们舍不得花钱花心思做好广告宣传,顾客是永远不会上门的。

常见的网上商店的广告方法包括:

(1)到各大搜索引擎及索引站登录我们的网上商店,如搜狐(http://www.sohu.com)、网易(http://www.nease.net)、中国商品交易市场(http://www.chinamarket.com.cn)等都是不错的地方。

(2)到各大ISP网站刊登广告或登记建立链接。

(3)到相关协会信息网资料库登录。

(4)与其他网站互联,共同推广市场。

(5)善于利用讨论区BBS,虽然讨论区不可以打广告,但我们可以有技巧地参加讨论发表意见,适当地点出我们所要宣传的信息,诱导他人到我们的首页参观。

2. 促销活动的设计

顾客最大的购物乐趣在于能买到价廉物美的商品。对此,网上促销活动也是吸引忠实顾客重复购买及潜在顾客初次上网购物的一大因素。

具体可采取提供超低优惠价格折扣、定期推出促销商品,如每日一物、

每周一物、每月一物等，再配合强烈的促销词语，如“超低价优惠价格”、“限时抢购”、“买贵保证退款”等，可以营造购物气氛，刺激顾客的购买欲，是提高营业额的一大法宝。

其他常见的促销手段还有推出畅销商品排行榜，定期推荐商品，举办抽奖活动，加入会员，申请贵宾卡等，经营者不妨视情况而灵活运用。

（十）充实相关的法律知识

网上商店虽然是新兴的热门行业，但与传统商业并无重大不同。电子商务只不过是利用电子形态的渠道来从事商业行为而已，现实的法律仍可套用于虚拟世界，只有部分法律条文仍待修改完善。

网上商店开张的步骤

当我们做好网上商店开店前的规划与评估后，就可以按照以下 7 个步骤准备开张了。

（一）办理相关登记与申请

1. 办理公司登记；
2. 与银行登记为特约商店；
3. 向 ISP 申请连线；
4. 申请网域名称并注册。

（二）决定店面的设立方法

首先，我们要决定是否要自行架设主机。如果要自行架设主机，应该找哪一家电脑公司及 ISP 来协助架设，电脑公司的技术能力及服务态度如何，ISP 线路的频宽及技术能力与服务态度如何，公司经费是否足够，日后是否有人来维护？

如果不要自行架设主机，须考虑是准备加入网络商场租个专柜呢，还是租用 ISP 的硬盘空间自行开个店？

（三）采购电脑设备

决定店面的设立方法后，接下来便是采购电脑设备。

如果是自行架设主机，就须考虑主机等级、路由器、服务器、终端机等硬件设备，还有防火墙设置以及软件的购买、向 ISP 申请专线等；如果加入网络商场租专柜或是租用 ISP 的硬盘空间就比较简单，我们只需买台电脑，再跟网络商场或 ISP 申请专线就行了，也不用担心日后主机维护的问题。

（四）制作网页

一个优秀的网站内容设计，应掌握以下一些要诀：

1. 避免太长的网页下载时间与过大的图片；

2. 人机界面须具备亲和力，并可在不同的软件下观看；

3. 必须将商品做适当的分类，并及时提供充分的商品供求信息；

4. 应提供简便搜寻的功能；

5. 商品订购流程流畅；

6. 网页内容时常更新。

同时，还须考虑企业是否自行制作网页，有没有专业的人才，如果委托专业公司设计制作，收费标准和技术能力如何，资料的更新频率及回应效率如何，资料更新是否另外收费等若干问题。

（五）设计后台作业处理

一个完善的后台作业处理应包括商品资料库管理系统、商品自动上柜系统、在线订购与订单管理系统、在线安全支付系统、会员管理系统等。

如果自行架设网站或租用 ISP 的硬盘空间，这些后台作业系统可能都要自行或委托电脑公司设计，或者购买国外电脑公司的套装软件，如 IBM 的 Commerce 等；如果加入网络商场租个专柜，这些后台作业处理系统网络商场都已帮我们准备好了，根本不需要我们来操心，我们只需交纳一定的租用费就行了。

（六）连线测试

完成系统设置，正式上线营业前，当然需要先做一番测试，待确定没有问题后再正式上线。测试应包括系统功能测试及在不同环境下的测试，而不同环境下的测试又包括离线测试、连线测试、不同时段拨接测试、同一时段多人同时拨接测试、不同平台测试等，从而确保系统能够正常运作。

（七）正式营业

完成上述步骤后，我们就可以选个黄道吉日，正式开张营业了。在开张之前，通常免不了要大做广告，才会吸引顾客上门。否则，守株待兔是很难等到顾客的。

网上商店的经营之道

网上商店是一种特意营造的虚拟环境，这个环境促使人们产生一种购物的欲望。购物过程是一个综合体，和环境大有关系，涉及复杂的产生欲望、决定与行动的过程。所以，我们应该把购物过程看作是顾客的体验过程，而不单纯是一桩交易。

（一）营造购物环境

美国 Barnes&Noble 和 Border 书店都特意设置了店里的环境，使人们细细浏览乐趣无穷：桌子和椅子使我们想坐下来；新煮的咖啡飘起的馥郁的香气恰到好处；进来吧，坐下，慢慢看，度过一段好时光，这一切都在默默地传递着诱人的信息。

对比一下大街两边的报亭,狭小而拥挤,堆得满满当当。尽管那儿并不缺少我们想要的东西,可那摆设委实让我们不想待下去,一拿到我们想要的东西后,就会匆匆离开。

在互联网上,站点的主页就是商店,就是顾客与店主之间连接的界面。那图画让我们感觉舒服还是让我们抬手就“走”?色彩、图片、文本和空白之间是否平衡,看上去是否干净、诱人?那界面是否吸引我们去探究,还是让我们一头雾水,不知何去何从?整体效果感觉如何?这些感觉无不与整个购物过程有很大关系。

(二)细心招待顾客

我们该如何像传统零售店员那样向网上的顾客介绍商品呢?为此不妨学习一下亚马逊网上书店(http://www.amazon.com)的经营模式。

当我们寻找某个主题时,他们会把另一些我们可能感兴趣的类别也推荐给我们;当我们“询问”如何使用某种商品时,他们会提供详细而周全的介绍;当我们想获得商品的若干信息时,总可如愿而归等。总之,亚马逊网上书店给我们提供的是一种完备而周全的服务,一种对所提供商品的信赖感。

(三)设置安全卫士

安全和有信心的感觉同样重要。为此,我们需要制作一张公司简介的网页,介绍我们的业务、运作过程、在各类组织里的会员登记情况以及一两张照片。传统的零售商店可以展示政府颁发的奖状与证书,网上商店也需要出示所属组织的目录,以激发顾客的信心。信用对顾客产生购买欲望不可或缺。

人们只有对我们提供的安全服务有信心,才会产生购买欲望。因此,我们须让顾客放心,他们的订单在传输过程中全程加密。当然,我们的系统应该完整,使得顾客和网上商店之间的交易与网上商店到电脑桌面的预定过程都被加密。

(四)完善网上现金技术

我们需要使我们站点上的交易比其他任何地方都便捷许多。毕竟,方便而有选择余地是人们到我们商店里来的主要原因。我们可以使用网上购物车技术,利用销售系统,使我们的站点对顾客无比快捷。

软件将记录下顾客地选择,收集发货和信用信息,计算税务和发货情况,发放收据,一切都十分迅速。当然,这也需要付出成本。网上商店可能更接近目录式销售而不是传统的零售,但它比两者都便捷。而其中最为关键的一点,便是不断完善现金支付技术。

总之,网上商店是一种新颖的购物环境,徜徉其中将是一段美好的经历。它需要点子,需要精细地规划,需要讨人喜欢的图像和文字营造的氛围,需要完善的现金收付技术,需要能够让顾客轻易地找到商品并最终完成订货。

30计 去伪存真

信息犹如人的眼睛和耳朵，一个庞大的企业，收集经营中的信息简直决定着企业的命脉。而建立信息库，无异于给自己建立一座银行。不同的信息合并或组合会给企业带来许多生财之道，使经营稳步发展，决策更加准确。

在一个信息爆炸的时代，正确的经营决策来自于正确的信息收集与处理。信息作为一种社会产品，我们可以依靠这种产品谋求可观的经营利润。

因此，要掌握这个世界的经济命脉，必须建立多层次的信息网络，并使其时刻保持高效运转。信息滚滚而来，不啻于金钱滚滚而来。

收集信息的途径

（一）收集信息媒介中的信息

信息媒介，主要是指报刊、杂志、书籍、广播、电视以及新兴的互联网等大众传播工具，许多有用的和重要的信息，都是通过这些信息媒介向社会传播的。

因此，善于收集报刊、杂志、广播、电视和互联网中的信息，是收集信息的重要方法。用这种方法得来的信息，具有内容广泛、覆盖面大的特点。

（二）建立情报网

与科研单位、大专院校以及各种学会、协会、研究会等挂钩联系，互通情报，交流信息，及时掌握有关新成果、新经验、新观点、新方法。与此相类似，也可以与外界发展横向联系，搞情报共享联营，以节约费用，增加信息供应量。

（三）开调查会

这是一种行之有效的方法，不过，必须善于组织和引导，同时还须掌握一些基本技巧：

1. 要选择好参加会议的人员。应选择有代表性的、了解情况的、能够发表意见的人参加会议；

2. 人数不要太多，通常以3～7人为宜，最多不要超过10人；

3. 应以朋友和同事的

身份和大家交谈，打消与会人员的顾虑，启发大家讲心里话、讲真话；

4. 应讲清开会的目的，让大家做好充分的准备。

（四）个别谈话

这是获取信息最经常采用的、也是最灵活有效的方法。

通过个别交谈，能够更具体、更确切地了解情况，获取信息，并且便于做到及时交流沟通。平时，我们可利用各种机会，通过各种方法，与所能接触的人沟通，从中获取所需要的信息。

（五）作典型调查

我们应拿出一定的时间，选择有代表性的典型，亲自进行深入细致的调查，从中找出带有普遍性的规律。通过亲自调查所得到的信息，具有真实、全面的特点。

做典型调查也需要讲究技巧。不同的人做同一方面的调查，却往往得到不同的信息和结论，这就是由于所采用的调查方法和技巧的不同。为了做好典型调查，所选择的调查单位，一定要具有代表性。在调查时，要实事求是，按照事物的本来面目进行分析，不可任意拔高或贬低，同时还要注意不要被表面情况甚至是假象所迷惑。

收集市场信息的特殊方法

这里介绍 3 种古代兵书中阐述的侦察敌情、收集军事信息的方法，经过改造，可以运用到现代商战中来。我们可以把这些方法作为收集经营信息，尤其是市场信息的特殊技术。

（一）“火力侦察”法

《孙子兵法》中说：“作之而知动静之理”。这里的“作之”，用今天的话来说，就是火力侦察。作战时，派一支小分队，潜到敌人阵地前沿，用三五条枪打得敌人措手不及。这里，敌人的明碉暗堡仓皇还击，侦察兵随即把敌人暴露出来的火力分布情况一一标记在图纸上，以供战争指挥者参考决断。这在军事上称为火力侦察。

企业使用“火力侦察”法，可以了解一些无法了解或难以判断的情况。比如，某种产品或服务项目在外地市场已经拥有了，而且市场销售很活跃，本企业希望也能在这一市场生产这种产品或开展这项服务，于是就须判断这样做是否合适，解答这个问题的一种行之有效的方法就是“火力侦察”法。

“火力侦察”法在企业经营中运用时，也可以把它进一步地改进为投石问路法或实验调查法。就是调查者把被调查的对象,选择一个或几个问题放到一定环境中去,从中观察其动态变化。例如,试产试销少量产品投放于市场,看一下市场反应如何,然后据此再做出停产、再产或是改进等有关决策。

有一家玩具厂,为了选择出一个畅销的玩具品种来,做了这样一个实验:他们先设计出10种娃娃玩具样品,放在一间屋子里,然后请来适龄儿童做选择。每次单独让一个儿童在这种无拘无束的环境下,玩他所喜欢的这些玩具,实验者通过录像作观察。如此经过对上百个儿童的调查,最后确定选择哪一种样式的娃娃玩具。

(二)"示形诱导"法

《孙子兵法》中说:"形之而知生死之地"。这句话的意思就是,示形诱敌,可以摸清所处地形是否对我军作战有利。示形的本意是佯动,通过佯动可以察明敌军虚实,这种方法叫做示形诱敌法。我们不妨把它运用到现代商战中来,企业通过亮出产品性能、质量的真相,达到探求市场反映,牵动用户,吸引顾客,最终达到获利的目的。

直接示形的好处是,产品的性能和服务质量,通过"示形"使顾客一目了然,市场反映立竿见影。在现代服装行业中盛行的服装表演,实际上也就是"示形诱导"。通过服装表演这种"示形诱导",可以了解市场对所示服装的需求情况。

类似于时装表演,其他的如儿童玩具在柜台上表演、印花床单的铺、挂展示等,也都是"示形诱导法"的具体应用。

(三)"交手较量"法

《孙子兵法》中说:"角之而知有余不足之处"。这句话是说,进行一下小规模的较量或战斗,以了解敌人具有哪方面的优势和劣势。这种方法我们不妨称作"交手较量"法。

"交手较量"法与"火力侦察"法都是试探虚实的方法。前者的较量是摆开了打的架势,是在双方对阵的形势下进行的直接较量,这种较量所获得的情报通常带有全局性;后者的较量,是少量小范围的接触,它所引起的反映无论深度还是广度都比前者有限。

在企业经营中,运用"交手较量"法,可以探听销售反响,适用于新产品试销之后,大批量生产之前。例如,云南洗衣机厂生产的白玫牌洗衣机,在试制内销过程中反响不错,但能否大批量生产、生产多少批量合适,还是一个未知数。为了了解这方面的情况,他们先生产一批洗衣机投放市场,与北京、上海、广州等地的几十家洗衣机生产厂家角逐较量。然后根据较量结果,来确定今后产品的经营方针、批量大小和作价高低等问题。实践证明,他们的决策是正确的,经营是成功的。

信息处理的实用技术

将原始信息收集起来之后,还要进行信息处理,即用一定的设备和手段,按照一定的目的和步骤,对信息进行加工、判断和分析。只有经过处理后的信息,才能用于预测和决策。因此,信息处理是信息系统中的关键性环节。

（一）分析鉴别，去伪存真

对所获得的信息，首先应分辨其真实性，把虚假和错误的信息剔除掉，对不真实或不可靠的信息进一步进行核实，务必使所要应用的信息准确可靠。

有些信息在产生和流行的过程中，由于受各种情况的影响，可能已失去其真实性。因此，在信息处理中，首先应辨别其真伪，然后进行去伪存真。

保证信息准确性的关键，就是提高信息系统的质量和信息人员的素质，提高信息手段的可靠性。对重要的信息，老板须亲自进行分析与鉴别，有些信息不妨组织专人去进行验证。

（二）综合统计，由表及里

在日常经营中，信息大量地产生出来，反映同一个问题，可能有不同的信息。如果我们只用一个或几个信息作例子来说明，即使这个例子是真实的，但所说明的问题可能就会具有片面性。因此，我们须综合各方面的信息，注意从多方面去观察分析，然后由表及里，并可借助于统计分析，认识事情的内在性质。

统计就是对信息的加工，经过统计后的信息便会改变其原始状态。如企业员工的年龄，经过统计后得出的全体员工的平均年龄数，和原来的信息就不一样了。运用这种信息，便可以比较准确地做出符合实际情况的决策。企业老板应高度重视统计工作，并且要善于使用各种必要的统计资料。

（三）整理贮存，建立信息库

对于各种带有长远性的信息，必须在整理后贮存起来。在这方面，最好的方法便是借助于电脑来整理贮存，建立信息库。此外，我们还须配合以其他一些方法，诸如做剪报、卡片、笔记以及常用的各种参考书等。这方面的工作搞得好，既有利于经营，又有助于不断丰富知识，提高办事能力。

（四）纵观全局，去粗取精

诊断信息的方法之一，就是从众多表面上彼此无关的信息中提炼出有价值的信息，而要做到这一点，就必须能够纵观全局，去粗取精，做到广泛收集与有目标的捕捉相结合，从大量的一般现象中找出其特殊规律。

美国人约翰·奈斯比特等人的《大趋势——改变我们生活的十个方向》一书的写作过程，向我们提供了广泛收集一般信息为特定目标服务的良好经验，很值得我们借鉴。

该书以大量数据为基础，笔调流畅地分析了美国及全球社会经济发展的十大趋势，见解独特。然而本书的作者在收集信息资料时，所做的既不是实地调查，也不是民意测验，更不是靠行政力量去搞什么报表统计，而是一种独特的"信息资料分析法"。

作者在12年中，连续阅读了美国各地6000多种地方报刊，浏览了大约200万篇报道文章。通过对这些严密精确的报道内容的深入分析，可以把握全球社会经济发展的脉搏，进而推断出全球社会经济发展的大趋势。

处在信息爆炸的时代，学习奈斯比特的这一信息处理的技术，对于我们有效利用信息，搞好经营，无疑有着很高的借鉴价值。

（五）管中窥豹，由小见大

在日常生活中，只要留心，有价值的信息几乎无时不在、无处不有，有些信息虽然所反映的问题很小，但却很有价值。

1958 年的一天，在美国克利夫兰市的一家餐馆里，一位香港商人正在与一位美国商人谈话，话题是如何开创一门新事业，以便大干一番。其间，在许多的言词中，这位美国商人只透露了两个字："假发"。这次谈话，在当时来说，不过是商场上一次很普通的谈话，并不见得有什么特别的意义。

但是，不曾想在几年后，经过这位香港商人的努力奋斗，这次谈话却引起了香港一门新兴产业的诞生——假发制造业，而且其产品销售蓬勃一时，遍及全球。

这位香港商人就是被称为"假发业之父"的刘文汉，而其开创假发业的壮举则正是萌芽于几年前在美国的那次普通谈话所获得的信息："假发"二字！

（六）把握联系，由此及彼

当我们在利用信息时，要善于运用事物互相联系的规律，进行由此及彼的分析，以期发现新的线索，开辟新的途径。有些信息，虽然从表面上看，并没有什么价值，但是，只要我们具有开拓的眼光，能够平中见奇，从中发现它的价值，就可以使它成为一项宝贵的资源或巨大的财富。

牛顿由苹果落地想到万有引力，瓦特由水炉烧开水到发明蒸汽机，可见，对信息进行由此及彼的分析意义是极为重大的。

分析与处理信息还须用发展的观点来挖掘它的价值。有一些信息，在今天看来，并没有什么价值，但是，在明天、后天就可能为我们所用。用发展的眼光来看，许多无用的信息说不定在将来都可能成为一项宝贵的资源。

信息滚滚而来，不啻于金钱滚滚而来，关键是看我们会不会善加运用。

31计 情商致胜

近几年来，越来越多的研究人员认为，智商并不是衡量人类智慧水平的唯一标准，因为要想成功仅有一个绝顶聪明的头脑是远远不够的。一个人成功与否的关键并不取决于他的天资如何，而是取决于他的性格和情感因素。

美国哈佛商学院培养的现代商战人才纵横商场，战无不胜，被公认为培养世界大腕级总裁的基地。现代成功学表明，哈佛人的成功之道并不在于他们的高智商，而在于他们的情感训练。也就是说，他们靠的是后天养成的高情商，是高情商造就了众多的百万富翁。

展示商战成功的人格魅力

（一）认识情商的内涵

传统的智商观念总是局限在狭隘的语言与数学能力上，智力测验的成绩最能直接预测，它充其量不过是课堂上的表现或学术上的成就，至于学术以外的生活领域便很难触及。不少心理学家扩大了智力的定义，尝试从整体人生成就的角度着眼，从而掀开了关于情感智商的崭新一页。

情商这个概念从字面上显然借用了智商的表述，它的内涵有以下几个方面：

1. 自我意识是情商的首要基础；
2. 情绪控制是情商的核心；
3. 自我激励是情商的推动力；
4. 乐观与自信是情商的重要表现。

在这里，我们还须对情商的内涵做进一步的认识：首先，情商与智商不是对立的，有的人有幸既有较高的智商，又有较高的情商，有的人只有其中之一；其次，在预测一个人的成功时，了解他的情商状况比通过智商测试或其他标准化成就测试测量的智力水平更有价值；最后，我们可以通过适当的方法来训练和提高自己的情绪调节能力，使情绪因素有利于提高工作效率和个人的成功。

情绪反应是使人得以生存和发展的基本保证；同时，情绪控制又是人们正常生活和工作的必要技能，如果不加以控制，情绪反应很可能产生有害的作用，对工作或人际关系产生不利的影响。

古往今来，人们积累了许多情绪控制技能，这些都是以自我意识，即清楚地了解自己的感受的意识为基础；因为只有认识自己的情绪，才能有效地控制自己的情绪。不同的情绪需要采取不同的控制方法，例如，针对抑郁、低沉的情绪，可以通过提高活动性的方法来消除；针对狂躁或紧张，就应该练习放松技术；对恐惧反应，可以尝试脱敏方法等。

总之，情绪控制都是通过转移激发状态，打破有害的主导情绪圈来实现的。实践证明，情绪控制技能具有普遍的实用价值，无论是对于企业的经营管理，还是个人的家庭生活、教书育人等，都起着相当大的作用。

（二）自我意识是情商

的首要基础

自我意识表示我们对自己身心状态的认知、体察和监控，而身心状态中，最重要的就是情绪。

每个人对情绪的感知能力可能有各种程度的差异。根据神经科学的逻辑推论，如果缺少某一神经路径会导致某种能力的丧失，该神经的相对强弱会影响这种能力的强弱。我们又知道前额页对协助调节情绪的重要性，由此可以进一步推论出有些人较容易察觉恐惧或快乐，即拥有较敏锐的自我意识。

自我意识是领悟力的基础，也是心理治疗所要探询的重点。著名心理学家弗罗伊德认为，绝大多数的情绪活动都是无意识的，并不是所有感觉都会达到意识层面。这种观点已获得实验证实，比如说人们可能没有见过某种事物，却可以对它产生明确的好恶感。实际上，任何一种情绪都可能是无意识的，甚至常常如此。

比如人们常在尚未产生某种感受以前，已经出现该种感受的生理反应。例如，当怕蛇的人看到蛇的图片时，皮肤的感受器可察觉到有汗水冒出，这是焦虑的征兆，但这个人并不一定感觉害怕。甚至在图片只是快速闪过时，他甚至没有明确意识到看见什么，当然就不可能开始感到焦虑，但仍然还是会有冒汗的现象。当这种潜意识的情绪刺激持续增强时，最后终会显示于意识层。可以说我们都有有意识和无意识两层情绪，情绪达到意识层的那一刻，表示在前额叶皮质留下了记录。

在意识层之下，某些激昂沸腾的情绪会严重影响我们的看法与反应，虽然我们可能对此茫然不觉。比如说我们早上出门时摔了一跤，到单位时好几个小时都因此而烦躁不安，疑神疑鬼，乱发脾气。但我们对这种无意识的情绪波动却一无所察，当别人提醒我们时还颇感惊讶。一旦这种反应上升到意识层，便会对发生的事进行重新评估，决定是否抛掉早上的事带来的不愉快，换上轻松的心情。从这个意义上来看，我们刚好可以从情绪的自我意识这个基础上建立下一项情商能力，即走出恶劣情绪的能力。

（三）情绪控制是情商的核心

我们人类可以说都有两个脑、两种智力，即理性与感性。生命的成就同时取决于这两者，决非情感可单独主宰。实际上，在危急关头唯一指导我们行为的就是最深沉而强烈的情感。这种情感从理智的角度来看，似乎是非理性的；而从情感的观点来看，却是激情的表现，唯一的选择。

情绪如何能够经过进化的历程占据人类心灵的核心位置，进而引导人类的行为呢？按照社会生物学家的观点，人类在危机时刻的反应可以提供解释。当人们在面临危险、痛失亲人、遭遇挫折、维系夫妻关系、建立家庭等重要情境时，都不可能保持完全的理智，情绪将发挥重大的作用。

经验告诉我们，任何决策过程中情感成分的比重决不亚于理性成分，甚至时常超过它。可是以往社会却过分强调智商的重要性，忽略了情感的重要，殊不知缺少了情感智慧，再高的智力也是枉然。

观察动物或儿童的举止，最容易看出情绪与行动之间的关联，事实上，也只有在受过良好教育的成人身上，我们才能看到情绪与行动分离的特征。

一匹受惊的马可以把训练其多年的主人摔伤；只有文明化的人类才会在异常暴怒时也能做到面不改色，甚至默不作声。

每一种情绪独特的生物特征，扮演着不同的角色。随着探讨人体大脑的新方法的不断出现，现在专家已能够从更精细的生理角度，观察情绪如何促使我们做出各种不同的反应。

例如：愤怒时，心跳加速，血液流向手部，以便于抓住武器或打击敌人；快乐时，脑部抑制情绪的部位活动较多，能量增加，制造忧愁的部位获得缓解；恐惧时，血液流向大腿肌肉，以便于逃跑，并因而使脸部缺血而变得苍白；惊讶时，眉毛会上扬，以便能扩大视力范围，借以很方便地了解周围的情况，思索最佳的应对策略；悲伤时会精力衰退，兴趣全无，尤其对娱乐不再感兴趣，悲伤到近乎抑郁时甚至会减缓新陈代谢，人们利用这种方式表达哀思，思考人生的意义等。

上述的种种生理反应又会因人们生活经验与文化背景的不同而不同。例如，丧失亲人都会让人觉得悲伤，但悲伤的表达方式或是失去哪些亲人才会哀悼，则深受文化因素的影响。上述情绪反应都是经过漫长的发展时期逐渐进化的。

人类早期的生存环境是极端恶劣的，新生儿的夭折率很高，很少有人能活过30岁。随着原始社会的建立和农业时代的来临，人类的生存条件大为改善，人类社会也有了很大的进步和发展，控制人类存亡的种种可怕挑战也逐渐消退。但也正是由于有这些挑战，人类的情绪反应才具有生死攸关的重要意义。在远古时代，一触即发的怒气或许是生存的条件，但今天火爆脾气说不定便会酿成无可挽回的悲剧。

（四）自我激励是情商的推动力

在日常生活中，我们都有这种体验，当某种情绪凌驾于其他情绪之上，以至于不断阻挠我们对自己身边事物的注意力，这表示情绪的影响已走出正常范围。比如说，一个正在闹离婚、面临家庭破裂的女士，整日处于焦虑与苦闷之中，此时她自然很难将注意力专注在工作上。

由于我们在许多方面受情绪影响，所以在成就事业时，需要我们通过自我激励，激发我们的热情、干劲及自信，来摆脱一些消极情绪的影响，以实现自己的人生目标。

自我激励的内容通常包括：克制冲动、乐观自信、全神贯注。激励我们向前的力量源自我们对所做事情的热情与兴趣，或者是适当程度的焦虑，而这种推动力正是情商能力，所以说情商是一种基本能力，对其他一切能力具有深远影响。

（五）乐观与自信是情商的重要表现

乐观自信是最大的动力，它不只是痛苦时的慰藉，在生活中也扮演着极为重要的角色，不论是学业或事业，在各个领域中都占有优势。当然，每个人的自信程度各不相同。有些人自信总能摆脱困境，解决难题；有些人则怀疑自己没有实现目标的能力或方法。不过高度乐观的人通常具有以下共同特质：能够自我激励，能寻求各种方法去实现目标，面对困境时能自我安慰，能够将艰巨的任务分解成容易解决的小部分等。

从情商的角度来看，乐观是指面对挑战或挫折时不会满腹焦虑、意志消沉、悲观失望，这种人在人生的旅途上较少出现沮丧、焦虑或情感不适应等问题。乐观的人认为失败是可变的，结果反而能转败为胜；而悲观的人则将失败归咎于性格上无力改变的永久特质。

不同的解释对人生的抉择将产生深远的影响。比如，乐观的人当面临生意失败时，大多会积极地拟订下一步计划，不会为挫折而消沉；反之，悲观的人则认为已无力回天，于是也就不思解决之道，终至于真的彻底失败。

对于推销员来说，每一次被拒绝都是一次挫折，对此的反应方式便关系到个人是否有足够的动力再去尝试。一次又一次的被拒绝必然会降低士气，让人觉得登门拜访客户越来越艰难。生性悲观的人尤其难以承受，他们可能在心里告诉自己：“这一行我走不通，一件商品也别想卖出去。”这样的心态必然会导致消极灰心，甚至就此止步不前。反之，乐观的人会告诉自己：“可能我的方法不对，或是碰到一个情绪不佳的客户。”以这样积极的心态不断尝试下去，肯定会有所收益。

可见，对待同样一件事情，不同的心态将会产生截然不同的结果。乐观心态对销售成绩的影响正说明了这种情商能力的本质。悲观的心态失去希望，而乐观的心态激发希望。乐观与希望都可以通过学习而获得，它们都建立在自我激励上，即相信自己是人生的主宰，能够应付未来的挑战。任何一种成就的取得，都有助于我们培养自我激励，使我们更愿意冒险与追求挑战，而一旦征服挑战便会增强自我激励。

一个人的能力深受自信的影响。能力并不是固定资产，能发挥到何种程度有极大的弹性，这在相当在的程度上取决于我们心态。高度的乐观与自信是情商的重要表现，引领我们超越挫折与失意，直至达到成功的顶点。

情商是管理成功的核心因素

（一）协调与沟通是情商管理的根本环节

协调指的是把所有个人的努力拧成一股绳，并指导他们去实现一项共同目标的活动。企业组织的第一个原则就是协调，善于协调各方面的关系，是领导艺术的一个重要方面，也是领导者的一个重要任务。

在实际工作中,我们常常会遇到这样一些难题,例如,要把个人利益与企业利益结合起来,而个人利益往往又是和企业利益相矛盾的;既要执行企业的规章制度,又要照顾到个人的需要。规章制度的存在是为了减少人们凭个人好恶行事,以维护企业的利益。但同时每个个人都有他们各自特殊的需要,而这些需要会常常因要执行规章制度而得不到满足;必须平衡个人需要与企业利益,但平衡常常带来矛盾。要解决这些问题,就需要协调与沟通。协调与沟通是必要的,其技巧也是必要的。世界上有许多事情,往往不是说到就能做到的,还须讲究方式方法,协调与沟通自然也不例外。

有人曾做过这样一个有趣的实验:组织 3 组人,让他们沿着公路步行,分别向 10 公里外的 3 个村庄行进。

A 组不知道去的村庄叫什么名字,也不知道距离有多远,只告诉他们只管跟着向导走。这个组刚走了三四公里时就有人叫苦了。走到一半时,有些人几乎愤怒了,他们抱怨为什么要大家走这么远,何时才能走到。有的人甚至坐在路边,不愿再走了。越往后人们的情绪越低,七零八落,溃不成军。

B 组知道去哪个村庄,也知道离它有多远,但是路边没有里程碑,人们只能凭经验大致估计需要走两个小时左右。这个组走到一半时才有人叫苦,大多数人都想知道他们已经走了多远了,比较有经验的人说:“大概刚刚走了一半的路程。”于是大家又簇拥着向前走。当走过一大半的路程时,大家情绪开始低落,觉得疲惫不堪,而路程似乎还长着呢!而当有人说快到了时,大家又振作起来,加快了脚步。

C 组最幸运,他们不仅知道所去的是哪个村庄,距离有多远,而且路边每公里设有一块里程碑。他们一边走一边留心看里程碑。每看到一个里程碑,大家便有一阵小小的欣喜。这个组的情绪一直很高涨。走了七八公里以后,大家确实都有些累了,但他们不仅不叫苦,反而开始大声唱歌、说笑,借以消除疲劳。最后的两三公里,他们越走情绪越高,速度反而加快了。因为他们清楚,那个要去的村庄就在眼前了。

这个实验说明,当人们的行动有明确的目标,并且把自己的行动与目标不断地加以对照,清楚地知道自己进行的速度和不断缩小与目标的距离时,人们的行动动机就会得到维持和加强,从而自觉地克服一切困难,直至实现目标。

老板作为企业的领导者,其职责就是统一全体员工的意见和行动,并为他们确立目标,提供行动的方向。在现实环境中,有不少老板却不懂得这个道理,他们自以为员工对于自己要干什么已很清楚了。可是,当我们到他们的企业里去,问那里的员工他们的工作是什么时,却惊异地发现,他们的回答与他们的老板所讲的十有八九不是一回事。

其实,对于老板来说,要让员工们干什么,这个心里还是有底的。只是他们懒得以通俗易懂的方式把这些和盘托出给员工,从而使得员工对自己的行动目标糊里糊涂,不能理解。所以,老板应当为员工确定目标,并把自己的意图明明白白地传达给他们,这是一种令人鼓舞的方式,是协调工作的基础。

通常,现代管理中有三类基本动力:物质动力、精神动力和信息动力。

其中,前二者是针对调动员工积极性而提出的。物质动力可以满足人的较低层次的需要,这个动力是不可缺少的。但是,如果过分地重视物质动力,而忽略精神动力,并不能产生真正的激励效用。因为物质动力所起的作用往往是暂时的,而精神动力的作用却可能比较长远。如果两者正确地结合,精神动力就会产生巨大的威力。

作为一个企业老板,要想使员工的个体目标趋向于企业目标,在运用物质鼓励的同时,千万不要忽视了对员工的精神激励。因为员工一旦提高了思想觉悟,加强了对企业的责任心,那么,他们就会主动调整自己的个人目标和需要,使其与企业目标相一致。

(二)目标管理是协调合作的基础

无论是调动员工积极性,还是协调人际关系,都必须涉及到一个重要问题,这就是目标。目标是协调合作的基础,它对员工的行为管理有以下几方面的作用:

1. 目标对行为有导向作用

目标指引个人及团队清楚地前行。没有目标的行为,犹如盲人骑瞎马,永远不可能成功。

2. 目标对行为有激励作用

在行动遇到困难或阻碍时,目标可使人产生克服困难的勇气与力量,而当行动一步步接近目标时,又给人以鼓舞,激发人的工作热情。目标是吸引人向前的强大动力。当目标实现后,又给人以满足感和自信心,促使人向新的目标迈进。

3. 目标对团队行为有凝聚作用

当人们有一个共同的目标时,促使人们相互配合与协调,产生人际关系中的向心力和凝聚力,使人们团结一致,为实现目标齐心协力地工作。

在企业管理中,企业是个大团队,企业里的各部门是个小团队,每个部门都有各自的领导。各部门虽然各有其相对独立性,但他们都必须为企业的总目标服务,而且在实现这个目标的过程中,必须进行合作。

合作是人们为实现同一目的,自觉或不自觉地使行为彼此配合的一种互动方式。合作,是生产发展和社会发展的需要。社会越是发展,分工越细,越离不开合作。

例如,某一专门生产某种零件的工厂,如果最后不能配套，那么这些零件无异于一堆费铁。合作之所以必要，还在于团结力量大。团队内部有多种力，把这种力按相同方向组织起来，就会形成更强大的合力；如果不合作，方向不一致，力量就会相互冲突与抵消。

合作需要一定的条件：一是合作的各方必须以企业的目标为共同的行动方向；二是要以共同的利益为基础。

促进合作的方法很多，主要的是各部门之间要增加接触，互通信息；各部门经常进行磋商，就彼此给予什么或取得什么达成协议，使各部门找到大家利益的共同点，在目标上取得一致。目标一致了，各部门就能提出使有关各方面都满意的可供选择的解决方案。

（三）尊重与信赖是用人的立足点

几乎每个老板都知道员工是企业最宝贵的资产，可是却很少有人去真正实践这个理论。曾经驰名世界的王安电脑公司的创办人王安，就是这少数人中突出的一位。

当我们顺着他的成功足迹一路寻来，就不难发现，他成功的决定因素就在于他能够真正尊重、理解和信赖员工，这也是成功用人的立足点。正是由于他对员工的重视和信赖，使得该公司人才济济，经营业绩蒸蒸日上。

他认为，公司是由人组成的，能不能把每个员工的积极性、创造性发挥出来，将关系到公司的成败。在具体工作中，他根据员工的不同类型、特点、技术专长和生活需要，实行不同的管理方式，突出了灵活性的特色。他把设计研制产品的工程师视为公司的灵魂，给予他们特殊的礼遇以示尊重，甚至在用词上都特别讲究，以完全平等的态度对待他们。

他还认为，理解是人的一种欲望，是人们与生俱来的东西。人们一旦获得理解就会感到莫大的欣慰，便会愿意为此不惜代价。这恰恰应验了我国的一句古话："士为知己者死"，试想，又有哪一位老板不愿拥有一批这样的"死党"呢？

信赖则是王安对员工的信条，也是王安公司得以生存的基础。随着公司业务的不断扩大，王安作为公司的总经理，把权力和责任越来越多地交给手下的经理人员，充分发挥他们的才干。

通观全球知名企业，如诺基亚、惠普、IBM、摩托罗拉等，无不可以堪称成功用人的典范。设身处地地为员工着想，尊重、理解、信赖员工，充分肯定员工的个人成绩，放手让他们去干。这些听起来好像是陈词滥调，其实正是真正最管用的东西。

（四）双管齐下的员工激励术

现代企业成功的人力资源管理，莫过于创造或建立一个健全的人事环境，使在这一环境中工作的任何人，都能安于工作，乐于工作，忠于工作；不仅如此，而且非常心悦诚服地把自己的潜力、智慧与劳力奉献出来。

被誉为"汽车皇后"的台湾裕隆汽车集团董事长吴舜文，就是成功地实践这一目标的人。她融东西方管理理论的精髓于一体，创建了目标管理与集团激励相结合的双管齐下的员工激励术。

其具体做法是：每年的年度计划，由员工自己提出，经过可行性论证后，再分解为每月的目标。这样一来，员工的达标就不是自上而下的硬性规定，因此工作的积极性就会最大限度地调动起来，上级的督促检查也就会有的放矢，赏罚得当。这种管理机制，既体现了西方人的科学求实原则，又融汇了东方人的人和气氛，因此实施起来深得人心。

吴舜文很聪明，她充分认识到了目标的重要性。目标，在心理学上通常被称为“诱因”，在企业管理中，为员工设置适当的目标，就能激发员工的动机，调动员工的积极性。目标的社会意义越大，就越能激励人心，实现目标的可能性也就越大，员工就越会感到有奔头，从而激发员工的正确动机，充分发挥员工的智慧效应，为企业创造更多的财富。

不仅如此，为了使企业能够在激烈的市场竞争中永远立于不败之地，为了使每一个员工都能够心悦诚服地主动把个人潜力与智慧、劳力奉献出来，吴舜文在推行目标管理时，特别强化管理中的民主法制，以人人参与的合作意识，代替强制妥协，即利用人的上进心和荣誉感，激发员工的工作积极性。

与此同时，她还特别关心员工的生活，不断改善员工的福利待遇。她把企业收入公开，定期结算利润，年终再加总算。计算时请员工本人参与，让每个人都了解企业投入多少成本，应收回多少利润，哪些应归企业，哪些应按目标管理的达标情况分给员工。

通过这样的参与分配，吴舜文就把一人的企业变成了每个员工自己的企业。企业的兴衰存亡关系到每个员工的切身利益，大家都在关心着企业的发展，积极性自然就十分高涨了。

吴舜文对员工的关心不仅表现在薪酬高，还表现在居住条件和福利待遇上。比如企业的厂房里设有空调，工作环境好，员工们上下班有班车接送，有供阅览进修的图书馆，还有电影院、篮球场、美容院及医疗所等服务设施等，这些措施都深得人心。

吴舜文的这种严格的目标管理和集团激励等高福利政策，吸引了人才，留住了人才。员工热爱自己的企业，热爱自己的工作，都以自己能成为裕隆集团的一员而自豪。目标管理能充分调动员工的积极性，而集团激励又能很好地培养员工对企业的感情，这种双管齐下的管理与激励方法，运用在任何企业都会令企业如虎添翼，获得极大的发展。

32计 顾客至上

高品质的服务是占领市场的通行证。

顾客是企业发展的生命源泉。企业只有以优质服务为宗旨，不断提供高品质的服务和比竞争对手更多的价值，满足顾客需求，才能获得更多的市场份额。因此，我们应把为顾客服务的思想放在追求利润之上。利润不是目的，只不过是为顾客服务的结果而已。

完善营销服务的阶段

本世纪的企业竞争，产品已不是唯一的制胜法宝，唯有灵活运用营销服务策略，才能赢得更大的竞争优势，从而在众多的竞争者中脱颖而出。

以往只有服务业才谈"服务"，如今制造业也开始重视，逐渐转变营销服务观念，以尽快适应新世纪市场发展的需要。比如美国电话电报公司，自1974年以来，有一半以上的营业收入就是靠服务得来的。而电脑业"蓝色巨人"IBM公司更是公开表示自己不是电脑制造业，而是提供全面服务的产业。

为什么众多的领先企业对服务如此重视呢？一个最根本的原因就是他们意识到服务与企业的形象休戚相关，而企业形象是企业生存与发展的命脉所在。同时，良好的服务又是树立企业形象的最直接、最有效的手段。正因为如此，当前全球企业界所刻意追求的潮流之一就是在服务上狠下工夫。

从时间的角度来区分，营销服务有3个阶段：售前服务、售中服务和售后服务。

（一）售前服务

售前服务的内容主要包括：调查消费者需求，按消费者的需求进行量体裁衣，设计生产出适销对路的产品；介绍产品使用和维修保养的技术要求；宣传产品的性能；为用户培训产品的操作维修人员；为满足消费者的需要提出合适的购买方案；介绍与本企业产品有关的环保和安全知识；了解消费者的潜在需求等。

售前服务是营销服务的第一个环节，它一方面为制定营销计划提供了消费者需求的信息，一方面又为企业产品进入市场开辟了道路。

（二）售中服务

售中服务的主要内容有：耐心解答消费者购买时遇到的问题；解决消费者的具体困难；向消费者提供资金融通；按时将产品发给用户；负责用户货物的搬运、储存、包装、交付和保护等。

售中服务是伴随着产品的销售同时进行的，其服务质量如何，对整个营销服务的质量关系重大。

（三）售后服务

售后服务的主要工作是对企业的不合格产品所采取的保证措施，具体内容包括：处理消费者对产品的异议；调查消费者对产品的评价意见；为消费者提供维修服务；评价企业营销服务的实效水平；检查考核营销服务计划的落实情况；搜集、整理、分析企业市场营销工作的有关信息，为制定下一阶段的营销计划提供依据。

服务决策的基本形式

（一）服务项目决策

各种服务项目对不同的消费者来说，其重要性是不同的。如免费送货上门和维修这两个服务项目,对家具和电脑的购买者来说,其重要性应有显著差别。企业需要调查,对消费者需求的服务项目,按重要性的大小进行排列,然后做出决策,至少在本行业的消费者认为最重要的服务项目上能使消费者得到充分的满意。

例如,加拿大的工业仪器制造商把消费者所要求的服务项目按重要性的大小依次作了如下安排:运送的可靠性;迅速报价;技术指导;折扣;售后服务;容易与企业接触;更换的保证等。这些服务项目的重要性顺序说明,企业至少应在消费者认为很重要的服务项目上能与竞争者相匹敌,否则就不能令消费者满意。

确定服务项目,不仅要根据其重要性,还需判断其决定性。例如,某企业研究本行业消费者对同行中若干家主要企业服务工作的意见,消费者认为所有这些企业在运送的可靠性、容易与企业接触方面都很满意,但在技术指导方面做得不够。这样一来,技术指导对该企业来说,就是决定性的服务项目,着重抓好这个项目,就会使消费者得到其他企业所不能提供的满意服务。

(二)服务水平决策

通常,较高水平的服务使消费者得到比较理想的满足,因此,消费者就有较大的可能重复购买行为。可是,营销专家的研究表明,服务水平与销售量之间并不是无条件地呈线性关系。这里面还有一系列复杂的情况,需要企业的高层管理者做出慎重的考虑与决策。这些情况包括:

有些服务项目的水平与销售的上升没有什么关系或者说影响很小。比如,食品附上标签,说明营养成分,这种服务虽然很好,但是对于消费者所熟知的食品,如红烧牛肉、油炸鱼块等,并不会因此而增加销售量。

销售人员的服务态度、行为举止、文明礼貌水平与销售量直接相关,但如何把握“恰当”的分寸却显得非常重要。如果这些行为过分的话,便可能使消费者感受到较大的心理压力,反而不利于购买行为的实现或重复实现。

此外,在一定的范围内提高服务水平,对销售量的影响很大;而当服务水平未达到一定程度时,则影响很小;当服务水平超过某一界限继续提高时,对销售量的影响又会呈递减趋势。比如,向电视机购买者提供半年的保修期,可能不会对销售量产生多大的影响,而如果能提供一年或者两年的保修期,影响就很大了,但是若保修期再继续延长,再增加的销售量就会越来越少。

可见,提高服务水平不是笼统地提高全部服务项目水平,而需要根据消费者的要求和各服务项目已达到的水平,进行分类,才能明确应着重提高服务质量的项目。

为此,可采取定期进行对消费者调查的方法,搜集消费者对本企业应有服务的重要性和服务工作的评价。各服务项目的重要性可用四个等级来评价:非常重要、重要、次重要和不重要。服务成绩也可用四个等级来评价:特优、良好、普通和不良。这两方面的评价等级都相应地以四、三、二、一来分别表示,然后以平均值作为消费者的综合评价。

(三)服务形式决策

以什么样的形式向用户提供服务问题主要包括以下两个方面:

1. 服务要素的定价问题

可供选择的定价方式常有多种。以电视机的维修服务为例,在规定的保修期内,提供免费修理服务;对本企业产品的用户提供优惠价格;由用户自行决定是否要购买企业所提供的各种服务;按市场上流行的价格收费等。

2. 有关修理服务如何提供的问题

提供的方式也有多种:企业培训一批修理服务人员,分派到各地的修配服务站去;维修服务工作委托经销商提供;委托专业修理店为特约修理点;企业不提供修理服务,而将这项工作交给独立的修理部门去进行等。

对每项服务要素应如何向用户提供,都有不同的选择方式,企业应根据用户的要求和竞争者的营销策略,灵活做出决策。

顾客至上:引领营销服务新潮流

(一)希尔顿饭店的“微笑”服务

美国“饭店大王”希尔顿,出生于一个小皮货商贩之家。1919 年,他接过父亲给他的 12000 美元,加上自己积攒的 3000 美元投资出去,开始了雄心勃勃的经营饭店生涯。

当他的资产从 15000 美元奇迹般地增值到 51000 美元时,他欣喜而自豪地把这一成就告诉母亲,不曾想,母亲却平静地说:“依我看,你跟以前根本没有什么两样。事实上,你必须拥有比 15000 美元更值钱的东西,就是除了对顾客诚实之外,还要想办法使来希尔顿饭店的人能再次光顾,你要想出一种简单、容易、不花本钱而又永远可行的办法来吸引顾客。这样你的饭店才能前途。”

母亲的忠告使希尔顿陷入迷惘:究竟什么办法才具备母亲提出的“简单、容易、不花本钱而又永远可行”这四大条件呢？他苦思冥想,不得其解。于是他走商店、串旅馆,以自己作为一名顾客的亲身感受,终于得出了准确的答案:“微笑服务”,只有它才实实在在地具备母亲提出的四大条件。

从此,希尔顿采用了“微笑”服务这一独创的经营策略。每天,他对服务员的第一句话就是:“你对顾客微笑了没有?”他要求每个员工无论多么辛苦,都要对顾客投以微笑。即使在饭店业受到经济萧条的严重影响时,他

也不忘经常提醒员工牢记："千万不可把我们心里的愁云摆在脸上，不管饭店本身遭受的困难如何，希尔顿饭店服务员脸上的微笑永远是属于顾客的阳光。"

因此，在经济危机中纷纷倒闭后幸存的20%的饭店中，只有希尔顿饭店服务员的脸上带着微笑。结果，经济萧条刚过，希尔顿饭店就率先跨入了饭店业的黄金时代。

（二）麦当劳快餐店的"顾客至上"服务

美国麦当劳快餐店的创始人克罗克认为，只要做到"顾客至上"，钱就会像密西西比河的河水一样滚滚而来。起初为了适应美国人珍惜时间、讲究效率的特点，克罗克毅然买下了一个只售汉堡包的小摊子，每个汉堡只售0.15美元。不久他又办起了快餐店。

直到现在的麦当劳快餐连锁店的经营，都始终突出"顾客至上"的特色。

麦当劳快餐店一律采取"自我服务"的形式。顾客只需排一次队，就能得到他们所需要的食物。店内不设置电唱机，也找不到公用电话，这就减少了顾客在此闲逛和消磨时间，大大提高了餐桌的周转率。当我们走进麦当劳快餐店，即使生意最忙时，也只消一两分钟，热气腾腾的快餐就会送到我们的面前。

麦当劳快餐店还在高速公路两旁和城市郊区开设了许多分店，专做乘车顾客的生意，同样是以"顾客至上"取胜。他们在每个分店的不远处，都设置有通话器，并在上面醒目地标有食品名称和价格。

当乘车人驱车经过时，只需打开车窗门，对通话器报上所需食品，然后将车开到店侧小窗口旁，便可以一手交钱，一手拿货，马上又可以驱车赶路。顾客可以在车上享受到一系列的服务，比如在纸包中装有汉堡包的塑料盒、包着炸薯条的纸袋、塑料刀叉匙、餐巾纸、吸管等，还有预先代为划好十字口的塑料杯盖，可以方便顾客插入吸管。因此，高速公路上的食品生意，几乎被麦当劳一家独揽。

对于孩子们的需要，麦当劳快餐店也不放过。他们的每一家分店都成为吸引孩子的好地方。店内专门设置有儿童游乐园，以供孩子们边吃边玩。游乐园里还专门播放极有趣的电视节目，常令孩子们笑得前仰后合，非常开心。因此每逢周末和节假日，孩子们就吵着要父母亲带他们到麦当劳快餐店看专题电视,家长也就能放心用餐。

麦当劳快餐店在这两天还特地准备了全家聚餐的食谱,不断推出新菜式。这样一到周末或假日,店内总是顾客盈门,热闹非常。不仅如此,他们还专门为小孩举办生日庆祝会,吃什么,花多少钱,都由家长决定,快餐店提供全部服务。

由于麦当劳快餐店始终坚持把顾客放在第一位,时时处处为顾客的方便着想,所以最终赢得了顾客的持久信赖和支持。如今在美国到处可以看到醒目的"M"字型的霓虹灯标识,而且这个标示已经遍及全球32个国家和地区的街头闹市,在我国大都市也早已深入人心,成为我国快餐领域中的"巨无霸"。

(三)弗里托莱食品公司的"送货上门"服务

经济学家们确信,种植小麦的农民在竞争中是不会有高额利润的。同麦农一样,炸土豆片的厂商应该也不会有高额的利润或很多的市场份额。但是,百事可乐的一家子公司弗里托莱食品公司,却每年都销售价值20多亿美元的炸土豆片和椒盐小饼干,它的市场在20世纪60年代就已经遍及美国的大部分地区,同时它所赚取的利润也是整个食品行业所羡慕的。究竟是什么原因呢?

弗里托莱食品公司最惹人注目的,不是它那一套管理制度,尽管那套管理制度非常健全;也不是它的广告节目,尽管它的广告节目十分出色。而是它拥有一支近万人的营销队伍和它的服务工作达到"99.5%的水平"。也就是说,他们愿意做一些短期内显然是不合算的事情。为了让他们经销的每个商店都能够存上价值为30美元的几箱炸土豆片,他们情愿花费上百美元用一辆卡车送货。靠这种办法看起来好像是不可能赚钱的。但是,关于营销员在一场飓风或事故之后冒着恶劣的气候给商店送货上门的佳话,在广大客户间广泛传扬。表扬营销员这类行为的信件也源源不断地涌向这家公司的达拉斯总部。这种送货上门的神话和象征意义是不能用金钱来衡量的。

这种做法之所以获得成功,是因为他们对按指定线路售货的营销员给予了充分的信任和支持。弗里托莱公司现有25000名员工,成本分析家总有理由减去其中的百分之几,但着眼于市场和利润的公司管理部门却不这样做,因为如果这样做无疑会损害营销人员的积极性。

在弗里托莱公司,那些不做营销工作的人员则严格遵循"为营销工作服务"的信条而工作。以生产车间的主管为例,他的工作显然是以传统的标准来做的,但是,当营销员们遇到困难时,这位生产主管就能毫不犹豫地让他主管的车间加班加点,以全力保证营销工作所需要的产品。否则,他就会受到各方面的批评。

(四)蓝色巨人IBM公司的"全方位"服务

在过去的几十年里,被电脑界誉为"蓝色巨人"的IBM公司,在电脑技术方面一直处于领先地位,它的优势着力表现在"全方位"为顾客服务方面。

在大多数企业里,老板的助手通常不过是充当提提公文包、送送文件、

抄抄报表之类的角色。但是,IBM公司却例外。他们用最好的营销员来担任公司高级领导的助理。这些人任职后的全部工作只有一件,就是对每个顾客的意见在24小时以内做出答复。

“IBM公司的营销员始终销售最便宜和最有用的产品”,这句话已经成了公司为顾客服务的金科玉律。公司营销部主任罗杰斯要求营销员“在推销产品时,就好像自己是由顾客花钱聘来的一样”。他认为,IBM公司的发展,是由顾客和市场推动的,而不是由技术推动的。他主张把公司的一切交给顾客去支配,他说:“得到订货单是最容易的一步,只有做好售后服务工作才能算数。”

IBM公司“全方位”为顾客服务的工作做得几乎令人挑不出半点毛病。为了确保与顾客的售后联系,公司每月都会进行一次调查。员工的奖金,尤其是高级部门的奖金,大部分是由这项调查的结果来决定。

尽管许多厂家的产品在技术上胜过IBM公司的产品,并且,软件用起来也更方便,但是,很少有哪个厂家像IBM公司这样肯下工夫来了解顾客的需要,并不厌其烦地给顾客讲解产品的性能和结构。他们的产品价格尽管比同类产品高出25%,但他们所提供的一系列“全方位”服务却是其他厂家所不具备的,使人感觉他们所提供的一切都是那么保险而牢靠,这就无怪乎有相当多的顾客尽管预算很吃紧,却仍愿意爽快地购买他们的产品了。

33计 无为而治

作为企业老板,应驾驭全局,考虑和处理原则问题,不可能事必躬亲。实行“无为而治”,意味着老板从日常具体的琐事堆中超脱出来,专心抓好决定企业走向的根本性问题,不再日理万机。

实行授权和分权制度可以有效减少日常琐事对重大决策的干扰,摆脱琐务缠身,使企业内部灵活运转,加强各层人员的责任心。

企业最优秀的经营管理的特点是大权独揽,小权分散,统一指挥,同时又给予各部门负责人一定的自主权,以最大限度地调动员工的主动性和积极性,创造更好的经济效益。

分析琐务缠身的根本原因

在现代商战的激烈竞争中,有不少老板经常感到最苦恼的事,莫过于发生“时间危机”了,即尽管整天忙个不停,但还是有许多事情处理不完;天天深陷繁琐的事务堆中不能自拔,而对决定企业未来走向的重大问题,却反而无暇顾及了。这种“捡了芝麻,丢了西瓜”的终日忙碌现象,普遍发生在我国广大的私企老板身上,成为阻碍企业发展壮大的不可忽视的因素。

那么,产生这种终日忙乱现象的原因主要在哪呢?

(一)缺少计划,主次不分

对未来一段时期内要做的工作没有一个通盘的规划和安排,对每天面对的事情没有主次先后之分,“眉毛胡子一把抓”,没有正常的工作秩序,头痛医头,脚痛医脚,赶上什么就抓什么,这样势必会杂乱无章,顾此失彼。

(二)事必躬亲,越俎代庖

对副手和身边的工作人员缺乏充分的信任,唯恐别人工作做不好,于是就事必躬亲,越俎代庖,把自己累得要死,而员工倒落得个清闲自在。

(三)不会授权,职责不明

凡事大包大揽,不会授权,员工职责不清,分工不明,工作互相推诿、扯皮。

(四)不愿分权,疲于应酬

揽权太多,不愿分权,整日疲于应酬。对下属分内的事也横加干涉,甚至越权指挥,自以为管事越多,权力越大,威信越高。

无为而治:摆脱琐务缠身的妙策

(一)做好工作规划

做好工作规划,是使整个工作有条不紊前进的中心环节。事实证明,不习惯于做规划的人只能消极地应付工作,在心理上处于受摆布的地位,而有规划的人则处于支配者的地位。时间规划通常有以下5种:

1. 长期规划

即在较长的一个时期内,3年、5年或10年,自己的工作和事业要达到什么水平,自己所带领的团队要取得多大的成就,都应有一个宏伟而明确的目标;这个目标要通过几步来实现,每一步的大致起止时间等,都要有一个大致的安排。

2. 年度规划

当我们撕下最后一页日历,新年的钟声敲响时,我们应及时回顾过去一年的事业进展状况,认真总结经验教训,做出新的年度规划,以便更有效地使用一年的时间。

3. 月份规划

根据自身经营状况,妥善安排好一个月的活动,把难度较大的重要工作和学习任务安排在高潮期,其他时间则可以安排相对容易的内容。

4. 周计划

有许多工作是按周来安排的，把月份计划分解到每周里面，便于分步骤实施，简化工作难度。

5. 日计划

在前一个工作日接近尾声时便着手编好第二天的计划，有助于工作的有条不紊，克服紧张忙乱的现象，避免丢三落四，顾此失彼。

（二）善于自我约束

善于自我约束主要包括两个意思：

一个是老板要抓大事，尽量努力克制自己，不要为那些琐碎的小事而浪费过多的精力，不要“捡了芝麻，丢了西瓜”。

二是老板不要直接干预下属的工作，即不要抢下属的活干。因为那样既浪费了自己的时间与精力，又挫伤了下属的积极性，打乱了他们的工作安排，造成依赖、埋怨或对抗情绪，使他们失去主见和责任感，实在是费力而又不讨好。

因此，我们一定要把自己约束在自己的职权范围内，不干预下属的事情。当然，各部门岗位之间、上下级之间互相帮助和密切协作是应该的，但是，首先我们应当把自己份内的事做好。如果把自己的事放下不管，却去干别人的工作，这与现代的专业化分工是格格不入的。只有对不属于自己职权范围内的事不直接去管，我们才能始终保持清醒的头脑。清醒才能超脱，超脱使我们更加清醒。

话又说回来，不插手下属的工作，并不等于看到问题不闻不问，有建议可以提出来供大家参考。对于自己的间接下属，由于中间隔着一个领导层次，一般应约束自己不要去直接干预，看到需要解决的问题，可以通过适当的方式启发自己的直接下属去处理。

（三）摒弃不必要的工作

老板除了不要插手下属职权范围内的工作外，为了节省时间和精力，提高工作效率，还应在通常属于自己的工作中再做精简。也就是说，只做那些“非做不可”的工作，而“可做可不做”的工作则应尽量排除，少做无效劳动。

例如，汇报工作或作报告时，不必花费很多时间去背诵，以显示自己的记忆力，应减少头脑的储存负担，以提高头脑的处理功能；有些报告不妨在会前发给大家，不必在会上宣读，会上只对报告进行讨论；打电话能办的事就不写信，便条可以解决的就不写长信；应该由下属解决的问题就让下属去解决，不替下属解决问题；办事前做好准备，搞好沟通，防止不必要的扯皮和误工等。

对那些“非做不可”的工作，我们也应综合考虑，妥善安排。比如哪些先办，哪些后办；哪些应重点抓，哪些只要过问一下就行了；哪些事要专门去办，哪些事可以合起来办；哪些事需用整块的时间办，哪些事可以用零碎的时间办；哪些事必须按规定程序办，哪些事可以简便行事等。

在我们处理任何事情时，不妨首先问问自己，这件事能不能取消它？能不能与别的工作合并？能不能用更简便的东西代替？这样一来，工作头绪就会大大减少，既节省了时间，提高了办事效率，又牢牢地把握住了主动权，不致于总让别人或事情牵着鼻子走。

（四）充分授权与分权

有些老板之所以成天忙忙碌碌却又忙不到“点子”上，主要原因就是抓权太多。他们一方面抱怨事情干不过来，另一方面又事无巨细，什么事都要亲自管，连下属份内的事也不放过，屡屡插手横加干涉，以致成天陷在事务堆里而不能自拔。

这种包揽各种权力于一身、唱“独角戏”的做法，与现代老板的管理方式是格格不入的。现代企业管理强调老板应大权独揽，小权分散，充分授权与分权。这样做有以下几条好处：

1. 能够减少老板的工作负担，使其从琐碎繁杂的日常事务中解放出来，腾出更多的时间和精力去考虑重要的、战略性的、全局性的问题，以便更有效地进行决策和指挥；

2. 能够增强下属的荣誉感和责任心，激发他们的工作热情，调动他们的积极性，提高工作效率；

3. 有利于在工作实践中培养和锻炼员工，增长员工的才干；

4. 能够充分发挥下属的专长，弥补自己的不足。老板应当尽可能地把自己不擅长的工作，授权给在这方面有专长的人去干，以提高领导工作的质量；

5. 可以改善老板与员工之间的关系，使员工从等级服从、层层听命的消极被动状态，改变为合作共事、互相支持的积极主动状态。

有效授权

所谓授权，是指老板授予直接下属一定的权力，使其在老板的指导和监督下，自主地对本职范围内的工作进行决断和处理。老板若学会了这一招，就犹如长了“三头六臂”，又好比有了“分身术”，从此办事便可以应付自如，游刃有余。

（一）了解在授权方面存在的3个问题

1. 不会授权

有些老板习惯于大事小事自己干，一天忙得团团转，“两眼一睁，忙到瞎灯”却不懂得有好多事情可以交给下属去办。而下属当然也无法主动要求干。也有的老板想改变这种现状，却又不知从何处改起。

2. 不敢授权

诸葛亮之所以事必躬亲，原因就在于他总是“唯恐他人不似我尽力也”。于是，他“寝不安席，食不甘味”，不辞辛苦，终日操劳，结果落得个“出师未捷身先死，长使英雄泪满巾”，终致于因操劳忧心过度而病死于五丈原。现在也不乏这样的老板，总担心把权力授给下属，会出现什么偏差或闪失。

3. 不愿授权

有些老板，除了对下属不信任外，还认为只有自己手中有权，办事才方便，说话才有人听；只有事事亲自决定，才能显示自己有本事；也有的唯恐把权授给了别人，削弱了自己的价值和分量，影响自己的地位和利益。

(二)做好授权前的两项准备工作

1. 确定授权的内容

在授权前，我们应对手中的全部工作，按照责任的大小，进行分类排队，以确定授权的内容。

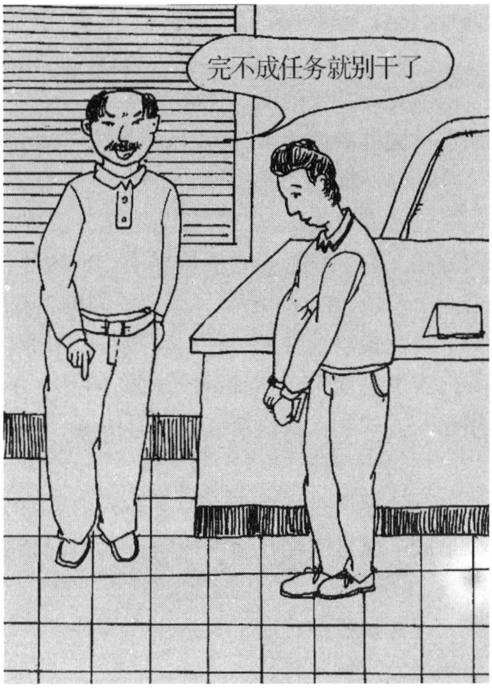

在行使权力的过程中，对那些即使出现某些失误，也不会影响大局的工作，如日常事务性的工作、具体的业务工作、外来客人的接待工作等，应尽量授权让有关部门或有关人员去做；而对那些关系到企业的前途、命运、声誉的工作，如经营管理决策、企业发展规划、企业员工的任免和使用等，则应持慎重态度。该独揽的要独揽，该授权的要授权，切不可主次不分，草率从事。

2. 确定授权的对象

凡是职能部门或员工能够胜任的工作，就应充分发挥其应有的作用，充分授权给他们，让他们能够承担起责任来；对于他们不能胜任的工作，也不可随意施加压力，硬性要他们去做，而应慎重地把那些能够正确行使有关权力，并能打开工作局面的人员挑选出来，大胆地授权给他们，鼓励他们在工作中做出成绩来。

如果我们能够做好这两项工作，那么，实行有效授权就有了一个良好的开端。

(三)4 种授权形式的正确选择

1. 充分授权

充分授权是指老板在向下属分派职责的同时，并不明确赋予这样或那样的具体权力，而是让下属在其管理权力许可的范围内，自由发挥其主观能动性，自行拟订履行职责的行动方案。这样的授权方式尽管没有具体授权，但它几乎等于将老板的权力大部分下放给其下属。因此，充分授权最显著的优点是能使下属在履行职责的过程中，实现自我，得到较大的满足，以最大限度地发挥其主观能动性与创造性。同时，对于老板来说，也能大大减少许多不必要的工作量。

不过，这种授权形式要求授权对象必须具有较强的责任心，并且业务能力相当出色才行。

2. 不充分授权

不充分授权是指老板对下属分派职责时，赋予其部分权限。根据所给下属权限的大小，不充分授权又可以分为以下几种具体情况：

(1)让下属了解情况后，由老板做最后的决定；

(2)让下属提出所有可能的行动方案，由老板最后定夺；

(3)让下属提出详细的行动计划，由老板审批；

(4)让下属在采取行动前，及时向老板报告；

(5)让下属在采取行动后，将行动后果汇报给老板。

不充分授权的形式比较常见，其特点是比较灵活，老板可因人、因事而采取不同的具体方式，它要求授权时下属必须明确所采取的具体授权方式。

3. 弹性授权

这是综合使用充分授权与不充分授权两种形式而形成的一种混合的授权方式。它一般是指老板根据工作的内容，将下属履行职责的过程划分为若干个阶段，在不同的阶段采取不同的授权方式。

弹性授权反映了一种动态授权的过程，有较强的适应性。当工作条件和内容发生变化时，老板可及时调整授权方式，以利于工作的顺利进行。使用这一方式要求授权双方要及时协调，加强联系。

4. 制约授权

制约授权是指老板将职责和权力同时分派和委任给不同的几个下属，以形成下属之间相互制约地履行他们的职责，如会计制度上的相互牵制原则。

这种授权形式通常只适用于那些性质重要、容易出现疏漏的工作。但如果过分行使制约授权，就会抑制下属的工作积极性，不利于提高管理工作的效率。

(四)运用有效授权的9个技巧

1. 明确职责是授权的前提

授权时，首先应把各层次、各岗位的责任、权利和义务搞清楚，干什么活，负什么责，有什么权。不属于自己的权力不揽，属于自己的权力不放。

2. 因事择人，视能授权

这是授权最根本的一条准则。一切以工作的需要和授权对象的才能大小为依据。所授的权力，不能超过授权对象的才能所能承担的限度。有多大的能力，干多大的事，相应地授予多大的权力，避免大材小用、小材大用和因人设事。因此，在授权之前，应当对授权对象的素质和能力有一个清楚的了解，力求做到权力与能力的高度统一。

3. 不要越级授权

授权只能是授予直接下属，既不可授予下属的下属，也不可替自己的下属把权力授予他的下属。否则，就混淆了领导层次，搞乱了职能分工，破坏了正常的管理秩序。

4. 交代应明确

授权时，必须明确交代所授予权力的性质、目标、范围、责任，以及完成任务的时间和质量，不能含糊其词，模棱两可，也不要在细节上过多地纠缠。对于下属熟悉而能胜任的工作，一般只需告诉他所做的内容与权限的大小即可，而不必过细地作具体安排，这样有利于发挥下属的积极性和创造性。

5. 权力与任务应同时交

执行什么任务给什么权，二者应同时交。只交任务，不交执行任务所应有的权力，下属就无法履行自己的职责。

6. 要公布于众

授权对象在什么范围内执行任务与履行职责，授权者就应在什么范围内宣布他的职责权限，这样便于授权对象开展工作，也便于各方面互相配合。

7. 授权之后应放手

授权者既然把权力授予下属，就应该信任他们。授权之后，授权者不应再干预下属的具体工作，不过对下属的执行情况，可以超越指挥层次搜集信息，直接听取基层员工的意见和建议，以便于指导。

8. 掌握有效的控制方法

对于授权者来说，虽然权力授出去了，但责任还在。授权者不仅不应放弃控制，而且控制的范围更加扩大了。因此，对授权对象应加强考核、协调、监督和检查，发现问题，及时指导与纠正，这与过多的干涉是两码事。

9. 把握授权限度

如果授权过分，无异于授权者放弃了权力；如果授权不足，授权者仍将被杂乱的事务所困扰，授权对象仍将事事被动，样样请示。通常，凡属下属职责范围内的权力，都要放还给下属；即使对于那些属于自己的工作范围，但下属也能办好，甚至比自己办得还好的事情，也不妨视情况让他们去做。

但是，老板的核心权力是不能授予下属的。如关系到全局的最后决策权、管理全局的集中指挥权、总的财务审批权、主要职务的人事任免权等，老板都应牢牢地抓住不放。否则，老板无疑就会被"架空"而成了"傀儡"，领导系统也就失去了控制。

小权集中，大权势必旁落；小权分散，大权方能集中。该集中的不集中是失职，该分散的不分散是包办，这就是领导权力问题上的辩证法。

有效分权

权力分散是现代企业管理的一个必然要求和发展趋势。在规模很小的企业里，也许不必依靠分权就能够使企业运转自如。但是，企业的规模一旦扩大，分权就成为必然的选择。如果没有分权，老板就很难使用自己的权力来驾驭他们所面临的不断变化的趋势。

(一)认识实行分权的好处与不足

1. 实行分权的好处包括:

(1)可减轻老板独立决策的负担,使老板更超脱,从而可以有更充分的时间和精力考虑更为重大的问题;

(2)鼓励下属积极制定决策并承担职权与责任;

(3)在决策权上给分权对象更多的自主权和独立性;

(4)促进建立和运用可能增进员工积极性的文学广泛控制机制;

(5)有利于对各个分权组织的执行情况进行比较,促进彼此间的竞争意识;

(6)促进对下属管理人员的培养与锻炼;

(7)有助于适应飞速变化的环境。

2. 实行分权的不足包括:

(1)使得实行一项统一的政策更加困难;

(2)增加了分权组织单位之间协调的复杂性;

(3)可能导致上层管理人员的权力部分失控;

(4)涉及培训管理人员的大量费用等。

(二)了解分权与集权的关系与特点

集权意味着职权集中到较高的管理层次;分权则表示职权分散到整个企业中。无论集权还是分权,都只是相对的,不存在绝对的集权与分权。

绝对的集权,意味着没有下属的管理者。如同在一个企业里,没有采购、营销、财务等各方面主管人员,仅有总经理一样;绝对的分权则意味着没有上层的主管人员,如同没有总经理的企业。

实际上,这两种组织结构都是不存在的。有层次的组织的建立,就已经存在着某种程度的分权。

按照分权与集权的程度不同,形成了两种领导方式:分权制与集权制。

分权制是指把管理权限适当分散在企业的中下层。其特点是:

1. 中下层有较多的决策权;

2. 上级的控制较少,往往以完成规定的目标为限;

3. 在统一规划下可以独立经营,有一定的财务支配权。

集权制是指管理权限较多地集中在企业的最高管理层。其特点是:

1. 经营决策权大多集中在上层主管，中下层只有日常的业务决策权限；

2. 对下级的控制较多；

3. 统一经营与核算。

不能笼统地认定分权制优于集权制，或者集权制优于分权制，必须视企业的具体情况来判断。

（三）采取有效分权的方法

分权并不意味着独立，分权的同时必须有控制的手段，以确保分散的权力能够得到恰当的使用。以下有几种有效分权的方法，可供我们选择使用：

1. 确保建立可以核实的目标制度，使每个人对完成一定的目标负有责任，并使每个人有必要的职权去完成其目标。

2. 明确说明每一个管理人员的任务、职责与职权，并使所有员工都了解其内容。

3. 企业的最高层率先垂范，发挥教育引导的作用。

4. 使用强迫分权须挑选优秀的主管人员，做好培训工作，规定明确的制度，并找出有效的控制方法。

不管使用哪种分权方法，都必须符合以下3个条件：

1. 明确规定分权的界限；

2. 对下级管理人员进行适当的培训；

3. 在事关重大决策的某些领域中实行用有选择的权力集中，以便缓和分权。集权与分权的平衡，是确保分权成功的关键。

34计 中规中矩

俗话说："无规矩不能成方圆。"在强手如林的市场竞争环境里，企业要想获得生存与发展，必须建立起系统而规范的经营规则，并坚决贯彻执行。

经营规则是企业顺利赚钱的重要保障，也是企业获得长久生存的最可靠保证，遵循这些规则和技巧，方能成为适应竞争的强者。

诚信规则

（一）什么是诚信规则

诚信规则就是指经营者在经营中坦诚待人，恪守良好的社会形象和商业信誉。其基本内容有两点：一是诚实，即在商场活动中，不生产或销售假冒伪劣产品，而要货真价实，不欺骗顾客与合作者，而应以诚相待；二是守信，即重视并恪守自己的承诺，讲究信用，言必行、行必果。

（二）遵守诚信规则的6条好处

诚实而守信，是企业的无形财富，可以为企业带来许多好处：

1. 为企业经营创造良好的环境；

2. 赢得合作者的信赖，壮大合作力量；

3. 赢得顾客的好感与信赖，有利于增加销售额；

4. 扩大企业知名度，建立良好的企业形象；

5. 在需要帮助时，有人愿意伸出援手；

6. 为击败竞争对手创造条件。

（三）建立诚信形象的基本途径

1. 学会换位思考。“将心比心”，我们就会发现，别人和我们一样，都喜欢与诚实守信的人交往；

2. 把“诚信”写进企业的章程，注入企业的文化中，作为经营的宗旨和培训的重要内容，经常强调，铭刻在心；

3. 不要说谎。说谎的目的无非是想获得别人的信任，但通过说谎获得的信任是十分短暂而又靠不住的。说谎可能会促成一桩生意的成功，但绝不可能持久。在竞争越来越激烈的情况下，我们如果因说谎而损害了自己的信誉，实际上是给竞争对手自动提供了难得的机会，无异于授人以柄，自取灭亡；

4. 把诚信视为成功的必备条件。诚信虽然是无形的，但却是促成经营成功的基本要素之一。没有它们，我们要设法等到；有了它们，我们要倍加珍惜。通常，给人以诚信的印象也许要花许多时间与精力，而失去诚信却是一瞬间的事情。我们只有把诚信当作成功的必备条件，才会持之以恒地去维护它；

5. 最重要的是行动。诚信不是靠说出来的，而是靠实实在在的行动和表现，一点一滴积累起来的。口头承诺和宣传虽然是必要的，但他们却不是建立诚信形象的根本因素。例如，不论我们宣传自己多么有诚信，但如果该发的货不发，该付的款不付，该实践的诺言抛在脑后，那么，还有什么诚信可言呢？须知，“用事实说话”，这是遵守诚信规则最重要的要求，也是建立诚信形象的最重要途径；

6. 遵守诚信规则，并不是让我们无条件地向别人“掏心窝子”，无事不谈，无话不说。商场上的诚信有其特定的含义，它与人们在日常交往中所说的诚信尽管有共通之处，但却不能完全等同。比如，该保守的商战秘密等，是万万不能告诉别人的。否则，吃了亏只能自认倒霉。

合法规则

（一）什么是合法规则

合法规则就是指企业经营者必须熟悉和遵守国家制定的有关法律，使企业的经营活动与法律的要求相一致，并运用法律武器维护企业及自身的正当权益。

市场经济是法制经济，遵守合法规则的好处有很多，主要包括两个方面：

1. 使市场规范、有序，走向繁荣；

2. 使每个经营者的正当权益都能得到有效保护。

（二）与企业经营者关系密切的9类法律名称

1. 公司法；

2. 合同法；

3. 民法；

4. 经济法；

5. 个人独资企业法；

6. 证券法；

7. 反不正当竞争法；

8. 消费者权益保护法；

9. 税法。

（三）走出违法经营的怪圈

经营者违背合法规则的主要原因通常包括以下两个方面：

1. 客观原因

（1）法律体系不够完善，有漏洞可钻；

（2）执法系统出毛病，执法不力；

（3）缺乏有效监督和控制。

2. 主观原因

（1）受暴利吸引，见利忘法；

（2）从众心理。看到有些人违法经营获取暴利而未受到应有制裁，自己也去铤而走险，争相效仿；

（3）报复心理。自己的合法权益受到了他人的侵害，不去诉诸法律，而是以牙还牙，打击报复；

（4）不得已而为之。例如，明知行贿是违法的，

但出于种种原因却又不得不这样做等；

(5)缺乏依法经营的习惯；

(6)不知道合法经营能给我们带来的种种好处；

(7)法盲。只知有钱，不知有法。

遵守合法规则，依法经营，是市场经济的要求，时代的呼唤。违背法律，也许会获得某些暂时的利益，但终究逃不脱法律的制裁和惩罚。

“有序才能有戏”，只有每个经营者都能走出违法经营的怪圈，做到自觉遵循合法规则，有序的市场环境才能形成，繁荣的市场局面才会出现，经营者才能真正有钱赚。

双赢规则

(一)什么是双赢规则

双赢规则就是指“我赢你也赢”，即让我们的客户、供应商、销售商以及顾客都成为赢家，而不是整天只想着利益独占。因此，双赢规则也包含多赢规则。

遵循双赢规则，实际上就是要求我们必须树立这样的观念：应共同向市场要钱，而不是向合作者。

经商必然要有竞争，但更重要的是合作。任何经营者都不可能独自包打天下，都需要多种合作者，但要想与人顺利合作，就必须让别人也“赢”才行。试想，谁愿意与只想自己赢，不让别人赢的人合作呢？

让别人有赚头，自己才会有赚头。这就是双赢规则的真正意义所在。

(二)实现双赢的4项举措

1. 细水长流，不要想“一口吃成胖子”

企业经营是一个永无止境的长期过程，巨额利润不是一天、一月、一年就能获得的，必须靠长期持续不断的积累才能得到。

短期发胖，绝对是一种病态的“虚胖”。对于经营者来说，重要的不是靠一笔、两笔生意赚取巨额利润，而是要争取“笔笔都有钱赚”。有了这种心态，我们就不会紧盯着一两次交易了，而会把眼光放长远些。

2. 有进有退，有所为有所不为

任何行业，总是有起有落，有高潮有低谷，这是客观规律。当生意跌入低谷时，也不要趁势“宰客”，把别人逼入死胡同，而应留有余地。

例如，1971年，世界航运业发生周期性疲软，与包玉刚合作的日本造船厂开始陷入困境，但包玉刚宁愿自己吃亏也继续订船，向老主顾订购了6艘船，总吨位达150万吨，令日本厂商大为感激。

不久，航运市场好转，船主们争先恐后在日本造船，船厂忙不过来，只好推单。但只要包玉刚订船，没有二话，立即动工。日本船商称包玉刚为“最高贵的主顾”。有这种融洽的合作关系，焉有不富的道理。

3. 利润分享，风险共担

虽然说要讲双赢，但在有些时候也可能会出现输的情况。这时，我们就不能只想着自己，也要照顾一下对方，让与自己合作的人能够维持下去。

利润分享是双赢规则的正常情况，风险共担则是意外情况，两者都要考虑到。

4. 有时不妨吃点小亏

只赚不赔是所有经营者的共同心理，但这毕竟只是一种愿望。实际上，经商几乎都是有赚有赔的。当市场不景气时，也要有赔的勇气与胆量。彼此合作，有时吃点小亏是必要的，这是为将来赚钱所做的一种准备和铺垫。

折扣规则

（一）什么是折扣规则

折扣规则就是指在经营活动中，经营者给购买者一定限度的让利。它是双赢规则延伸。

价格折扣是市场经济中常见的一种调整基本价格、争取客户购买或鼓励客户及早付清货款、大量购买、淡季购买的手段。

遵循折扣规则虽然盈利少了些，但可以扩大销售，加速资金周转，减少费用，争取更多的顾客，变市场淡季为市场旺季，变滞销商品为畅销商品，因此，在现代商战中被广为运用。

（二）价格折扣的6种基本形式

1. 现金折扣。比如买方在规定付款期内提前付清，卖方所给予的若干折扣等。

2. 数量折扣。比如购买某种毛巾时，买1条2元，买3条5元；或者购买水果时，每买20箱时赠送1箱等。

3. 职能折扣。即按低于报价单价格出售给中间商，使中间商按报价单出售时能够得到利益，从而促使他们愿意执行某种市场营销职能。

4. 季节折扣。比如旅馆在营业淡季时，按季节性优惠价格来招徕顾客等。

5. 折让。比如经营电视机、电冰箱、自行车等，采取以旧换新，顾客的旧彩电折价为400元，新彩电标价为1500元，顾客以旧换新时，只需付1100元即可。

6. 回扣。即向购买者返还某些利益。

在运用折扣规则时，务必要把握好折扣时机，并确定折扣的最佳限度。不要滥用折扣规则。例如，某一种商品正处在热销中，就绝对不能应用折扣规则。

服务规则

（一）什么是服务规则

服务规则就是指在经营过程中，照顾到各种利害关系人的利益，尽量为他们着想，设法满足他们精神上与物质上的需要。

服务规则的内容主要包括为顾客服务，为包括合作者在内的利害关系人的服务，为整个社会服务等。服务的方式，既可以是提供有形的物质需要，也可以是提供无形的精神需求。

（二）服务规则的5项基本要求

1. 在观念上，真正把自己看作是提供服务的人，其他人则是自己的服务对象。例如,电脑业“蓝色巨人”IBM 的经营规则是:“IBM 就是服务”。

2. 在行动上,把“以我为中心”转变为“以服务对象为中心”。经营者能否获利,归根结底取决于被市场接受的深度与广度。只有让服务对象感到满意,获利才有保障。

3. 重视物质与感情的双重交流。仅有商品的交易,缺乏感情的沟通,是很难做好服务的,必须两者并重,才能获得满意的服务效果。

4. 着重满足服务对象的无形需要。也只有这种服务,才可称得上高品质的服务、能够创造巨大价值的服务。例如,安全感、尊重感得到满足,都可让服务对象感到自己确实在“被服务着”。

5. 服务的方式应灵活多变,多种多样。不同的服务对象有着不同的需求,千篇一律的服务只能满足少数人的需要。差异化、多样化是运用服务规则的内在要求。

蜕变规则

(一)什么是蜕变规则

蜕变规则就是指经营者为了在激烈的市场竞争中求得生存与发展,主动谋求自我革新的经营方式。

蝉由幼虫转变为成虫,脱掉旧皮壳的生态变化被称为蜕变。经营者也要像蝉那样反复蜕变,方能在不断变革的现代商战中生存下去。

(二)蜕变的原因与方式

1. 蜕变原因

在激烈的商场竞争中,企业要想求得生存与发展,决不能想做什么就做什么,而必须根据市场环境的变化而变化,即实行蜕变。

市场环境的迅速变化,可能会使原本赚钱的行业很快变得无利可图。这时,单靠大批生产或大批销售,已不能维持企业的正常运转。

2. 蜕变方式

蜕变经营的基本方式是转产,即改变产品的领域和内容。其方式通常又可分为两种:一种是全面转产。这种方式很少见,仅出现在完全衰落下去的“夕阳产业”中;一种是实行一业为主,开展多种经营。这是经营蜕变的最常见的形式。

(三)蜕变的 3 大要点

1. 积极主动地实行蜕变

既然是蜕变,就是变化自身以适应环境的需要。只有积极主动,才能蜕变成功。

2. 谨慎选择主业

在蜕变经营中,开展多种经营应以一业为主。但如何选择主业,则必须小心谨慎,在准确判断的基础上给予认真选择。所选择的主业,既可以是企业本来已有的,也可以视市场状况而做出全新选择。

对多种经营不可疏忽大意。必须仔细观察产业社会的变化趋势,收缩整顿衰落的产业领域,掌握时机开拓有发展前途的产业领域。即使在某一行业有垄断实力的大企业,如果对多种经营放任自流,误选主攻方向,贻误时机,也会招致多种经营的失败。中小企业就更是如此了。

3. 蜕变经营应该是企业经营者时时都须考虑的重要问题之一

经济高速发展时期,也会有产品和经营领域的成长和衰落的问题。而此时的蜕变经营也相对容易,因为整个市场有宏观的自然增长的部分,主力转移有充分的时间。

同时,企业向本行业的副业领域发展,也有生意可做。相反,在经济低速成长时期,则不可轻率地脱离本行业去经营其他产业,因为主业方面不能期望宏观市场的自然增长,所参与的副业领域也会遇到其他企业的激烈竞争。但是,企业不要因此而远离蜕变经营。综观现实社会,企业处在变革的社会生存发展阶段,几乎都是经过一系列的蜕变之后才走过来的。

空效规则

(一)什么是空效规则

空效规则是指企业在经营过程中,积极从空间的扩展中获取更多的利润。

企业的经营活动,总是在一定的空间范围内进行的。离开空间,企业无法生存。广阔的空间,可以使企业从不断扩展的空间中,获取更大的利润;而狭窄的空间,则会使企业的经营活动受到很大的局限,甚至于日趋萎缩。

可见,谁占有的市场空间大,谁就会成为胜利者。因此,我们必须重视空效规则对企业经营活动的重要影响及作用。

(二)运用空效规则的4种基本手段

1. 积极开放搞活

随着全球经济一体化进程的飞速发展,我国的经济运行模式日益与世界发达国家接轨,这就要求我们企业不仅要向国内开放,而且还要向国际开放。例如,积极吸收外资,学习外国先进的经营管理经验等。

2. 不断开拓进取

不断开拓进取,既包括开拓新市场、新产品、新工艺、新技术以及与经营有关的新领域等,又包括善于采用新的经营方式或经营手段,建立新的经营体制等。

伴随着新领域的开拓,必然存在一定的风险,甚至是冒险性。但这是没有办法的事,因为经营本身就有风险,风险性与盈利性是并存的。不过,如果我们能够把开拓进取建立在科学分析与研究的基础上,就可以降低风险。

3. 开展多角经营

多角经营是指把多方向发展新产品与多个目标市场有机地结合起来,多方面地长期占领市场的经营活动。

多角经营是对单一经营观念的突破,是确立系统经营观念的主要内容之一,代表着一种潮流和趋势。

开展多角经营的好处是:如果某种产品或某个市场的营业萧条,但由于开展多角经营,则可以以营业兴旺的其他产品或市场来加以补救,从而使企业经营处于长久而稳定的发展状态。多角经营主要包括以下 4 个方面的内容:

(1)纵向多角经营

即把一体化发展的新产品投向原有市场。

(2)横向多角经营

即把一体化发展的新产品投向同行业市场。这对于扩大销售网和强化市场的支配力量,具有十分巨大的作用。

(3)多向性多角经营

即把一体化发展的新产品投向新市场。尤其是多行业技术交错的新产品或新成果,兼有几个不同行业产品的特点,也就是“边缘产品”,可为占有不同行业的市场创造有利条件。

(4)复合性多角经营

即以集合性发展的新产品投向全新市场。复合性新产品,是指同原有产品在原理、结构上完全不同的新产品。尤其是从作为硬件的物质产品,转向作为软件的信息、服务、知识方面的产品,开展硬件、软件齐头并进的一揽子业务活动,是企业全方位占领市场的重要举措。

4. 主动谋求联合

企业本身就是一个联合体。组成企业并不是联合的结束,而是联合的开始。

一个企业可以采取多种形式与其他企业谋求联合,这样可以取长补短,壮大力量,发挥各自的优势与特长,扩大市场空间,增强竞争能力。

时效规则

(一)什么是时效规则

时效规则是指经营者在经营活动中,从节约的时间中获取经济效益。时间作为一种珍贵而特殊的稀有资源,越来越受到经营者的高度重视。

遵循时效规则,就是经营者在经营活动中,讲求速度与效益的有机结合。

(二)时效规则的 3 条基本要求

1. 资金周转方面

经营活动必须占用一定数量的资金,但并不是越多越好,关键在于运用资金的质量。

(1)加速资金周转,提高资金利用率。

资金周转与盈亏虽然不是同一个问题,但却直接关系到企业的盈亏,而且资金周转问题优先于盈亏问题:如果企业账面上亏损,必然是资金短缺;但有时账面上盈利,实际上却是资金短缺。这时,必须认真分析资金短缺的原因,及时采取有效措施提高资金周转率,扭转被动局面。否则,企业将会濒临倒闭的境地。

(2)形成合理的资金结构

包括自有资金与外借资金、长期资金与短期资金、固定资金与流动资金等,都应形成合理的结构。

(3)妥善运用资金

在资金运用上,应当增加利息收入,减少利息支出,用内部计息卡来计息,严格控制企业利息占销售额的比重。

2. 投入产出方面

投入与产出,是企业经营过程的必然阶段。

为了节省时间,在经营观念中,既不能是单纯的产出观念,认为产出越多越好,而不管投入多少;也不能是单纯的投入观念,认为投入越少越好,而不管产出多少。

按照时效规则的要求,应该把投入与产出有机地结合起来,通过节约时间来获取更大效益。

3. 信息传递方面

随着高科技的突飞猛进,有效利用信息传递,在企业节约时间以获取更大效益方面发挥着越来越重要的作用。

在信息传递中,要节约时间就必须做到以下3点:

(1)速度尽可能快些;

(2)内容尽可能广些;

(3)效果尽可能准些。

(三)时间与空间的相互转换

时间与空间具有相对的特性。在一定条件下,时间与空间可以相互转换:

时间增长,空间会相对缩小;空间扩大,时间会相对缩短。

时间与空间的相互转换原理,对我们有以下两点启示:

1. 可帮助我们诊断自己的管理跨度是否适当

如果我们总感到时间不够用，尽管整天非常忙碌，但仍有大量的工作做不完，这时就可判定我们的活动范围过大；揽的事情过多，没有真正干自己应该干的事，把一部分时间转换成了空间。

于是，我们就应考虑及时调整自己的工作范围，将一部分权力授给下属人员，把那些不属于自己范围内的事情交给别人去做，将失去的一部分空间换回时间，以便集中精力干好自己该干的事。

2. 如果既想拥有较充裕的工作时间，又想保持较为宽阔的活动范围，就应当在提高效率上做文章加快节奏，提高效率，可以节省大量时间。这部分节约的时间，便可用于开阔新的领域，扩展自己的活动空间。因此，我们应有一种强烈的时效感，做任何事情都应该多问问自己：

能不能取消它？

能不能把它与其他部分合并？

能不能用更简单的东西取代它？

这样，就可以杜绝一切无效劳动，从而大大提高自己的办事效率。

效益规则

（一）什么是效益规则

效益即利润，既是对投资风险的报酬，也是对经营成果的检验，更是为明天更多更好地工作提供的物质手段。企业只有不断获取利润，才能得到补偿，投入有效运转，从而求得到生存与发展。

获得尽可能多的利润，是任何企业不懈追求的目标。企业的运行过程，就是围绕实现利润目标这个中心，进行经营和管理的过程。

（二）直接影响利润的6大要素

从财务分析的角度看，对企业利润产生直接影响的因素主要包括：

1. 销售额；

2. 利润率；

3. 资金占用额；

4. 成本费用；

5. 商品价格；

6. 资金周转率。

在假定其他因素不变的情况下，每一个因素的数量增减，都会引起利润多少的变化。在一定条件下，控制住其中一个或几个因素，就有可能增加利润。

例如，对需求弹性不明显的商品，在商场上供不应求时提高商品价格；对需求弹性大的商品，降低售价从而增加销售量；在保持资金周转率的情况下，增加资本投入等，都有可能在一定时间内增加利润额。

通过对财务指标的透视可以进一步看出，资金占用、销售额、商品价格等多种因素，多少都具有双重作用。因此，如果要在一个较长时间内尽可能多地增加利润，就必须周密运筹，综合改善多方面的因素。

创新规则

(一)什么是创新规则

企业经营得好坏,通常可以从企业有无活力或活力的大小表现出来。而企业有无活力及活力大小,关键又在于企业内部的变化速度。

企业要变,最根本的途径和最有力的方法就是不断创新,它是企业经济发展的原动力。

(二)创新规则的3大领域

经营的内容是多方面的,创新的内容自然也应是全方位多方面的。不过,对于经营者来说,应该根据自身的具体情况,优先抓住影响全局的关键点和薄弱环节,在这些方面向新的领域发起挑战。

1. 经营观念的创新

创新是知识和经验的重新组合,但必须是在吸收新知识与结合旧知识的基础上的重新组合和再发现、再创造。这通常可分为以下3个步骤:

(1)吸收新知识与新观念,包括从以往的经验中发现出的新东西;

(2)分析研究新观念。如哪些是全部有用,哪些是部分有用;哪些是现在有用,哪些是将来有用;哪些是能用的,哪些是针对特殊情况的,等等;

(3)在此基础上,结合自身的具体情况,产生观念的创新。

2. 经营策略的创新

随着企业环境的不断变化,问题不断涌现出来。问题的解决方法通常有好多种。

当我们在制定和运用经营策略时,既要重视科学性,又要重视艺术性;既要吸收过去有益的经验,又要根据市场的变化不断创新。比如,注重非正式沟通,留有弹性余地,不一味趋同,敢于标新立异等,都非常重要。

3. 产品创新

产品创新是企业发展的核心领域和利润来源的最直接体现。

纵览世界500强企业的成长与发展,无不把产品创新列为各项工作的重中之重,为此不惜投入巨额资金,设立专门的产品研究与开发部门,以确保产品的卓越品质和时代领先地位。

我国企业由于历史原因,眼下虽然与他们差距很大,但只要大胆借鉴和利用他们已被证实了的先进经验,加上自身的诸多优势,在不远的将来赶上或超越他们还是指日可待的。

35计 众星捧月

良好的企业形象,是一种比产品、市场、技术更为重要的战略资源,是企业的无形财富、无价之宝。

企业形象包括两个方面的含义:从外部来看,企业给消费者以可以信赖的印象，对社会的贡献为大众所认可；从内部来看，企业使员工在工作中产生“与企业共荣辱”的主人翁观念，重视员工利益，工作分层负责，知人善任，赏罚分明，气氛和谐，具有强劲的活力与凝聚力，发挥最高的工作效率。

良好企业形象的构成要素和作用

（一）构成企业形象的基本要素

企业形象是一个完整的有机系统，良好的企业形象是企业成功经营的资本。它主要由两个方面及其所涵盖的若干要素构成。

1. 内在气质和风格

这是构成企业形象的骨骼和脊柱，是长期起作用的因素。任何企业都须经过长期持续的努力奋斗，才能塑造起企业的内在气质和风格，支撑起企业的形象。内在气质和风格一般包括以下5个方面的内容：

（1）积极的社会观和价值观

任何一个企业都应有正确的社会观和价值观。要对社会问题积极关注，表达自己的看法，履行自己的义务。不要仅仅看重金钱，还要考虑造福于社会大众。

（2）创新和开拓精神

一个企业不能墨守成规，循规蹈矩，而要锐意进取，不断改革创新，永不满足。企业要不断有新产品、新花样，并始终在同行业中争取优先地位。

（3）对产品和服务质量的追求

企业的产品和服务的质量应尽量达到完美和卓越，并把不断提高质量作为企业的奋斗目标。

（4）经营管理的特色

每个企业都应有一套行之有效的、能够体现企业特点的科学管理方法和用人之道，让同行称赞、员工满意。

（5）诚实、正派的作风

要遵纪守法，在公平条件下竞争，对公众以诚相待，决不投机取巧，搞小动作。

内在气质和风格固然可以从企业外显事物中体现出来，但主要还是从企业的目标、行动、策略以及企业员工的言谈举止中表露出来。内在气质和风格不是一朝一夕能够形成的，需要长期的磨炼和积累。这是企业形象的主要方面，必须下决心搞好。

2. 外显标志

外显标志是通过符号、图像、具体物品等表现出来的，能让公众的外部感官感知到对企业形象的反映。它主要包括以下8个方面的内容：

(1)产品

产品质量、性能和用途是最能体现企业形象的事物。产品包括物品和服务。

可以想见，一件劣质产品或一副令人难以容忍的服务态度会给公众留下什么样的印象。

(2)企业和产品名称

对于企业和产品的命名，应考虑是否上口和容易记忆，字样力求美观，最好能有寓意。名称一经采用，就不要轻易变动。要变动，也需要有充足的理由。

(3)标志

生产经营产品的企业要有商标，服务性企业则可以设计各式各样的徽记作为本企业的标志。商标是企业的财富，是企业信用的象征和品质的保证。商标应认真设计，一般应请专家参与，也可公开征集，择优选用。商标和徽标在各种场合下均应统一，不要轻易更换。

(4)广告

广告是树立企业形象的重要手段。广告的特色应与企业的特色相一致，并有统一的风格。

(5)标准色

由于颜色在人们的感知中起着重要的作用，因此一个企业可选择一种色调作为代表色出现在众多的场合和事物中，形成企业的一种风格。

(6)建筑式样和门面装潢

犹如人的面孔和仪表，建筑式样和门面装潢能够给人们留下重要的印象。设计时既要体现企业特征和风格，又要考虑审美因素。

(7)包装

主要指产品的包装。良好的包装无异于一种活广告。包装的设计、用料、图案、印刷的文字都应充分体现企业的特色和风格。

(8)其他

如企业的规模、员工的制服、信笺、名片、说明书等，也都不同程度地影响着企业的形象。

(二)良好企业形象的8大作用

良好的企业形象是企业最宝贵的无形资产，这在竞争极为激烈的现代商战中表现得格外突出。具体来说，良好的企业形象的重要作用主要表现在以下8个方面：

1. 良好的企业形象可以为企业的产品和服务创造出一种信赖与消费信心。不难想象，一个深得消费者信赖与喜爱的企业与产品必将立于不败之地；

2. 良好的企业形象有利于企业新产品的推广与销售。如果一个企业已经在消费者心目中具有了良好的形象，这种预存的印象就会发生迁移作用，从而在未使用企业新产品之前，就已具有认同倾向。通过对消费心理的研究表明，决定购买行为时，经验、直觉和预存印象往往起主导作用；

3. 良好的企业形象可使企业得到政府及其职能部门的信任及社会舆论的广泛支持，这就为企业的生存与发展营造了一个宽松而有利的生产经营环境；

4. 良好的企业形象可使企业能够更好地得到中间商、零售商及供应商的合作，从而有利于建立并保持畅通的采购与销售途径；

5. 良好的企业形象有利于企业与社区公众建立起良好的关系，得到多方面的谅解和支持，减少不必要的摩擦与纠葛；

6. 良好的企业形象可使企业更好、更多地得到金融机构的帮助与支持，从而为企业的动作提供便利的条件；

7. 良好的企业形象有利于吸引和留住人才。人才的竞争已成为现代商战的焦点之一，一个企业只有人才济济，方可在现代市场竞争中站稳脚步；

8. 良好的企业形象可以增强企业的向心力与凝聚力，使全体员工同心同德。这样，企业目标的实现才能可能。

企业形象的完美组合

在竞争日益激烈的现代商战中，消费者对商品的选择日益理想化和多样化，而促使其做出购买决定的，在很大程度上取决于企业的形象。企业形象已成为一笔巨大的经营资源和战略财富。

我们应清醒地认识到：本世纪的市场竞争主要是品牌竞争，而品牌的背后就是企业形象的竞争。

（一）质量形象：企业的生命和灵魂

质量形象主要体现在产品的实用功能和附加特性上。影响产品质量形象的因素有很多，通常包括品质的好坏、耐用程度、功能多少、安全性、可靠性、实用性、适用性、便利性、精密性、外观造型的新颖性等。

质量形象是企业形象的核心，是企业的生命和灵魂所在。说得更切实一些，质量是员工的饭碗。日本企业以质量争市场、争利润，以质量立国、兴业的形象，使日本从“二战”后的战败国一跃而成为世界一流经济强国。

日本丰田汽车公司在“制造出最好的满足顾客所想要的东西”的原则下，让每个在生产线的员工都充当一名顾客的角色，让每一个生产者都成为一名质量检验员，从而使生产制造过程中的质量问题得以及时发现并修正。由于质量第一的观念深入人心，公司的生产销售获得了突飞猛进的发展，而今已成为全球仅次于美国通用公司的第二大汽车制造商，年产量达 400 多万辆。

追求卓越是“世界第一轿车”劳斯莱斯质量形象的象征。它以产品的尽善尽美、完美无缺赢得市场，其轿车的制作如同艺术品创造一般慎重，即使是一个螺丝，也像“品尝”艺术般地一再修整。由于缜密制作、严格把关，该车以坚固耐用、安全舒适、高贵豪华著称于世，以每小时 100 公里的速度长时间行驶，几乎没有噪音与晃动，坐在车子里，只听到车内钟表分秒的移动声，从而因盖世的质量形象成为世界上国家元首和超级富豪的首选车。

（二）服务形象：企业竞争制胜的法宝

服务形象是企业及其员工在售前、售中、售后过程中所表现的服务态度、服务方式、服务质量以及由此引起的消费者和社会公众的客观评价。随着市场经济体系的不断完善，服务工作的重要性已经变得越来越突出。

消费者的需要已不仅仅停留在产品实体质量的满足上，而是更渴望服务的多样化。因此，提高服务质量，改进服务手段和服务方式，就变得日益迫切和重要。实践证明，在激烈的市场经济环境中，以优质服务取胜，不失为塑造企业形象取得竞争优势的关键。像联想、海尔、长虹、东芝、松下、麦当劳、肯德基等都是以优质服务制胜的典范。

置身于竞争激烈的市场经济中，最重要的便是如何灵活多变地适应消费者的需求变化，以“顾客至上”作为企业经营的最高指导原则，并全力以赴地提高服务质量，这才是市场竞争制胜的法宝。

（三）信誉形象：企业发展的根基

企业形象是同信誉形象密切联系在一起的。信誉作为一种宝贵的资源，是通过企业长期提供优质产品和优质服务所产生的必然结果。

企业唯一经久不衰的竞争优势就是企业的信誉。良好的信誉是企业最宝贵的经营财富和最具价值的永久性资产，使企业在市场竞争中获得事半功倍的效果。

高明的老板都很重视产品的质量，千方百计使企业生产的产品投放市场后能得到消费者喜爱，使其成为名牌产品。一旦如愿以偿，又会千方百计地维护这一荣誉，因此能使产品经久不衰，企业信誉更加提高。

企业的信誉贯穿于企业质量经营活动中，包含了丰富的内容，主要有质量信誉、服务信誉、合同信誉、包装信誉、三包信誉、道德信誉等。

我国古代文化包括了许多待人处事的道理，其中“信誉至上”的观念对人们的经商产生了潜移默化的影响。自古以来，“货真价实，童叟无欺”，“买卖公平，信誉至上”，一直被视为经商格言。

无论是做小本生意，还是经营大企业，获得成功的重要秘诀，就是以真诚可信的态度、实实在在的服务，向消费者提供信得过的商品，从而获得企业和消费者之间的合作信誉,并且一旦获得了信誉,就要全力以赴地去维护它,因为它是企业发展的根基。

(四)品牌形象:企业无形的战略财富

品牌形象是企业质量精神文化的结晶,以“质”求“名”向来被视为企业经营的正道。高质量产品本身就是名牌产品在市场上形成的高知名度、高美誉度、高忠诚度、高市场占有率的内在条件,也是企业树立名牌形象的基石。

名牌不仅仅是信誉形象的标志,更是质量的保证,是一笔巨大的无形资产,是通向市场的“绿色通行证”。名牌效应不仅给企业带来了晕轮辐射作用,还对整个经济起着导向、提高与重组等作用。

世界上一些发达国家打入他国市场多半为享有世界盛誉的名牌产品,如奔驰、宝马、索尼、松下、摩托罗拉、诺基亚等,无一不是靠优异的质量形象,实施名牌战略取得扩张市场的成功的。

(五)创新形象:企业提高质量的加速器

当今世界,随着科学技术发展的日新月异,更高质量的产品不断涌现。企业如果保守不创新,原来高质量的产品就会落伍,成为不受消费者欢迎的不良产品。形势在不断变化,人们生活质量在不断提高,消费者的爱好也在不断变化,要一次就制造一种永远质量优良和永远使人称心如意的产品,是不可能的。只有不断创新,不断提高质量,企业才能不断发展。保守就会停滞不前,终将被别人远远抛在后面。

享誉世界的德国西门子公司,其企业精华就是不断创新。它有一个极富挑战性的口号:一年实现20000项革新。100多年来,西门子公司在开发新产品上创造了辉煌的业绩,其中包括1866年发现的具有划时代意义的发电机以及世界第一部有线电话机、世界第一架电子显微镜等。

创新创造了质量,提升了企业形象,创造了企业持续发展的基础和滚滚财源。

(六)管理形象:企业质量信誉的保证

企业高品质的产品和服务主要是靠企业管理,尤其是由全面质量管理来保证实现的。科学而有效的管理把企业人、财、物有机地组成为一个整体,通过有序运作,最大限度地发挥人和物的功能和作用,实现产品和服务质量的最优化、销售收入的最大化和目标利润的最佳化。而管理形象在以上目标的实现中具有举足轻重的作用,因为企业的管理形象能够给消费者传递一种信任感和可靠性,树立企业及企业产品的美誉度,建立消费者的忠诚度。

可见,良好的管理形象能够获得消费者的高度信赖,提高企业和产品在消费者心目中的地位,从而使企业获得理想的社会效益和经济效益。

良好的企业形象是一笔巨大的经营财富

(一)良好的企业形象是企业的无价之宝

形象作为资源可以开发,作为资本可以经营,作为敲门砖可以帮助企业打开市场。

企业形象是企业的无形资本，对企业的发展有不可低估的价值。良好的企业形象可以赢得社会大众的信任，增强企业的凝聚力和竞争能力，同时还是企业内联外引的磁铁，可以吸引和网罗优秀人才。

在全球性的市场竞争中，突出地表现在企业形象的竞争上。一个企业如果能够以良好的形象出现在社会大众面前，就会不断提高自己的知名度和美誉度，给消费者一种“靠得住，信得过”的感觉，从而大大提高企业的竞争力。

（二）塑造良好的企业形象是企业进入市场的一个重要策略

在现代商战中，企业与企业之间的“形象战”也打得热火朝天，成为企业竞争的重要表现形式。

我国的企业走过了从公关到形象的过程，归结起来都是为了塑造企业自身形象，争取大众支持。当前流行的企业形象战略即 CI 战略不过是“包装”企业形象的一种手段和技巧而已。正因为良好的企业形象对企业的生存与发展有着举足轻重的作用，所以我们须在企业形象策划上，应力求抓住能决定全局性的东西，找出影响企业生存与发展的各种因素，明确企业的主攻方向，在此基础上设计企业形象，体现出整体优势。

同时，还要树立长远观点，对涉及企业发展的未来事件做出正确的预测和判断，在变幻莫测的市场竞争环境中，审时度势，快速反应，努力创新，使企业形象不断升华，推动企业迅速发展。

（三）良好的企业形象是赢得市场的基础

在现代商战中，良好的企业形象是信誉的表现，也是赢得竞争的锐利武器。对经商者来说，诚信的形象就能赢得消费者的信赖，这比什么都重要。

每一位优秀的经营者的功成名就，很重要的前提就是树立一个守信的形象。条件和机遇只起一个辅助作用，没有什么比赢得信誉更可宝贵的了。诚实守信对企业经营者而言简直就是一种强大的生命资本，有着异常神奇的功效，它在无形中左右着企业的发展命运。

一个经营者一旦不守信用，形象将被破坏，等于被消费者宣告了死亡；一个企业一旦丧失信誉形象，无异于自动退出了竞技场。

（四）良好的企业形象是企业巨大的无形资本

良好的企业形象可以给企业带来具有更多利润的无形资产。

通观世界500强企业,一般都是通过三个层次来体现企业形象。第一层即表层,也可称为实体形象,包括产品种类及设计、企业的环境、空间布局、各种生产及生活设施以及企业附属的各种社会机构等,它们构成企业的外部形象;第二层即中介层,包括企业的各种规章制度、组织形式、人际关系、群体情感、消费方式、艺术欣赏等;第三层即深层结构,包括企业共同的价值观、职业道德、经营管理思想、民主意识、工作作风等。

以上三个层次构成企业的整体形象,成为企业巨大的无形资本。

36计 他山之石

被誉为"世界第一商人"的犹太人,以其非凡的智慧和独特的经营技巧,风行全球,富甲天下,创造了一个又一个商战奇迹,令世人无不刮目相看。

他山之石,可以攻玉。犹太人商战的成功之道,无疑会令我们有所借鉴与启迪。

遵循"78/22"的赚钱法则

犹太人认为,宇宙与生活是相依生息,相容不悖的。因此,他们把这一看法,视为自己的生活法则,并把它活用到现代商战中,使其有了前进的方向和精神的支柱。

犹太人视为自己生活的法则就是"78/22 法则",它是犹太人发财致富的根本。这个比数非常富于哲理,它是以一个正方形的内切圆关系计算出来的。假设一个正方形的面积是100,那么,它的内切圆面积就是78.5,剩下的面积为21.5。以整数计算表达,便是78/22。

说来也巧,空气中的气体比例,氮气占78%,而氧气占22%;人体的比重中,也是由78%的水及22%的其他物质所构成的。这个"78/22"的数据,成为人类不可抗拒的自然法则,人类不可能违背这种法则而生存发展。因此,犹太人认定"78/22"是个永恒的法则,没有互让的余地。

犹太人认为,经商也应顺应这一法则。世界上,富有的人数远远少于普通大众,其比例约为22/78,但富有的人所拥有的金钱却压倒大多数人。也就是说,普通大众所拥有的金钱只占全社会的22%,而富有的人所拥有的金钱却占到78%。因此,经商如果能以拥有78%金钱的22%的富有人为主要对象,肯定会大有钱赚。

通常,78%的生意是来自22%的客户,这就要求我们必须认真研究客户的构成,应把78%的精力放在22%的最主要的客户上,而不应平均使用精力。

犹太人投资,同样本着"78/22"的法则去经营运作。他们认为,不赚钱的投资,是不符合这一法则的,因此不能生存下去。想要赚钱,在经营中就必须懂得核算,这正如一个正方形的内切圆一样,投入的资本,起码要达到一定的利润回报率才合算。否则,这样的生意就不能做。

放贷赚钱法是犹太人起家的一招。他们在英国和欧洲产业革命之时,瞄准了企业发展急需资金的状况,以高利率把钱错给那些企业,得到的回报比自己办企业赚得钱还多,而风险则相应减少。这便是运用“78/22”赚钱法则的一种表现。

后来,犹太人又注意到,随着各国经济的不断发展,需要更多的资金发展大项目,而以分散的放高利贷形式则形成不了力量。于是,他们又想出办法,把犹太人分散的财富聚集起来,设立正式的金融机构,集中力量投资需耗资多而回报率高的大项目。这样一来,既满足了企业发展的需要,又解决了当地政府发展经济的难题,自己又可从中渔利。

正是通过这种手段,犹太人在美国、法国等欧美国家成为金融寡头,成为垄断社会财富的“商界巨无霸”。

集中精力攻克一个目标

犹太人因其民族的特性和所处的环境,普遍都能胸怀大志,确立自己人生的奋斗目标。正因为这样,许多犹太人都能够集中人生有限的时间和精力去攻克一个目标,不至于分散力量,所以成功率比别人高。

犹太人布朗是英国的一位商人,他的发迹过程,就是他一生确立目标的实现过程。他出生于1904年,父亲经营一间小型齿轮制造厂,几十年来一直惨淡经营,仅可以赚取一点生活费而已。尽管如此,布朗的父亲还是一个头脑清醒的人,他总结了自己没有选好奋斗目标的教训,把希望寄托在儿子身上。为此,他严格要求布朗勤于学习和读书,每逢假日就规定他到自己的齿轮厂,同普通员工一样艰苦工作,绝无特殊照顾。

布朗在父亲的严格管教下,在工厂里工作和生活了较长时间,养成了艰苦奋斗的精神,熟悉了工业技术的知识,形成了自己的人生奋斗目标。这样,布朗父亲的目标总算实现了。而布朗自己的奋斗目标,并不在于齿轮厂方面,而是利用自己在齿轮业务中积累的经验,往赛车生产这个目标去奋斗。

他通过观察,发现当代人对汽车的使用已经普及,预感到汽车大赛将会成为人们的一种流行娱乐。于是,大力开发赛车,便成了他的奋斗目标。接下来,他克服了重重困难,成立了布朗赛车制造公司,不惜投入,聘请专家和技术人员搞设计,采用先进技术设备进行生产。

1948年,在比利时举办的国际汽车大赛中,布朗赛车公司生产的“马丁”牌赛车一举夺魁,布朗公司也由此名声远扬,订单如雪片般飞来,布朗从此走上了发迹之路,并最终实现了自己的人生梦想。

可见,犹太人从商,注重先确立切合自身实际和环境的目标,然后全力以赴地去围绕目标而奋斗,所以成功概率很高。目标决定了一个人的一生,激励他不畏艰苦,充分发挥其潜在能力。布朗的成功,给了我们以很好的启示。

精打细算,开源节流

世界上流行这样的说法:“犹太人是吝啬鬼。”这种说法有一定依据,但也是一种误解。因为犹太人中有许多是经商的,而且是经商高手。作为商人,对商品斤斤两两的计较和对金钱分分毫毫的核算是职业本能的反映。作为商人,如果不能精打细算、开源节流,怎能获得经营的利润呢?

确实,说到底,犹太人把金钱视为工具,不管别人怎么评论与误解,一心只管埋头把钱赚,这也是犹太人发财的一大秘诀。据说美国石油大王洛克菲勒,曾经有过一段有趣的故事:

洛克菲勒刚开始步入商界时,经营步履维艰,他朝思暮想发财,却苦于没有方法。有一天晚上,他无意中从报纸上发现一则出售发财秘诀的广告,高兴至极,第二天就急急忙忙到书店去买一本。待他迫不及待地把买来的书打开一看,却只见书内仅印有"勤俭"二字,这使他大为失望和生气。

洛克菲勒回家后,思想十分混乱,一连几天睡不着觉。他反复考虑该"秘书"里的"秘诀"到底在哪里?起初,他认为书店和作者在欺骗,一本书只有这么简单的两个字,他想指控他们在欺骗读者。后来,他越想越觉得此书言之有理。确实,要发财致富,除了勤俭之外,别无他法。这时,他才恍然大悟。

后来,他将每天应用的钱加以节省储蓄,同时加倍努力工作,千方百计增加一些收入。这样坚持了5年,积存下800美元。然后,他将这笔钱投入于经营石油,终至成为美国屈指可数的大富豪。

犹太人爱惜钱财的原理与勤俭相仿,他们既千方百计地努力赚钱,同时又想尽各种办法节省不必要的开支,这样才使其生意获得更多利润。

世界上大多数富豪都十分注重节俭。如美国连锁商店大富豪克里奇,他的商店遍及美国50个州的众多城市,其资产数以亿计,但他的午餐从来都是1美元左右。

美国克德石油公司老板克德,更是一位节俭出名的大富豪。有一次,他去参观一个展览,在购票处看到一块牌子上写着:"5时以后入场半价收费。"他一看表是4时50分,于是便在入口处等了10分钟后,才购半价票入场,从而节省了0.25美元。要知道,克德每年收支超亿美元,他所以节省0.25美元,完全是受他节俭习惯和精神所支配,这也是他之所以能成为富豪的原因之一。

犹太人经商致富的最大秘诀,看来不单是会做生意,还在于他们的精打细算、善于节俭，不会乱挥霍钱财。

关注有钱人的流行趋势

要使某种商品流行起来，通常有两种起源：一种起源于有钱人，一种起源于普通百姓。发源于普通百姓的东西一般来势很凶猛，而且流行面广，但持续的时间却很短，就像我国曾经风靡一时的“呼拉圈热”，一闪而过；而发源于富人阶层的流行趋势，虽然发展较慢，但持续时间却很长。一般从富人普及到普通百姓至少需两年左右的时间，而在这两年内一旦把握住流行趋势，就可以大发其财。

俗话说：“人往高处走，水往低处流。”一般人大都羡慕上流社会富人们的生活方式和购物习惯，一旦生活条件稍微改善，便会竞相效仿。犹太商人正是巧妙地利用人们这种“向上看”的心理去操纵流行趋势。日本汉堡大王藤田田的发迹史便体现了这种流行观。

犹太人藤田田不仅靠汉堡包大发其财，还做女人和小孩的生意，如钻石、时装、高级手提包等。在经营过程中，他首先把对象放在上流社会有钱人的流行趋势上，无论是钻石的花样、服饰的色彩，还是手提包的样式，都是按照有钱人的喜好特制的。结果，他的生意20年来经久不衰，从未发生过“流血大拍卖”的事。

现代市场瞬息万变，能够把握一种流行趋势实属不易。随着人们消费需求的不断变化，市场也在不断变化，今天畅销的商品，明天也许就无人问津。这就要求我们在做出任何一项决策前，都必须进行认真的市场调查、分析和研究，既要能赶上潮流，还要超前于潮流。

瞄准两大财源：女人和嘴巴

犹太人经商，技高一着，普遍获得赚钱和发财，其中秘诀很多，有两点是有目共睹的，那就是紧盯着两大财源，即女人和嘴巴。

犹太人认为，从男人身上赚钱，其难度要比以女性为对象大10倍。因为女人的天性就是操持与管理家务，采购日常家庭用品的钱自然大都从她们手中付出，更兼女人的爱美与追求打扮的心理，需要花钱的地方实在多得不可胜数。而事实也足以告诉我们，赚女人的钱的确是最容易不过了。

在那富丽堂皇的高级商店里，那些昂贵的钻石、项链、戒指、香水，豪华的时装，还有那令人眼花缭乱的精美礼品等，无一不是为女人而准备的。就是在普通的超市里所销售的各种商品，也都是女性商品占绝对统治地位。犹太人正是瞄准了这个巨大的市场，获得了比别人更大的利润。

犹太人发迹的另一财源，就是人类的嘴巴。可以说，嘴巴是消耗的“无底洞”，全球现有60多亿个“无底洞”，其市场潜力是十分巨大的。为此，犹太人便设法经营凡是能够经过嘴巴的商品，诸如粮店、食品、水果、蔬菜、餐厅、酒吧、俱乐部等，举不胜举。

犹太人认为，入口的东西很快就会消化排泄掉，如此不断地循环消耗，新的需求便会不断产生，无异于给经营这种行当的人带来滚滚不竭的财源。当然，经营食品不如经营女性用品获利快，为此，犹太人把女性商品列为“第

一商品”，而把食品列为“第二商品”。

纵览世界各地，有一个事实不容忽视，那就是经营餐馆和食品的以华人居多，而经营钻石、金银首饰和时装的是犹太人居多。还有，在世界级的富豪中，不论是按人口绝对数，还是按人口比例数，犹太人均占多数。这些都充分显示了犹太人非凡的智慧和卓越的经商才干。

信守合同，绝不毁约

犹太人可以说是“契约之民”，他们在经商时十分注重合同，一旦签订下合同，不管发生任何困难，都绝不毁约。当然，他们也要求对方严格履行合同，绝不容许对合同内容有半点宽容。有一个例子：

有一位出口商与一犹太人签订了10000箱蘑菇罐头合同，合同规定为：“每箱20罐，每罐100克。”但这位出口商在供货时，却装运了10000箱150克的蘑菇罐头。货物的重量虽然比合同多了50%，但犹太人却拒绝收货。这位出口商甚至同意超出合同重量不收钱，可是犹太人仍不同意，并且还要求索赔。

结果，这位出口商无可奈何，不仅赔偿了犹太人10多万美元的违约金，还要把货物另作处理。

这件事看来似乎犹太人太不通情理，多给他货物，他不但不收，还要索赔。其实不是这么简单。

首先，犹太人对合同如此“顶真”，与犹太人信奉犹太教有关。犹太教素有“契约之宗教”的称誉，他们认为，人之所以存在，是因为与神签订了存在的契约之缘，所以他们从不毁约，一切买卖只笃信合同。相反，谁不履行合同，就会被认为违反了神意，犹太人绝不会允许的，一定要严格追究责任，毫不留情地提出索赔要求。

其次，犹太人精于经商，深谙国际贸易法规和国际惯例。他们懂得，合同的品质条件是一项重要的实质性条件。合同规定的商品规格是每罐100克，而这位出口商交付的每罐却是150克，虽然重量多了50克，但卖方未按合同规定的规格条件交货，是违反合同的。按国际惯例，犹太人完全有权拒绝收货并提出索赔，其理由是站得住脚的。

再次，这个案例中，还有个适销对路问题。犹太人购买不同规格的商品，是有一定的商业目的的，包括适应消费者的爱好和习惯、市场供需状况、对付竞争对手的策略等。如果出口商装运的150克罐头不适应市场消费习惯,即使每罐多给50克并不加价,进口方的犹太人也不会接受,因为这样有可能会打乱他们的经营计划,搞不好还会使销售通路和商业目标受到损失,其后果是非常严重的。

最后,本情况的发生,还有可能给作为买方的犹太人带来意想不到的麻烦。假设犹太人所在国是实行进口贸易管制比较严格的国家,如果这位犹太人申请进口许可证上登记的是100克的商品,而实际到货却是150克,其进口商品重量比进口许可证上登记的商品重量多了50%,很可能遭到进口国有关部门的质疑,甚至会被怀疑有意逃避进口管理和关税,以多报少,要受到追究责任和罚款。

由此可见,合同是买卖的极为重要的条件,违反合同规定,对买卖双方无疑会产生严重后果。犹太人深知其要害,因此强调要守约。

存款求利划不来

犹太人经商,很重要的秘方是有钱也不作存款。在18世纪中期以前,犹太人热衷于放贷业务,以从中赚取高利。到了19世纪后,直至现在,犹太人宁愿把钱用于高回报率的投资或买卖,也不肯把钱存入银行。

犹太人这种"不作存款"的秘诀,是一门资金管理的科学。俗话说:"有钱不置半年闲",这是一句很有哲理的生意经。它讲明经商须合理地使用资金,千方百计地加快资金周转速度,减少利息支出,从而增加商品单位利润和总额利润。

经商需要有本钱,但本钱总是有限的,连世界首富也不过百亿美元左右。但一个普通企业,一年也可做上亿元的生意,尽管企业本身的资本,只不过上百万元而已。他们靠的便是资金的不断滚动周转,从而得以把营业额做大。

一个企业会不会做生意,很重要的一条就是看其能否以较少的资金做较多的生意。

那么,怎样才能使钱不闲置呢?以下几个方面可供我们参考:

1. 善于分析市场趋势,把钱投向高回报率的项目

犹太人善于精打细算,把钱存入银行,年息最多也不过10%左右。而把钱投入经商或生产等其他项目,如果利润回报率仍为10%,那么,一年滚动周转4次,就可获得40%的增值。如果对市场走势分析准确的话,每次周转会盈利30%或更多些,那么一年滚动周转4次,就可获得100%的增值。所以,犹太人一般不会把钱存入银行,纵使一时不能找到有利的投资目标,他们宁可拿着现金,等待投资时机。

2. 善于营销,保证商品不停留

在现代商战中,经营者的生存与发展关键在于不积压商品,经常保持勤进快销,这样就不会积压资金。为此,除了把好商品采购关,注重商品的质量和款式外,还须善于营销,采用得力的促销手段,千方百计地设法满足消费者的需求,以加快资金周转,压缩滞留商品。

3. 确保资金安全,防止因小失大

从事经商,风险无时不在。盈利通常是与风险并存并成正比的。如何化险为夷呢?犹太人经商很讲规矩,如规定交易必须订立合约,一切按合约条款办事;买卖不赊账,如要求赊账者必须提供银行担保或相应的物业抵押等。他们绝不做那种以言代约,随随便便的"君子协定"买卖。正因如此,他们不会有上当受骗情况发生。

掌握外语也是赚钱的资本

跟犹太人打交道,首先让我们吃惊的是,他们的判断非常迅速和准确。原因何在?因为他们普遍懂得两个国家以上的语言。这样一来,他们在与外国人交往时,既能用本国文化语言的思维考虑问题,也可用外国的语言文化思维斟酌相同的问题。这就意味着,他们的理解是从不同角度和习惯分析得出的,因此才得以比常人来得更加迅速而准确,并深刻得多。

犹太人自从失去家园,流散于世界各地,千百年来他们能够在各地生存下来,并且涌现出许许多多出类拔萃的富豪,这与他们能够很好地运用当地的语言,在此基础上了解和精通当地的文化和习俗以及各种法律和禁忌有关。这样,就能充分发挥自己的潜能,利用各种机遇,不断创造出惊人的财富。例如犹太人哈同便是这样的人。

哈同24岁时来到上海闯世界时,既没有专业知识,也不懂汉语,但他懂得生存和发展的道理。他知道,要想在中国经商发财,首先必须懂得中文,然后凭着熟练的中文,了解中国的国情和市场情况,从而采取适应该市场条件的决策。

哈同正是本着这样的理念,从给别人看大门做起,在这份最低层的工作中,广泛接触中国人,利用一切可以利用的机会,刻苦学习中文。没几年时间,他不仅会说汉语,而且对中国市场有了较深刻的了解。于是,他在积蓄了一点资本后,迅速展开了经营活动。

由于他从别的国家来到中国,了解到那里的市场行情和有关商品,于是便及时把别国价廉物美的商品采购到中国来出售,又适时地把中国的特产运送到别国销售。这样,他两头都吃,神不知鬼不觉地便赚了大钱,终至成为富甲天下的巨贾。

可见,掌握外语,对于一个人的事业成功是很有帮助的,因为语言是人类之间、民族之间和国家之间沟通感情和交流文化技术的桥梁。借助这个桥梁,可以使我们在现代商场上比常人走得更宽、更远。

一个好汉三个帮

俗话说:"一个篱笆三个桩,一个好汉三个帮。"凡事都需借助集体的力量,单枪匹马打天下,在现代商战的氛围中,若要成功几乎是不可能的事。

在商战中,犹太人就非常重视合作。他们认为,找到一个旗鼓相当的合作伙伴是成功的一半。合作不仅能够扬长避短,共同承担风险,而且还可以倍增双方的力量,成就一个人所不能成就的非凡业绩。

那么,怎样才是满意的合作伙伴呢?犹太人的回答是明确的,他们愿意和知识渊博、精明能干以及有雄厚实力的犹太人合作。总之,合作好比找对象一般，各人有各人的不同标准和要求，不可一概而论。不过，对以下几种人我们不可与其合作，否则会断送我们的前程。

1. 不学无术、毫无特长的人；

2. 对人持怀疑态度、不能以诚相待的人；

3. 善于巴结奉迎、见风使舵的人；

4. 思想僵化保守、不能跟上时代节拍且一意孤行的人。

当然，与有实力的伙伴合作，看似可以背靠大树做文章，但大企业往往以强凌弱，容易“大鱼吃小鱼”。不过，既然是合作双方，就有其合作的必要性，双方是各取所需，实力弱的一方没必要一味迁就另一方，一味迁就的结果只能是姑息养奸，对方一旦掌握了我们的特长，就会一脚把我们踢开。

众人拾柴火焰高，人多力量大，这是毋庸置疑的，然而在现实生活中，合作有时又往往以失败而告终。为什么呢？

创业时，合作双方尚能同甘共苦、同舟共济，而一旦有了胜利果实，彼此就会为了各自的利益争个面红耳赤，最终导致分道扬镳。其中最主要的一个原因，便是没能将丑话说在前头，签订详细而完善的合作协议。单单以友谊为纽带，以感情为基础的合作，实践证明最终是靠不住的。

深谙“和气生财”之道

与犹太人打交道，我们会发现他们总是呈现一幅笑脸，不管生意是否做成，甚至为合约而发生不同意见，他们总会以笑脸说出其否定的观点。有时对方发脾气，双方不欢而散，犹太人还是会跟对方说声再见。如果我们第二天再遇见他，他仿佛没事般，仍会以微笑的面孔问候我们。

犹太人这种强忍和气的态度，也许与该民族长期流散异乡和受尽迫害有关，我们暂且不探索这种关系，仅凭他们这种和气的仪表，在人际交往之间便是一种有效的融合剂，很容易把对方吸引住。在商务活动中，实践证明这也是一种促销手段。

犹太人认为，在一个人的一生中，每天都在做着推销的工作。这种推销是指推销自己的创意、计划、精力、服务、智慧和时间，如能妥善地把握“推销自己”，定可以出人头地，实现人生的理想。相反，那些事业失败者，十有八九都是本人不善于“推销自己”，并不是本身能力问题。

所谓善于“推销自己”，是指与人和谐相处的能力。心理学研究证明，人类的内心都有被人注目、受人重视、被人容纳的愿望。犹太人根据人类这种共同规律，在生活中，尤其是在经商的过程中，注意关注其周围的人，让他们看得出其关心着自己，从这个阶梯开始，通向成功的目标。

和气生财的说法，道出了犹太人经商致胜的一大秘诀。它的核心是给人好感，用善意温和的态度与人交往，这样别人自然也会以此相报，生意就容易达成了。

运用“厚利适销”的推销战术

古今中外的生意经都有“薄利多销”的经营法，而犹太人却反其道而行之，单做“厚利适销”的生意。

犹太人认为，在灵活多变的营销策略中，为什么不采取别的上策而采用了下下策？如果销售300件商品所得的利润只等于销售100件商品的利润，那么，上策便是经营销售100件商品。这样，既节省了各种经营费用，又可保持市场的稳定性，还可以按高价售出另外200件商品；而以低价一下销售300件商品，自己所处的有限市场差不多已饱和了，我们再想多销恐怕已无人问津，这样利润一下子比高价出售者少了许多，并且还毁了市场后劲。

犹太人在经营活动中，除了坚持“厚利适销”的做法外，为了防止其他商人“薄利多销”的冲击，他们宁愿经营昂贵的消费品，而不愿经营低价的商品。为此，世界上经营珠宝、钻石等首饰的商人中，以犹太人居多。

犹太人的这种“厚利适销”的营销策略，是以有钱人为着眼点的。名贵的珠宝、钻石、金银首饰等，一掷千金，只有有钱人才买得起。既然是有钱人，他们买得起，又讲究身份，对价格就不会那么计较。相反，如果商品定价过低，反而会令他们产生怀疑。俗话说：“便宜无好货，好货不便宜。”这句话在有钱人心目中印象最深。而犹太人就是抓住消费者的这种心理，即使经营非珠宝、钻石类商品，也运用“厚利适销”的策略经营。如美国梅西大型百货商场，它出售的商品要比其他一般商店的同类商品价格高出50%，但生意仍比别处要好，这不免有上述的心理效应。

犹太人的“厚利适销”策略，表面上看是从有钱人着眼，实际上是一种巧妙的生意经。讲究身份、崇尚富有的心理是全人类的共同心声。在富贵阶层流行的东西，很快就会在中下层社会流行起来。

据犹太人统计和分析，在富有阶层流行的商品，一般经过两年左右的时间就会在中下层社会流行开来。道理很简单，中等收入的人士，他们总想进入富裕阶层，为了满足心理的需求或出于面子原因，总要向富裕者看齐。为此，他们会不惜代价购买时代的高贵新商品。同理，下层收入的人士，也会尽力依此纷纷效仿。

由于这样的连锁反应，昂贵的商品也会成为社会流行品，如金银珠宝首饰等，现在不是已成为社会各阶层妇女的宠物吗？彩电、音响等原来属高贵商品，现在也进入了平民百姓家庭；小轿车已成为西方社会大众的生活必需品，对于我国百姓来说，也只是迟早的事。

可见，犹太人的“厚利适销”的推销策略是“醉翁之意不在酒”，同样是盯着全社会的大市场的。

尽量多用女职员

女性天生就有许多因素可以大加利用和发挥。女性身上许多东西是男性所不具备的。有些事情女性一句话甚至一个眉眼就可以办到，而男性就是挣断肋骨也未必能办成。

女人起码有以下几大优点：

1. 不贪杯。女人中很少有人见酒就喜上眉梢。

2. 不会花钱去玩男人。而男性到了外地，花钱玩女人要比花钱买商品要积极得多。这样一是工作分心，二是容易误事。

3. 女性对工作一般都忠心耿耿，效忠于自己的老板，很少有背叛行为，而男性就很难说了。

从这三大优点可以看出，女人最起码不误事。不成事但绝不可能坏事。而男人，往往会成事不足，败事有余。另外，在此基础上，女人有天生的交际天性，其优势远远大于男性。

在现代商战中，男性不小心就会成为女性的俘虏。

既如此，不妨大胆起用女性，不要仅仅让她们当公关小姐，还应把办事大权交给她们。